mathewerkstatt 10

D1997239

Herausgegeben von
Susanne Prediger
Bärbel Barzel
Stephan Hußmann
Timo Leuders

Cornelsen

Erarbeitet von
Bärbel Barzel, Judith Blomberg, Ulrich Brauner, Lars Holzäpfel, Stephan Hußmann, Heinz Laakmann, Tobias Jaschke, Juliane Leuders, Timo Leuders, Antje Marcus, Michael Marxer, Udo Mühlenfeld, Susanne Prediger, Alexandra Thiel-Schneider, Sibylle Stachniss-Carp, Robert Storz, Cornelia Witzmann

Redaktion
Ludwig Heyder, Albrecht Kröner, Michael Unger

Illustration: Christian Nusch, Wuppertal
Grafik/Zeichnungen: Christian Böhning, Berlin
Umschlaggestaltung: Claudia Bachmann, Berlin
Layoutkonzept: Andrea Jaschinski, Berlin
Layout und technische Umsetzung: Jürgen Brinckmann, Berlin

www.cornelsen.de

Unter der folgenden Adresse befinden sich multimediale Zusatzangebote für die Arbeit mit dem Schülerbuch:
www.cornelsen.de/mathewerkstatt
Die Buchkennung ist **MWS040048**.

1. Auflage, 1. Druck 2017

Alle Drucke dieser Auflage sind inhaltlich unverändert und können im Unterricht nebeneinander verwendet werden.

Druck: Grafisches Centrum Cuno GmbH & Co. KG, Calbe

ISBN 978-3-06-040048-5

Inhaltsverzeichnis

* Dieses Kapitel enthält Inhalte der Kapitel „Zauberei mit Rechentricks“, Klasse 8 und Bewegungsanalysen im Sport, Klasse 9. Es richtet sich an Lerngruppen, die die Inhalte „binomische Formeln“ und „quadratische Funktionen“ erst in Klasse 10 behandeln. Es empfiehlt sich für diese Lerngruppen, den Abschnitt **vor dem Kapitel „Abschätzungen im Verkehr“ zu bearbeiten.**

Abschätzungen im Verkehr – Werte in quadratischen Zusammenhängen bestimmen

In diesem Kapitel …

- beschreibst du Situationen, in denen ein unbekannter Wert in quadratischen Zusammenhängen gesucht ist, durch eine Gleichung.
- bestimmst du unbekannte Werte in quadratischen Zusammenhängen auf verschiedenen Wegen.
- bestimmst du besondere Werte von quadratischen und linearen Funktionen.

Zum Glück nur Blechschaden.
Der ist bestimmt zu schnell gefahren.
Hier ist ja Zone 30.
D R 15
B.PE 135

Eine ganz schön lange Bremsspur.
Das macht sicher viel aus, ob 30 oder 60 oder schon allein 10 Stundenkilometer schneller.
B DA 88
30
ZONE

Erkunden A

Wie kann ich bei quadratischen Zusammenhängen unbekannte Werte finden?

1 Anhalteweg untersuchen

Bei einem Unfall kann man von der Bremsspur auf die Geschwindigkeit schließen. Dazu muss man verstehen, wie lange es dauert zwischen dem Erkennen des Hindernisses und dem Anhalten und welche Streckenlänge man in dieser Zeit zurücklegt.

008-1 *Simulation*

a) In dem folgenden Bild sowie in der Computersimulation lässt sich der Anhalteweg genauer untersuchen. Dabei kommt ein Auto von links mit konstanter Geschwindigkeit und plötzlich sieht die fahrende Person ein Hindernis.

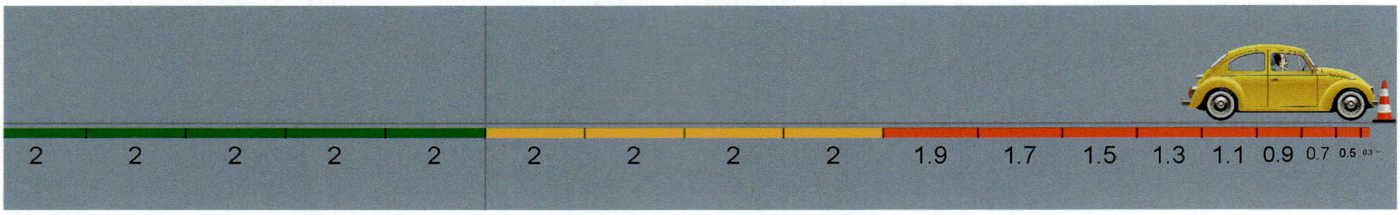

Untersuche an Hand des Bildes oder der Simulation die Situation des Anhaltens. Die kleinen schwarzen Striche auf der farbigen Achse markieren jeweils eine Zehntelsekunde.

(1) Erkläre jeweils, was die grünen, gelben und roten Streckenabschnitte bedeuten und warum sie gleich lang oder verschieden lang sind.
(2) Welche Zeit vergeht im grünen Bereich, im gelben Bereich und im roten Bereich?
(3) Wie lang sind die Streckenlängen im grünen Bereich, im gelben Bereich und im roten Bereich?

b) Übertrage die Tabelle in dein Heft und trage mindestens zehn weitere Werte ein. Gib zu jedem Zeitpunkt an, wie groß die Gesamtstrecke ist, nachdem das Hindernis aufgetaucht ist.

Zeit in s	Länge der Gesamtstrecke in m
0,1	
0,2	
0,3	

c) Trage die Werte aus b) in ein Koordinatensystem ein.
Beschreibe den entstehenden Graphen an Hand deiner Kenntnisse über funktionale Zusammenhänge zwischen Größen.

d) Betrachte in der Simulation den Anhalteweg für verschiedene Geschwindigkeiten.
Was geschieht, wenn man die Geschwindigkeit

- um 10 $\frac{km}{h}$ erhöht?
- verdoppelt?
- verdreifacht?

nachgedacht

e) In welche beiden Teile sollte man den Anhalteweg unterteilen?
Wie lässt sich die Gesamtstrecke des Anhaltewegs in Abhängigkeit von der Zeit in den beiden Teilen mit mathematischen Funktionen beschreiben?

► Materialblock S. 7
Basisaufgabe

2 Bremswege beim Auto bestimmen

a) Die Vier unterhalten sich über den Bremsweg.

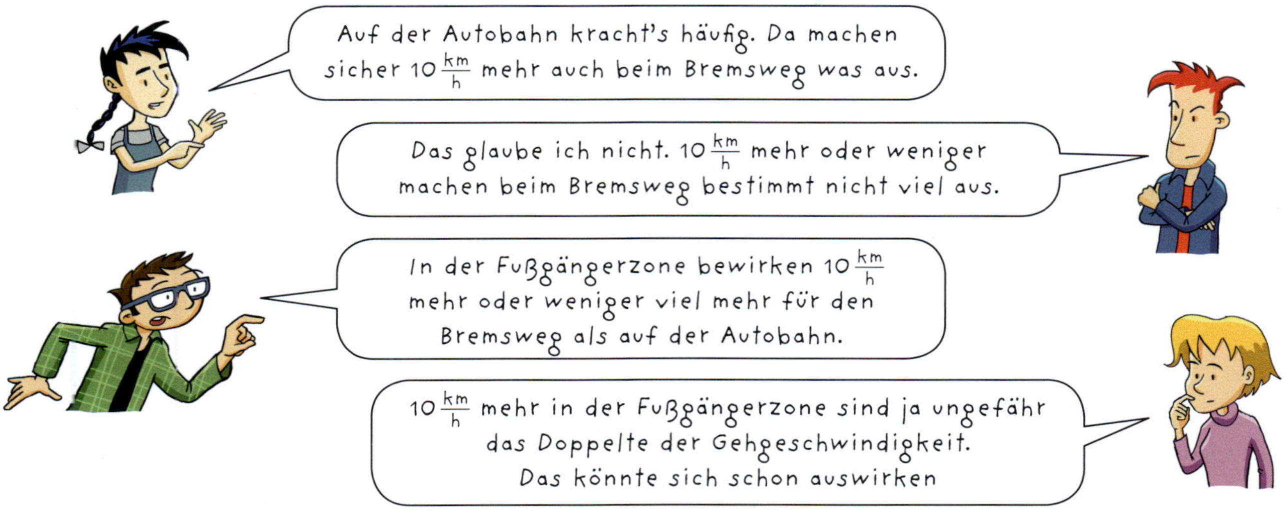

Was vermutest du, wer hat Recht? Beziehe deine Erfahrungen aus Aufgabe 1 e) mit ein.

Gut zu wissen
Die Formel gilt für eine Vollbremsung. Die Einheiten lässt man hier weg.

Tipp
Für Tabelle und Graph kannst du auch eine Funktionensoftware benutzen.

b) In der Fahrschule lernt man zur Bestimmung der Länge des Bremswegs diese Faustformel: $b(x) = \frac{x^2}{100}$.

In der Formel steht x für die Geschwindigkeit in $\frac{\text{km}}{\text{h}}$ und b für den Bremsweg in m.

- Erstelle zu diesem Zusammenhang eine Tabelle. Zeichne auch den Graphen.
- Nutze die Formel, die Tabelle oder den Graphen, um die Meinungen aus a) zu bewerten. Untersuche dazu, wie sich der Bremsweg verändert, wenn sich die Geschwindigkeit verdoppelt, verdreifacht, …

c) Bei einem Unfall entsteht eine Bremsspur von 49 m. Der Gerichtsgutachter soll entscheiden, ob der Fahrer sich an die vorgeschriebene Geschwindigkeit von 50 $\frac{\text{km}}{\text{h}}$ gehalten hat. Wie hoch war seine Geschwindigkeit? Gehe so vor:

- Lies eine ungefähre Lösung am Graphen oder in der Tabelle aus b) ab.
- Löse die Gleichung $\frac{x^2}{100} = 49$, um eine genaue Lösung zu erhalten. Erkläre dazu das Pfeilbild, nutze es und ergänze die Rechenschritte.

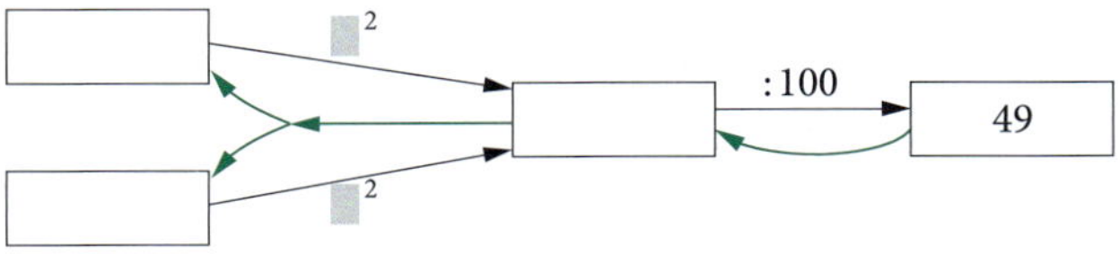

d) Warum gibt es zwei Lösungen für x? Wie hängen die beiden Lösungen hier zusammen? Welche der beiden Lösungen aus c) kann der Gutachter verwenden? Begründe.

nachgedacht

e) Wie könnte eine Formel für den Gutachter aussehen, mit der er zu jeder Bremsspur direkt die Geschwindigkeit ausrechnen kann?

weitergedacht

f) Die Länge des Bremswegs hängt nicht nur von der Geschwindigkeit ab. Welche Einflüsse der Straße oder des Fahrzeugs spielen noch eine Rolle?

3 Bremswege beim Motorrad bestimmen

a) Manche Verkehrsexperten gehen bei Motorrädern von einer anderen Faustformel für den Bremsweg aus, da ein Motorrad leichter und damit der Bremsweg kürzer ist als bei einem Auto: $b(x) = \frac{(x-7)^2}{100}$.

x steht für die Geschwindigkeit ab $7\,\frac{\text{km}}{\text{h}}$ und b für den Bremsweg in m.
Bestimme für Geschwindigkeiten x von $10\,\frac{\text{km}}{\text{h}}$ bis $160\,\frac{\text{km}}{\text{h}}$ den Bremsweg b tabellarisch und graphisch.

Tipp
Du kannst auch hier eine Funktionensoftware oder auch ein Tabellenkalkulationsprogramm nutzen.

b) Bei einem Unfall wurde eine Bremsspur von 48 m gemessen.
Wie hoch war die Geschwindigkeit des Motorradfahrers?
Löse wie in Aufgabe 2 c) mit Hilfe eines solchen Pfeilbildes.

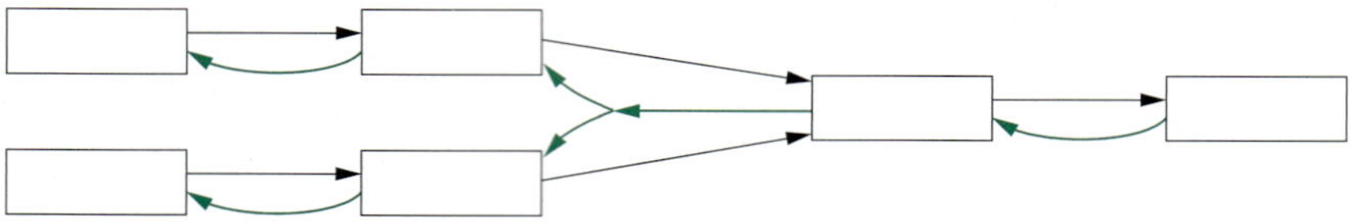

nachgedacht

c)
- Warum muss das Pfeilbild anders aussehen als in Aufgabe 2 c)?
- Wie könnte eine Formel für den Gutachter für Bremsspuren beim Motorrad aussehen?

4 Vom Hindernis erkennen bis zum Anhalten

Zwischen dem Erkennen des Hindernisses und dem Tritt auf die Bremse vergeht wertvolle Zeit. Man nennt dies die Reaktionszeit. Während dieser Reaktionszeit fährt man mit voller Geschwindigkeit weiter und legt den Reaktionsweg zurück.
Der gesamte Weg, bis man zum Stehen kommt, setzt sich so zusammen: Reaktionsweg $r(x)$ + Bremsweg $b(x)$ = Anhalteweg $a(x)$

Hinweis
Du kannst deine eigene Reaktionszeit mit diesem Applet bestimmen.
www 010-1
Applet

a) Pia und Till haben ihre Reaktionszeiten gemessen: Pia 0,26 s Till 0,29 s
Berechne für beide den Reaktionsweg, wenn sie mit dem Fahrrad $20\,\frac{\text{km}}{\text{h}}$ fahren.

b) Auch zur Bestimmung der Länge des Reaktionswegs lernt man in der Fahrschule eine Faustformel: $r(x) = x \cdot \frac{3}{10}$.

- Bestimme die Länge des Reaktionswegs für $20\,\frac{\text{km}}{\text{h}}$.
- Vergleiche mit deinen Berechnungen aus a). Was meinst du dazu?

c) Für den Anhalteweg kann nun mit beiden Faustformeln eine gemeinsame Formel zusammengestellt werden:

Anhalteweg $a(x)$	=	Reaktionsweg $r(x)$	+	Bremsweg $b(x)$
$a(x)$	=	$\frac{3}{10}x$	+	$\frac{x^2}{100}$

Tipp
Du kannst auch hier ein Tabellenkalkulationsprogramm nutzen.

Berechne in Schritten von $20\,\frac{\text{km}}{\text{h}}$ den Reaktionsweg, den Bremsweg und den Anhalteweg für Geschwindigkeiten zwischen $20\,\frac{\text{km}}{\text{h}}$ und $140\,\frac{\text{km}}{\text{h}}$.
Halte die Ergebnisse in einer Tabelle fest.

nachgedacht

d) Welches rechnerische Problem stellt sich bei der Umkehraufgabe: Der Anhalteweg ist bekannt und man will die Geschwindigkeit ausrechnen.

Erkunden B Wie kann ich gemeinsame Werte bestimmen?

5 Brückenbau planen

a) Viele Bauwerke und Brücken haben die Form einer Parabel, wie diese Brücke über den Fluss Jangtse in China.
Im Bild links ist diese Brücke gerade noch im Bau.
- Welche Eigenschaft der Parabel wurde beim Bau ausgenutzt?
- In welchem besonderen Punkt der Parabel sollen sich die beiden Bauteile wohl treffen?

b) Beim Bau einer Grenzbrücke zwischen Deutschland und der Schweiz kam es durch einen Rechenfehler zu 54 cm Höhenunterschied, weil die beiden Länder für Höhenangaben über Meeresspiegel einen anderen Meeresspiegel verwenden.

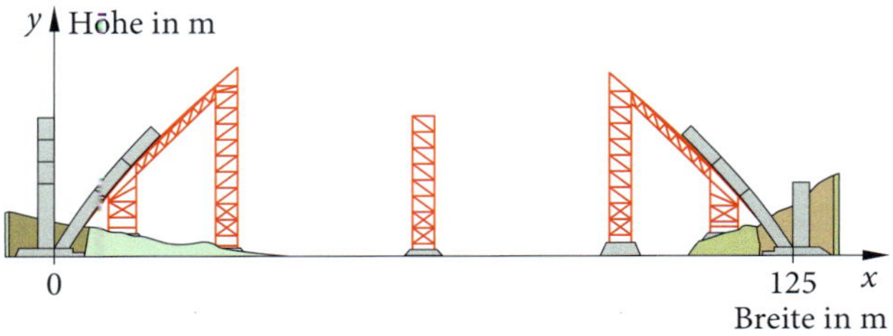

Welche Auswirkungen schon kleine Abweichungen auf den Bau einer Parabelbrücke haben können, wird im Folgenden untersucht. Bei dem Bau wird in der Regel von zwei Seiten gleichzeitig begonnen. Beide Seiten kann man mit Funktionen $f_1(x)$ und $f_2(x)$ beschreiben. Wenn man die Höhe von einem gemeinsamen Nullpunkt aus misst, ergeben sich die folgenden Werte:

linker Bogen

Breite x in m	Höhe $f_1(x)$ in m
0	0
3	4
5	6,5
10	12,5
20	22,8
30	30,9

rechter Bogen

Breite x in m	Höhe $f_2(x)$ in m
95	30,3
105	22,5
115	12,3
120	6,3
124	1
125	0

Zeichne die Punkte in ein Koordinatensystem und stelle eine Vermutung auf, ob sich die Bögen auf derselben Höhe treffen können und wenn ja, bei welchem Wert sie sich ungefähr treffen können.

c) Die Funktionsgleichungen der Parabelbögen in b) lauten:
von links: $f_1(x) = -0{,}011\,x^2 + 1{,}36\,x$; von rechts: $f_2(x) = -0{,}012\,x^2 + 1{,}62\,x - 15{,}3$
Erstelle mit einer Funktionensoftware die Graphen und eine Wertetabelle.
- Welcher Teil der beiden Funktionsgraphen gehört jeweils zu den beiden gebauten Parabelbögen?
- Lies aus dem Graphen und der Tabelle ungefähr ab, bei welchen Koordinaten sich die beiden Bögen treffen?
- Warum ist diese Stelle als Verbindung der beiden Bögen ungünstig? Was wäre eigentlich wünschenswert?

wiederholen

Wissensspeicher *Funktionen 9*

nachgedacht

Mit welcher Gleichung kann man die Stelle, wo sich die beiden Bögen treffen, genau bestimmen?

► Materialblock S. 8
Basisaufgabe

6 Brückenformen

a) Bei Brücken mit Parabelbögen ist nicht nur die Form der Parabel wichtig, sondern auch wie die Straße zur Parabel liegt.

- Vergleiche in beiden Bildern, wie eine Parabel und eine Gerade zueinander liegen können.
- Wo liegen jeweils die gemeinsamen Stellen von Straße und Parabelbogen?

012-1 *DGS-Datei*

012-2 *Kopiervorlagen*

b) Wie viele gemeinsame Punkte können eine Parabel und eine Gerade haben?
Wie viele gemeinsame Punkte können zwei Parabeln haben?
Erkunde beides entweder mit Hilfe des Applets oder mit Hilfe der Arbeitsmaterialien aus dem Internet, indem du Parabel und Gerade übereinanderlegst und verschiebst.

nachgedacht

wiederholen

Wissensspeicher *Funktionen 9*

c) Bereits bei linearen Funktionen wurden gemeinsame Werte zweier Geraden bestimmt.
Was ist ähnlich zum Bestimmen gemeinsamer Werte zwischen zwei Parabeln bzw. zwischen einer Parabel und einer Geraden?
Was ist anders?

7 Treffpunkt von Radfahrer und Läufer

Merve läuft los zum Joggen. Sie hat gleich eine konstante Geschwindigkeit von $120\,\frac{\text{m}}{\text{min}}$.
Till fährt die gleiche Strecke mit seinem Fahrrad, startet aber 5 min später.
Am Anfang beschleunigt er. In dieser Zeit lässt sich seine Strecke in Abhängigkeit von der Zeit beschreiben durch die Funktion $f(x) = 50\,(x - 5)^2$ (x: Zeit in min; $f(x)$: Strecke in m).

a) Stelle auch für Merves Bewegung einen Funktionsterm $g(x)$ auf. Verwende die Graphen und die Wertetabellen, um ungefähr zu bestimmen, wo Merve von Till eingeholt wird.

b) Pia und Ole stellen zwei verschiedene Gleichungen auf, um genau zu bestimmen, wann und wo sich Till und Merve treffen.
- Erkläre die beiden Ansätze, indem du beschreibst, was $f(x)$, $g(x)$ und $f(x) - g(x)$ jeweils in der Situation bedeuten.
- Sind beide Ansätze richtig? Nutze dazu auch die Tabelle und erkläre algebraisch, warum beide Ansätze richtig sind.

nachgedacht

c) Was ist ähnlich zu Aufgabe 6?

Erkunden C

Wie kann ich besondere Werte bestimmen?

8 Günstiger Verbrauch

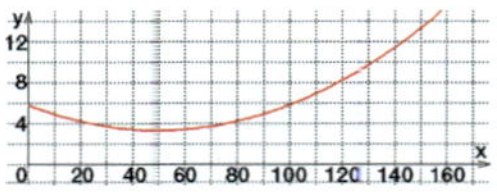

Merves Familie hat ein neues Auto angeschafft.
Für den Benzinverbrauch $f(x)$ (in Litern pro 100 km) in Abhängigkeit von der gefahrenen Geschwindigkeit x (in $\frac{km}{h}$) wird die Formel angegeben: $f(x) = 0{,}001\,x^2 - 0{,}1\,x + 5{,}8$.

wiederholen

Methodenspeicher
Hilfsmittel 11

a) Zeichne den Graphen zu $f(x)$ oder betrachte ihn in einer Funktionensoftware.

b) Lies aus dem Graphen in a) ab, bei welcher Geschwindigkeit der Benzinverbrauch 6 Liter pro 100 km beträgt.

c) Beschreibe, wie der Benzinverbrauch von der Geschwindigkeit abhängt. Was hat das für Folgen? Gib Merves Familie Tipps, wie sie Benzin sparen kann.

▶ Materialblock S. 9
Basisaufgabe

9 Größte Fläche finden

Die Bewohner in Tills Haus wollen einen neuen Stellplatz für Fahrräder vor dem Haus anlegen. Im Keller gibt es noch Sandsteine, mit denen der Stellplatz eingefasst werden soll und die für 25 m Begrenzung reichen. Der Platz soll rechteckig und möglichst groß sein.
Till fertigt eine Skizze an und erstellt eine Tabelle, in der er verschiedene Werte ausprobiert.

Seite x	Seite y	Flächeninhalt A(x)
5 m	15 m	75 m²
6 m		

a) Erkläre, wie Till gerechnet hat. Übertrage die Tabelle in dein Heft und probiere weitere Längen aus. Bei ungefähr welchem x wird der Flächeninhalt am größten?

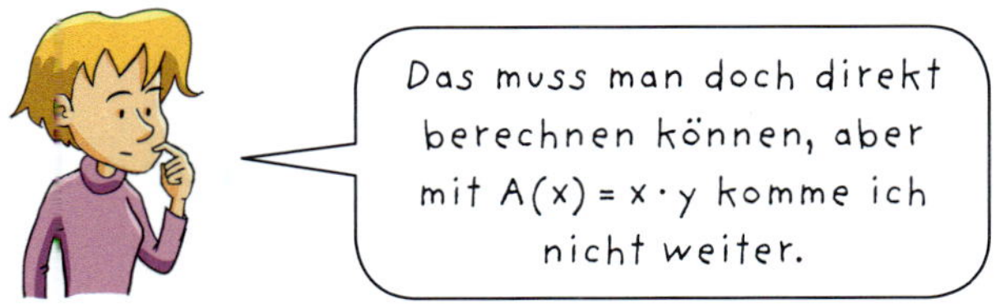

b) Nutze Pias Idee, den größten Wert genau zu berechnen. Überlege dazu, wie die Seitenlängen x und y voneinander abhängen. Stelle einen Term für $A(x)$ auf, der nur von x abhängt, damit du den Flächeninhalt berechnen kannst, wenn die Länge der Seite x gegeben ist.

c) Zeichne ein Koordinatensystem in dein Heft und trage die Werte für x und den Flächeninhalt ein. Welche Kurve ergibt sich, wenn man die Punkte geeignet verbindet? An welcher Stelle x hat die Kurve ihren höchsten Punkt?

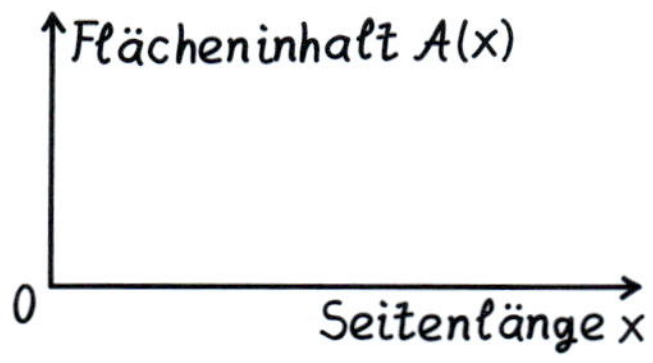

nachgedacht

d) Vergleiche, welche besonderen Werte es in den Graphen von linearen Funktionen gibt und welche in Parabeln?

weitergedacht

e) Ist der Platz mit dem größten Flächeninhalt überhaupt als Stellplatz geeignet?

Ordnen A

Wie kann man bei quadratischen Zusammenhängen unbekannte Werte bestimmen?

1 Gleichungen aufstellen

In funktionalen Zusammenhängen wie zum Beispiel bei Bremswegen in Abhängigkeit von der Geschwindigkeit sind zwei typische Aufgaben wichtig:

① Wert einsetzen Geg.: x | Ges.: $f(x)$	② Gleichung lösen Geg.: $f(x)$ | Ges.: x
z. B.: $f(x) = 2x^2$ Geg.: $x = 3$, Ges.: $f(3)$ $f(3) = 2 \cdot 3^2 = 18$	z. B.: $f(x) = 2x^2$ Geg.: $f(x) = 50$; Ges: x $2x^2 = 50$ Es entsteht eine *quadratische Gleichung**.

*** Neues Wort**
*Wenn ein Term einer Gleichung zu einer quadratischen Funktion gehört, dann spricht man von einer **quadratischen Gleichung**.*

wiederholen
Wissensspeicher
Gleichungen 3
► Materialblock S. 1 Wissensspeicher

a) Löse zur linearen Funktion $f(x) = 2x - 3$ die beiden Aufgaben jeweils mit Tabelle, Graph und Term. Vergleicht eure Ergebnisse und füllt die Lücken im Wissensspeicher.
① Wie groß ist $f(x)$ bei $x = 4$?
② Bei welchem x ist $f(x) = 4$? Kontrolliere dein Ergebnis durch Einsetzen.

Löse zur quadratischen Funktion $f(x) = 3x^2$ die beiden Aufgaben jeweils mit Tabelle, Graph und Term. Vergleicht eure Ergebnisse und füllt die Lücken im Wissensspeicher.
① Wie groß ist $f(x)$ bei $x = -1$?
② Für welche x ist $f(x) = 0{,}75$?

Am Graphen ablesen
Rückwärtsrechnen

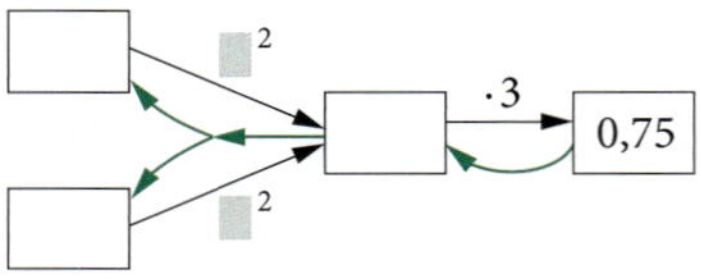

- Stelle die Gleichung auf.
- Markiere im Graphen mit Pfeilen die Lösungen.
- Vervollständige das Pfeilbild und gib zu jedem Pfeil an, welche Rechnung du nutzt.
- Kontrolliere deine Lösungen durch Einsetzen in die Ausgangsgleichung.

b) Vergleicht die Anzahl der Lösungen zu a) und b) und erläutert die Anzahl der Lösungen am Graphen und an der jeweiligen Rechnung.

2 Quadratische Gleichungen umformen

Erinnere dich
Man fasst die Lösungen einer Gleichung in einer Lösungsmenge L zusammen.

Quadratische Gleichungen wie zum Beispiel $3x^2 = 3$ werden wie lineare Gleichungen umgeformt, um sie so weit zu vereinfachen, dass x bestimmt werden kann, hier zum Beispiel: $:3$.
So gelangt man zu einer Gleichung: $x^2 = 1$, zu deren Umformung der Schritt Wurzel finden nötig ist.
Erkläre graphisch und rechnerisch, warum dabei zwei Lösungen entstehen können.

$3x^2 = 3 \quad | :3$
$x^2 = 1 \quad |$ Wurzel finden
$x_1 = 1$ und $x_2 = -1$
$L = \{1; -1\}$

Am Graphen ablesen
Rückwärtsrechnen

a) Nutze den Wissensspeicher und löse die Gleichung $(x - 3)^2 = 4$ auf zwei Weisen:
- graphisch, indem du mit Pfeilen am Graphen die Lösungen markierst,
- durch Gleichungsumformen wie im Beispielkasten

► Materialblock S. 2 Wissensspeicher

Nutze den Wissensspeicher und löse die Gleichung $(x - 2)^2 + 3 = 4$ wie in b).

Vergleicht eure Ergebnisse zu b) und c) und ergänzt den Wissensspeicher.

3 Quadratische Gleichungen in unterschiedlichen Formen

Erinnere dich
Das Vereinfachen von Gleichungen, sodass die Lösungsmenge gleich bleibt, nennt man äquivalentes Umformen.

a) Man kann quadratische Gleichungen nicht immer direkt erkennen.
Dann muss man erst umformen, um sie zu erkennen.
Welche der folgenden Gleichungen sind quadratische Gleichungen?

① $(x-1)^2-9=0$ ② $(x+2)(x-4)=0$ ③ $(x-5)(x+1)=0$ ④ $2x-8=5-6x$

⑤ $(x+2)(x-4)+3=3$ ⑥ $x^2-2x-8=0$ ⑦ $x^2-x^2-8x=0$ ⑧ $-(x-2)^2=-9$

wiederholen
Wissensspeicher
Gleichungen 2

b) Untersuche die Gleichungen aus a):
- Beschreibe die Form der Gleichung (zum Beispiel: Scheitelpunktform, allgemeine Form). Welche Gleichungen kannst du durch Rückwärtsrechnen lösen?
- Welche Gleichungen hast du umgeformt, um zu erkennen, dass es eine quadratische Gleichung ist?
- Welche der Gleichungen sind äquivalent, haben also die gleiche Lösungsmenge?

c)

Bei den Gleichungen ② und ③ kann man die Lösungen direkt am Term ablesen: −2 und 4 bzw. 5 und −1 sind genau die Lösungen.

Ja, stimmt. Das sind Produkte, sonst sind es meist Summen. Und das Produkt wird auch noch 0.

Nullprodukt nutzen

Erkläre mit Pias Erkenntnis, warum Till die Lösung direkt am Term ablesen kann und wie er das genau macht. Nutze auch die Überlegung, wann ein Produkt aus Zahlen 0 wird.

d) Bei welchen der folgenden Gleichungen funktioniert der Ansatz Nullprodukt nutzen?
Welche Gleichungen kann man umformen, dass man das Nullprodukt nutzen kann?
Gib die Lösungen dieser Gleichungen an.

(1) $(x+2)^2=0$	(2) $(x+1)(x-4)=0$	(3) $(x+1)(x-4)=5$
(4) $(x+1)(x-4)+2=2$	(5) $-(x-1)(x-4)=0$	(6) $x^2+2x+1=0$
(7) $0=(x+1)(x-4)$	(8) $4x^2=0$	(9) $x(x-2)=0$

e) Merve und Ole haben jeweils die Gleichung $(x+2)(x-4)=5$ gelöst mit dem Ansatz Nullprodukt nutzen.

$(x+2)(x-4)=5$
$x+2=0$ oder $x-4=0$
$x_1=-2$ und $x_2=4$ falsch

$(x+2)(x-4)=5$
$x+2=5$ oder $x-4=5$
$x_1=3$ und $x_2=9$ falsch

(1) Warum sind beide Lösungen falsch? Korrigiere.
(2) Beschreibe, bei welcher Art von Gleichung sich Nullprodukt nutzen gut eignet.

*✱ **Neues Wort***
***Nullstellen** sind die x-Werte einer Funktion, bei denen der Funktionswert 0 wird, also der Graph die x-Achse trifft.*

► Materialblock S. 2
Wissensspeicher

f) Mit welcher Gleichung bestimmt man die *Nullstellen*✱ eines Graphen?
Erkläre am Beispiel $f(x)=x^2-2x-8=(x+2)(x-4)$. Gib die Nullstellen an und markiere sie im Wissensspeicher durch Pfeile am Graphen.

g) Vergleicht eure Ergebnisse aus e) (2) und f) und übertragt sie in den Wissensspeicher.

▶ Materialblock S. 10
Basisaufgabe

4 Eine Formel zum Lösen einer quadratischen Gleichung

wiederholen
Wissensspeicher
Funktionen 15

In vielen Situationen ergeben sich quadratische Gleichungen der Form $x^2 + px + q = 0$, wobei p und q beliebige Zahlen sind. Diese Art der quadratischen Gleichung lässt sich nicht direkt durch Rückwärtsrechnen lösen.
Dann hilft es, den Term auf der linken Seite mit der quadratischen Ergänzung in die Scheitelpunktform umzuformen.

a) Forme zunächst in der folgenden Gleichung den linken Term in die Scheitelpunktform einer Parabel um.

$$x^2 + 8x + 16 = 0$$

- Erinnere dich dabei an die binomischen Formeln und forme um zu $(x + \square)^2 = 0$.
- Bestimme dann die Lösung.

b) (1) Warum funktioniert der Weg aus a) nicht bei dieser Gleichung?

$$x^2 + 8x + 12 = 0$$

▶ Materialblock S. 3
Wissensspeicher

(2) Vollziehe zuerst den folgenden Schritt der quadratischen Ergänzung nach. Führe dann die Rechnung in der linken Spalte der Tabelle im Wissensspeicher zu Ende. Gib jeweils die Umformungsschritte an.
Arbeite zunächst mit Bleistift, wenn du unsicher bist.

Quadratisch ergänzen

$$x^2 + 8x + 12 = 0$$
$$x^2 + 8x + \mathbf{16} - \mathbf{16} + 12 = 0$$
$$\vdots$$

(3) Warum behält die Gleichung dieselben Lösungen, obwohl 16 addiert wurde?

c) Wenn man die Schritte aus b) allgemein für die Gleichung $x^2 + px + q = 0$ mit den Variablen p und q statt mit Zahlen durchführt, erhält man eine allgemeine Lösung für beliebige p und q. Fülle dazu die rechte Spalte der Tabelle im Wissensspeicher und gib jeweils die Umformungsschritte an.
Arbeite zunächst mit Bleistift, wenn du unsicher bist.

$$x^2 + px + q = 0$$
$$x^2 + px + \left(\frac{p}{2}\right)^2 - \left(\frac{p}{2}\right)^2 + q = 0$$
$$\vdots$$
$$x_1 = -\frac{p}{2} + \sqrt{\left(\frac{p}{2}\right)^2 - q} \quad \text{und} \quad x_2 = -\frac{p}{2} - \sqrt{\left(\frac{p}{2}\right)^2 - q}$$

Dieses Ergebnis der Umformungen nennt man die ***p*-*q*-Formel**, um die Lösungen von quadratischen Gleichungen zu bestimmen.

p-q-Formel anwenden

d) Mit den Umformungsschritten in c) hast du eine allgemeine Formel gefunden, um die Lösungen einer quadratischen Gleichung allein aus den Faktoren p und q zu berechnen. Löse mit Hilfe dieser Formel die folgende Gleichung und kontrolliere die Lösung durch Einsetzen in die ursprüngliche Gleichung.

$$x^2 - 1{,}5x - 1 = 0$$

e) Vergleicht eure Rechnungen zu a) bis d) und ergänzt den Wissensspeicher.

5 Anzahl der Lösungen

Geg.:
$f(x) = (x+1)^2 = 4$
Ges.: x
Betrachte den Graphen zu $f(x) = (x+1)^2$ an der Stelle $f(x) = 4$.

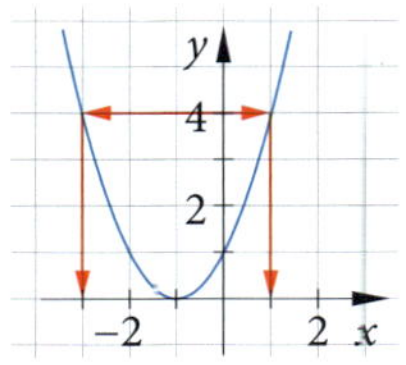

a) Bestimme die Anzahl der Lösungen bei folgenden Gleichungen so:
- Überlege dir die Anzahl im Kopf. Stelle dir wie im Beispiel links jeweils den Graphen vor oder zeichne die Graphen mit einer Funktionensoftware.
- Überprüfe die Anzahl durch Lösen der Gleichung (Rückwärtsrechnen , Nullprodukt nutzen , p-q-Formel anwenden).
- Gib jeweils die Lösungsmenge an.

(1) Ⓐ $(x+1)^2 = 3$	(2) Ⓐ $(x-3)^2 = 4$	(3) Ⓐ $x^2 = -16$
Ⓑ $(x+1)^2 = 2$	Ⓑ $(x-1)^2 = 4$	Ⓑ $x^2 = -9$
Ⓒ $(x+1)^2 = 0$	Ⓒ $x^2 = 4$	Ⓒ $x^2 = 0$
Ⓓ $(x+1)^2 = -2$	Ⓓ $(x+1)^2 = 4$	Ⓓ $x^2 = 9$
Ⓔ $(x+1)^2 = -3$	Ⓔ $(x+3)^2 = 4$	Ⓔ $x^2 = 16$

b) Begründe jeweils für (1), (2) und (3) aus a) mit Hilfe einer Skizze der jeweiligen Graphen, warum manche der Gleichungen keine oder eine Lösung oder zwei Lösungen haben.

c) Woran erkennt man in der Formel aus Aufgabe 4 c) auf Seite 16, ob eine quadratische Gleichung keine, eine oder zwei Lösungen hat?

d) Nullstellen von quadratischen Funktionen kann man also mit Hilfe von quadratischen Gleichungen bestimmen. Man setzt dann $f(x) = 0$.
Wie viele Nullstellen kann eine quadratische Funktion haben?
Gib jeweils ein Beispiel an.

► Materialblock S. 4 Wissensspeicher

e) Vergleicht eure Ergebnisse zu b) und d) und übertragt sie in den Wissensspeicher.

6 Günstiges Lösungsverfahren

P A D E K

Um eine quadratische Gleichung zu lösen, hast du verschiedene Möglichkeiten kennengelernt.

Graphisch Lösen · Rückwärtsrechnen · Nullprodukt nutzen · quadratisch Ergänzen · p-q-Formel anwenden

a) Wähle zu jedem Lösungsverfahren eine der folgenden Gleichungen aus, die du damit schnell lösen kannst, und löse sie.

① $5x^2 = 125$ ② $(x-3)^2 = 1$ ③ $(8x-8)(x+2) = 0$ ④ $x^2 + 12x^2 + 10 = 0$ ⑤ $x^2 + 2x^2 + 2 = 0$

b) Pia löst Gleichungen immer mit der p-q-Formel.
Begründe, warum Pia Recht hat und warum es trotzdem manchmal besser ist, ein anderes Verfahren einzusetzen.
Welcher der anderen Wege klappt auch immer?

► Materialblock S. 4 Wissensspeicher

c) Vergleiche deine Ergebnisse mit deinem Nachbarn und übertrage die Beispiele in den Wissensspeicher.

Ordnen B

Wie kann man gemeinsame Werte bestimmen?

7 Lage von Parabeln und Geraden untersuchen

Graphen von quadratischen und linearen Funktionen können auf verschiedene Weisen zueinander liegen.
Sie können gemeinsame Punkte haben oder nicht.

a) Untersuche an den folgenden Beispielen, wie eine Parabel und eine Gerade zueinander liegen können.

(1) Wie viele gemeinsame Werte haben die Parabel zu $f(x) = x^2 + 3$ und jeweils die Gerade
$g_1(x) = 2x - 1$;
$g_2(x) = 2x$;
$g_3(x) = 2x + 2$;
$g_4(x) = 2x + 3$?

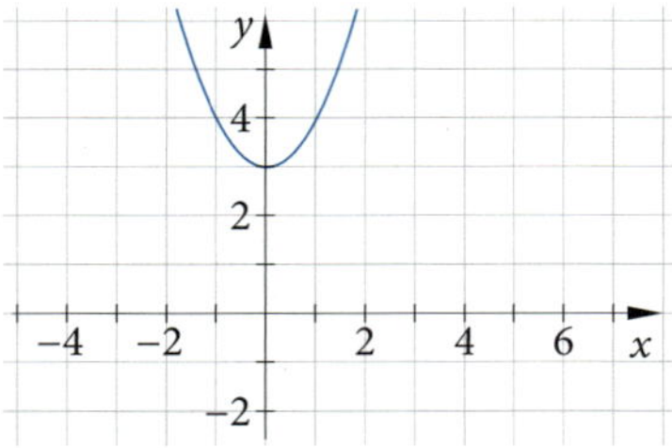

(2) Wie viele gemeinsame Werte haben die Gerade zu $f(x) = -2x$ und jeweils die Parabel
$g_1(x) = -(x - 2)^2$;
$g_2(x) = -(x - 2)^2 + 1$;
$g_3(x) = -(x - 2)^2 + 3$;
$g_4(x) = -(x - 2)^2 + 5$?

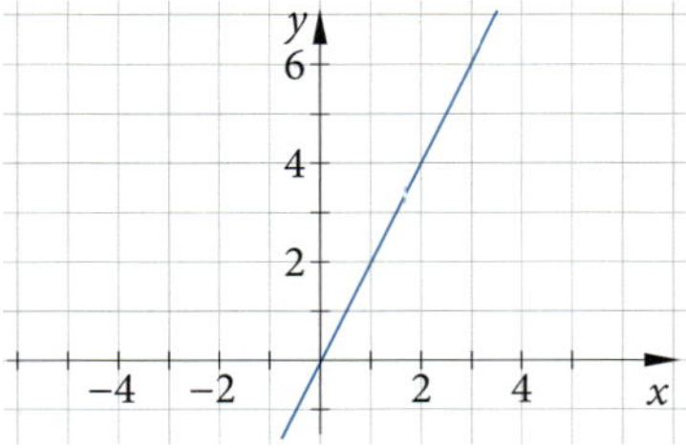

b) Untersuche nun, wie zwei Parabeln zueinander liegen können.
Wie viele gemeinsame Werte haben die folgenden Graphen?
Parabel zu $f(x) = x^2$ und jeweils die Parabel $g_1(x) = -x^2 - 2$; $g_2(x) = -x^2$; $g_3(x) = -x^2 + 2$.

► Materialblock S. 5 Wissensspeicher

c) Gib jeweils die gemeinsamen Werte in a) und b) an, kontrolliere deine Rechnungen durch Einsetzen der Lösungen in beide Funktionsterme und trage passende Beispiele in der Tabelle im Wissensspeicher ein.
Ergänze fehlende Beispiele in der Tabelle.

d) Warum kommen in den Beispielen in a) und b) alle möglichen Fälle vor, wie viele gemeinsame Werte eine Parabel und eine Gerade bzw. zwei Parabeln haben können? Begründe an Hand von Graphen.

e) In den Beispielen in a) und b) entsteht immer eine quadratische Gleichung.
Warum ist das so?

weitergedacht

f) In b) hast du zwei Parabeln betrachtet, bei denen die eine nach oben und die andere nach unten geöffnet ist. Auch zwei Parabeln, die beide nach oben geöffnet sind, können zwei Schnittpunkte haben, wie die beiden nebenstehenden.
Warum ist das so? Nutze d) für deine Antwort.

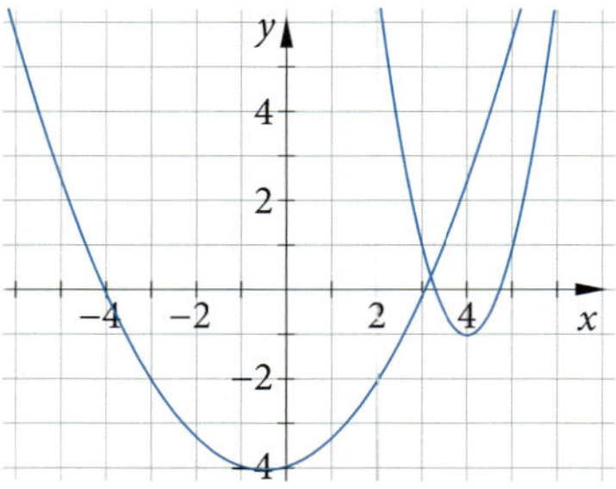

Ordnen C

Wie kann man besondere Werte bestimmen?

8 Probleme systematisch lösen

Bei linearen Funktionen sind die Nullstelle und die Stelle $x = 0$ (Schnittpunkt mit der y-Achse) die einzigen besonderen Werte. Bei quadratischen Funktionen kommt nun noch der x-Wert des Scheitelpunktes als besonderer Wert hinzu.

a) Bei der Suche nach Werten in quadratischen Zusammenhängen können dir folgende Leitfragen helfen, um das Problem zu verstehen und den Ansatz zu finden:
- Was bedeutet x? Was bedeutet $f(x)$? Was ist gegeben?
- Welcher Wert ist gesucht? Ist es vielleicht ein besonderer Wert?

Nutze diese Leitfragen, um zu den folgenden **Problemen** (P1–P4) den passenden Aufgabentyp als **Ansatz** (A1–A4) und die passenden Rechnungen für die **Durchführung** (D1–D4) zu finden. Wichtig: Alle Probleme beziehen sich auf $f(x) = -x^2 - x + 2$.

P A D E K

P 1 Der Graph von f beschreibt die Flugbahn eines Medizinballs. Wo trifft der Ball wieder auf die Erde?

P 2 Der Graph von f beschreibt die Parabelform eines Brückenbogens. Die Straße über diese Brücke lässt sich beschreiben mit $g(x) = 0{,}5x + 1{,}5$. An welchen Punkten trifft die Straße den Brückenbogen?

P 3 Der Graph von f beschreibt im Bereich $0 < x < 1$ die Einnahmen eines Kiosks. x steht für die Zeit (in Jahren) und $f(x)$ für die Einnahmen (in Tausend €). Zu welchem Zeitpunkt werden 1250 € eingenommen?

P 4 Der Graph von f beschreibt eine Wurfparabel. Wo ist der geworfene Gegenstand am höchsten?

P **A** D E K

A 1 Schnittpunkte bestimmen

A 2 $f(x)$ ist gegeben, x ist gesucht

A 3 Nullstellen bestimmen

A 4 den extremen Wert bestimmen

P A **D** E K

D 1
$$\begin{aligned} -x^2 - x + 2 &= 1{,}25 && \mid -1{,}25 \\ -x^2 - x + 0{,}75 &= 0 && \mid \cdot(-1) \\ x^2 + x - 0{,}75 &= 0 && \mid p\text{-}q\text{-Formel} \\ x_1 = -1{,}5 &\text{ und } x_2 = 0{,}5 \end{aligned}$$

D 2
$$\begin{aligned} -x^2 - x + 2 &= 0 && \mid \cdot(-1) \\ x^2 + x - 0{,}75 &= 0 && \mid \text{system. Probieren} \\ x_1 = 1 &\text{ und } x_2 = -2 \end{aligned}$$

D 3
$$\begin{aligned} -x^2 - x + 2 &= -(x^2 + x - 2) \\ &= -(x^2 + 2 \cdot 0{,}5 \cdot x + (0{,}5)^2 - 0{,}25 - 2) \\ &= -((x + 0{,}5)^2 - 2{,}25) \\ &= -(x + 0{,}5)^2 + 2{,}25 \end{aligned}$$
Scheitelpunkt: $(-0{,}5 \mid 2{,}25)$

D 4
$$\begin{aligned} -x^2 - x + 2 &= 0{,}5x + 1{,}5 && \mid -0{,}5x - 1{,}5 \\ -x^2 - x + 2 - 0{,}5x - 1{,}5 &= 0 && \mid \cdot(-1) \\ -x^2 - 1{,}5x + 0{,}5 &= 0 && \mid p\text{-}q\text{-Formel} \\ x_1 \approx -1{,}78 &\text{ und } x_2 \approx 0{,}28 \end{aligned}$$

b) Welche bedeutsamen Wörter in der Aufgabenstellung geben Hinweise, um welchen Aufgabentyp (A1–A4) es sich handelt (zum Beispiel am höchsten/größten; gleich sein)?

P A D **E** K
P A D E **K**

c) Nach der Rechnung muss man das Ergebnis erklären und kontrollieren, zum Beispiel:
Er trifft nach einem Meter auf den Boden auf. Die negative Lösung passt hier nicht.
Kontrolle: $-1^2 - 1 + 2 \neq 0$
Zu welchem der Probleme (P1–P4) gehört diese Antwort? Erkläre und kontrolliere auch die Ergebnisse der Rechnungen zu den anderen drei Problemen.

► Materialblock S. 6
Wissensspeicher

d) Vergleicht eure Ergebnisse und füllt die Tabelle im Wissensspeicher.

Vertiefen 1

Unbekannte Werte mit verschiedenen Darstellungen bestimmen

1 Reicht's oder reicht's nicht?

Zwei Autofahrerinnen und ein Autofahrer beteiligen sich an einem Bremstest. Sie fahren auf einer Teststrecke, auf der nach einer Kurve eine Schranke in einer Entfernung von 27 m zu sehen ist. Sie sollen vor der Schranke zum Halten kommen.

Frau A fährt routiniert, reagiert schnell

Geschwindigkeit: 90 $\frac{km}{h}$
Reaktionszeit: 0,4 s

Herr B fährt vorsichtig, reagiert langsam

Geschwindigkeit: 72 $\frac{km}{h}$
Reaktionszeit: 0,9 s

Frau C fährt zügig, reagiert schnell

Geschwindigkeit: 108 $\frac{km}{h}$
Reaktionszeit: 0,3 s

Erinnere dich
36 $\frac{km}{h}$ sind 10 $\frac{m}{s}$.

a) Was vermutest du: Wer von den dreien reißt die Schranke und wer kommt noch rechtzeitig zum Stehen?

020-1 *Simulation*

b) Für den Bremstest mit Frau A kannst du die Simulation aus der Aufgabe 1 auf Seite 8 verwenden. Um eine Übersicht zu erhalten, lege zusätzlich eine Tabelle an und trage die Werte in ein Koordinatensystem ein.

c) Für Herrn B und Frau C kannst du auch die Simulation verwenden, musst aber die Anzahl der Zeitschritte bei der Reaktionszeit anpassen. Trage alle Werte wieder in eine Tabelle ein und übertrage sie in ein Koordinatensystem.

weitergedacht

d) Welche Empfehlung gibst du aufgrund deiner Berechnungen den drei Personen?

Training

2 Bremsweg beim ICE

Ein ICE ist viel schneller unterwegs als ein Pkw. Zudem hat er ein Vielfaches an Gewicht. Der Bremsweg des ICE lässt sich mit der Faustformel $b = \frac{v^2}{32}$ berechnen.
Die zulässige Höchstgeschwindigkeit mit Passagieren wird auf der Schnellfahrstrecke zwischen Frankfurt und Köln gefahren und beträgt 300 $\frac{km}{h}$.

a) Erstelle eine Wertetabelle für die Bremswege bei Geschwindigkeiten von 25 $\frac{km}{h}$, 50 $\frac{km}{h}$, … , 300 $\frac{km}{h}$.
Trage in die Tabelle auch ein, um wie viel Meter sich der Bremsweg jeweils verlängert.

b) Übertrage die Werte für v und b in ein Koordinatensystem und zeichne einen Graphen.

c) Kann der Zug bei einer Geschwindigkeit von 300 $\frac{km}{h}$ noch anhalten, wenn der Zugfahrer ein Hindernis in 1 km, 2 km oder gar 5 km Entfernung sieht?

weitergedacht

d) Warum gibt es Kameras und Zäune auf ICE-Strecken?

Training

3 Unbekannte Werte graphisch bestimmen

a)
- Löse die folgenden Aufgaben durch Ablesen am Funktionsgraphen. Erweitere eventuell in Gedanken das Koordinatensystem.
- Überprüfe deine Lösungen durch Einsetzen in die Funktionsgleichung.

(A) $f(x) = 0{,}5x - 1$

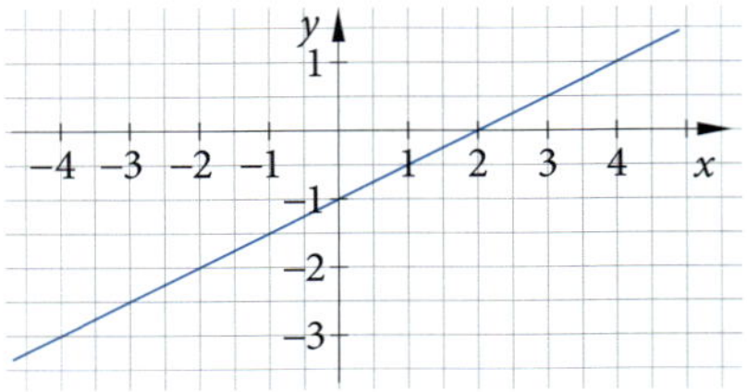

(B) $f(x) = x^2 - 4$

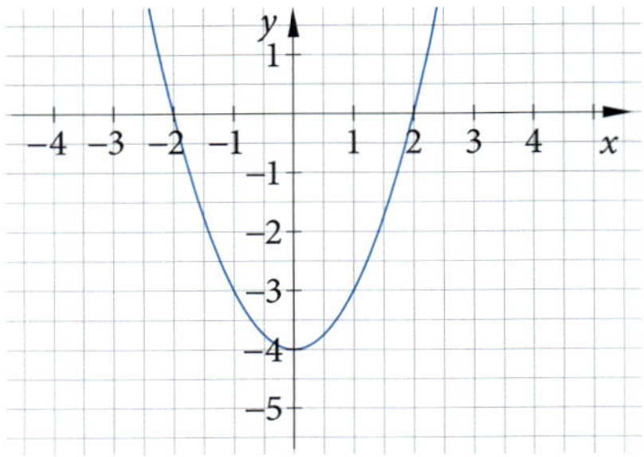

Am Graphen ablesen

(1) Welcher Funktionswert $f(x)$ gehört jeweils zu $x = 0$, zu $x = 3$ und zu $x = -3$?

(2) Welche x-Werte gehören zu $f(x) = -3$, welcher zu $f(x) = 0$?

(A) $f(x) = -\frac{1}{3}x + 3$

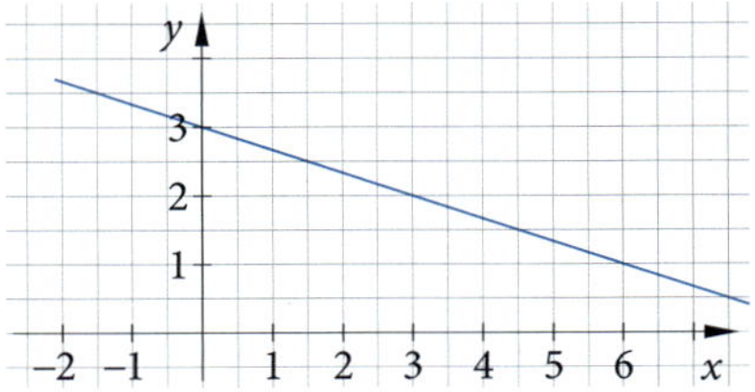

(B) $f(x) = -(x-1)^2 + 4$

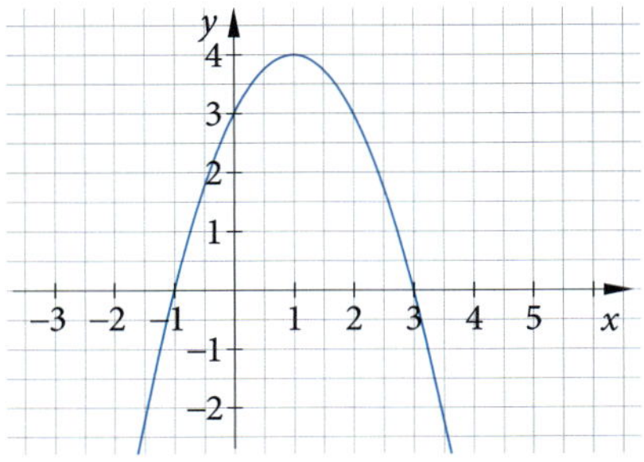

(1) Welcher Funktionswert $f(x)$ gehört jeweils zu $x = 6$, zu $x = -1$ und zu $x = -2$?

(2) Welche x-Werte gehören zu $f(x) = 3$, welcher zu $f(x) = 4$?

b) Begründe rechnerisch, dass der Punkt $(3|-1)$ auf keinem der Funktionsgraphen liegt.

4 Prognosen für den Gewinn

Monat	Gewinn
1	250 €
2	190 €
3	170 €
4	180 €
5	240 €
6	270 €
7	290 €
8	300 €
9	325 €
10	370 €
11	300 €
12	300 €

Bei einem Schulkiosk wird ein Jahr nach der Eröffnung der Gewinn in den letzten 12 Monaten betrachtet und man überlegt, wie es wohl weitergeht. Zwei Modelle zur Gewinnentwicklung werden diskutiert:

① $f(x) = -3{,}5\,(x - 10)^2 + 325$

② $f(x) = 5\,(x - 3)^2 + 165$

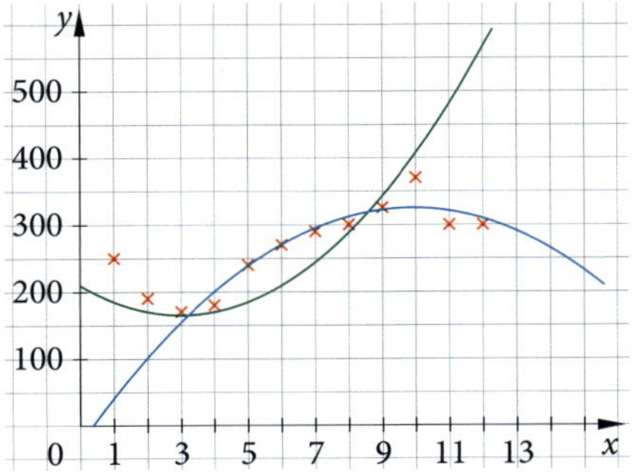

a) Wie hoch wäre der Gewinn in beiden Modellen nach einem weiteren, also dem 13. Monat ($x = 13$) und nach einem halben Jahr?

b) Wann würde nach beiden Modellen ein Gewinn von 400 € erzielt werden, wann wäre der Gewinn am höchsten und wann am geringsten?

weitergedacht

c) Wie realistisch sind die beiden Modelle, um eine gute Prognose zu erzielen?

Training

5 Besondere Stellen mit Null

(A) $f(x) = -\frac{2}{3}x + 3$

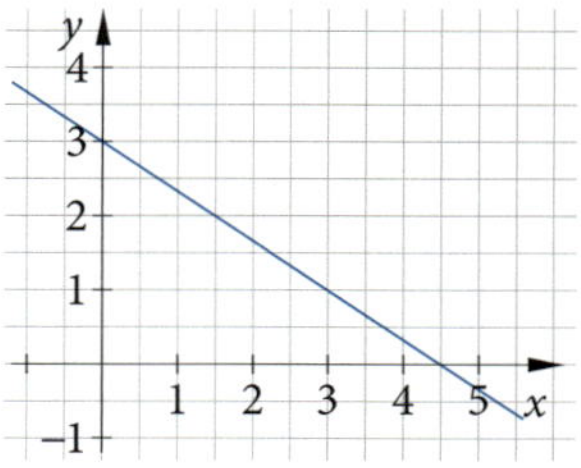

(B) $f(x) = -(x-2)^2 + 1$

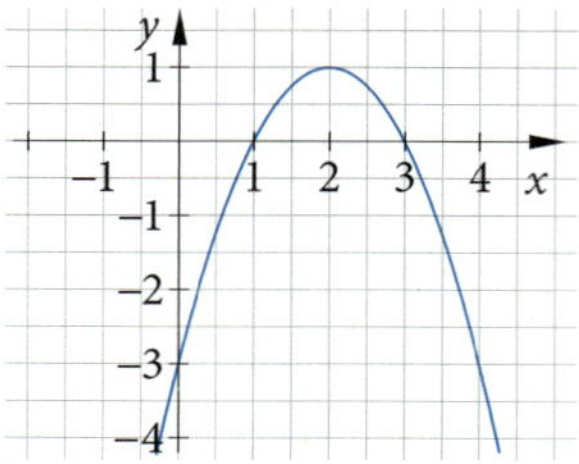

a) Beantworte jeweils die folgenden Fragen.

(1) Zu welchem x gehört der Funktionswert $f(x) = 0$?
Löse die Gleichung rechnerisch und überprüfe am Graphen und durch Einsetzen.

(2) Zu welchem $f(x)$ gehört der Wert $x = 0$?
Setze in die Funktionsgleichung ein und überprüfe am Graphen.

b) Beschreibe den Unterschied zwischen den Lösungen aus a) zu (A) und (B). Erkläre am Graphen und an der Gleichung.

Training

6 Unbekannte Werte durch Rückwärtsrechnen bestimmen

▶ Materialblock S. 11
Basisaufgabe

Rückwärtsrechnen

a) Übertrage das Pfeilbild in dein Heft und löse damit die Gleichung $3\,(x-2)^2 = 12$ durch Rückwärtsrechnen.

- Fülle die Kästen und gib die Operationen an den Pfeilen an.
- Gib die Lösungsmenge der Gleichung an.
- Formuliere einen Satz, warum die Gleichung zwei Lösungen hat.

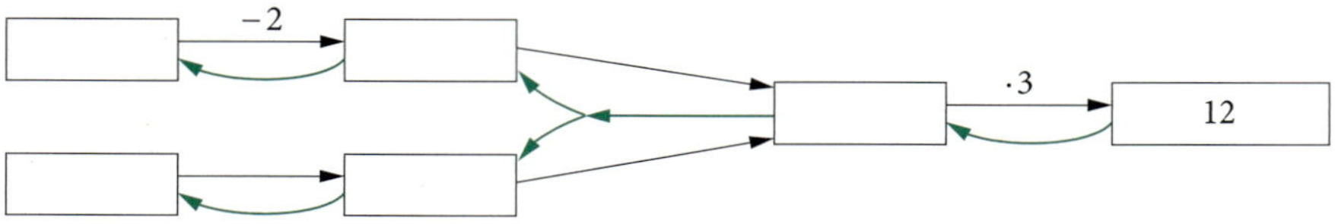

b) Löse ebenso die folgenden Gleichungen durch Rückwärtsrechnen.
Stelle die Rechnung mit Pfeilbildern dar.

(1) $(x-2)^2 = 9$
(2) $x^2 - 4 = 5$
(3) $2x^2 = 32$

(1) $5\,(x-2)^2 = 10$
(2) $4\,(x+3)^2 = 100$
(3) $3\,(x-4)^2 + 7 = 10$

c) Worin bestehen die Unterschiede zwischen den Pfeilbildern in b)?

d) Denk dir eine eigene Aufgabe zum Rückwärtsrechnen mit Pfeilbild aus.

Training

7 Quadratische Gleichungen erkennen

a) Welche der folgenden Gleichungen sind linear und welche quadratisch?
Löse die Gleichungen.

(1) $0{,}5 - x^2 = 0{,}25$
(2) $2x - 0{,}5 = 0$
(3) $0{,}5x\,(4 - x) = 0$
(4) $(x-2)\,(x+3) = 0$
(5) $(x-2)^2 + 9 = 9$

(1) $0{,}5x\,(4 - x) = 0$
(2) $4x + 3 = 5$
(3) $x^2 + 21x : 7 = 0$
(4) $5x^3 = 0$
(5) $(x-2)^2 - x^2 = 0$

b) Denk dir zwei quadratische Gleichungen aus, denen man nicht direkt ansieht, dass sie quadratisch sind.

▶ Materialblock S. 11
Basisaufgabe

8 Nullstellen finden

a) Bestimme die Nullstellen, also die x-Werte, bei denen $f(x) = 0$ gilt.
Löse rechnerisch und graphisch an Hand einer Skizze.

(1) $f(x) = 4 - x^2$
(2) $f(x) = 4 - x$
(3) $f(x) = 3x^2$
(4) $f(x) = (2 - x)(2 + x)$
(5) $f(x) = (3 - x)(3 + x)$
(6) $f(x) = 0{,}5x \cdot (x - 1)$
(7) $f(x) = 5x^2 - x$
(8) $f(x) = x^3 - 2$

b) Eine quadratische Funktion hat keine Nullstelle, eine Nullstelle oder zwei Nullstellen.
Gib zu den drei Möglichkeiten jeweils zwei Beispiele an. Nutze auch Beispiele aus a).

9 Lösungsmenge interpretieren

a) Für die Gleichung $x^2 + 3x - 4 = 0$ wurde die Lösungsmenge $L = \{-4; 1\}$ ermittelt.
Welche Aussagen sind richtig? Begründe.

(1) Der Wert $x = -4{,}1$ ist die Lösung der Gleichung.
(2) Wenn ich -4 einsetze, erhalte ich auf der linken Seite 1.
(3) Wenn ich die Zahlen -4 oder 1 in die Gleichung einsetze, erhalte ich auf der linken Seite auch null.
(4) Der Punkt $(-4|1)$ liegt auf dem Graphen zu $f(x) = x^2 + 3x - 4$.
(5) -4 und 1 sind Nullstellen der Funktion $f(x) = x^2 + 3x - 4$.

b) Kontrolliere, ob die Lösungsmenge richtig ermittelt wurde.

Training

10 Gleiche Lösungsmenge

a) Drei Gleichungen haben jeweils die gleiche Lösungsmenge. Finde sie durch Umformen.

(1) $x^2 + 6x + 9 = 4$
(2) $(x + 3)^2 + 1 = 5$
(3) $x^2 - 10x + 25 = 4$
(4) $x^2 + 14x + 49 = 4$
(5) $(x + 7)^2 = 4$
(6) $(x + 7)^2 + 2 = 6$
(7) $(x - 5)^2 = 4$
(8) $(x + 3)^2 = 4$
(9) $(x - 5)^2 - 2 = 2$

Am Graphen ablesen

b) Jede der Gleichungen aus a) lässt sich mit mindestens einem der folgenden Graphen lösen. Finde zu jeder Gleichung einen solchen Graphen. Skizziere den Graphen in dein Heft und markiere mit Pfeilen die Lösung der Gleichung.

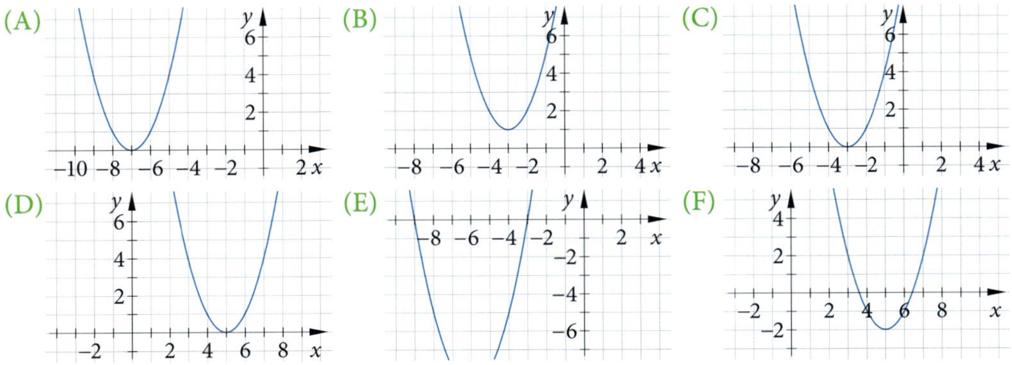

c) Findest du zu den einzelnen Gleichungen einen weiteren Graphen, der passt?
Begründe jeweils, warum die Gleichung dazu passt.

Vertiefen 2

Quadratische Gleichungen mit verschiedenen Rechenwegen lösen

Training

11 Null mal irgendwas gibt Null

a) Finde die Lösungen der Gleichungen auf möglichst günstigem Weg.
Zeige zunächst durch Einsetzen, dass 4 und 5 Lösungen der Gleichung $(x-4)(x-5)=0$ sind.

(1) $(5-x)(x-3)=0$
(2) $(x+1)^2=0$
(3) $x(x-7)=0$

(1) $(2x-6)(5x-10)=0$
(2) $(15-3x)(15-5x)=0$
(3) $(15+3x)(15+5x)=0$
(4) $(x-7)^2+5=5$
(5) $3x(x-7)+1=1$

b) Funktioniert deine Strategie auch bei $(x-2)(x-3)=7$? Beschreibe in einem Satz, wann man den Weg Nullprodukt nutzen verwenden kann und warum er funktioniert.

c) Finde zu jeder Gleichung aus a) noch eine andere Gleichung mit gleicher Lösungsmenge.

12 Von der allgemeinen Form zum Nullprodukt

Problemlösen

Nullprodukt nutzen

a) Hilf Pia in ihrer Überlegung, indem du die Klammern in den Gleichungen in (A) auflöst. Wie entstehen dabei die Zahlen p und q in der allgemeinen Form, zum Beispiel wenn $(x+1)\cdot(x+2)=0$ umgeformt wird zu $x^2+px+q=0$?

(A)
(1) $(x+1)(x+2)=0$
(2) $(x+1)(x+3)=0$
(3) $(x+1)(x+4)=0$
(4) $(x+1)(x+5)=0$

(B)
(1) $x^2+7x+6=0$
(2) $x^2+8x+7=0$
(3) $x^2+9x+8=0$
(4) $x^2+10x+9=0$

b) Versuche, die Gleichungen bei (B) möglichst im Kopf als Nullprodukt zu schreiben.

Gut zu wissen
Dieser Zusammenhang geht auf den Mathematiker Vieta (1540–1603) zurück.

c)
- Welchen allgemeinen Zusammenhang vermutest du für die Gleichungen in der allgemeinen Form und deren Lösungen?
- Überprüfe an den folgenden Gleichungen.

(1) $x^2+x-2=0$
(2) $x^2+2x-3=0$
(3) $x^2+3x-4=0$
(4) $x^2+4x-5=0$

Training

Quadratisch ergänzen

13 Passende Quadrate finden

a) Fülle die Lücken in deinem Heft so, dass „quadratische Terme“ entstehen und löse die Gleichungen in deinem Heft.

(1) $x^2 + 12x + \blacksquare = (\blacksquare + \blacksquare)^2 = 0$
(2) $x^2 + 14x + \blacksquare = (\blacksquare + \blacksquare)^2 = 0$
(3) $x^2 - 18x + \blacksquare = (\blacksquare - \blacksquare)^2 = 0$
(4) $x^2 + 30x + \blacksquare = (\blacksquare + \blacksquare)^2 = 0$

(1) $25x^2 + 70x + \blacksquare = (\blacksquare + \blacksquare)^2 = 0$
(2) $4x^2 + 12xy + \blacksquare = (\blacksquare + \blacksquare)^2 = 0$
(3) $25x^2 - 8xy + \blacksquare = (\blacksquare + \blacksquare)^2 = 0$
(4) $100x^2 + 100x + \blacksquare = (\blacksquare + \blacksquare)^2 = 0$

b) Was würde es für die Anzahl der Lösungen bedeuten, wenn in a) statt des ersten Summanden (x^2) auch eine Lücke wäre?
Führe das mit einem Beispiel aus a) durch.

c)
- Wie lang ist in den Bildern die unbekannte Länge x? Stelle eine Gleichung dazu auf und löse sie.
- Zeichne ein solches Bild für eine der Rechnungen aus a).

(A) Gesamtfläche: $25\,\text{cm}^2$

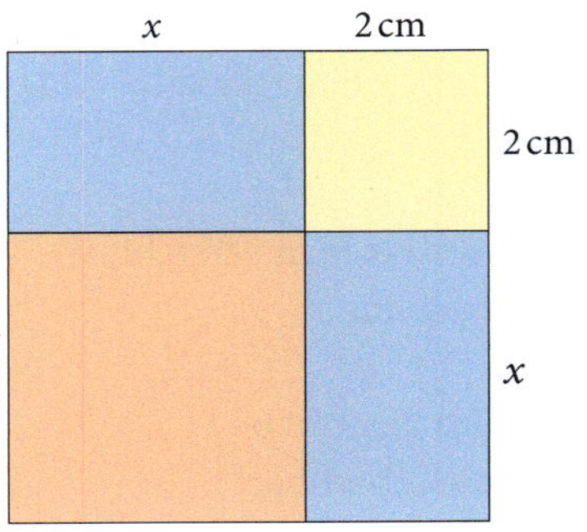

(B) Gesamtfläche: $64\,\text{cm}^2$

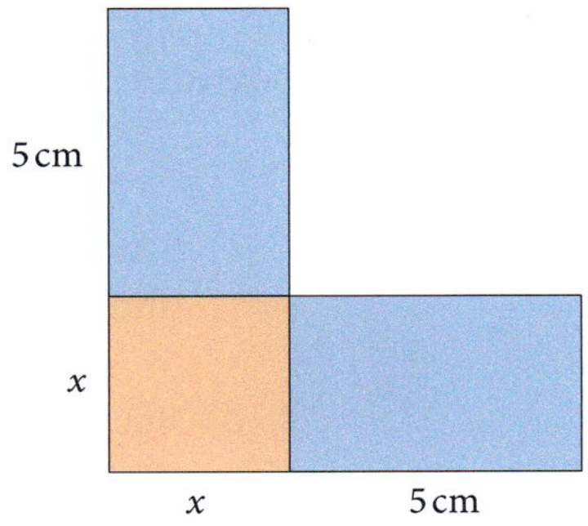

Training

p-q-Formel anwenden

14 Die p-q-Formel untersuchen

a) Löse die folgenden Gleichungen mit der p-q-Formel.

(A)
(1) $x^2 - 4x + 2 = 0$
(2) $x^2 - 4x + 3 = 0$
(3) $x^2 - 4x + 4 = 0$
(4) $x^2 - 4x + 5 = 0$
(5) $x^2 - 4x + 6 = 0$

(B)
(1) $x^2 - 4x + 2 = 0$
(2) $x^2 - 3x + 2 = 0$
(3) $x^2 - 2x + 2 = 0$
(4) $x^2 - x + 2 = 0$
(5) $x^2 + 2 = 0$

b) Was ist dir beim Lösen von a) aufgefallen?
Untersuche dazu Folgendes.
- Sowohl bei (A) als auch bei (B) wurde jeweils nur eine Zahl von einer Zeile zur nächsten verändert.
  Beschreibe jeweils, wie sich das beim Anwenden der p-q-Formel auswirkt.
- Woran erkennt man beim Anwenden der p-q-Formel, wie viele Lösungen die jeweilige Gleichung hat?
  Nutze dazu dein Wissen zum Wurzelziehen.
- Woran erkennt man beim Anwenden der quadratischen Ergänzung, wie viele Lösungen die jeweilige Gleichung hat?

wiederholen
Wissensspeicher *Dezimalzahlen 9*

c) Erfinde selbst zwei Päckchen wie in a), bei denen Gleichungen vorkommen mit keiner, einer Lösung oder zwei Lösungen.

Training

15 Fehler finden

p-q-Formel anwenden

a) Löse die Gleichung $-x^2 + 10x + 41 = 2$ mit der p-q-Formel.

b) Auch Merve, Till, Pia und Ole haben diese Gleichung mit der p-q-Formel gelöst. Überprüfe die Rechnungen auf Richtigkeit und vergleiche mit deiner Lösung.

$-x^2+10x+41=2 \quad |-2$
$-x^2+10x+39=0 \quad |\cdot(-1)$
$x^2-10x-39=0 \quad |$ p-q-Formel
$x^2-10x+25-39=0 \quad |$ bin. Formel
$x_{1/2}=10\pm\sqrt{100}+39\approx 11{,}79$
$x_1\approx 21{,}79;\ x_2\approx -1{,}79$
Kontrolle: $-21{,}79^2+217{,}9+41$
ist viel kleiner als 2.

$-x^2+10x+41=2 \quad |$ p-q-Formel
$x_{1/2}=-5\pm\sqrt{25-41}$
keine Lösung, da wir aus negativen Zahlen keine Wurzel ziehen können

$-x^2+10x+41=2$
$x^2+10x+39=0$
$x_{1/2}=-5\pm\sqrt{25+39}=-5\pm 8$
$x_1=3$ oder $x_2=-13$
Kontrolle: $-3^2+30+41$ ist nicht 2, falsch?

$-x^2+10x+41=2 \quad |-2$
$-x^2+10x+39=0 \quad |\cdot(-1)$
$x^2-10x-39=0 \quad |$ p-q-Formel
$x_{1/2}=5\pm\sqrt{25+39}=5\pm 8$
$x_1=13$ oder $x_2=-3$
$L=\{13;-3\}$
Einsetzen: $13^2+130+39=2$

c) Schreibe an alle vier einen Tipp, sodass man versteht, was jeweils falsch gemacht wurde und worauf sie zukünftig achten sollten.

d) Beurteile die Form der vier Lösungswege in b). Was ist übersichtlich und gut nachvollziehbar?

e) Welche der Fehler hast du selbst schon gemacht? Überlege, wie du sie verhindern kannst.

Training

16 Gleichung variieren

a) Löse die folgenden Gleichungen. Nutze dabei
- wenn möglich, die binomischen Formeln,
- die quadratische Ergänzung,
- die Lösung der Gleichung in der Zeile vorher.

(A)	(1)	$x^2-2x+1=0$	(B)	(1)	$x^2+4x+4=0$	(C)	(1)	$x^2-1=0$
	(2)	$x^2-2x=0$		(2)	$x^2+4x+5=0$		(2)	$x^2=0$
	(3)	$x^2-2x-1=0$		(3)	$x^2+4x+6=0$		(3)	$x^2+1=0$
	(4)	$x^2-2x-2=0$		(4)	$x^2+4x+7=0$		(4)	$x^2+2=0$

b) Setze die Päckchen aus a) um zwei Schritte fort und gib die Lösungsmengen an.

c) Erfinde selbst ein solches Päckchen. Beginne mit einem Term, den man mit einer binomischen Formel umformen kann.

weitergedacht

d) In der Gleichung $x^2 + 6x + s = 0$ steht s für eine beliebige Zahl. Für welche Zahlen s hat die Gleichung eine, keine oder zwei Lösungen?

Vertiefen 3

Quadratische Gleichungen flexibel lösen

Training

Graphisch lösen

Quadratisch ergänzen

Rückwärtsrechnen

Nullprodukt nutzen

p-q-Formel anwenden

17 Lösungsweg auswählen

a) Wähle zu jeder Gleichung zunächst einen der Lösungswege aus, mit dem du schnell und sicher die Lösung bestimmen kannst.
Löse die Gleichung dann auf diese Art.

(1) $x^2 = 36$
(2) $2x^2 - 14x + 12 = 0$
(3) $x^2 + 10x + 25 = 0$
(4) $x(x - 6) = 0$
(5) $(x + 11{,}5)(x - 1) = 0$
(6) $250(x + 5)(2x - 1) = 0$
(7) $(x - 6)^2 = 16$
(8) $(x + 11{,}5)(x - 1) + 3 = 3$
(9) $x^2 + 4x - 6 = -6$
(10) $x^2 = 10\,000$
(11) $x^2 - 6x + 9 = 25$
(12) $x^2 - x - 0{,}75 = 0$

b) Vergleicht eure Wege und tauscht aus, welchen Weg ihr bei den einzelnen Gleichungen am schnellsten findet und welchen Weg am sichersten.

18 Zusammenhänge erkennen

a) Übertrage die folgende Tabelle in dein Heft und fülle die zweite, dritte und vierte Spalte wie im Beispiel in der ersten Zeile aus.

Gleichung	Lösung	Anzahl der Lösungen	zugehörige Funktion	Nullstellen
$x^2 - 8 = 0$	$x_1 = \sqrt{8}; x_2 = -\sqrt{8}$	2	$f(x) = x^2 - 8$	
$x^2 - 16 = 0$				
$x^2 = 0$				
$x^2 - 3x - 2 = 0$				
$-x^2 + 25 = 0$				
$x^2 + 8 = 0$				
$x^2 - 2x + 8 = 0$				

b) Gib an, welchen Lösungsweg du gewählt hast.

c) Mit einer Funktionensoftware kannst du die Funktionen zeichnen.
Lies die Nullstellen im Graphen ab, trage sie in der fünfte Spalte ein und kontrolliere damit deine Lösungen, die du ermittelt hast.

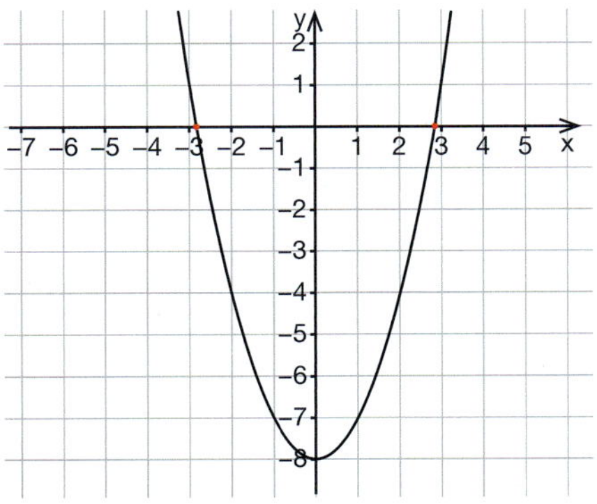

d) Erkläre den Zusammenhang zwischen den Lösungen der quadratischen Gleichung und den Nullstellen der zugehörigen quadratischen Funktion.

► Materialblock S. 12
Basisaufgabe

19 Anzahl der Lösungen untersuchen

a) Löse die Gleichungen mit der p-q-Formel.
(1) $x^2 - 2x - 3 = 0$ (2) $x^2 - 2x + 3 = 0$ (3) $x^2 - 2x + 1 = 0$

b) Warum gibt es bei quadratischen Gleichungen zwei Lösungen, eine oder keine Lösung?

c) Setze für a verschiedene Zahlen ein, sodass die Gleichungen $x^2 - 4x + a = 0$ zwei Lösungen, eine oder keine Lösung hat.

d)
- Zeichne mit einer Funktionensoftware zu jeder Gleichung aus a) die zugehörige Parabel.
- Wie kannst du an der Parabel die Anzahl der Lösungen aus a) erkennen?
- Kontrolliere so auch deine Ergebnisse aus c).

20 Gleichungen reflektieren

a) Löse die Gleichungen.
(1) $x^2 + 6x + 5 = 0$ (2) $x^2 - x - 20 = 0$ (3) $x^2 - x - 56 = 0$
(4) $2x^2 + 2x - 12 = 0$ (5) $x^2 + 2x = -1$ (6) $-6x + 3x^2 = -3$
(7) $x^2 + 3x + 5 = 0$ (8) $x^2 + 3x - 1 = 0$ (9) $x(3x - 8) = 2(3 - x)$

b) Sortiere die Gleichungen aus a) nach Schwierigkeit.
Benenne Schwierigkeiten, zum Beispiel:
p-q-Formel anwenden, quadratische Ergänzung, ein (von 1 verschiedener) Faktor vor x^2, rechts steht nicht 0.

c) Schreibe drei möglichst verschiedene Gleichungen auf, die die gleiche Lösung haben wie die Gleichung (1) aus a).

Hinweis
Vergleiche mit der Basisaufgabe 30 im Materialblock Seite 13.

21 Lösung gegeben – Gleichung gesucht

a) Wenn die Lösungsmengen quadratischer Gleichungen gegeben sind, lassen sich dazu passende Gleichungen finden.
Erkläre am folgenden Beispiel das Vorgehen und warum es richtig ist:
Lösungen: $x = 1$ oder $x = 7$
mögliche Gleichung: $(x - 1) \cdot (x - 7) = 0$

b) Findest du weitere Gleichungen mit den Lösungen $x = 1$ und $x = 7$?

c) Gegeben sind Lösungsmengen von quadratischen Gleichungen.
Finde zu jeder Lösungsmenge zwei verschiedene quadratische Gleichungen.
(1) $L = \{2; 3\}$ (2) $L = \{0\}$ ⋮ (1) $L = \{-5; -12\}$ (2) $L = \{-10\}$
(3) $L = \{-4; 6\}$ (4) $L = \{100; -8\}$ ⋮ (3) $L = \left\{\frac{1}{2}; 6\right\}$ (4) $L = \{\}$

d) Schreibe die Gleichungen, die du in b) gefunden hast, in allgemeiner Form.

e) Stellt euch selbst gegenseitig Aufgaben wie in a) und kontrolliert die Lösungen durch Einsetzen.

22 Quadratische Gleichungen im Kopf

Rückwärtsrechnen

a) Ermittle die Lösungen der folgenden Gleichungen im Kopf.

(1) $x^2 = 49$	(2) $x^2 = 81$	(3) $x^2 - 36 = 0$
(4) $x^2 - 121 = 0$	(5) $(x-5)^2 = 49$	(6) $(x-12)^2 = 49$
(7) $(x-5)^2 - 36 = 0$	(8) $(x-12)^2 - 36 = 0$	(9) $(x-12)(x-13) = 0$

Graphisch lösen

b) Stell dir eine Normalparabel ($f(x) = x^2$) vor.
- An welcher Stelle nimmt sie den Wert 9 (16, 81, $\frac{1}{4}$, 121) an? Bist du sicher, dass du alle Lösungen gefunden hast?
- Die Normalparabel hat genau eine Nullstelle. Wie musst du die Normalparabel verschieben, um weiterhin nur eine Nullstelle zu haben?
- Wie viele Nullstellen erhältst du, wenn du die Normalparabel um 1 nach unten verschiebst? Wo liegen die Nullstellen?

c) Nenne eine andere quadratische Gleichung, die die gleiche Lösungsmenge hat wie die Gleichung $(x-3)(x+2) = 0$.

d) Gib eine quadratische Gleichung zu folgenden Lösungen an.

(1) $x = 2$ oder $x = -2$	(2) $x = 0$ oder $x = 5$	(3) $x = 3$
(4) $x = 6$ oder $x = 1$	(5) $x = 3$ oder $x = -5$	(6) $x = -1$ oder $x = -7$
(7) $x = 3$ oder $x = -1$	(8) $x = -4$ oder $x = 2$	(9) $x = -6$ oder $x = 1$

e) Denk dir selber Aufgaben wie in a) bis d) aus und stelle sie deinem Nachbarn.

Problemlösen

23 Quadratische Gleichungen mit Zirkel und Lineal lösen

Tipp
Hier ist es sinnvoll, eine Geometriesoftware zu nutzen.

Eine quadratische Gleichung kann auch nur mit Zirkel und Lineal gelöst werden, wie zum Beispiel die Gleichung $x^2 - 5x + 4 = 0$.
Die Gleichung muss in die allgemeine Form $x^2 + px + q = 0$ gebracht sein.

In einem Koordinatensystem werden die Punkte $A(0|1)$ und $B(-p|q)$ markiert.
Hier ist $p = -5$ und $q = 4$, also $B(5|4)$.
Der Mittelpunkt C von $\overline{AB}$ ist zu konstruieren und dann der Kreis um C durch A und B zu zeichnen.
Der Kreis schneidet die x-Achse in zwei Punkten.
Die x-Werte sind Lösungen der Gleichung, also $L = \{1; 4\}$.

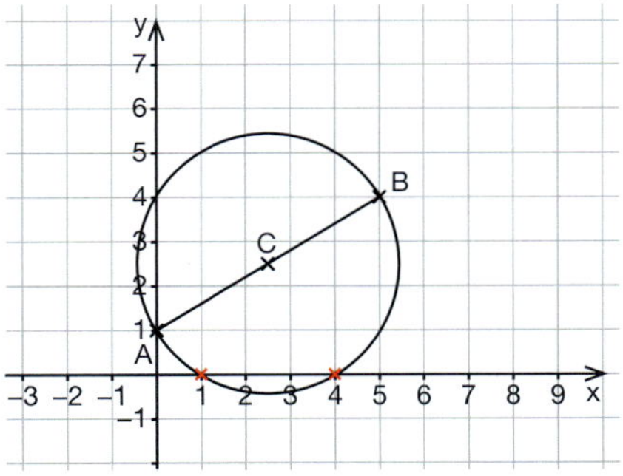

a)
- Führe die Konstruktion durch für die Gleichung $x^2 + 5x + 5 = 0$ und lies die Lösungen ab.
- Überprüfe die Lösungen durch Rechnung.

b) Probiere das Verfahren mit anderen quadratischen Gleichungen aus.

c) Wann gibt es nur eine oder keine Lösung?

Vertiefen 4

Schnittpunkte finden

24 Lage von Parabel und Gerade

a) (1) Wie viele gemeinsame x-Werte hat die Parabel zu $f(x) = x^2 - 2x + 2$ mit je einer der Geraden?
$g_1(x) = -2x$
$g_2(x) = -2x + 1$
$g_3(x) = -2x + 2$
$g_4(x) = -2x + 3$

(2) Wie viele gemeinsame x-Werte hat die Parabel zu $f(x) = -x^2 + 3$ mit je einer der Parabeln?
$g_1(x) = x^2 - 2$
$g_2(x) = x^2$
$g_3(x) = x^2 + 2$

(1) Wie viele gemeinsame x-Werte hat die Gerade zu $f(x) = x + 1$ mit je einer der Parabeln?
$g_1(x) =0{,}5\,(x + 1)^2 + 0{,}5$
$g_2(x) = 0{,}5\,(x + 2)^2 - 1$
$g_3(x) = 0{,}5\,(x + 3)^2 - 2$
$g_4(x) = 0{,}5\,(x + 4)^2 - 3$

(2) Wie viele gemeinsame x-Werte hat die Parabel zu $f(x) = x^2$ mit je einer der Parabeln?
$g_1(x) = -(x + 1)^2 + 1$
$g_2(x) = -(x + 2)^2 + 4$
$g_3(x) = -(x + 3)^2 + 9$

b) Zeichne die Graphen zu a) mit einer Funktionensoftware. Prüfe so deine Ergebnisse.

c) Beschreibe zu b) die Lage der Graphen zueinander und setze die Reihe von g um zwei weitere Graphen fort.

25 Schnittpunkte gesucht

a) Bestimme jeweils rechnerisch die Schnittpunkte der Funktionsgraphen von f und g. Führe jeweils eine Probe durch.
(1) $f(x) = x^2$ und $g(x) = x + 2$
(2) $f(x) = -x^2 + 2$ und $g(x) = x^2 + 1$
(3) $f(x) = -(x - 1)^2 + 2$ und $g(x) = x^2$
(4) $f(x) = x^2 + x$ und $g(x) = 12$

Bestimme jeweils rechnerisch die Schnittpunkte der Funktionsgraphen von f und g. Führe jeweils eine Probe durch.
(1) $f(x) = -x^2 + 3$ und $g(x) = x^2 - 2x - 1$
(2) $f(x) = x^2 + 3x$ und $g(x) = -0{,}5x^2 + 4{,}5$
(3) $f(x) = x^2 + 3x + 3$ und $g(x) = -x^2 - 4x - 1$
(4) $f(x) = x^2 + x$ und $g(x) = 12$

b) Wähle ein Funktionenpaar f und g aus a) und verändere dabei g so,
(1) dass einer der beiden Schnittpunkte erhalten bleibt und sich der andere verändert.
(2) dass einer der beiden Schnittpunkte wegfällt.
(3) dass kein Schnittpunkt mehr bleibt.

c) Überprüfe deine Ergebnisse aus b) am Graphen. Nutze dazu eine Funktionensoftware.

d) Ole kommentiert die Aufgabe (4) in a). Antworte auf seine Bemerkung.

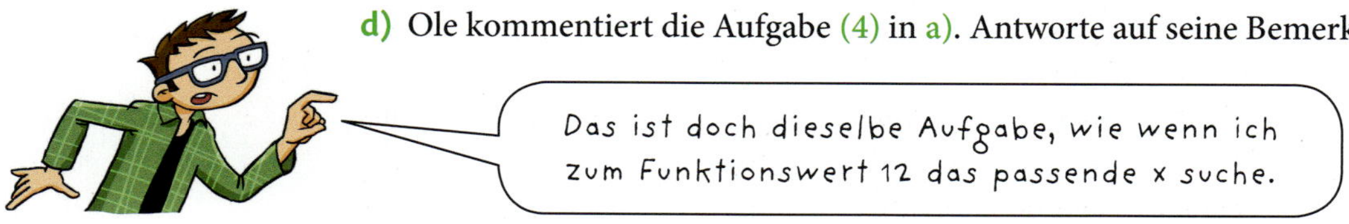

26 Fahrbahn und Brückenbogen

a) Diese Brücke in China über den Yangtze trägt eine Fahrbahn.
Der Brückenbogen kann beschrieben werden mit $f(x) = -0{,}02\,x^2 + 0{,}12\,x + 5$,
die Fahrbahn mit $g(x) = 0{,}09\,x - 2$.

- Stelle eine Gleichung auf, mit der man die Punkte bestimmen kann, an denen die Fahrbahn durch den Brückenbogen führt.
- Zeichne die beiden Graphen mit einer Funktionensoftware und bestimme so die gesuchten Punkte.

Gut zu wissen
Topografisch bezieht sich auf die Beschreibung und Darstellung des Geländes.

b) Die Konstruktion soll als Modell für andere Brücken dienen, wobei der Brückenbogen gleich bleiben soll. Bestimme verschiedene Lagen der Fahrbahn, wenn sie
(1) entsprechend der topografischen Gegebenheiten fallend sein muss.
(2) bei gleicher Steigung um sieben (Längeneinheiten) höher liegen muss.

► Materialblock S. 12
Basisaufgabe

27 Schnittpunkte in Graphenbildern

a) Berechne alle Schnittpunkte A bis F der Graphen im Koordinatensystem rechts.
Die Funktionsgleichungen lauten:
$f(x) = x^2$; $g(x) = x - 3$; $h(x) = -x^2 + 3$;
$k(x) = x^2 + 4x$

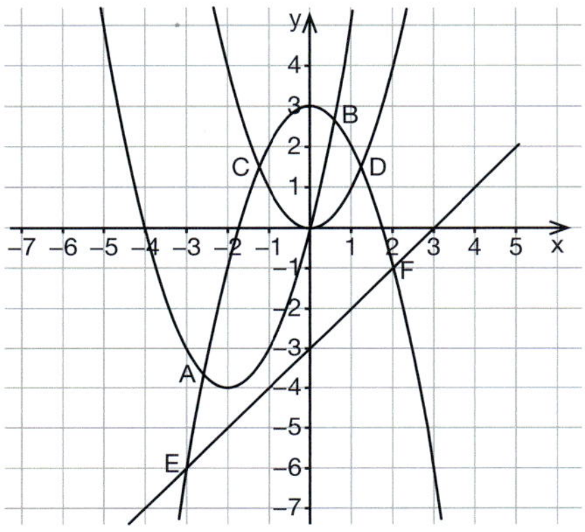

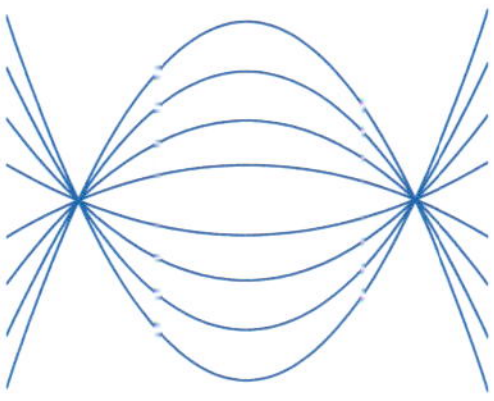

b) Erzeuge das Bild links mit einer Funktionensoftware.
Wähle dir zunächst ein Koordinatensystem so, dass du die Funktionsgleichungen gut ablesen kannst.

c) Denk dir selbst ein Bild mit gemeinsamen Punkten von linearen und quadratischen Funktionsgraphen aus. Gib die Funktionsgleichungen und Schnittpunkte an.

28 Passende Funktionen

a) Angegeben sind gemeinsame Punkte von zwei Funktionen f und g.
Finde jeweils passende Funktionen f und g und gib deren Gleichungen an.
Mindestens eine Funktion sollte quadratisch sein.
Überprüfe dein Ergebnis durch eine Probe.

(1) Schnittpunkte: $(-2\|4)$; $(2\|4)$	(1) Schnittpunkte: $(-1\|3)$; $(0\|1)$
(2) gemeinsamer Punkt: $(0\|3)$	(2) gemeinsamer Punkt: $(1\|-2)$

b) Findest du jeweils alle passenden Funktionenpaare zu a)?

c) Manchmal haben zwei Funktionsgraphen nur einen gemeinsamen Punkt.
Warum ist es dann nicht sinnvoll, von einem Schnittpunkt zu sprechen?
Erkläre am nebenstehenden Beispiel und wähle einen passenderen Begriff.

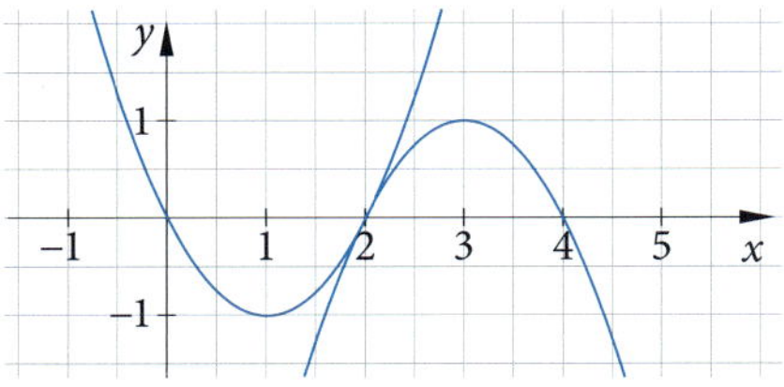

Vertiefen 5

Besondere Werte finden

29 Besondere Punkte

Bestimme rechnerisch jeweils alle besonderen Punkte und Werte der Funktionen f und g, das sind: Nullstellen, Schnittpunkte mit der y-Achse, mögliche gemeinsame Punkte, Extrempunkte (höchste/tiefste Werte).
Überprüfe deine Ergebnisse an Hand der Graphen.

(1) $f(x) = (x-2)^2 + 4$ und
$g(x) = 0{,}5\,x + 3$

(2) $f(x) = (x+1)^2 + 2$ und
$g(x) = -4\,x - 4$

(1) $f(x) = 2\,x^2 - 3\,x + 2$ und
$g(x) = 0{,}5\,x - 2$

(2) $f(x) = -3\,x^2 + 2\,x + 1$ und
$g(x) = 0{,}5\,x^2 + x - 2$

► Materialblock S. 13
Basisaufgabe

30 Extremes finden

(1) (2) (3) (4)

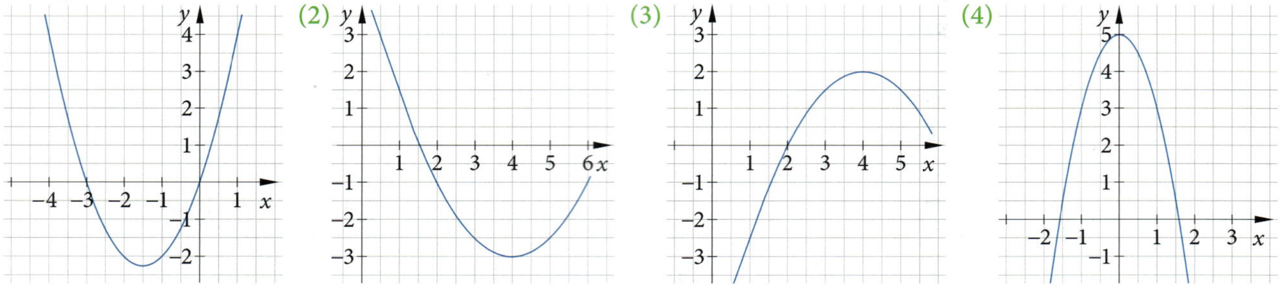

a) Welche Parabel gehört zu welcher Funktionsgleichung? Ordne zu.
$f(x) = 0{,}5\,x^2 - 4\,x + 5;\ g(x) = -2\,x^2 + 5;\ h(x) = x^2 + 3\,x;\ k(x) = -0{,}5\,x^2 + 4\,x - 6$

b) Lies die Nullstellen an den Graphen ab. Kontrolliere den abgelesenen Wert durch Einsetzen in die Funktionsgleichung.

c) Lies an den Graphen ab, für welchen x-Wert man das Maximum bzw. das Minimum jeweils erhält. Überprüfe dein Ergebnis durch Umformen in die Scheitelpunktform.

d) Formuliere einen Satz, wie Nullstellen, *Extremwert** und Scheitelpunkt einer Parabel zusammenhängen.

*✱ **Neues Wort***
*Unter **Extremwert** versteht man den größten oder den kleinsten Funktionswert.*

31 Brücken modellieren

Die Brooksbrücke führt über den Hamburger Binnenhafen. Der untere Brückenbogen kann mit Hilfe einer Funktionsgleichung beschrieben werden:
$f(x) = -\frac{2}{174}x^2 + \frac{4}{7}x$.

a) Bestimme die folgenden Werte. Stelle eine Gleichung auf und löse sie.
(1) Wie lang ist die Brücke, wenn die Fahrbahn auf Höhe der x-Achse liegt?
(2) Wie hoch ist der Brückenbogen an der höchsten Stelle über der Fahrbahn?
(3) Wie hoch ist der Brückenbogen, wenn man 10 m weit auf die Brücke gegangen ist?
(4) Nach wie vielen Metern ist der Brückenbogen 3 m hoch?

b) Überprüfe deine Ergebnisse aus a) anhand des Graphen.

32 Fahrradfahren mit Vorsprung und Spätstart

Pia, Till und Merve fahren drei gleiche Fahrräder. Zu jeder halben Sekunde x wird der zurückgelegte Weg $f(x)$ gemessen. Sie beschleunigen alle gleich schnell. Pias Bewegung lässt sich mit der Funktion $f(x) = \frac{1}{2}x^2$ beschreiben. Till bekommt einen Vorsprung von einem Meter und Merve startet 0,5 Sekunden später.

a) Stelle Funktionsterme auf, mit denen die Bewegungen von Till und Merve beschrieben werden können.

b) (1) Wie weit sind die drei jeweils nach 2 Sekunden?
(2) Wann sind die drei jeweils 5 m weit gekommen?

33 Die perfekte Flugbahn

Im Profi-Sport werden bei Ballsportarten Schüsse und Würfe per Video aufgezeichnet und ausgewertet.
Dabei wird das Koordinatensystem so gelegt, dass die x-Achse die Bodenlinie beschreibt (Höhe: 0 m) und die y-Achse an der Stelle liegt, bei der die Flugbahn startet.

a) Als typische Flugbahn des Balls bei einem Freistoß hat man diese Gleichung ermittelt: $f(x) = -0{,}0192\,x^2 + 0{,}48\,x$.
Bestimme nach dieser Gleichung die folgenden Werte.
(1) Wie hoch ist Ball an der höchsten Stelle?
(2) Wie weit fliegt der Ball?
(3) Wie hoch ist der Ball nach 9,15 m? Das ist die Entfernung, die mindestens zur Mauer der Gegenspieler eingehalten werden muss. Geht der Ball dann über die Mauer?

b) Beim Basketballspier Dirk Nowitzki wurde folgende Funktionsgleichung für die Flugbahn des Balls bei einem Freiwurf ermittelt: $f(x) = -0{,}25\,x^2 + 1{,}30\,x + 2$.
Dabei beträgt der Abstand zur Korbmitte 4,19 m.
Bestimme nach diesen Angaben die folgenden Werte.
(1) Wie hoch ist Ball an der höchsten Stelle?
(2) Wie weit fliegt der Ball?
(3) Erreicht der Ball bei einem Freiwurf die Korbhöhe von 3,05 m?

c) Beim Golfspiel steuert man die Steilheit eines Schlages über die Form des Schlägers. Zum Beispiel erzeugt der Schläger „Eisen 8“ eine Steigung von $m = 0{,}81$.
Bei einer Abschlagsgeschwindigkeit von $v = 80\,\frac{\text{m}}{\text{s}}$ kann man die Flugbahn (also die Höhe in Abhängigkeit von der Weite) mit der folgenden Funktionsgleichung beschreiben:

$$f(x) = -\frac{9{,}81 \cdot (1 + m^2)}{2\,v^2} \cdot x^2 + m\,x.$$

Bestimme zu dieser Flugbahn die folgenden Werte.
(1) Wie hoch ist Ball an der höchsten Stelle?
(2) Wie weit fliegt der Ball?
(3) In welcher Entfernung vom Abschlagpunkt hat der Ball eine Höhe von 1,50 m?
(4) Bei den Schlägern des Typs „Eisen1“ bis „Eisen 7“ ist der Wert für m kleiner. Wie verändert sich dann der Wert des Terms, wenn m kleiner wird? Und wie verändert sich die Höhe an der höchsten Stelle und die Entfernung des Aufschlagpunkts?

34 Motorradsprung

Bei dem Weltrekordsprung von Robbie Maddison über den Kanal von Korinth kam es darauf an, dass er auf der gegenüberliegenden Seite genau auf eine passende Rampe trifft.

Die Flugbahn seines Sprungs lässt sich beschreiben mit der Funktionsgleichung $f(x) = -0{,}0077\,x^2 + 15{,}6$.

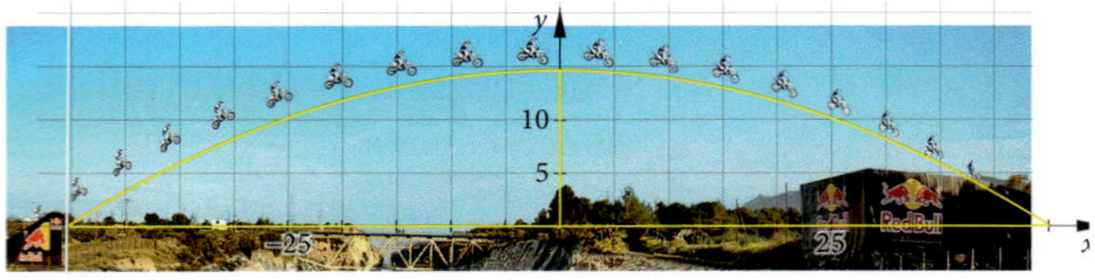

(1) Wie hoch ist Robbie Maddison an der höchsten Stelle?

(2) Wie weit fliegt er?

(3) 55 m von der Absprungrampe entfernt befindet sich das linke Ufer des Kanals. Wie hoch ist Maddison an dieser Stelle?

35 Felsenspringer

Manche Menschen springen von hohen Felsen ins Meer. Um die Gefahren besser einschätzen zu können, kann es helfen, sich mit den entscheidenden Größen zu befassen.

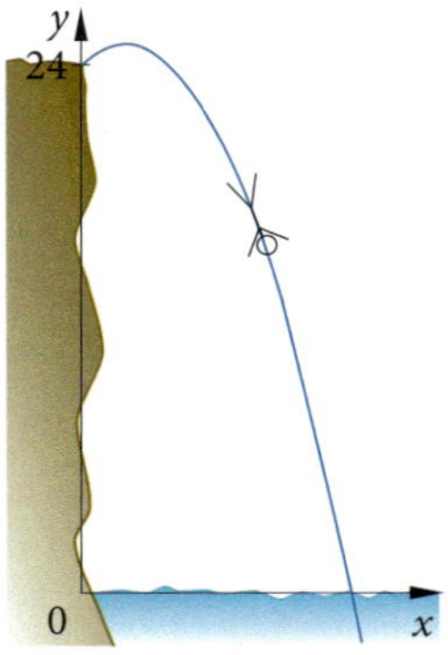

a) Schätze bei einem 24 m hohen Felsen, wie weit entfernt vom Fuß des Felsens ein Springer ins Wasser eintaucht. Gehe davon aus, dass der Felsen an der Stelle fast senkrecht ist.

b) Aus Erfahrung weiß man, dass die Flugbahn durch die Gleichung $f(x) = -(x-1)^2 + 25$ beschrieben werden kann. Überprüfe mit Hilfe dieser Gleichung deine Schätzung aus a), wie weit entfernt der Springer vom Fuß des Felsens ins Wasser eintaucht.

c) Wie hoch war der Springer am höchsten Punkt seiner Flugbahn?

36 Springbrunnen

Die Wasserbögen bei Springbrunnen sind bei Kindern beliebt.
Sie können näherungsweise mit quadratischen Funktionen beschrieben werden.
Für einen solchen Bogen ergab sich zum Beispiel die Gleichung $f(x) = -0{,}08\,(x-1{,}5)^2 + 4{,}3$.
Dabei liegt das Koordinatensystem so, dass die x-Achse den Boden beschreibt.
Mia ist 1,40 m groß. Könnte sie noch unter dieser Wasserparabel durchlaufen ohne nass zu werden?

37 Zahlenrätsel

Tipp
Es kann auch mehrere Lösungen geben und die Lösungen müssen nicht immer natürliche Zahlen sein.

Die folgenden Zahlenrätsel lassen sich durch systematisches Probieren lösen, jedoch auch mit Hilfe einer quadratischen Gleichung.
Versuche beide Wege.

a) Wenn ich zu einer Zahl 4 addiere und das Ergebnis mit der Zahl selbst malnehme, so erhalte ich als Produkt 45. Wie heißt die Zahl?

b) Wenn ich eine Zahl quadriere, erhalte ich die Differenz aus dem 4-fachen der Zahl und 3.

c) Das Produkt zweier aufeinanderfolgender positiver Zahlen ist um 41 größer als ihre Summe.

d) Die Summe einer Zahl und 27 ist genauso groß wie das Produkt aus der Zahl und der um 5 verminderten Zahl.

38 Eintrittspreise

Die Musical-AG von Lenas Schule plant eine Aufführung.
Im letzten Jahr betrug der Eintrittspreis 4 €. Es kamen 250 Besucher.
Dieses Jahr soll mehr eingenommen werden.
Es wird vermutet, dass ungefähr 30 Besucher weniger kommen, wenn der Eintrittspreis um 1 € steigt, aber 30 mehr, wenn der Preis um 1 € gesenkt wird.

a) Ergänze die Tabelle im Heft.

Tipp
Die Graphen zu den Termen geben einen guten Überblick.

Preisänderung in € x	Eintrittspreis in €	Besucherzahl	Einnahmen in € $E(x)$
−1	3	■	■
0	4	250	$4 \cdot 250 = 1000$
1	■	■	■
2	■	■	■
3	■	■	■

b) Ergänze die Tabelle um eine Zeile und schreibe x in der ersten Spalte dieser Zeile.
Ergänze Eintrittspreis und Besucherzahl und finde einen Term für die Einnahmen $E(x)$, mit dem du die Einnahmen für jede Preisänderung x ausrechnen kannst.

c) Bestimme den Eintrittspreis, der die meisten Einnahmen verspricht.
Erkläre, wie du den optimalen Preis gefunden hast.

39 Wege im Schwimmbad

Ein Schwimmbad im Garten ist 20 m lang und 10 m breit.
Es soll ein Weg mit der Breite x um das Becken gebaut werden.
(1) Stelle mit Hilfe einer Skizze einen Term auf, mit dem man die Fläche des Weges berechnen kann.
(2) Die Fläche des Weges soll $16\,m^2$ groß sein. Bestimme die Breite x.

► Materialblock S. 14
Basisaufgabe

40 Sortieren von typischen Aufgabenformaten

a) Sortiere die folgenden Aufgaben und Teilaufgaben danach, welche besonderen Werte oder Punkte jeweils gesucht sind:

- Schnittpunkte zweier Parabeln
- Schnittpunkte von Parabel und Geraden
- optimalen Wert finden (höchster oder tiefster Wert)
- Nullstellen
- bestimmte Werte (zum Beispiel: Wann ist $f(x) = 5$?)

(A) Eine Brücke hat einen parabelförmigen Bogen. Die untere Spannweite des Bogens beträgt 100 m. Der Streckfaktor der Parabel ist 0,012.
Bestimme die Höhe des Bogens.

(B) Wo liegen die gemeinsamen Werte der beiden Graphen zu $f(x) = 3x^2 - 4$ und $g(x) = 0{,}5x - x^2 - 1$?

(C) Ein Wasserstrahl beschreibt eine Parabelbahn mit der Gleichung $h(x) = -0{,}02x^2 + 0{,}3x + 7$.
Dabei ist x der waagerechte Abstand zur Austrittsdüse und $h(x)$ ist die Höhe über dem Boden (beides gemessen in dm).
(1) In welcher Höhe befindet sich die Austrittsdüse?
(2) In welcher Höhe befindet sich der Wasserstrahl 3 m von der Austrittsdüse entfernt?
(3) Wie weit reicht der Wasserstrahl?

(D) Ein Volleyballfeld hat eine Größe von $2 \times 9\,\text{m} \times 9\,\text{m}$.
Das Netz ist 2,26 m hoch.
Die Flugbahn bei der Angabe kann durch die Funktion b mit $b(x) = -0{,}12x^2 + x + 2{,}3$ beschrieben werden.
(1) Kommt der Ball über das Netz?
(2) Kommt der Ball noch im gegnerischen Spielfeld auf oder geht er ins Aus?
(3) Wie hoch fliegt der Ball maximal?

(E) Aus einem quadratischen Stück Pappe soll eine Schachtel (ohne Deckel) hergestellt werden, indem man an jeder Ecke ein Quadrat mit der Seitenlänge 3 cm abschneidet und dann die Ränder hochklappt. Das Volumen der Schachtel soll 75 cm³ groß sein. Fertige eine Skizze an und bestimme die Größe der ursprünglichen Pappe.

(F) Auf einem dreieckigen Grundstück soll ein rechteckiges Gebäude mit möglichst großer Grundfläche gebaut werden.

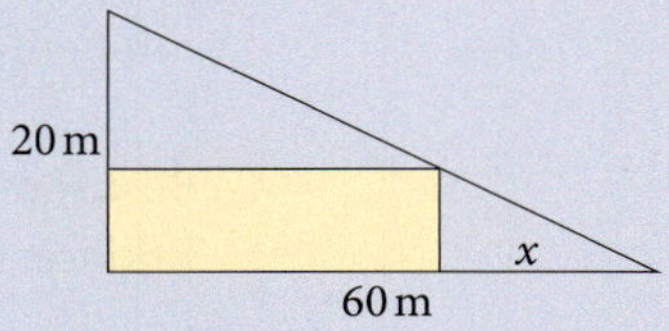

Bestimme die Maße.

Tipp
Nutze Funktionensoftware zur Ergebniskontrolle am Graphen.

b) Löse die Aufgaben (B), (C) und (D) rechnerisch.

c) Stelle zu den Aufgaben (A) und (E) die Gleichung auf und löse die Aufgaben.

Problemlösen

d) Löse die Aufgabe (F).

41 Body-Mass-Index

Es soll eine Untersuchung durchgeführt werden, wie gesund Schülerinnen und Schüler sind, deren Body-Mass-Index (BMI) im Normalbereich 18,5 bis 25 liegt.

Der BMI wird mit dieser Formel berechnet: $\text{BMI} = \frac{m}{l^2}$.

m steht für das Gewicht (Masse) in kg, *l* steht für die Körpergröße in cm.

a) Für die Untersuchung sollen Jungen verglichen werden, die alle die gleiche Körpergröße von 1,65 m haben. Um zur Versuchsgruppe zu gehören, muss Folgendes geprüft werden.
- Welches Gewicht muss ein Junge mindestens haben?
- Welches Gewicht darf ein Junge höchstens haben?

b) In einer weiteren Untersuchung werden Mädchen verglichen, die alle das gleiche Körpergewicht von 62 kg haben.
Um zur Versuchsgruppe zu gehören, muss Folgendes geprüft werden.
- Wie groß muss ein Mädchen mindestens sein?
- Wie groß darf ein Mädchen höchstens sein?

c) Beim BMI gilt: Je höher der Wert ist, umso übergewichtiger ist die Person.
Begründe, warum in der BMI-Formel das Körpergewicht im Zähler steht und die Körpergröße im Nenner.

d) Erstelle einen Graphen (*x*-Achse: Gewicht, *y*-Achse: BMI) für die Untersuchung aus Aufgabe a).
Wähle für sechs 1,65 m große Jungen mögliche Gewichte. Ihr BMI soll aber innerhalb des Normalbereichs 18,5 – 25 liegen.
Verbinde die Punkte und beschreibe den Graphen.

e) Erstelle einen Graphen (*x*-Achse: Körpergröße, *y*-Achse: BMI) für die Untersuchung aus Aufgabe b).
Wähle für sechs 62 kg schwere Mädchen mögliche Körpergrößen. Ihr BMI soll aber innerhalb des Normalbereichs 18,5 – 25 liegen.
Verbinde die Punkte und beschreibe den Graphen.

weitergedacht

f) Vergleiche die beiden Graphen zu $\text{BMI} = \frac{m}{l^2}$ und den Graphen zum Bremsweg $b(x) = \frac{x^2}{100}$.
Warum entstehen unterschiedliche Graphen?
Versuche, dies durch Unterschiede in den Gleichungen zu begründen.

42 Dreieckszahlen

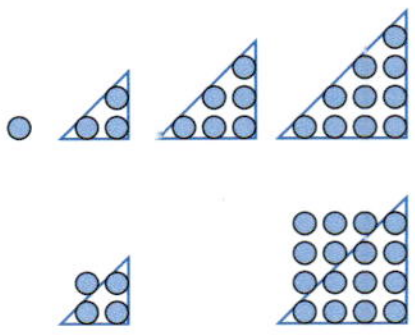

Die Summe der Zahlen von 1 bis *n* kann man durch Dreiecks-Punktebilder darstellen.

a) Schreibe die ersten fünf Werte auf. Zeichne im Heft das Punktbild für $n = 5$.

b) Finde einen Term zur Berechnung dieser Summe für beliebiges *n*.

c) Berechne die Summe der Zahlen für $n = 9$ (der Zahlen von 1 bis 9) und $n = 30$.

d) Die Summe der Zahlen ist 5050. Wie groß ist *n*?

43 Versuche zu den Fallgesetzen

Galileo Galilei.

Man sagt Galileo Galilei (1564–1642) nach, die Fallgesetze durch verschiedene Experimente untersucht zu haben. Man lässt einen Gegenstand aus einer bestimmten Höhe fallen (zum Beispiel vom schiefen Turm von Pisa oder aus einem Schulgebäude). Die Höhe *h* des Gegenstands (in m) hängt von der Zeit *t* (in s) ab.

a) Bei so einem Versuch wurden diese Höhen gemessen.

wiederholen

Wissensspeicher
Gleichungssysteme 1–4

Zeit *t* in s	1	2
Höhe *h* in m	40	25

Bestimme aufgrund der Werte in der Tabelle die Gleichung für die quadratische Funktion, die die Höhe des Gegenstands in Abhängigkeit von der Zeit beschreibt.

b) Bestimme mit Hilfe der Funktionsgleichung die folgenden Werte.
(1) Aus welcher Höhe wurde der Stein fallen gelassen?
(2) Wann erreicht der Gegenstand eine Höhe von 30 m?
(3) Nach welcher Zeit trifft der Stein am Boden auf?

c) Bei einem anderen Versuch lässt man eine Kugel auf einer schiefen Bahn rollen. Führt diesen Versuch durch. Nutzt dazu eine Leiste (mit Rand), auf der ihr eine Kugel rollen lasst. Messt, nach wie vielen Sekunden die Kugel an welcher Stelle ist. Haltet die Messwerte in einer Tabelle fest und bestimmt eine Gleichung dazu.

44 Autotest

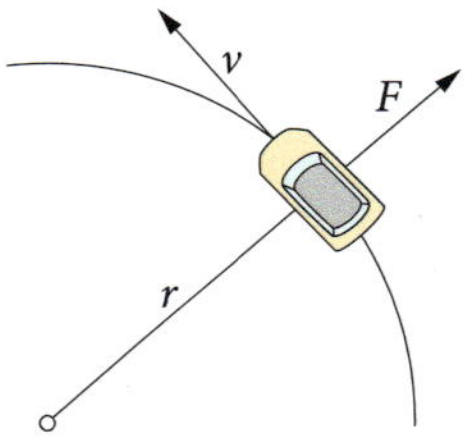

Zur Entwicklung eines neuen Pkw gehören ausgiebige Testfahrten. Dazu gehört auch der „Kreisel“ zur Erprobung des Kurvenverhaltens. Die Fliehkraft *F* drückt das Fahrzeug nach außen. *r* steht für den Kreisradius, *v* für die Geschwindigkeit, *m* für das Fahrzeuggewicht.

a) Ergänze die folgenden Sätze im Heft jeweils mit „größer“ oder „kleiner“.
(1) Wenn das Auto schneller fährt, wird die Fliehkraft …
(2) Wenn der Radius größer ist, wird die Fliehkraft …
(3) Wenn man ein schwereres Auto verwendet, wird die Fliehkraft …

① $F = \frac{r \cdot v^2}{m}$
② $F = \frac{r \cdot m}{v^2}$
③ $F = \frac{m \cdot v^2}{r}$

b) Welche der Formeln links ist auf keinen Fall richtig?

c) Beantworte jeweils in einem Satz, wie sich die Fliehkraft verändert.
(1) Ein Testfahrzeug fährt mit doppelter Geschwindigkeit.
(2) Ein Testfahrzeug fährt in einem anderen Kreisel mit doppeltem Radius.
(3) Es wird ein doppelt so schweres Testfahrzeug verwendet.
(4) Ein Testfahrzeug fährt mit dreifacher Geschwindigkeit.
(5) Ein Testfahrzeug verwendet einen halb so großen Kreisel.

Vertiefen 6

Gleichungen mit höheren Potenzen lösen

45 Gleichungen mit höheren Potenzen

a) Löse die Gleichungen und erkläre, warum Nullprodukt nutzen hier klappt.
(1) $2x^3 = 0$ (2) $x^2 \cdot (x + 4) = 0$ (3) $3x^3 - 12x = 0$ (4) $5x \cdot x \cdot (x - 6) = 0$

Tipp
Nutze die Zusammenhänge aus a).
Welche Arten von Aufgaben kannst du unterscheiden?

b) Löse auch die folgenden Gleichungen rechnerisch mit Nullprodukt nutzen.
Überprüfe deine Lösungen, indem du den Graphen von einer Funktionensoftware zeichnen lässt.

(1) $x^2 \cdot (x + 4) = 0$ (2) $x \cdot (x^2 - 9) = 0$ (3) $2x \cdot (x^2 - 9) = 0$
(4) $6x^4 = 0$ (5) $x^3 - 2x = 0$ (6) $x^3 - 2x^2 = 0$
(7) $x^3 - 4x = 0$ (8) $4x^4 - 2x^3 = 0$ (9) $x^4 - 2x^3 = 0$
(10) $4x^4 = 0$ (11) $4x^8 - 36x^6 = 0$ (12) $x^{100} - x^{99} = 0$

nachgedacht

c)
- Wie kann man mit dem Nullprodukt auch Gleichungen lösen, in denen höhere Potenzen vorkommen?
  Formuliere einen Tipp.
- Welche Form dürfen diese Gleichungen haben?
  Warum funktioniert dieser Weg nicht bei dem Beispiel $x^3 \cdot (x - 2) = 4$?

d) Denk dir kompliziert aussehende Gleichungen aus, die sich mit Nullprodukt nutzen lösen lassen.
Löse die Aufgaben und tausche sie mit einem Partner.

e) Schreibe eine Gleichung auf, die die Lösungsmenge $L = \{0; 1; 2\}$ hat.

46 Ursachen für Straßenschäden

a) Das Gewicht von Felsbrocken wächst in Abhängigkeit vom Durchmesser mit $G(x) = 2x^3$.
Zum Felsbrocken, der am 2. 9. 2014 eine Straße in Bad Schandau blockierte, wurde ein Gewicht von 50 t angegeben.
Man hat den Felsbrocken mit einem Würfel angenähert.
Von welcher Kantenlänge ist man ausgegangen?

b) Straßenbauingenieure rechnen mit dem „Vierte-Potenz-Gesetz".
Das besagt, dass der Verschleiß einer Straße durch ein Fahrzeug mit der vierten Potenz seines Gewichts steigt, jeweils bezogen auf eine Achse des Fahrzeugs.
Das kann man ungefähr so ausrechnen:

Schädigung S (in Euro) in Abhängigkeit von der Achslast x (in Tonnen): $S(x) = 0{,}5 \cdot x^4$

Bei zwei unterschiedlichen Fahrzeugen wurden folgende Kosten berechnet?
Auto 1: 8 € *Auto 2:* 810 000 €
- Wie groß ist jeweils die gesamte Achslast bei jedem Fahrzeug?
- Um welche Fahrzeuge handelt es sich wohl?

c) Kommentiere die Vorstellung: „Wenn das Auto doppelt so schwer ist, ist die Schädigung der Straße auch doppelt so schwer."
Formuliere einen Satz als Antwort, dass diese Vorstellung nicht richtig ist.

Checkliste

Abschätzungen im Verkehr – Werte in quadratischen Zusammenhängen bestimmen

Ich kann … *Ich kenne …*	*Hier kann ich üben …*
Ich kann eine quadratische Gleichung lösen durch Ablesen am Graphen. Finde alle Lösungen der Gleichung $(x-2)^2-3=0$ anhand des Graphen und überprüfe deine Lösungen durch Einsetzen in die Gleichung. 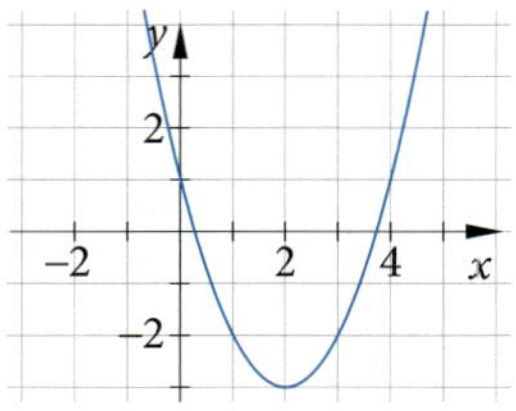 	S. 20 Nr. 1, 2 S. 21 Nr. 3 S. 22 Nr. 5
Ich kann eine Gleichung, bei der der quadratische Term in Scheitelpunktform steht, durch Rückwärtsrechnen lösen. Finde alle Lösungen der quadratischen Gleichung $(x+5)^2-36=0$ durch Rückwärtsrechnen.	S. 20 Nr. 2 c) S. 21 Nr. 4 S. 22 Nr. 5, 6
Ich kann eine quadratische Gleichung rechnerisch lösen und dazu einen passenden Lösungsweg auswählen. Löse die folgenden Gleichungen rechnerisch. Wähle bewusst einen passenden Weg aus und überprüfe dein Ergebnis durch Einsetzen in die Gleichung. a) $4x^2=36$ b) $2(x+1)(x-3)=0$ c) $x^2+4x-12=0$ d) $x^2-3x=0$	S. 24 Nr. 11, 12 S. 26 Nr. 15, 16 S. 27 Nr. 17 S. 28 Nr. 20 S. 29 Nr. 22
Ich kann am Graphen erklären, wann eine quadratische Gleichung zwei, eine oder keine Lösungen hat und ich kann dazu Beispiele angeben. Wie viele Lösungen hat die Gleichung $f(x)=x^2-3x=10$? Erkläre am Graphen und verändere die Gleichung so, dass sie nur eine Lösung hat und so, dass sie keine Lösung hat.	S. 27 Nr. 18 S. 28 Nr. 19, 21
Ich kann die Nullstellen einer quadratischen Funktion bestimmen. Bestimme die Nullstellen zur Funktion $f(x)=x^2+2x-3$. Verändere die Funktionsgleichung so, dass die Funktion nur eine Nullstelle hat und so, dass sie keine Nullstelle hat.	S. 22 Nr. 5 S. 23 Nr. 8 S. 24 Nr. 11, 12
Ich kann eine quadratische Gleichung aus den Angaben einer Problemstellung aufstellen. Die Summe einer natürlichen Zahl und ihrer Quadratzahl ist 56. Stelle eine Gleichung dazu auf und löse mit einem passenden Weg.	S. 31 Nr. 28 S. 33 Nr. 32 S. 35 Nr. 37–39 S. 36 Nr. 40 S. 37 Nr. 41, 42 S. 38 Nr. 43, 44
Ich kann besondere Punkte einer Parabel (Schnittpunkte mit den Achsen, Scheitelpunkt) bestimmen und ihre Bedeutung im Kontext erklären. Die Flugbahn eines Balls wird beschrieben mit $f(x)=-x^2+0{,}5x+1{,}8$. Wann trifft der Ball auf die Erde und wann hat der Ball die größte Höhe?	S. 32 Nr. 31 S. 33 Nr. 32, 33 S. 34 Nr. 34–36 S. 36 Nr. 40 S. 37 Nr. 41, 42
Ich kann die Schnittpunkte zweier Parabeln oder einer Parabel mit einer Geraden bestimmen. Wo liegen die Schnittpunkte der beiden Funktionsgraphen? a) $f(x)=x^2-2x-4$ und $g(x)=-x^2$ b) $f(x)=2x+1$ und $g(x)=x^2+1$	S. 30 Nr. 24, 25 S. 31 Nr. 26–28

► *Hinweis:* Im Materialblock auf Seite 15 findest du diese Checkliste für deine Selbsteinschätzung.
Zusätzliche Übungsaufgaben findest du im Internet unter www 040-1.
(www.cornelsen.de/mathewerkstatt, Webcode: MWS040048-040-1)

Einkommensverteilung von Berufen – Mit Statistik argumentieren

In diesem Kapitel …

- lernst du, wie man systematisch mit Hilfe von Kenngrößen und Diagrammen Informationen aus Daten ziehen kann.
- lernst du, wie man mit Statistik argumentieren kann.

Schon ganz schön unterschiedlich, was man so verdienen kann.
Aber auch komisch, gerade in der Beratung wurde mir gesagt, dass man als Mechatroniker bis 8000 Euro verdienen kann. Wie passt das zusammen?
Durchschnittliche Einstiegsgehälter
Wirtschafts-mathematiker/in 3300 €
Altenpfleger/in 2450 €
Software-entwickler/in 3150 €
Ingenieur/in 3500 €
Mechatroniker/in 2050 €
Lebensmittel-techniker/in 2700 €
Arzt/ Ärztin 3850 €

BIZ Berufsinformationszentrum
Ach, ist doch egal. Man sucht sich den Beruf doch nicht nach Geld aus.
Berufsberatung Online
Ja, aber der Verdienst ist auch wichtig. Was sagt schon der Durchschnitt?
INFO!

Erkunden A

Wie kann ich Daten systematisch auswerten?

1 Vergleichen von Gehältern

Till, Ole, Merve und Pia tauschen sich darüber aus, was sie einmal werden wollen. Um Gründe für Ihre Berufswahl zu finden, nutzen sie verschiede Daten.

Gut zu wissen
Mechatroniker bauen aus einzelnen Teilen Anlagen, Maschinen oder Geräte zusammen, die sie dann auch warten und reparieren können.

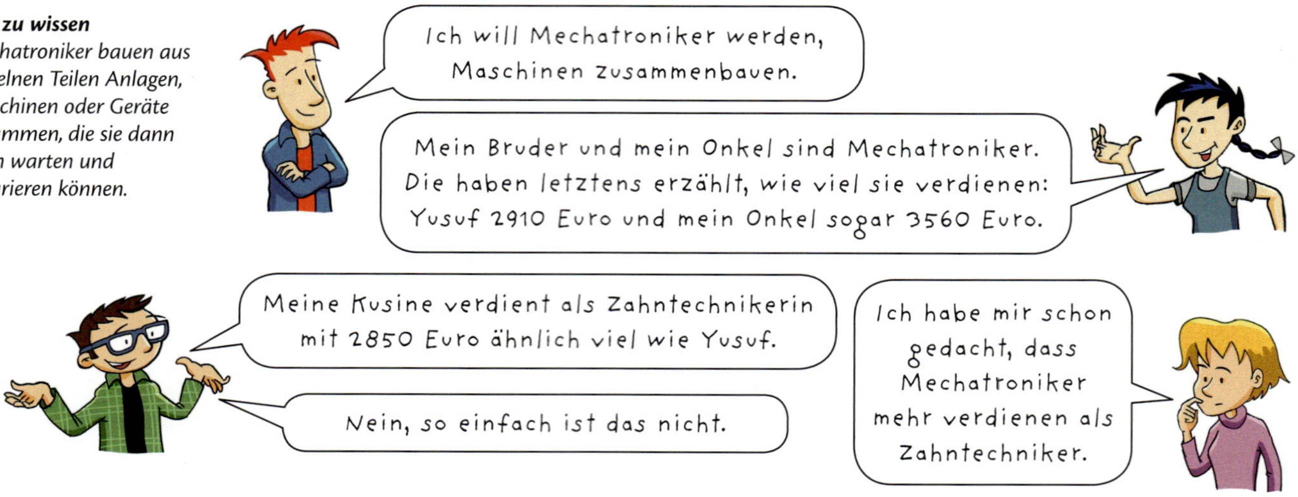

a) ▪ Wem stimmst du zu, Pia oder Ole?
▪ Kann man aufgrund der genannten Beispiele die Verdienste der Berufe vergleichen?
▪ Diskutiert auch, wie wichtig der Verdienst bei der Berufswahl ist.

b) Um ein besseres Bild der Verdienstmöglichkeiten der beiden Berufe zu erhalten, nutzen die Vier weitere Daten aus dem Internet:

Zahntechniker/-in:

1	2	3	4	5	6	7	8	9	10	11
2490 €	2460 €	2480 €	2980 €	2580 €	2380 €	2440 €	2520 €	2470 €	2650 €	2380 €

Mechatroniker/-in:

1	2	3	4	5	6	7	8	9	10	11
3080 €	2000 €	2380 €	1540 €	1800 €	2330 €	2300 €	2100 €	2850 €	3850 €	3600 €

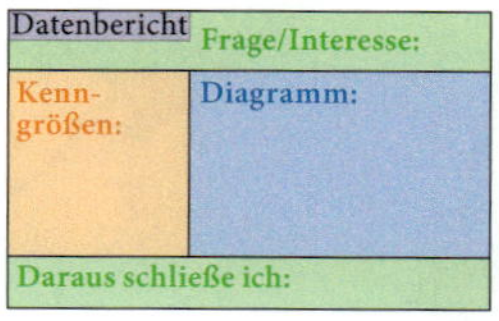

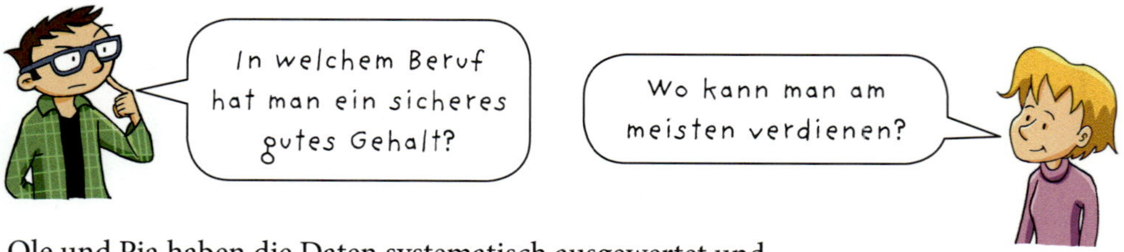

Ole und Pia haben die Daten systematisch ausgewertet und je einen Datenbericht erstellt.
Von wem stammt welcher der beiden Datenberichte im Arbeitsmaterial?
▪ Begründe, warum genau diese Kenngrößen ausgewählt wurden.
▪ Begründe, warum genau dieses Diagramm ausgewählt wurde.

wiederholen
Wissensspeicher
Daten 8
► Materialblock S. 20
Arbeitsmaterial

www 044-1
Informationsmaterial

c) Informiere dich über mögliche Gehälter zu einem Beruf oder zwei Berufen deiner Wahl. Erstelle dazu ebenfalls einen Datenbericht wie Ole und Pia in b).

nachgedacht

d) Welche Informationen lassen sich aus Kenngrößen und Diagrammen ziehen?

Erkunden B

Wie kann ich Gruppen statistisch vergleichen?

2 Gehälter in verschiedenen Regionen

a) Till hat im Internet gefunden, dass Friseure in verschiedenen Städten unterschiedlich viel verdienen. Merve und Till überlegen, wo der Wert für Dortmund im Vergleich zu den anderen Werten liegt.
Überprüfe Merves und Tills Einschätzung.

Lohndurchschnitt	
Freiburg	*1256 €*
München	*1400 €*
Berlin	*900 €*
Köln	*1196 €*
Frankfurt	*1700 €*
Saarbrücken	*900 €*
Leipzig	*1000 €*
Mainz	*1025 €*
Dortmund	*1080 €*

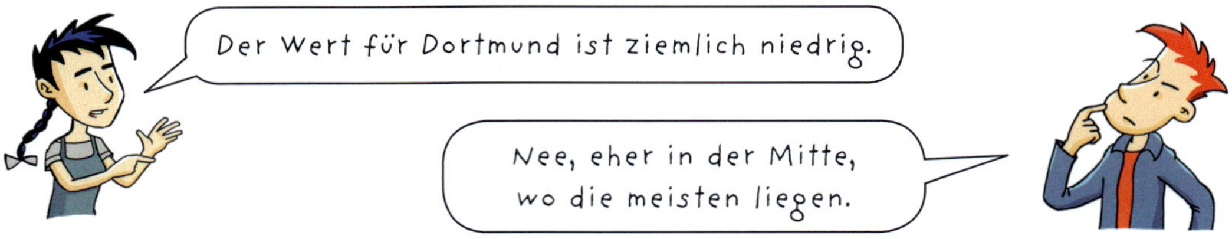

b) Nutze Kenngrößen, um die Überlegungen von Merve und Till aus a) auch für andere Orte systematisch zu beantworten. Dabei ist es sinnvoll, die Daten vorher zu ordnen. Folgende Fragen können dir helfen.
- Wo stehen die einzelnen Werte – eher in der unteren Hälfte, der oberen Hälfte oder in der Mitte?
- Wo liegen die Extreme Minimum und Maximum aller Werte?
- Wie groß ist der Bereich, in dem alle Werte liegen?
- Wie lassen sich die Werte in Bereiche einteilen?

045-1
Applet

Erinnere dich
Boxplot heißt übersetzt Kastendiagramm. Der Boxplot veranschaulicht, wie sich Werte verteilen.

c) Ole wollte Gehälter von Erziehern mit denen von Friseuren in Dortmund vergleichen. Dazu hat er den nebenstehenden Boxplot gefunden. Ziehe so viel Informationen wie möglich aus diesem Boxplot. Nutze dabei auch das Applet. Gehe auf die Anmerkungen der Vier ein.

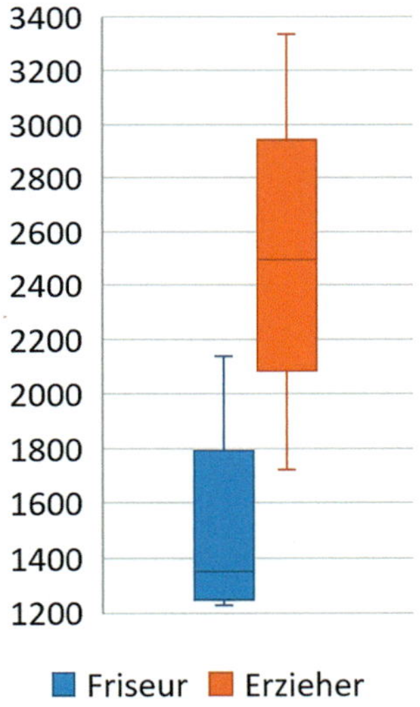

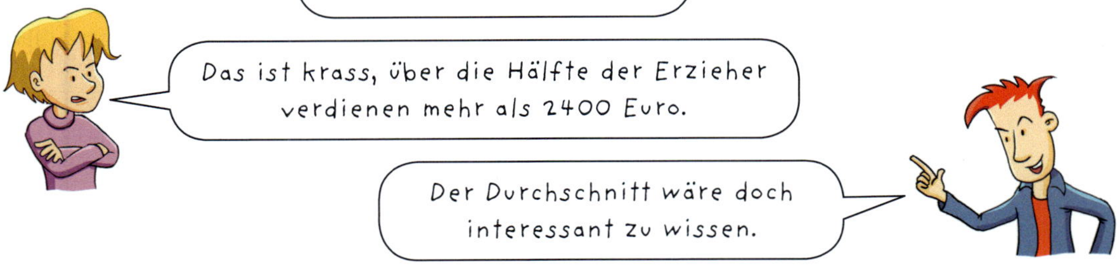

nachgedacht

d) Welche Kenngrößen (zum Beispiel Durchschnitt, Zentralwert) und welche Darstellungen (zum Beispiel Säulendiagramm, Liniendiagramm oder ein Boxplot wie in c)) helfen am besten, um die Daten von zwei Gruppen zu vergleichen?

Erkunden C

Wie kann ich Statistiken kritisch beurteilen?

3 Verdienste von Frauen und Männern

Männer und Frauen verdienen in Deutschland unterschiedlich viel. Das liegt unter anderem an Unterschieden in der Berufswahl oder am Umfang der Beschäftigung. Hier sind zwei Diagramme zum Abstand der Verdienste zwischen Männern und Frauen dargestellt.

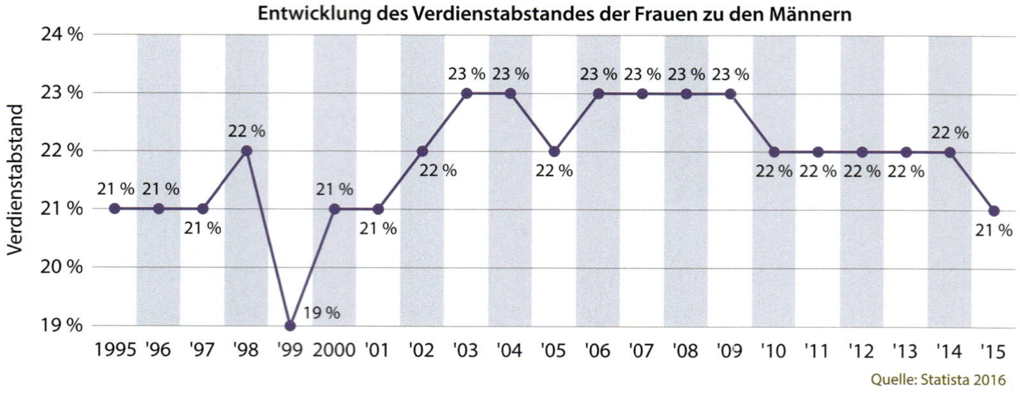

a)
- Interpretiere beide Diagramme. Was kannst du über den Verdienstabstand zwischen Männern und Frauen aussagen?
- Vergleiche die beiden Diagramme. Welche Wirkung wird jeweils erzielt?

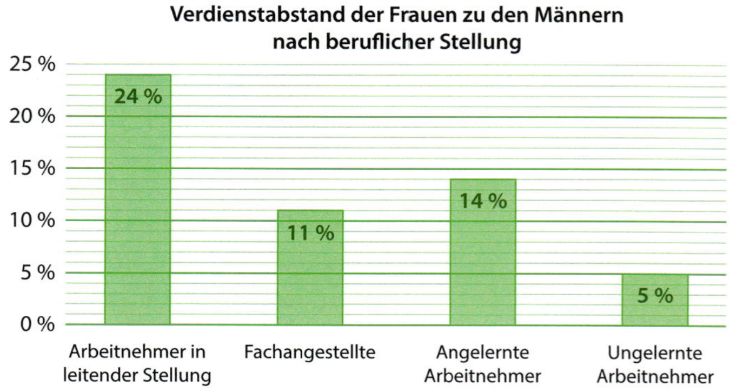

b) Welche Informationen zum Anteil von Frauen und Männern in verschiedenen Berufsbereichen kann man aus den folgenden Daten ziehen?

	Verwaltungsberufe zum Beispiel: Sekretär/-in Manager/-in	Dienstleistungsberufe zum Beispiel: Friseur/-in Abteilungsleiter/-in	Produktionsberufe zum Beispiel: Industriearbeiter/-in Ingenieur/-in
Frauen	8,62 Millionen	2,18 Millionen	8,34 Millionen
Männer	5,51 Millionen	9,93 Millionen	5,79 Millionen

c) Erstelle zu den Daten aus b) verschiedene Diagramme (zum Beispiel Säulendiagramm, Liniendiagramm, Kreisdiagramm) und beschreibe jeweils die Wirkung, die du erzielen willst.

nachgedacht

d) Wozu sollte man die einzelnen Diagrammarten gezielt einsetzen?

4 Diagramme kritisch betrachtet

In den folgenden Diagrammen wurden Berufe, die künftig gebraucht werden, auf unterschiedliche Weise dargestellt.

(A)

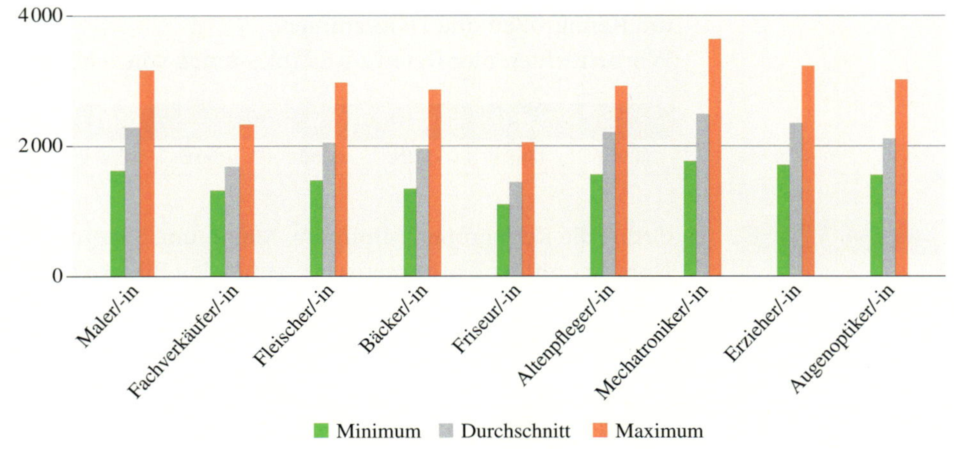

(B)

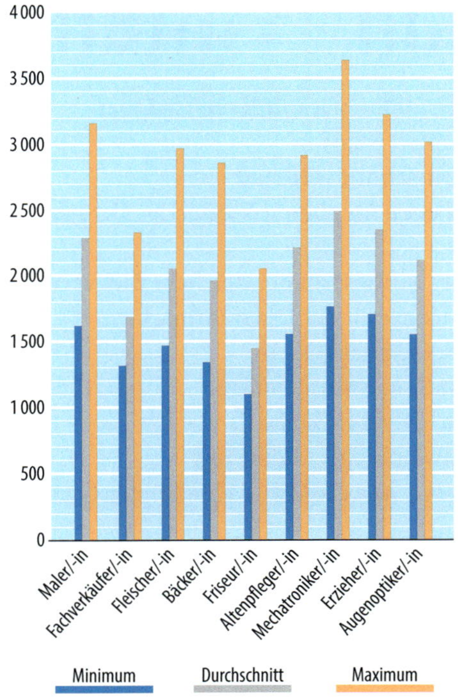

(C)

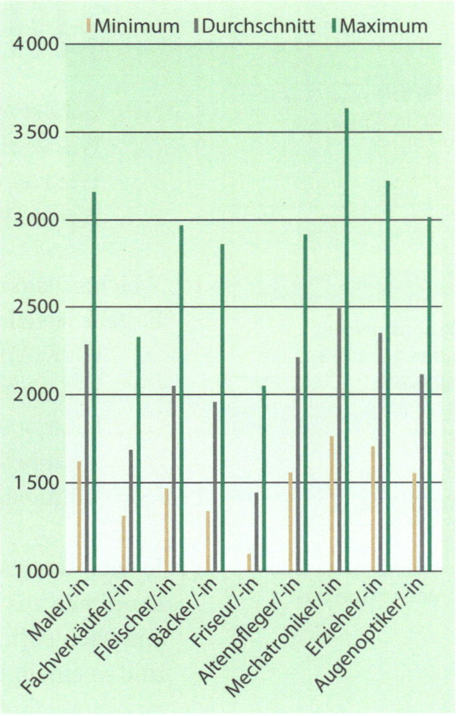

a) Vergleiche, wie die drei Diagramme wirken. Was fällt dir auf?

b) Welches Diagramm kommt am ehesten von welcher Gruppe?

(1) Die Maler-Innung sucht dringend Nachwuchs und macht deshalb eine Werbeaktion mit der Grafik, um zu zeigen, wie gut der Verdienst ist.

(2) Das Berufsinformationszentrum will eine detaillierte, sachliche Info geben über die Verdienste in Berufen mit Zukunft.

(3) Die Interessenvertretung der Ausbildungsberufe will zeigen, dass die Verdienstmöglichkeiten bei den Ausbildungsberufen generell niedrig sind.

nachgedacht

c) Welche Möglichkeiten gibt es, die Wirkung von Diagrammen zu beeinflussen?

Ordnen A

Wie kann man Daten systematisch auswerten?

1 Kenngrößen und Diagramme gezielt auswählen

Um mit Daten begründet entscheiden zu können, hilft eine systematische Auswertung mit Kenngrößen und Diagrammen.
Wir betrachten hier Daten zum Einkommen von zehn Personen mit gleicher Ausbildung.

1	2	3	4	5	6	7	8	9	10
2890 €	4360 €	5120 €	6080 €	1050 €	1050 €	1050 €	2340 €	2340 €	2680 €

wiederholen
Wissensspeicher
Daten 3 und 9

a) Ordne die Kenngrößen Minimum, Maximum, Spannweite, Zentralwert bzw. Median, Durchschnitt bzw. arithmetisches Mittel den Bildern und Fragen zu.

(A)
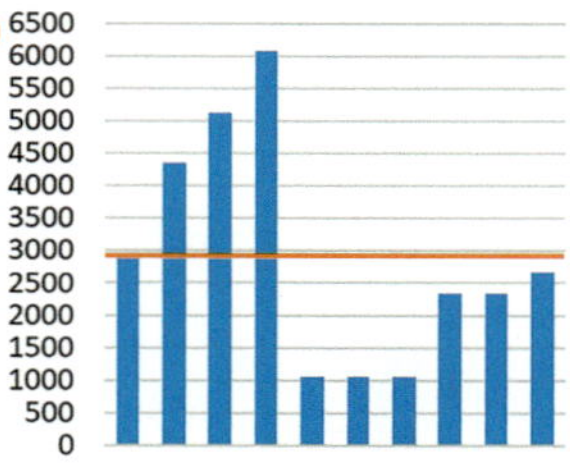

(B)
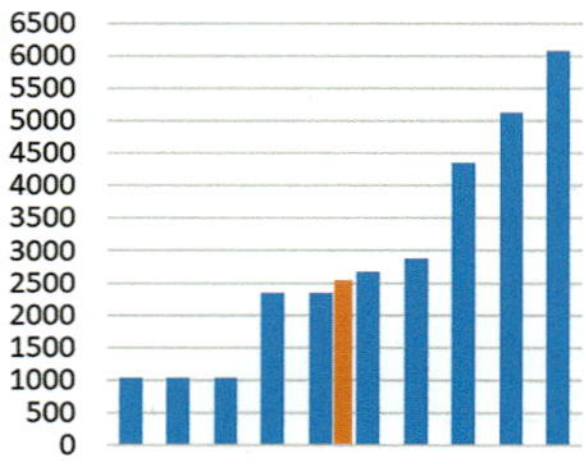

(C)
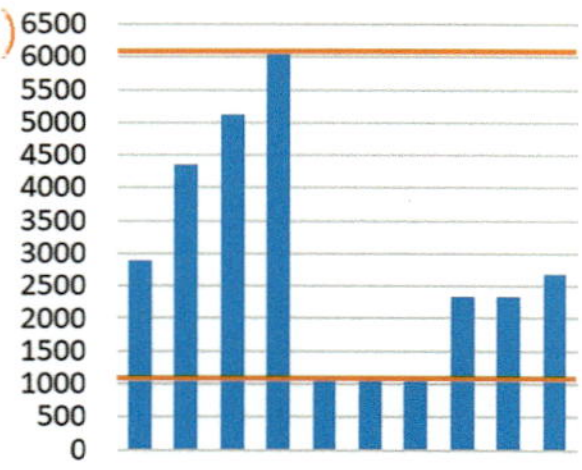

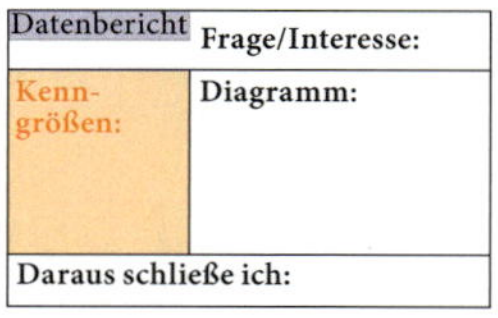

(1) Gehört man mit 2000 € zur mittleren Gruppe?
(2) Wer verdient am meisten?
(3) Wie viel wird im Schnitt verdient?
(4) Welche Werte liegen im oberen Viertel der Verdienste?

wiederholen
Wissensspeicher
Daten 1 2, 4, 5, 8

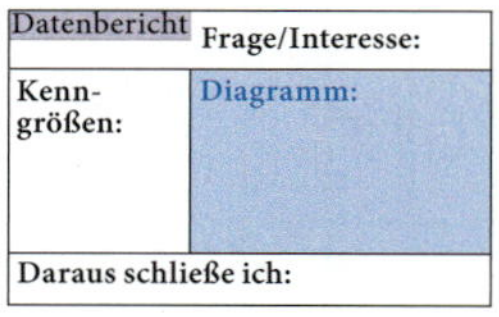

b) Welche Diagrammart würdest du bei welchem Ziel verwenden?
Erstelle jeweils eine Skizze zu der Diagrammart.
(1) Ich will die Werte genau wissen.
(2) Ich möchte Datensätze vergleichen.
(3) Ich möchte Anteile vergleichen.
(4) Ich möchte Entwicklungen aufzeigen.
(5) Ich möchte wissen, wie die Werte eines Datensatzes verteilt sind.

► Materialblock S. 20
Wissensspeicher

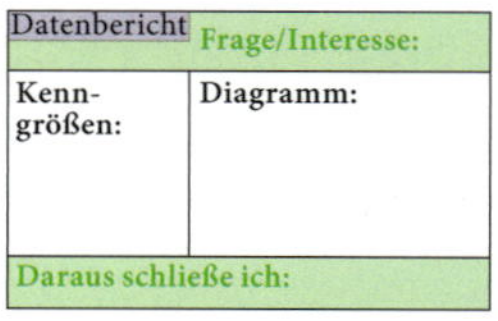

c) Je nach Interesse und Fragen kann man aus einem Datensatz Unterschiedliches schließen und in einem Datenbericht zusammenfassen.
Die drei begonnenen Datenberichte im Materialblock beziehen sich auf die gegebenen Daten.

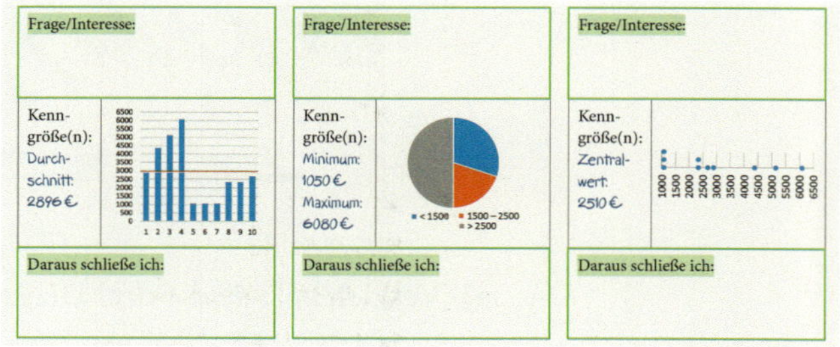

Ergänze jeweils (zunächst mit Bleistift, wenn du dir nicht sicher bist):
- „Frage/Interesse": Hier soll das Interesse an den Daten oder die Frage ausgedrückt werden, die mit den Daten beantwortet werden soll.
- „Daraus schließe ich": Hier soll eingetragen werden, was du aus den Kenngrößen und dem Diagramm schließt. Das ist dann die Antwort auf die Frage oder das Interesse.

► Materialblock S. 16
Wissensspeicher

d) Vergleicht eure Ergebnisse zu a) bis c) und vervollständigt die Eintragungen im Wissensspeicher.

2 Auswerten von Daten

Oft möchte man wissen, wo ein einzelner Wert im Vergleich zu anderen Werten liegt. Ein Krankenpfleger in Nordrhein-Westfalen mit einem Gehalt von 2806 € will zum Beispiel wissen, ob er mit seinem Gehalt zu den besser Verdienenden oder schlechter Verdienenden in seiner Berufsgruppe gehört.
Die Tabelle enthält Verdienste (in €) einiger Krankenschwestern/Krankenpfleger in NRW.

1	2	3	4	5	6	7	8	9	10	11	12
1799	1864	1895	1978	2316	2656	2806	2845	2993	3812	3812	3867

▶ Materialblock S. 17 Wissensspeicher

Erinnere dich
Die Spannweite ist die Differenz aus Maximum und Minimum.
Der Zentralwert wird auch Median genannt.

a) Entscheide, in welchem Bereich das Gehalt des Krankenpflegers liegt, indem du die Liste aus allen Werten in vier gleich große Bereiche einteilst und Kenngrößen bestimmst:
- Übertrage die Werte auf den Zahlenstrahl im Materialblock.
- Bestimme den Zentralwert z und markiere ihn lila.
  Markiere Maximum und Minimum grün und bestimme die Spannweite.
- Bestimme die Zentralwerte der oberen und unteren Hälfte. Markiere sie blau.
- Bestimme den Durchschnitt.

Gut zu wissen
Quartil kommt aus dem Lateinischen: Quartus – der Vierte.

b) In a) hast du mit drei Zentralwerten die Quartile des Datensatzes bestimmt.
Erkläre mit der Übersetzung links und a) die Begriffe unteres Quartil q_u, mittleres Quartil und oberes Quartil q_o.

c) Der gegebene Datensatz enthält 12 Werte. Bei einer anderen Anzahl von Werten ist das Aufteilen in vier gleich große Bereiche nicht so leicht möglich. Man legt dann Bereiche nach bestimmten Regeln fest, wie die folgenden Beispiele zeigen:

9 Werte: 1799 1864 1895 1978 2316 2656 2806 2845 2993

10 Werte: 1799 1864 1895 1978 2316 2656 2806 2845 2993 3812

11 Werte: 1799 1864 1895 1978 2316 2656 2806 2845 2993 3812 3825

Übertrage die Beispiele in dein Heft und markiere Minimum, Maximum.
Markiere auch unteres Quartil, oberes Quartil und Zentralwert bzw. bestimme diese Werte.

d) Betrachte den folgenden Dialog.

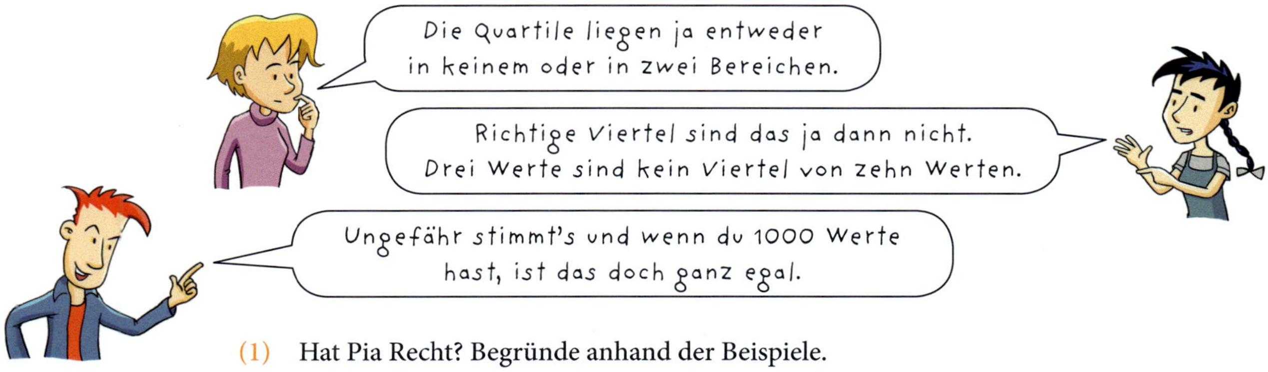

(1) Hat Pia Recht? Begründe anhand der Beispiele.
(2) Erläutere Tills Antwort auf Merves Einwand. Überlege dazu, wie man bei einem Datensatz mit vielen Werten (z. B. 1000) die Quartile möglichst einfach bestimmt.

▶ Materialblock S. 17 Wissensspeicher

e) Vergleicht eure Ergebnisse und ergänzt gegebenenfalls den Wissensspeicher.

Ordnen B

Wie kann man Gruppen statistisch vergleichen?

3 Gruppen vergleichen

Gut zu wissen
Boxplot heißt Kastendiagramm. Der Boxplot veranschaulicht, wie sich die Werte verteilen. Er hat eine „Box“ und zwei „Antennen“.

► Materialblock S. 18 Wissensspeicher

Um Gruppen von Daten schnell und übersichtlich vergleichen zu können, bieten sich Boxplots an.

a) Erfülle die folgenden Aufträge im Materialblock.

- Trage die Begriffe Minimum und Maximum, Zentralwert und unteres und oberes Quartil in den Kästen am Boxplot im Materialblock ein.
- Wie groß ist der Anteil der Werte, die in der Box liegen?
- Welche Werte werden mit den Antennen dargestellt?

b) Zu den beiden Datensätzen der Friseurgehälter in Dortmund und Ulm wurden die folgenden Boxplots dargestellt.

Ulm	982	1054	1124	1194	1366	1519	2193	2249	2395
Dortmund	1138	1296	1414	1537	1686	1698	1987	2113	2219

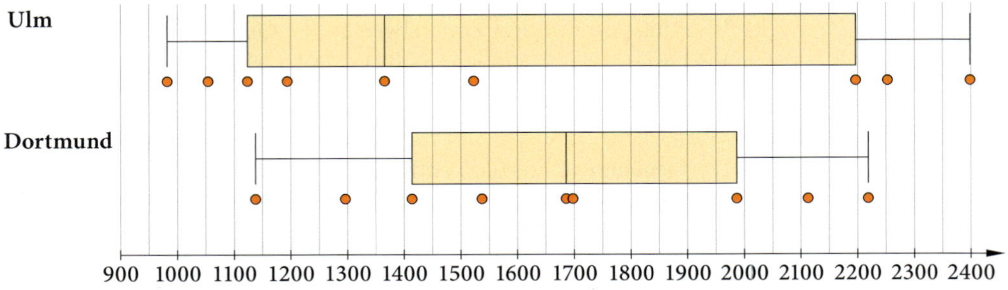

Lies an den beiden Boxplots die Kenngrößen Minimum, Maximum, Zentralwert, unteres und oberes Quartil ab.

c) Pia und Merve betrachten die Größen der vier Bereiche von Ulm.

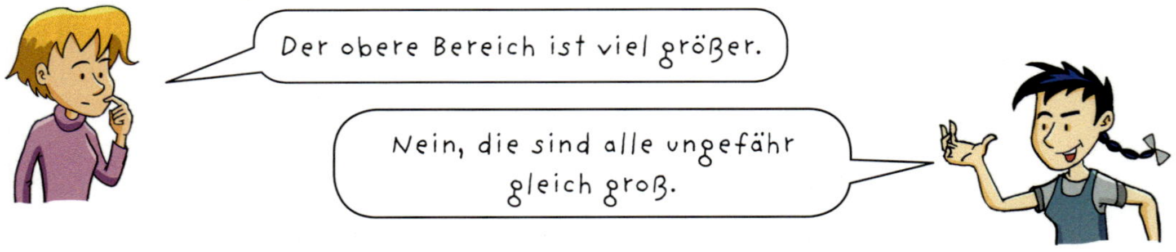

Erkläre, warum beide Recht haben.

d) Vergleicht die beiden Boxplots und beantwortet dazu die folgenden Fragen. Begründet eure Antworten mit den verschiedenen Kenngrößen (Minimum, Maximum, Zentralwert, oberes Quartil und unteres Quartil).

(1) Kann man erkennen, in welcher Gruppe (hier in welchem Ort) die höheren Werte liegen?
(2) In welcher Gruppe (hier in welchem Ort) sind die Unterschiede besonders groß?
(3) Wo sind die Werte ähnlich zueinander, verdienen also alle ähnlich viel?
(4) Was kann man über die „Ausreißer“ in beiden Gruppen sagen?

► Materialblock S. 18 Wissensspeicher

e) Vergleicht eure Ergebnisse und ergänzt gegebenenfalls den Wissensspeicher.

Ordnen C

Wie kann man Statistiken kritisch beurteilen?

4 Ein Datensatz – Unterschiedliche Wirkungen

Diagramme zu einem Datensatz können sich nicht nur dadurch unterscheiden, dass man verschiedene Diagrammarten gewählt hat. Auch Diagramme einer bestimmten Art (zum Beispiel Säulendiagramm) können unterschiedlich aussehen und wirken.
Zu einem Datensatz (100, 150, 120) wurde ein Säulendiagramm dreimal anders dargestellt, sodass unterschiedliche Wirkungen entstehen.

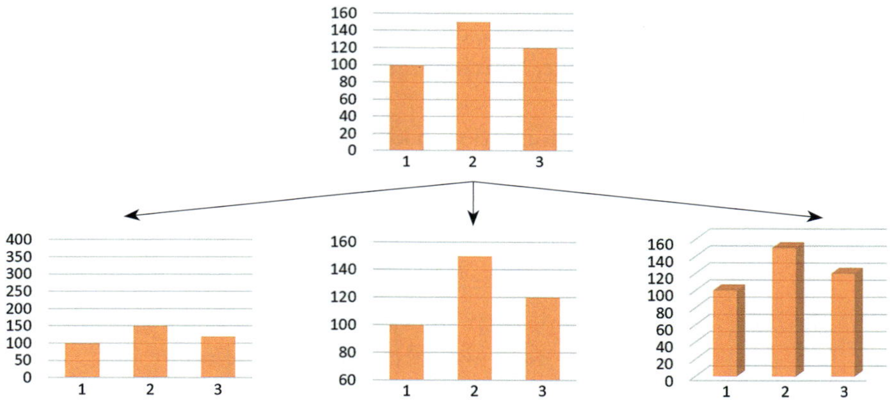

wiederholen

Wissensspeicher
Daten 6

► Materialblock S. 19 Wissensspeicher

a)
- Was wurde jeweils in dem Diagramm gemacht, sodass es sich von dem ursprünglichen Diagramm unterscheidet?
- Welche Wirkung entsteht dadurch?

Trage deine Antworten in den Materialblock ein (zunächst mit Bleistift, wenn du dir nicht sicher bist).

b) Vergleicht eure Ergebnisse und vervollständigt die Eintragungen im Wissensspeicher.

c) Begründe, warum man im rechten Bild (3D-Säulen) den mittleren Wert als höher einschätzt als beim mittleren Bild (2D-Flächen), obwohl die Skalierungen gleich sind.

5 Größe eines Datensatzes

Zu drei verschiedenen Datensätzen mit gleichem Minimum (1000), Zentralwert (2050) und Maximum (15 000) wurden die folgenden Kenngrößen ermittelt.

(1) 5 Datenwerte
Durchschnitt: 4550

(2) 10 Datenwerte
Durchschnitt: 3320

(3) 1000 Datenwerte
Durchschnitt: 2400

a)
- Erfinde zu (1) und (2) Datensätze, die passen können.
  Nutze dazu eine Tabellenkalkulation.
- Erkläre mit Hilfe deiner Datensätze, warum es trotz gleicher Kenngrößen (Minimum, Maximum, Zentralwert) zu so unterschiedlichen Durchschnittswerten kommen kann.

b) Welche Erkenntnis ziehst du aus a), worauf man beim Interpretieren von Daten achten sollte? Erläutere deine Erkenntnis, indem du zum Beispiel davon ausgehst, es handele sich um Verdienstmöglichkeiten in einem Beruf.

► Materialblock S. 19 Wissensspeicher

c) Vergleicht eure Ergebnisse und übertragt sie in den Wissensspeicher.

Vertiefen 1

Daten systematisch auswerten und vergleichen

Training

1 Zufriedenheit in verschiedenen Berufen

Aus drei Berufsgruppen wurde die Zufriedenheit im Beruf ermittelt. Daraus entstanden die folgenden Ergebnisse aus einer Skala von 1 (sehr unzufrieden) bis 7 (sehr zufrieden).

▪ Erzieher/-in	3	7	5	4	2	4	7	7	5	6
▪ Florist/-in	3	6	6	6	4	5	6	6	3	
▪ Lokführer/-in	3	7	1	6	7	7	3	6		

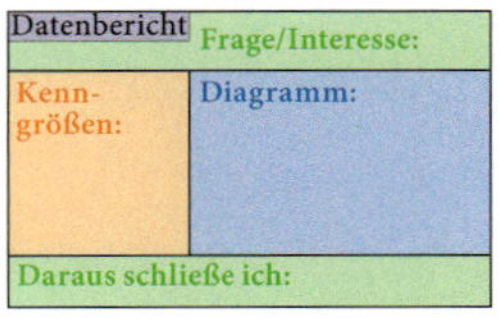

a) Bestimme für die drei Berufsgruppen die Kenngrößen Minimum, Maximum, Spannweite, Durchschnitt und Median.

b) Welche Informationen kannst du den jeweiligen Kenngrößen entnehmen? Erstelle zu einer ausgewählten Information und Kenngröße einen Datenbericht.

c) Nimm Stellung zu Pias Aussage.

Problemlösen

d) Erfinde zu jedem Datensatz der drei Berufe einen weiteren Datensatz, sodass der Durchschnitt, Minimum, Maximum und Median gleich bleiben.

Training

2 Entwicklung von Gehältern

Zwei Personen erhielten in den letzten zehn Jahren die folgenden Einkommen (in €).

▪ Person A	1850	1910	1910	1980	2020	2020	2020	2110	2130	2190
▪ Person B	2090	2120	1210	1230	1270	2230	2240	2260	2340	2390

a) Erstelle ein Liniendiagramm, aus dem du die Gehaltsentwicklungen ablesen kannst. Beschreibe die Entwicklungen und finde mögliche Ursachen für die Schwankungen.

b) Mit welcher anderen Diagrammart lassen sich diese Daten sinnvoll darstellen? Begründe deine Antwort.

Training

3 Scannen als Ferienjob

Ole und Pia scannen bei ihrem Ferienjob Dokumente ein. Sie werden pro gescannte Seite bezahlt. Folgende Seitenanzahlen haben sie in den vergangenen zwei Wochen geschafft.

▪ Pia	120	125	140	90	135	160	110	115	190	130
▪ Ole	120	122	120	130	130	133	140	147	140	155

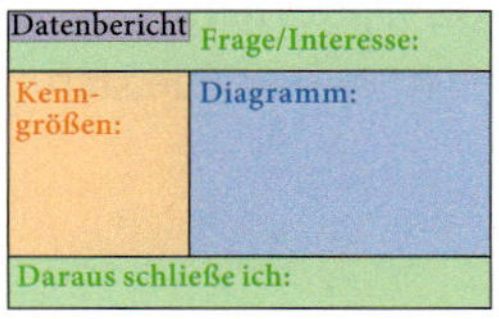

a) Wer von beiden hat im Durchschnitt mehr Seiten pro Tag gescannt?

b) Berechne die Kennwerte Median, Minimum, Maximum, Spannweite.

c) Erstelle einen Datenbericht zur Frage: Wen würde die Firma lieber einstellen?

4 Vergleich zweier Gehälter

Zwei Freunde vergleichen ihre Gehälter der letzten zehn Jahre.

	1	2	3	4	5	6	7	8	9	10
A	2225 €	2300 €	2300 €	2300 €	2520 €	2520 €	2595 €	2701 €	2701 €	2710 €
B	2890 €	4360 €	5120 €	6080 €	1050 €	1050 €	1050 €	2340 €	2340 €	2680 €

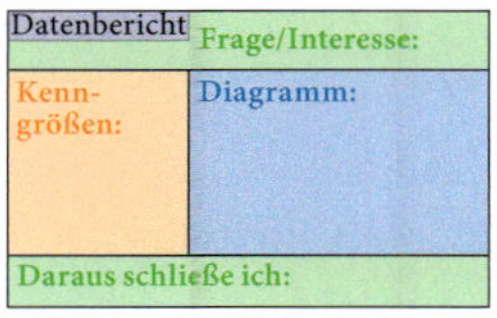

a) Erstelle einen Datenbericht zum Vergleich der beiden Gehaltsentwicklungen.
- Entscheide dich für passende Kenngrößen.
- Erstelle ein passendes Diagramm.
- Was schließt du aus den Daten? Begründe dies mit den Kenngrößen und dem Diagramm, das du ausgewählt hast.

b) Erstelle einen weiteren Datenbericht, bei dem du folgende Information zum Einkommen in Deutschland einbeziehst. Es ist jeweils das Monatseinkommen gemeint.
- Einkommen bis 985 € — einkommensarm
- Einkommen zwischen 985 € und unter 1640 € — schwaches Einkommen
- Einkommen zwischen 1640 € und unter 2460 € — mittleres Einkommen
- Einkommen zwischen 2460 € und unter 4095 € — starkes Einkommen
- Einkommen ab 4095 € — reiches Einkommen

c) Welche Entwicklung vermutest du für die beiden Berufe?

5 Kenngrößen und Diagramme passend wählen

a) Welche Kenngrößen passen jeweils?

Minimum | Spannweite | Durchschnitt/arithmetisches Mittel | Zentralwert/Median | Maximum

(1) Die Ergebnisse im Weitsprung sollen zwischen vier Klassen verglichen und entschieden werden, welche Klasse den Pokal erhält.
(2) Bei einer Klassenarbeit will man wissen, ob man mit der Note 3^- zur oberen oder zur unteren Hälfte gehört bzw. zum oberen oder unteren Viertel.
(3) Man will aussagen, dass sich die Daten im Laufe der Zeit „einpendeln“, das heißt, keine großen Ausschläge nach oben oder unten mehr vorkommen.
(4) Bei einem Job hatte man 1000 € zur Verfügung, um eine Feier für die Preisträger eines Wettbewerbs zu gestalten. Man will dem Chef nun beschreiben, in welchem Bereich die verschiedenen Ausgaben (zum Beispiel Lebensmittel, Dekoration, Reinigung) gelegen haben.

b) Welches Diagramm passt oder welche Diagramme passen jeweils?

Balkendiagramm | Liniendiagramm | Kreisdiagramm | Streifendiagramm | Säulendiagramm | Boxplot

(1) Man will das Größenwachstum von Kindern darstellen.
(2) Bei einer Wahl wurden sechs verschiedene Parteien gewählt und nun soll das Ergebnis der Wahl dargestellt werden.

6 Ärzteprotest

a) In dem Diagramm rechts ist das (fiktive) Jahreseinkommen von sechs Ärzten angegeben.

(1) Bestimme den Zentralwert und den Durchschnitt.

(2) Wie verändern sich Zentralwert und Durchschnitt, wenn sich das Einkommen des sechsten Arztes verändert?

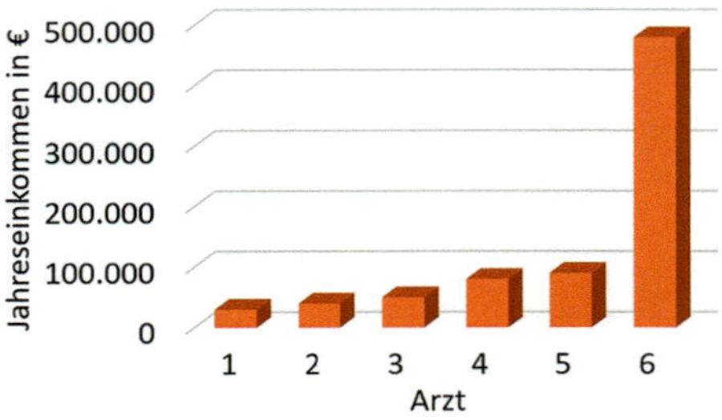

b) Im Jahr 2006 gab es einen Ärzteprotest gegen die damalige Gesundheitspolitik. Dabei wurden nicht nur die Arbeitsbedingungen (zum Beispiel Arbeitszeiten) kritisiert, sondern auch das Gehalt von Ärzten diskutiert. Die Argumente passen auch heute noch:

> Ärzteverbände: Rund 30 000 Praxen müssen mit einem Einkommen von 1600 € bis 2000 € auskommen. Viele müssen deshalb Insolvenz anmelden.

> Politik: Der Protest ist überzogen, das Durchschnittseinkommen beträgt 82 000 €.

Sowohl bei den Ärzteverbänden als auch in der Politik wurde mit korrekten Zahlen argumentiert. Erkläre, wie das sein kann und welche Kenngrößen jeweils benutzt wurden.

Problemlösen

c) Ein Politiker hat im Jahr 2006 behauptet:
„Wenn jeder dieser Ärzte das Festgehalt eines Universitätsprofessors bekäme, käme es die gesetzlichen Krankenkassen immer noch billiger."
Könnte das heute auch noch so gesagt werden? Informiere dich dazu im Internet über aktuelle Einkommen von Ärzten und Professoren.

7 Gehälter in einer Firma

In einer Firma sind die Gehälter wie folgt verteilt.

Beruf	Anzahl	Durchschnittsgehalt	Gruppengehalt
Arbeiter	1000	1800 €	1 800 000 €
Arbeiter, gehobene Position	500	2400 €	1 200 000 €
Leiter von Arbeitsgruppen	50	5000 €	250 000 €
Management	10	10 000 €	100 000 €
Firmenbesitzer	1	1 000 000 €	1 000 000 €
Summe	**1561**	–	**4 350 000 €**

a) Die Arbeiter in der Firma erhalten zwar das Durchschnittsgehalt ihrer Berufsgruppe, möchten aber mehr Geld bekommen.

(1) Welche Argumente haben sie bzw. die Gewerkschaft?

(2) Welche Gegenargumente hat der Firmenbesitzer bzw. der Arbeitgeberverband?

Begründe jeweils mit passenden Kenngrößen und Diagrammen.

b) Die Gehälter sollen erhöht werden. Vergleiche die beiden folgenden Modelle für die jeweiligen Berufsgruppen.

- Modell A: Alle Gehälter steigen um 5 %.
- Modell B: Jede Person in der Firma erhält einen Zuschlag von 100 €.

Vertiefen 2

Boxplots erstellen und interpretieren

Training

▶ Materialblock S. 22 Basisaufgabe

8 Verdienste in verschieden großen Firmen

Die Verdienstmöglichkeiten von Mechatronikern hängt unter anderem von der Größe der Firma ab. In der Tabelle sind Verdienste von Mechatronikern in verschieden großen Firmen zusammengestellt.

Anzahl Mitarbeiter/-innen	Gehälter von verschiedenen Personen (in €)
> 1000	2314 2115 2239 2869 3157 2387 3343 2393 2476
501–1000	1790 2626 2749 1913 1999 2142 2972 3546 2486 2868
1–500	1669 1701 1773 1996 2152 2392 2561 2633 2685 2734 3343 2849

a) Erstelle für die drei Gruppen jeweils einen Boxplot. Gehe dabei so vor.
- Sortiere die Daten nach der Größe.
- Bestimme den Zentralwert und die Quartile.
- Zeichne den Kasten für die Hälfte der Werte in der Mitte und die Antennen.

b) Beschreibe mit Hilfe der Boxplots aus a) die Unterschiede in den Verdienstmöglichkeiten in Abhängigkeit von der Firmengröße.

Training

▶ Materialblock S. 22 Basisaufgabe

9 Boxplot lesen

Zu einer Datenreihe wurde der folgende Boxplot erstellt. Außerdem sind die einzelnen Werte mit dargestellt worden.

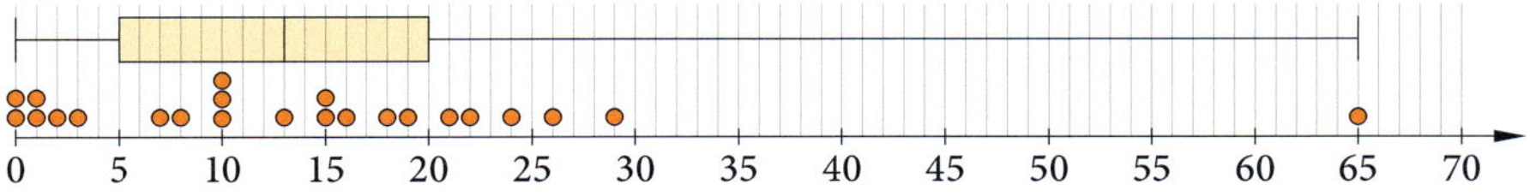

▶ Materialblock S. 21 Arbeitsmaterial

a) Lies alle Werte und die Kenngrößen ab und markiere sie am Boxplot. Nutze das Arbeitsmaterial im Materialblock.

b) Erstelle zwei weitere Datenreihen (mindestens 25 Werte), die den gleichen Boxplot ergeben und die folgenden Bedingungen erfüllen.
(1) Beide Datenreihen sollen den gleichen Durchschnitt haben.
(2) Beide Datenreihen sollen verschiedene Durchschnitte haben.
Eine Tabellenkalkulation oder das Applet kann dabei helfen.

www 055-1 *Applet*

Training

10 Punkte und Boxplot zuordnen

Welche Boxplot-Form passt zu welchen Daten? Begründe.

(1)
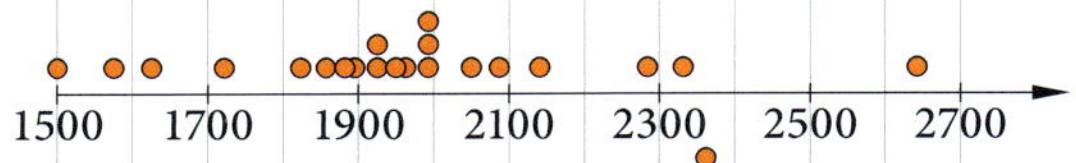

(2)
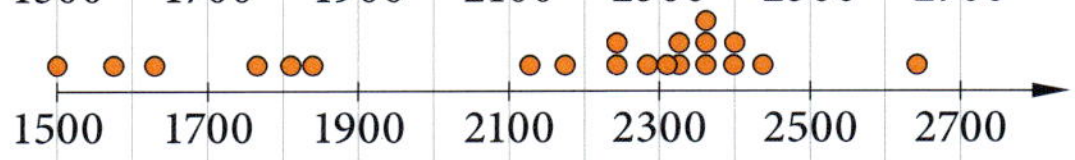

(3)
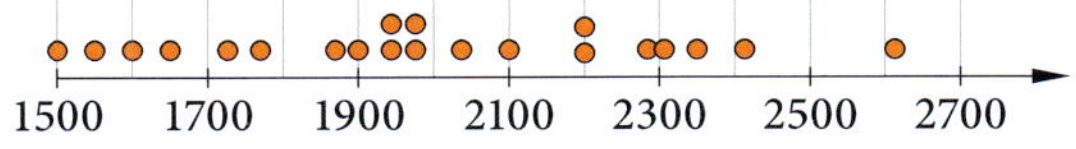

(A)
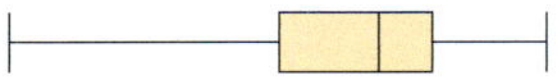

(B)

(C)
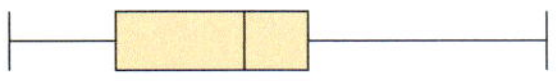

Problemlösen

11 Temperaturveränderungen untersuchen

Im Diagramm wird die Häufigkeitsverteilung der mittleren Temperaturen im Winter in Hessen für zwei verschiedene Zeitperioden gezeigt.

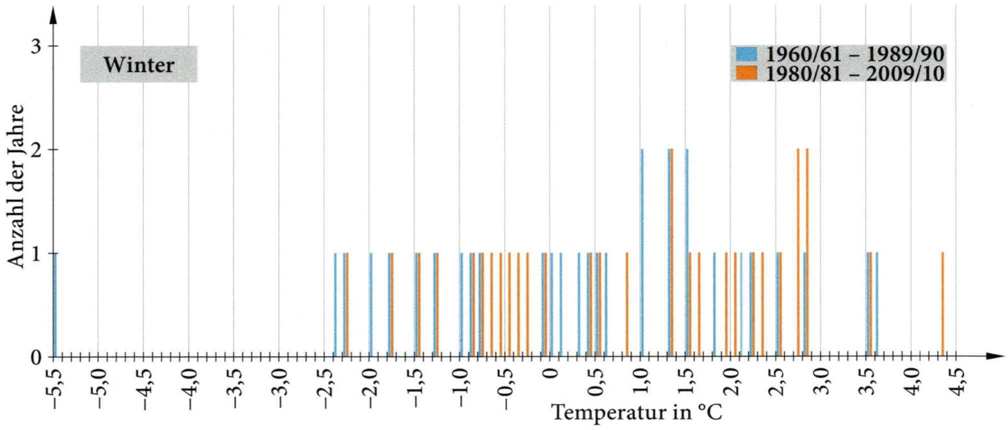

a)
- In wie vielen Jahren wurde die Mitteltemperatur von 1 °C gemessen?
- Nimm Stellung zu den Veränderungen der Temperaturen in den beiden Zeiträumen.

b) Die Daten aus a) wurden hier als Punkte über einer Temperaturachse dargestellt.

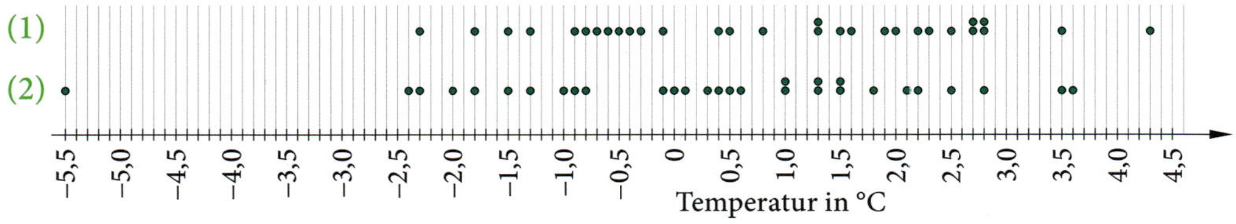

- Welcher Zeitraum gehört zu welcher Punktreihe? Begründe.
- Erstelle für die beiden Zeiträume jeweils einen Boxplot.
- Beschreibe die Unterschiede zwischen den beiden Zeitperioden anhand der Boxplots und der Punktereihen.

12 Raumtemperatur erkunden

In den folgenden Diagrammen sind die Raumtemperaturen dreier Wohnungen im Winter und im Sommer dargestellt.

(1)

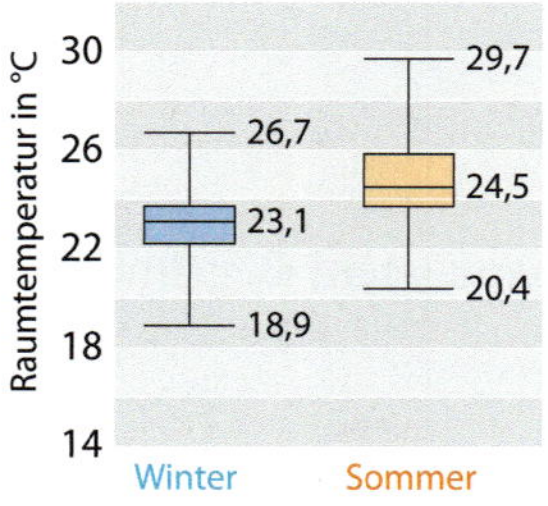

(2)

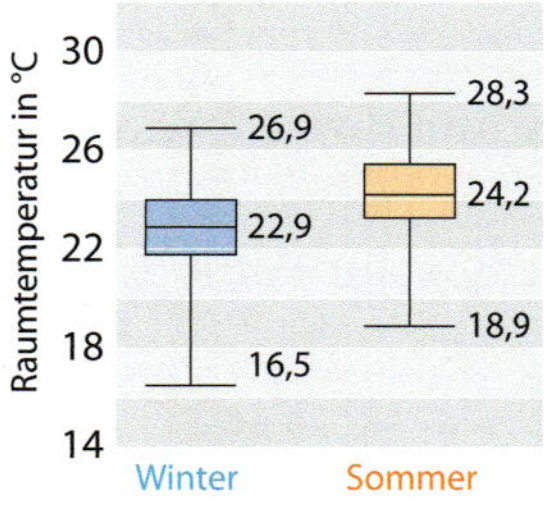

(3)

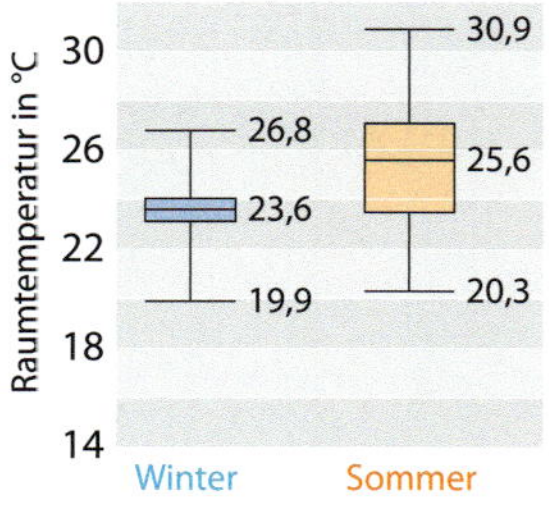

a) Beschreibe für jede Wohnung die Raumtemperatur in beiden Zeiträumen.

b) Welche Wohnung hat das angenehmste Raumklima? Begründe.

13 Mietspiegel beachten

In vielen Städten gibt es den sogenannten „Mietspiegel“, das ist eine Übersicht über die ortsüblichen Mieten. Er dient dazu, Mieterhöhungen im Rahmen zu halten.

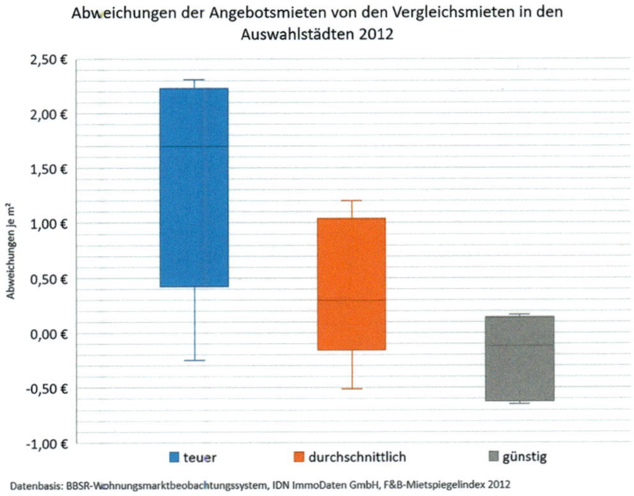

a) In einer Studie wurde untersucht, wie weit die tatsächlichen Mieten vom Mietspiegel abweichen. Dazu wurden in 30 Städten die Mieten einer mittelgroßen Musterwohnung (50 m² bis 80 m²) erhoben.
Die Städte sind in verschiedene Preisniveaus (teuer, durchschnittlich, günstig) eingeteilt.
Ziehe aus dem Diagramm möglichst viele Informationen.
Beantworte dabei auf jeden Fall folgende Fragen.
(1) Wie hoch ist die Miete in der teuersten und in der günstigsten Wohnung?
(2) Wie unterscheiden sich die Abweichungen zwischen den verschiedenen Preisniveaus?

b) In Berlin betrug der Mietspiegel im Jahr 2015 durchschnittlich 5,84 € je m².
Das sind 5,4 % mehr als im Jahr 2013.
Die Oberwerte (Maximum) stiegen im gleichen Zeitraum um 7,7 %.
Erkläre, warum das Maximum mehr ansteigen kann als der Durchschnitt.

c) Mieter und Vermieter haben bei einer Neuvermietung unterschiedliche Interessen.
Mit welchen Kenngrößen würde ein Mieter und mit welchen Kenngrößen ein Vermieter argumentieren?

14 Gehälter systematisch vergleichen

Hier sind Gehälter von Zahntechniker/-innen und Mechatroniker/-innen dargestellt.

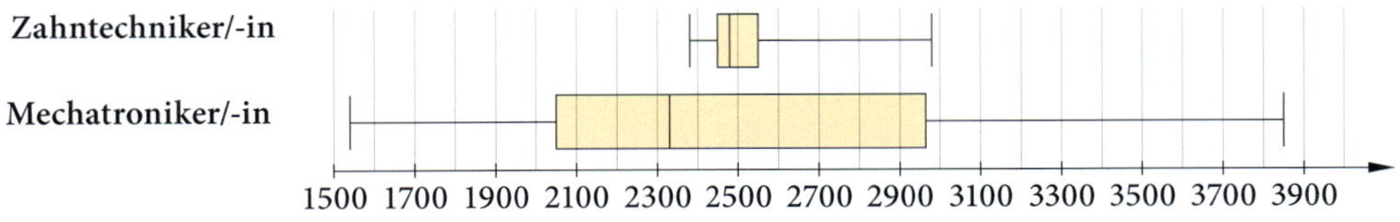

a) Vergleiche die Berufe hinsichtlich der Gehälter. Wodurch unterscheiden sie sich?

b) Till und Merve tauschen sich zu den Boxplots aus.

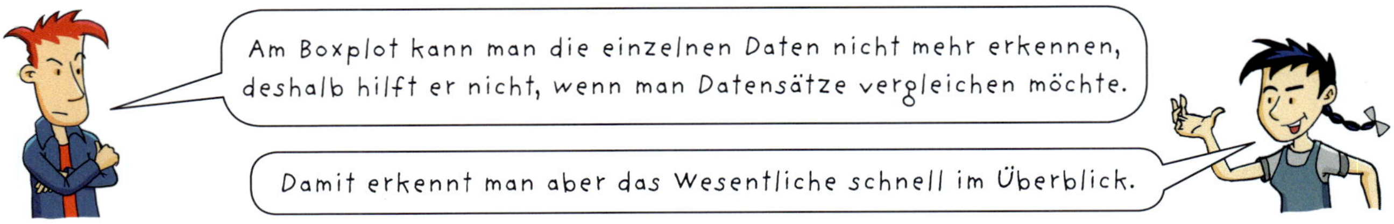

- Welche Argumente sprechen jeweils für die Meinungen?
- Gib weitere Beispiele an, die die jeweilige Meinung stützen.

Vertiefen 3 Daten kritisch auswerten

15 Leben am Südpol

Die norwegische Forschungsstation „Troll“ in der Antarktis wird von Forschern benutzt, um mehr über das Weltklima zu erfahren. Während des antarktischen Winters (Februar bis November) bietet sie Platz für acht Personen.
Um bei den extremen Bedingungen im Winter leben und arbeiten zu können, benötigen die Forscher eine sehr gute Vorbereitung.
Im Diagramm findest du die niedrigsten Temperaturen jeden Tages von Juli 2015.
Jeder Punkt steht für einen Tag.

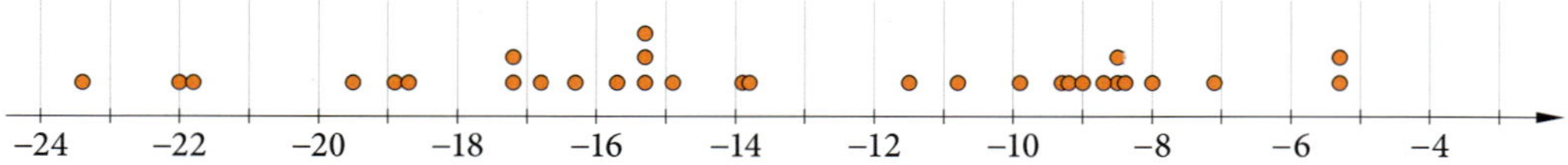

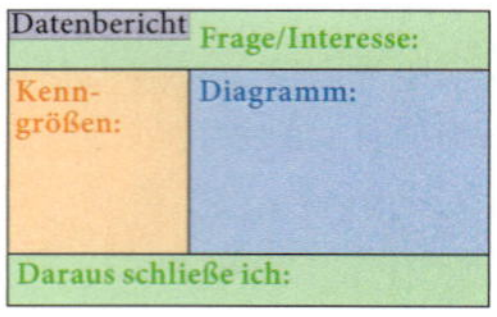

a) Erstelle zu den Daten einen Datenbericht mit einem Boxplot zur Frage:
Auf welche Temperaturen sollten die Forscher sich im nächsten Jahr vorbereiten?

b) Merve hat zu a) den Datenbericht links erstellt und Till den Datenbericht rechts.

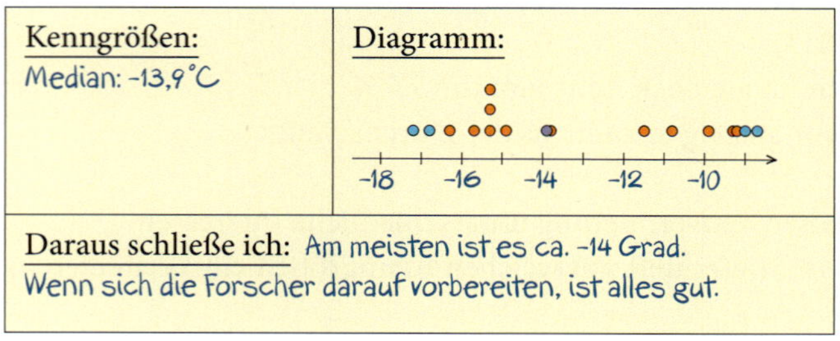

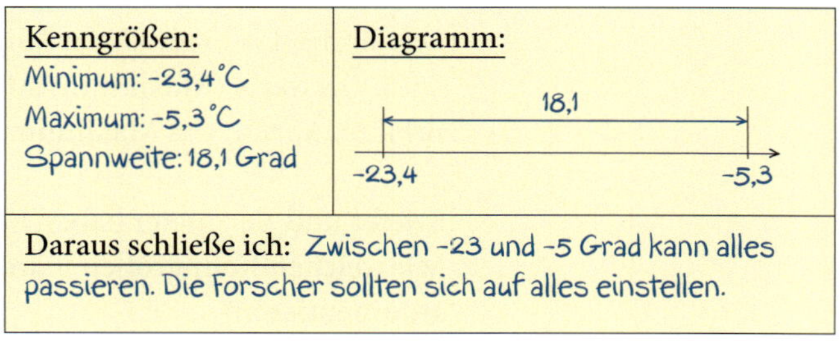

(1) Wer von beiden hat Recht?
(2) Was kann man bei Merves Datenbericht besser sehen, was bei Tills?
(3) Was kann man bei keinem der beiden Datenberichte sehen?

Training

▶ Materialblock S. 23 Basisaufgabe

16 Piktogramme kritisch betrachten

Im Jahr 1997 veröffentlichte die Bundeszentrale für gesundheitliche Aufklärung eine Kondomwerbung mit diesem Inhalt.

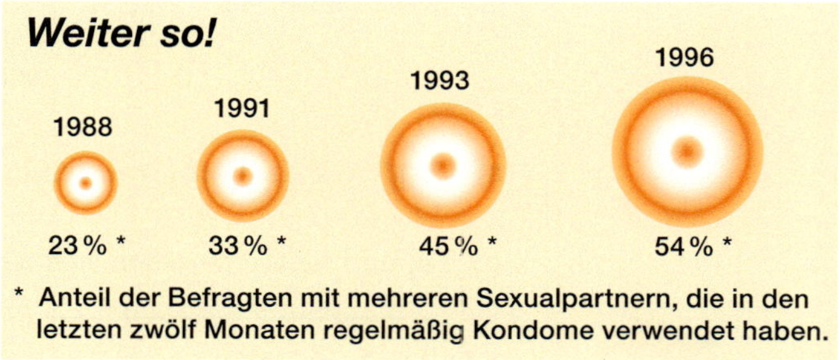

a) Passen die Größen der dargestellten Kreise zu den Prozentzahlen?
Berechne dazu die Größen der Kreisflächen.

b)
- Stelle die Daten in einem Säulendiagramm dar.
- Vergleiche die beiden Darstellungen darin, welchen Eindruck sie jeweils erwecken und welchem Zweck sie wohl dienen.

Training

▸ Materialblock S. 23 Basisaufgabe

17 Achsen vollständig darstellen oder nicht

a) ▪ Wie beurteilst du die beiden Darstellungen rechts im Zusammenhang mit der Frage: „Sollte man die y-Achse immer bei null anfangen lassen?“

▪ Wie würdest du selbst die Frage beantworten ?

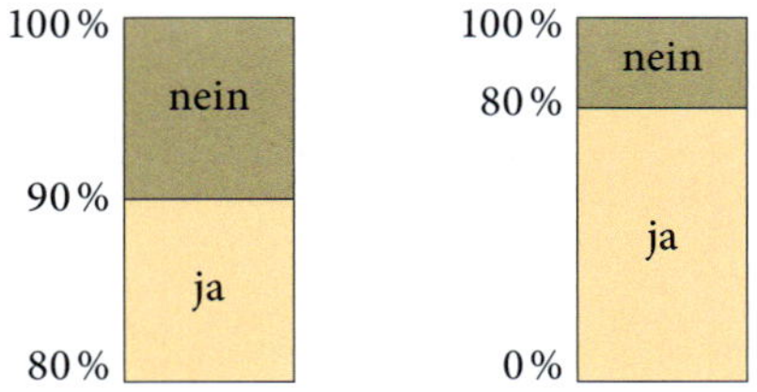

b) ▪ Vergleiche, wie oft die beiden Nachrichtenportale ① und ② angeklickt wurden.

▪ Wie beurteilst du die Darstellung jeweils?

▪ Was soll damit assoziiert werden?

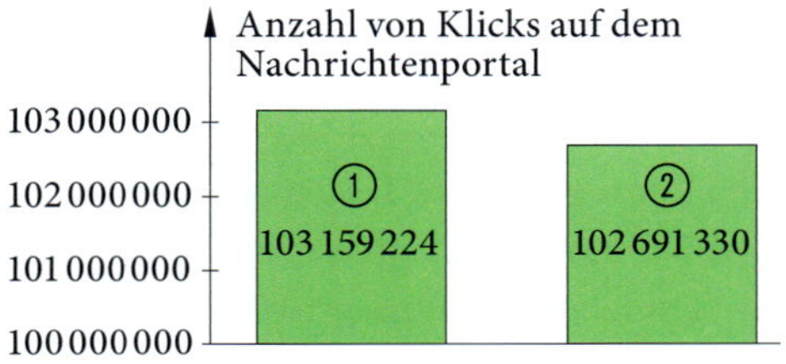

c) Seit der Zeit der Industrialisierung (ca. 1850) werden Temperaturen flächendeckend aufgezeichnet. Seitdem wächst die Durchschnittstemperatur. Auf dem Klimagipfel im Jahr 2015 in Paris wurde das Ziel vereinbart, alles zu tun, um die Klimaerwärmung unter 2 °C gegenüber dem Startwert bei der Aufzeichnung zu halten.

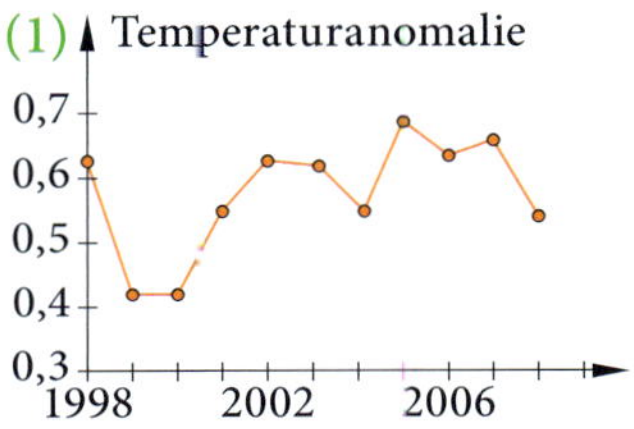

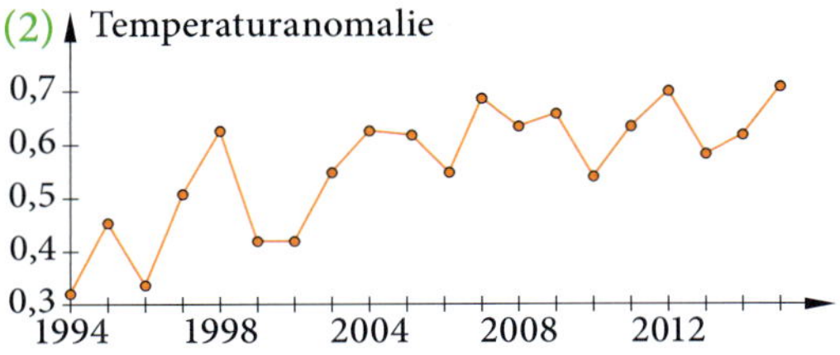

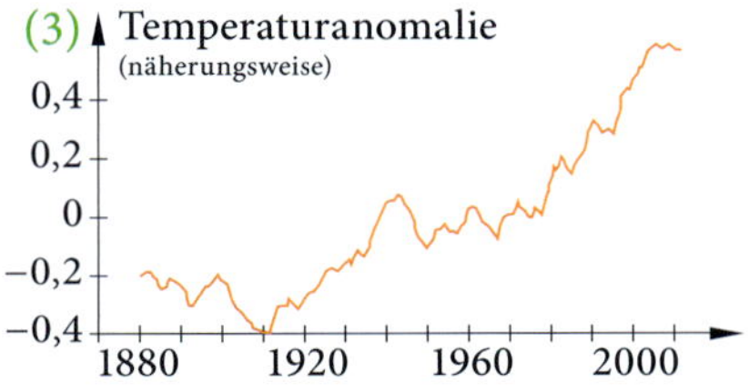

Vergleiche die drei Grafiken zu den Temperaturdaten. Welche unterschiedliche Wirkung haben sie und wodurch entsteht der jeweilige Eindruck?

18 Entwicklungen vergleichen

Seit 2008 gilt in allen Gaststätten in Deutschland ein Rauchverbot. Dagegen hatten viele Wirte von Gaststätten und Kneipen geklagt. Beide Grafiken stellen das Gleiche dar.

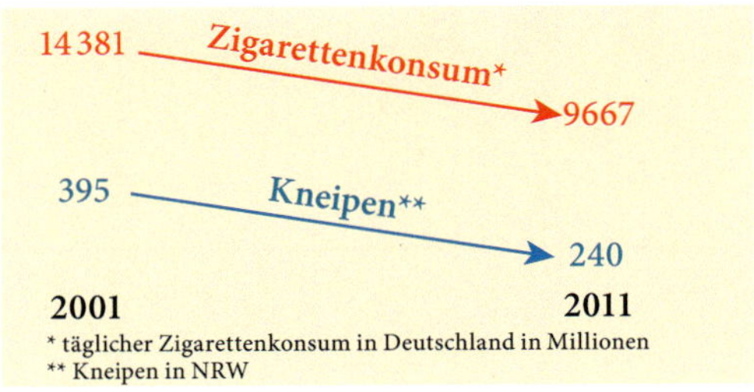

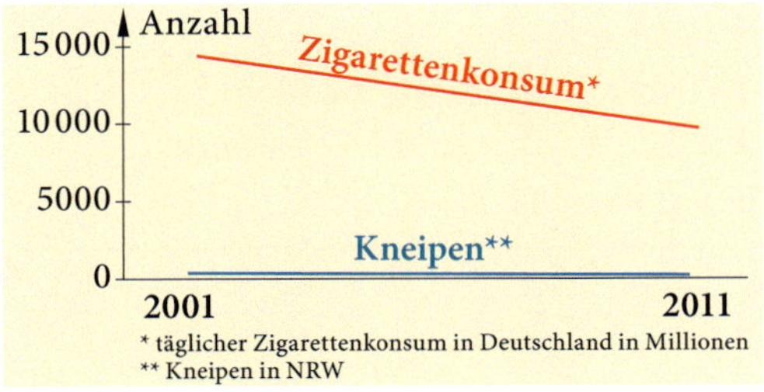

a) ▪ Lies in den Grafiken ab, wie viele Zigaretten in den Jahren 2001 und 2011 geraucht wurden und wie viele Kneipen es in NRW in diesen Jahren gab.

▪ Vergleiche die Grafiken. Erkläre genau, warum sie unterschiedlich wirken.

▪ Was soll mit der linken Grafik ausgesagt werden? Nimm kritisch Stellung.

weitergedacht

b) Ist es hier korrekt, dass Liniendiagramme benutzt wurden? Begründe.

Checkliste

Einkommensverteilung von Berufen – Mit Statistik argumentieren

Ich kann … *Ich kenne …*	*Hier kann ich üben …*
Ich kann zu einem Datensatz die Kenngrößen (Zentralwert, Minimum, Maximum, Spannweite, Durchschnitt, Quartile) bestimmen und damit die Daten interpretieren. Bestimme die Kenngrößen zu folgendem Datensatz: 432 501 279 127 72 905 1203 175 17	S. 52 Nr. 1, 3 S. 54 Nr. 6, 7
Ich kann zu einem Datensatz verschiedene Diagramme (Säulen-, Balken-, Linien- und Kreisdiagramm), auch mit Tabellenkalkulation, erzeugen und damit Daten interpretieren. In den letzten Jahren entschieden sich viele Absolventen unserer Schule für soziale Berufe: 2013: 11 %; 2014: 17 %; 2015: 15 % und 2016: 21 %. Stelle die Daten in verschiedenen Diagrammen dar und erläutere, welches sich am besten zu welcher Frage eignet.	S. 52 Nr. 1, 2, 3 S. 53 Nr. 4
Ich kann Daten systematisch auswerten und passend zu Fragen der Auswertung Kenngrößen und Diagramme auswählen. Welche Kenngröße passt, wenn du wissen möchtest, wie groß die Einkommensunterschiede in verschiedenen Berufen sind? Welches Diagramm passt dazu?	S. 52 Nr. 2, 3 S. 53 Nr. 4, 5 S. 54 Nr. 7
Ich kann einen Boxplot erstellen und interpretieren. (1) Zeichne zu den Daten einen Boxplot: 11, 18, 3, 1, 2, 3, 9, 9, 15, 7, 10 (2) Schreibe einen Text zu den Daten, die im Boxplot dargestellt sind. Nutze im Text auch die drei Quartile. 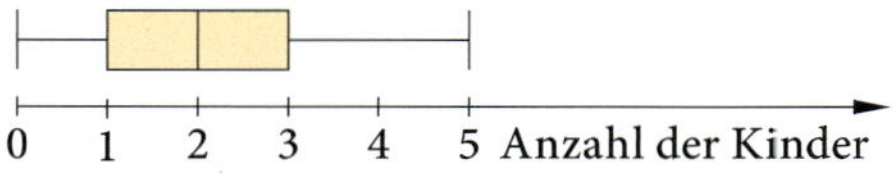 	S. 55 Nr. 8, 9, 10 S. 57 Nr. 14
Ich kann zwei Datensätze mit Hilfe eines Boxplots vergleichen. Welche Klasse war besser in der Klassenarbeit? 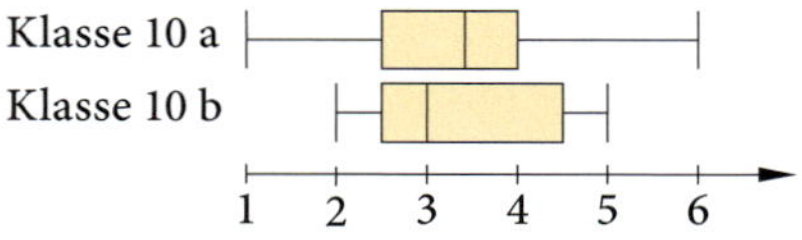 	S. 55 Nr. 8 S. 56 Nr. 11, 12 S. 57 Nr. 13, 14
Ich kann Diagramme lesen und interpretieren und hinsichtlich ihrer Wirkung kritisch beurteilen. Ole und Till vergleichen Gehälter und haben gleiche Daten jeweils dargestellt. Welches Diagramm vermittelt welchen Eindruck? Woher kommt der Unterschied? 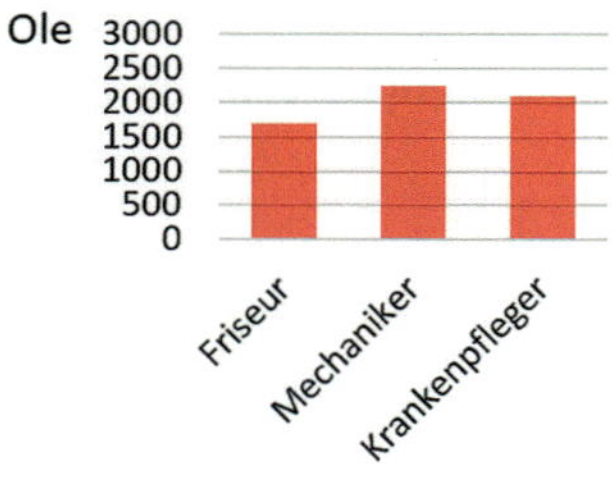 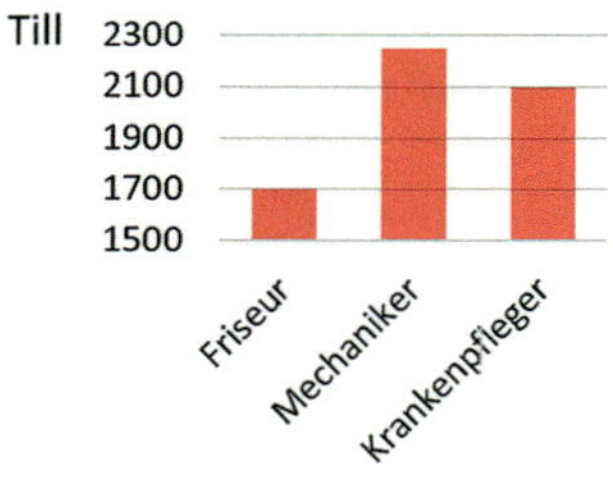 	S. 58 Nr. 16 S. 59 Nr. 17, 18

▸ *Hinweis:* Im Materialblock auf Seite 24 findest du diese Checkliste für deine Selbsteinschätzung.
Zusätzliche Übungsaufgaben findest du im Internet unter www 060-1.
(www.cornelsen.de/mathewerkstatt, Webcode: MWS040048-060-1)

Geldanlagen – Wachsendes Wachstum vergleichen

In diesem Kapitel ...

- beschäftigst du dich damit, wie man Geld über mehrere Jahre anlegen kann.
- lernst du, wie man aus dem Startkapital und Zinsen das Kapital für mehrere Jahre bestimmen kann.
- lernst du exponentielles Wachstum kennen.

Hm, wir wollen herausbekommen, wie wir unser Geld anlegen können, um in fünf Jahren einen Teil des Autoführerscheins zu finanzieren. Wie viel Prozent Zinsen gibt es denn gerade?
Meine Oma will mir 500 € zum Führerschein dazugeben. Wenn ich die noch drei oder vier Jahre mit Zinsen anlege, dann wird das noch mehr.

Lasst uns doch mal verschiedene Angebote, mit verschiedenen Zinsen und verschiedenen Laufzeiten durchrechnen.
Schaut mal. Hier sind Angebote: Für fünf Jahre gibt es 1,3 % jedes Jahr und bei zehn Jahren sogar 1,7 %, aber das dauert viel zu lang.

Erkunden A

Wie kann ich Kapital für mehrere Jahre bestimmen?

1 Geld für mehrere Jahre anlegen

Ole möchte gerne sein Erspartes in Höhe von 300 Euro anlegen, um in ein paar Jahren von dem Geld etwas Schönes zu kaufen.
Er erhält von seiner Bank die folgenden drei Angebote:

Angebot 1
Laufzeit: 5 Jahre
Zinssatz: 1,5 Prozent

Angebot 2
Laufzeit: 3 Jahre
Zinsatz: 1,3 Prozent

Angebot 3
Laufzeit: 10 Jahre
Zinssatz: 2 Prozent

wiederholen
Wissensspeicher
Zinsen 2

a) Zu welchem Angebot würdest du Ole raten?
- Vergleiche dazu die Angebote und bestimme Zinsen und Kapital für die angegebenen Laufzeiten.
- Nutze dazu Minitabellen und Prozentstreifen.
  Du kannst auch den Taschenrechner zur Hilfe nehmen.

b) Recherchiere:
- Welche Möglichkeiten gibt es, um Geld anzulegen?
- Welche Möglichkeit würdest du wählen?
- Beachte bei deinen Überlegungen auch die angegebene Länge der Laufzeit, denn nach zehn Jahren kann es sein, dass es die Wünsche nicht mehr gibt. Überlege, in welchen Situationen eine lange Laufzeit sinnvoll sein könnte.

2 Kapital für mehrere Jahre berechnen

wiederholen
Wissensspeicher
Zinsen 2

Ole informiert sich über ein Aktienangebot von seinem Lieblingsverein. Der Bankangestellte sagt, dass man davon ausgehen kann, dass der Wert der Aktien jedes Jahr um 20 % steigt (4. Angebot).

Angebot 4
Laufzeit: x Jahre
Zinssatz: 20 Prozent

a) Kann Ole in 3 Jahren sein Startkapital verdoppeln, wenn er das 4. Angebot wählt?
Nutze für deine Berechnungen Minitabellen.
Erkläre auch deine Rechenschritte.
Wie lange braucht Ole um sein Startkapital zu verdoppeln?

b) Fasse die Rechenergebnisse für jedes Jahr aus a) in einer Tabelle in deinem Heft zusammen.

Jahr	Kapital

c) Erkläre, wie man rechnen muss, um in der Tabelle in b) die Werte in der nächsten Zeile zu bestimmen. Trage deine Rechnungen mit Hilfe von Pfeilen in die Tabellen ein.

d) Erstelle für die Angebote 1 bis 3 aus Aufgabe 1 auch drei solcher Tabellen.

3 Kapital mit Pfeilbild und Prozentstreifen bestimmen

wiederholen

Wissensspeicher *Zinsen 4*

a) Ole berechnet zu Angebot 4 aus Aufgabe 2 mit einem Pfeilbild, wie viel Euro die Aktien nach drei Jahren wert sind.

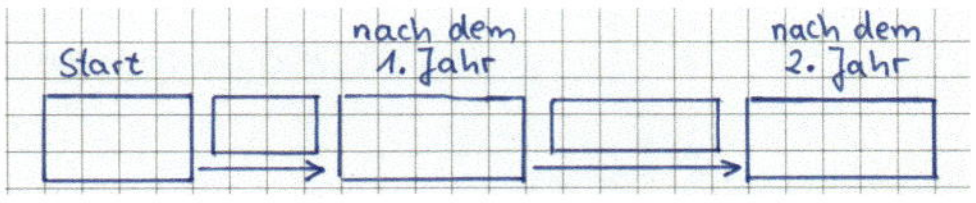

Erkläre Oles Pfeilbild. Wie bestimmt man den Zinsfaktor?
Überprüfe die Rechnungen und Pfeile in 2 c). Hast du dort auch den Zinsfaktor eingetragen?
Erstelle auch für die anderen Angebote aus Aufgabe 1 solche Pfeilbilder.

b) Erstelle zu Oles Pfeilbild in a) für jedes Jahr einen Prozentstreifen wie rechts für die ersten beiden Jahre begonnen. Trage den Zinsfaktor mit Hilfe von Pfeilen in die Prozentstreifen ein.

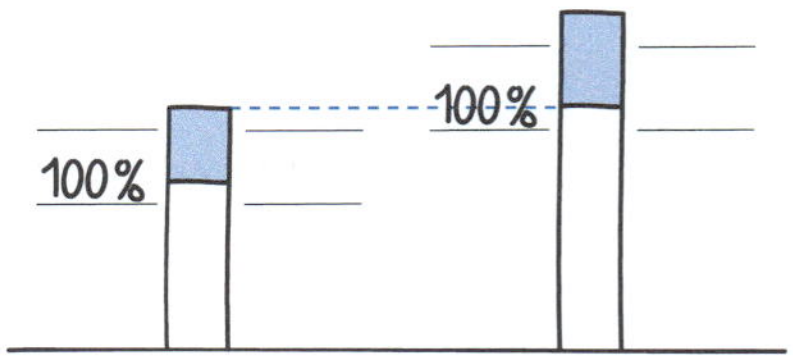

Vergleicht eure Prozentstreifen und korrigiert sie gegebenenfalls.
Übertragt eure Prozentstreifen anschließend auf Folie. Ihr braucht sie für Aufgabe 4.

nachgedacht

c) Recherchiere: Warum legen die meisten Leute ihr Geld lieber in Form eines Festgeldkontos, Sparbriefs oder Tagesgeldkontos an, anstatt in Aktien zu investieren? Welche Anlagemöglichkeiten kosten noch zusätzlich Geld, z. B. Gebühren?

4 Kapital in einem Schritt berechnen

In den Aufgaben 1 bis 3 hast du das Kapital Schritt für Schritt ausgerechnet. Das ist jedoch mühevoll, wenn man das Ergebnis nur für ein bestimmtes Jahr wissen will.

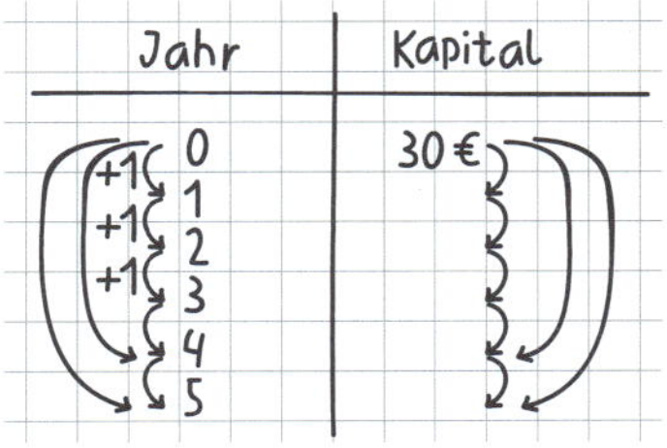

a) Wie kannst du ausgehend vom Startkapital in einem Schritt berechnen, wie viel die Aktien aus Angebot 4 nach drei, fünf oder zehn Jahren wert sind?

(1) Veranschauliche deine Überlegungen in der Tabelle mit Pfeilen und notiere an den Pfeilen, was du rechnest. Nutze wie in Aufgabe 3 den Zinsfaktor.

(2) Veranschauliche deine Überlegungen auch am Prozentstreifen.

Hinweis
Lege deine gezeichneten Prozentstreifen aus Aufgabe 3 übereinander.

b)
- Wie sieht ein Term aus, um den Wert der Aktien nach drei, fünf oder zehn Jahren in einem Schritt zu berechnen? Nutze dazu Pias Idee und Tills Einwand.
- Gib auch einen Term an, mit dem man den Wert nach beliebig vielen Jahren berechnet.

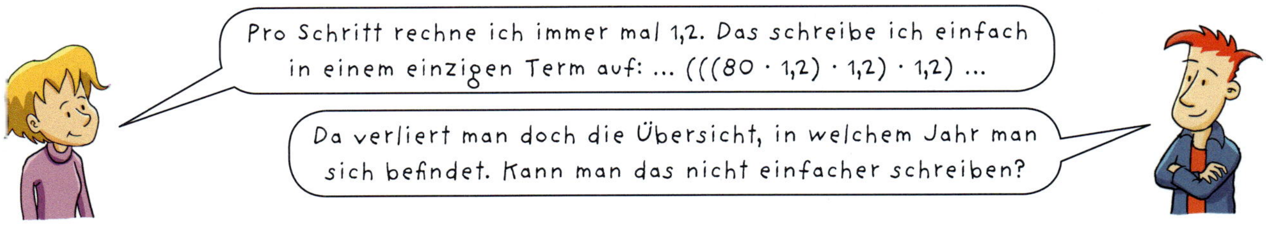

c) Nutze deine Überlegungen, um das Gesamtkapital der Angebote 1 bis 3 jeweils in einem Schritt für beliebige Jahre zu berechnen.
Erkläre, wie du dabei jeweils den Zinsfaktor bestimmst und nutzt.

Erkunden B

Wie kann ich Kapital möglich schnell vermehren?

5 Geld ansparen mit verschiedenen Sparansätzen

P A D E K

Ole will in fünf Jahren einen Auto-Führerschein machen. Einen Teil der Kosten für den Führerschein bekommt er vom Opa geschenkt. Sein Opa macht Vorschläge für drei Sparansätze:

Sparansatz 1
Fünf Jahre lang jeden Monat 10 € ins Sparschwein

Sparansatz 2
Start mit 550 €, dann fünf Jahre lang sparen mit jährlichen Zinsen von 2 %.

Sparansatz 3
Start mit 1 Cent, dann 1,5 Jahre jeden Monat das Doppelte des Vormonats dazu.

P A D E K **a)** Welcher Sparansatz ist der beste? Stelle dazu jeden Ansatz in einer Tabelle dar.

P A D E K **b)** Berechne dann für jeden Ansatz, wie viel Geld man nach fünf Jahren besitzt.

P A D E K **c)** Vergleicht eure Ergebnisse und erklärt die Unterschiede.

P A D E K **d)** Beurteile die Sparansätze. Beantworte dazu die folgenden Fragen:
- Welcher Ansatz ist realistisch?
- Wie können die Ansätze geändert werden, wenn man 1000 € oder 2000 € benötigt?

6 Sparansätze mit Prozentstreifen darstellen

a) Vergleiche die Sparansätze 2 und 3 aus Aufgabe 5 mit Hilfe von Prozentstreifen. Stelle jeden Ansatz mit einer Folge von fünf Prozentstreifen dar.

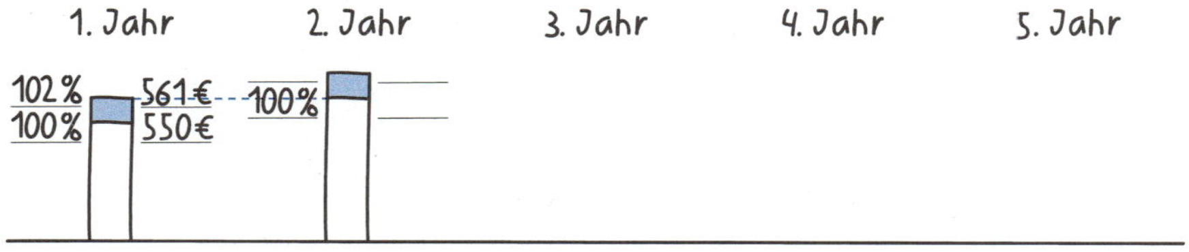

b) Ole hat im ersten Prozentstreifen den jährlichen Zuwachs und den Zinsfaktor eingetragen.
- Erkläre den Zusammenhang der beiden additiven Zuwächse (+ 2 % und + 11 €) mit dem Zinsfaktor.
- Trage selbst in die anderen Prozentstreifen die additiven Zuwächse und den Zinsfaktor ein.
- Erkläre, wie der prozentuale Zuwachs und der Zinsfaktor zusammenhängen.

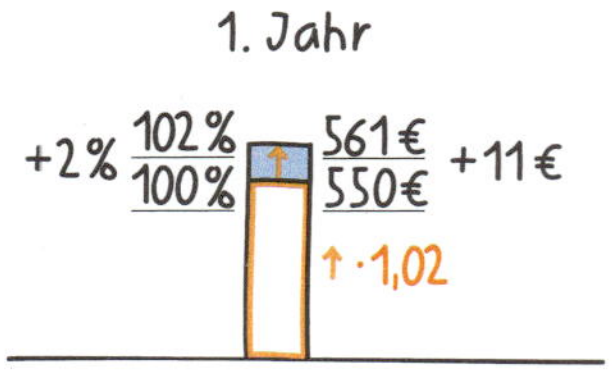

c) Trage in die Prozentstreifen von Ansatz 3 den Zuwachs und den Zinsfaktor ein.
Was ist hier anders und was ist gleich?
Wie hängen hier der prozentuale Zuwachs und der Zinsfaktor zusammen?

d) Woran kann man in den Prozentstreifenbildern erkennen, welcher Ansatz besser ist?

e) Ergänze eine Bilderfolge aus a). Was ist hier anders als in den Prozentstreifenfolgen der beiden anderen Ansätze? Woran liegt das?

7 Sparansätze in Graphen vergleichen

wiederholen
Wissensspeicher
Funktionen 6

a) Stelle die drei Ansätze aus Aufgabe 5 a), die du als Tabelle dargestellt hast, im Graphen dar, mit der Zeit als erster Größe und dem Kapital als davon abhängige Größe.
Nutze eine Funktionensoftware, mit der du den Graphen zeichnest.

Erinnere dich
Zusammenhänge mit einer festen Änderung heißen lineare Zusammenhänge.

b) Vergleiche dann die drei Graphen mit folgenden Fragen:
- Woran kann man erkennen, welcher Ansatz auf lange Sicht der beste ist?
- Wie wächst das Kapital in den drei Ansätzen, lässt sich ein Muster erkennen?
- Woran im Graphen erkennt man die feste Änderung, woran den Zinsfaktor?
- Zeichne Steigungsdreiecke ein. Welche Eigenschaften haben die Steigungsdreiecke im ersten Ansatz, welche Eigenschaften haben sie im zweiten und dritten Ansatz?

c) Bestimme im Graphen Werte für weitere Jahre und trage sie in die Tabellen ein.

d) Erstellt auch zu den Sparansätzen 4 und 5 einen Graphen. Kommt ihr bei den Sparansätzen ohne Tabelle zurecht? Welche Informationen sind wichtig, um einen Graphen zu zeichnen? Wie viele Informationen braucht ihr jeweils?

Sparansatz 4
Jeden Monat 20 €
ins Sparschwein.

**** Neues Wort***
Zusammenhänge, bei denen die abhängigen Werte pro Schritt um denselben Faktor zu- oder abnehmen, nennt man ***exponentielle Zusammenhänge****.*

e) Woran erkennst du im Graphen und im Text, ob es sich um einen linearen oder *exponentiellen Zusammenhang** handelt?
Welche Informationen sind dabei besonders wichtig?

Sparansatz 5
Start mit 2 Cent, dann jeden Monat das Dreifache vom Vormonat dazu.

8 Sparansätze mit Termen vergleichen

a) Mit Tabelle und Graph erhält man einen guten Überblick, welcher Sparansatz der bessere ist und woran das liegt. Mit Termen lassen sich die Sparansätze knapper darstellen.
Stelle zu Sparansatz 2 einen passenden Term auf und erkläre dazu die links angefangene Rechnung.
Erstelle daraus einen Term, um das Kapital nach 4 Jahren zu bestimmen und einen allgemeinen Term für eine beliebige Anzahl an Jahren.
Vergleiche auch mit der Idee von Pia aus Aufgabe 4 c) auf Seite 65.

$$((((\underbrace{\underbrace{550 \cdot 1{,}02)}_{561} \cdot 1{,}02}_{572{,}22} \cdot \ldots = \ldots$$

wiederholen
Wissensspeicher
Funktionen 3, 4, 6

b) Überprüfe deinen allgemeinen Term auf zwei Wegen:
- Rechne in der Tabelle von links nach rechts: Setze dazu für n irgendeine Zahl ein und vergleiche mit deiner Tabelle aus 5, ob das Ergebnis korrekt ist.
- Erstelle mit dem Computer einen Graphen und vergleiche ihn mit dem Graphen aus 7.

Jahr	Kapital
0	550
1	561
4	■
n	■

c) Stelle zu den Sparansätzen 1, 3, 4 und 5 passende Terme auf und überprüfe sie wie in b). Bei welchen Sparansätzen musst du so vorgehen wie in a) und b). Bei welchen Sparansätzen kannst du deine Kenntnisse zu anderen Funktionstypen nutzen?

d) Analysiere die Terme noch einmal:
- Woran kann man erkennen, welcher Ansatz auf lange Sicht der bessere ist?
- Woran im Term erkennt man die feste Änderung, woran den Zinsfaktor?
- Woran im Term erkennt man den Startwert?

9 Abnahme statt Wachstum

wiederholen
Wissensspeicher
Funktionen 3

a) Bei Sparansätzen nimmt das Kapital in der Regel weiter zu. Schulden hingegen versucht man zu vermindern.
Vergleiche die Ansätze zum Schuldenabbau.

Ansatz A
400 € Schulden, jeden Monat 50 € abzahlen

Ansatz B
400 € Schulden, jeden Monat die verbleibenden Schulden halbieren

Hinweis
Man nennt den Faktor auch dann Wachstumsfaktor, wenn das Wachstum abnimmt.

b) Stelle beide Ansätze in einer Tabelle dar.
Berechne dann für jeden Ansatz, wie viel Schulden man nach fünf Jahren noch hat.
Bei welchem Ansatz sind die Schulden schneller abgebaut? Woran liegt das?
Erkläre, was nach 8 Monaten passiert.

Stelle Ansatz B für die ersten drei Jahre mit einer Folge von Prozentstreifen dar.

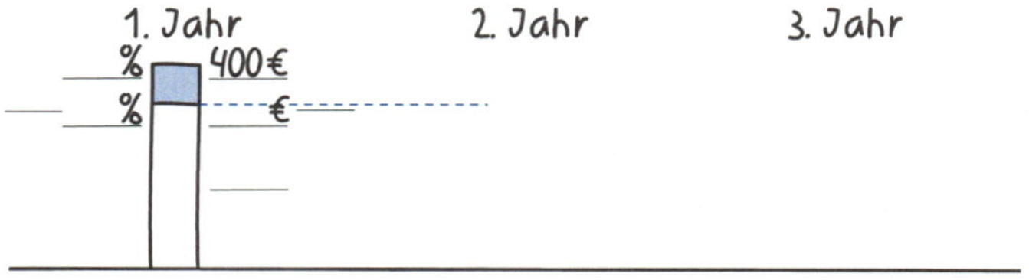

**** Neue Wörter***
*Eine **additive Abnahme** ist der Wert, der vom letzten Wert subtrahiert wird.*
*Eine **multiplikative Abnahme** ist der Wert, der vom letzten Wert dividiert wird.*

Kennzeichne wie in Aufgabe 6 c) die *additive Abnahme** und die *multiplikative Abnahme** an jedem Prozentstreifen.
Schreibe auch den Wachstumsfaktor an die Streifen.

c) Schreibe für beide Ansätze Funktionsgleichungen auf.
Gehe dabei so vor wie in Aufgabe 8.
Vergleiche sie mit den Termen zu den Sparansätzen 1 und 2 aus Aufgabe 5 auf Seite 66.
Was ist gleich und was ist unterschiedlich?

10 Graphen zeichnen

Im Bild rechts siehst du zwei Graphen zu den Sparansätzen 1 und 3 aus Aufgabe 5 auf Seite 66.
Zeichne mit einer Funktionensoftware die Graphen zu den beiden Funktionsgleichungen aus Aufgabe 9.
Vergleiche die Ansätze, indem du die folgenden Fragen beantwortest:

- Wie ist die Entwicklung des Schuldenabbaus?
- Wann sind die Schulden jeweils abgebaut?
- Wie sehen die typischen Verläufe der beiden Funktionen aus?
- Wie unterscheiden sich die Verläufe des Schuldenabbaus im Vergleich zum Sparen?

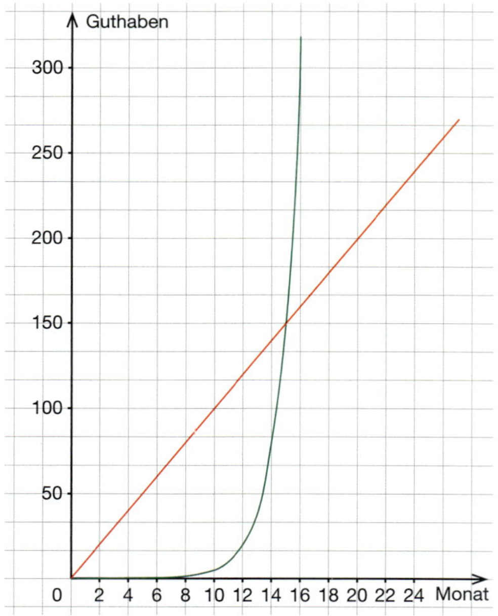

wiederholen

Wissensspeicher
Funktionen 3

11 Rechenwege vergleichen: proportionales und exponentielles Wachstum

Für proportionales Wachstum hast du verschiedene Rechenwege kennengelernt, mit denen du weitere Werte bestimmen kannst.

Rechenwege für proportionale Zusammenhänge

Hoch- und Runterrechnen | Mit einem festen Faktor multiplizieren | Zusammenrechnen

Übertrage die folgenden Tabellen in dein Heft und untersuche, ob die Rechenwege auch für exponentielle Zusammenhänge funktionieren. Wenn das nicht geht, versuche einen ähnlichen Rechenweg für exponentielle Zusammenhänge zu finden.
Probiere aus und formuliere Regeln.

Hoch- und Runterrechnen

- in proportionalen Zusammenhängen:
  Regel: Links und rechts wird mit derselben Zahl multipliziert oder dividiert.

Zeit in Monaten	Kapital in Cent
0	0
1	25
2	50
5	125

(Pfeile: links von 1 nach 5 „· 5", rechts von 25 nach 125 „· 5")

- in exponentiellen Zusammenhängen:
  Regel:

Zeit in Monaten	Kapital in Cent
0	30
1	60
2	120
5	■

(Pfeile: links von 1 nach 5 „· 5", rechts von 60 nach ■ „· ?")

Mit einem festen Faktor multiplizieren

Tipp
Statt von links nach rechts mit einem festen Faktor zu multiplizieren, kann man bei exponentiellen Zusammenhängen die Formel $f(x) = b \cdot a^x$ nutzen. Dazu muss man die Werte für a und b bestimmen.

- in proportionalen Zusammenhängen:
  Regel: Man kann die erste Größe mit einem festen Faktor multiplizieren und erhält den Wert der abhängigen Größe.

Zeit in Monaten	Kapital in Cent
0	0
1	25
2	50
5	125

(Pfeil von 5 nach 125: „· 25")

- in exponentiellen Zusammenhängen:
  Regel:

Zeit in Monaten	Kapital in Cent
0	30
1	60
2	120
5	■

(Pfeil von 5 nach ■: „· ?")

Zusammenrechnen

Tipp
Statt 4 kann man 2^2 und statt 8 kann man 2^3 schreiben. Nutze die Schreibweise, um das Zusammenrechnen zu erklären.

- in proportionalen Zusammenhängen:
  Regel: Wenn man zwei Werte der ersten Größe addiert, kann man auch die entsprechenden Werte der abhängigen Größe addieren.

Zeit in Monaten	Kapital in Cent
0	0
2	50
3	75
5	125

(Pfeile: links von 2 und 3 nach 5, rechts von 50 und 75 nach 125)

- in exponentiellen Zusammenhängen:
  Regel:

Zeit in Monaten	Kapital in Cent
0	1
2	4
3	8
5	■

(Pfeile: links von 2 und 3 nach 5, rechts von 4 und 8 nach ■)

Ordnen A

Wie kann man das Kapital für mehrere Jahre bestimmen?

1 Kapital berechnen – Zinsen addieren

wiederholen

Wissensspeicher
Zinsen 2

a) Um zu berechnen, wie viel Geld man nach mehreren Jahren auf dem Konto hat, kann man Tabellen nutzen. Übertrage die Tabellen in dein Heft und fülle sie aus.
Till möchte 70 € in Aktien anlegen, deren Wert nach Schätzungen jedes Jahr um 30 % steigen wird. Wie viel hat er nach 1, 2 und 3 Jahren?

nach einem Jahr

Anteil	Kapital
100 %	70 €
■	■
■	■
■	■

nach zwei Jahren

Anteil	Kapital
100 %	91 €
■	■
■	■
■	■

nach drei Jahren

Anteil	Kapital
100 %	118,30 €
■	■
■	■
■	■

b) Die Rechenergebnisse aus den Minitabellen kann man auch in einer einzigen Tabelle zusammenfassen.
- Übertrage die Tabelle in dein Heft und fülle sie aus.
- Beschrifte die Pfeile, damit man erkennt, wie von Zeile zu Zeile gerechnet wird.

	Jahre	Kapital	
	0	70	
■	1	91	+ (0,3 · 70)
■	2	■	■
■	3	■	■
■	4	■	■
■	5	■	■

c) Die Rechnungen in den Minitabellen kann man mit Prozentstreifen darstellen. Übertrage die Prozentstreifen in dein Heft und ergänze sie.
Erkläre ihre Bedeutung durch die Beantwortung der unten stehenden Fragen.
Ordne dazu die Antwortbausteine den Fragen zu und ergänze sie.
Schreibe die Antworten in dein Heft.

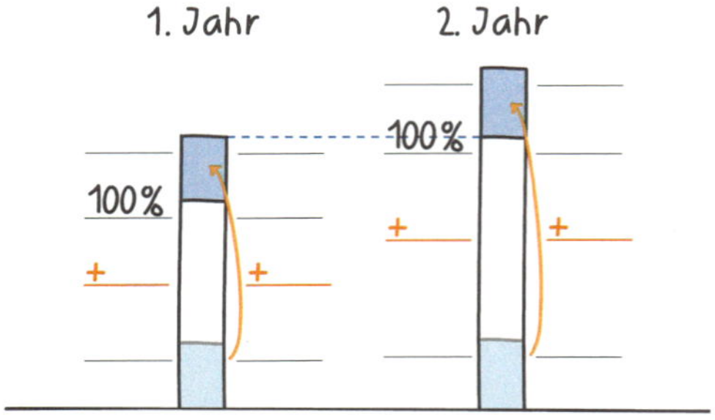

Die 100 % beziehen sich immer auf das Kapital des ■.

Der Prozentstreifen bezieht sich auf zwei Jahre. Daher stehen auf der linken Seite die Werte aus ■ in der Tabelle. Und auf der rechten Seite stehen die Werte aus ■.

Da sich 100 % jeweils auf ein wachsendes Kapital beziehen, wird der Prozentstreifen ■.

Der Prozentsatz bezieht sich jedes Jahr auf ein anderes Kapital. Da das Kapital pro Jahr um ■ wächst, wachsen auch ■.

- Wieso sind 100 % jedes Jahr ein anderer Geldbetrag?
- Wieso wird der Prozentstreifen immer länger?
- Warum werden die Zinsen immer mehr, obwohl jedes Jahr nur derselbe Prozentsatz (30 %) hinzu kommt?
- Wie ist der Zusammenhang zwischen Prozentstreifen und der einzelnen Tabelle mit Jahren und Kapital?

► Materialblock S. 25 Wissensspeicher

d) Vergleicht eure Ergebnisse aus b) und c) miteinander. Übertragt sie dann in den Wissensspeicher.

071-1
Karten

2 Schreibweisen sortieren

a) In der Zinsrechnung gibt es viele verschiedene Schreibweisen, die ähnlich aussehen, aber unterschiedliches bedeuten.

- Welche Karten passen zusammen, weil sie dieselbe Bedeutung haben? Du kannst auch mehrere Karten kombinieren, die dann zu anderen passen, z. B. 0,3 % · 30 bedeutet …
- Erkläre kurz, warum sie zusammengehören.
- Manche Karten passen zu keinem anderen Ausdruck.
- Dann überlege dir selbst weitere passende Ausdrücke.

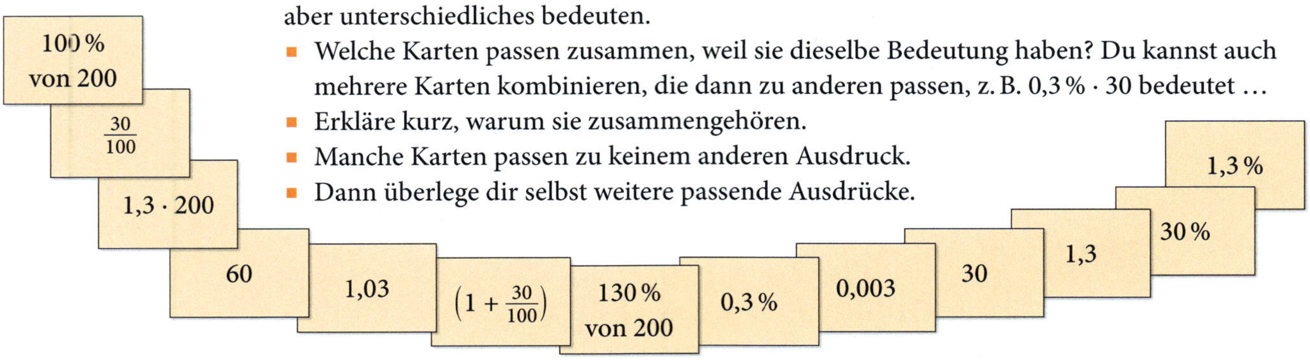

b) Warum erhält man dasselbe Ergebnis,
(1) wenn man zum Anfangskapital K_0 30 % Zinsen addiert?
(2) wenn man das Anfangskapital K_0 mit 1,3 multipliziert?
Erkläre dazu, was +30 % mit · 1,3 zu tun hat.
Als Gleichung sieht das so aus: $K_0 + 30\,\% \cdot K_0 = \left(1 + \frac{30}{100}\right) \cdot K_0 = 1{,}3 \cdot K_0$
Erkläre die einzelnen Schritte der Gleichung.

► Materialblock S. 25 Wissensspeicher

c) Vergleicht eure Ergebnisse und übertragt sie in den Wissensspeicher.

3 Kapital für mehrere Jahre berechnen – mit dem Zinsfaktor multiplizieren

a) Anstatt pro Jahr Kapital und Zinsen zu addieren, kann man auch pro Schritt mit dem Zinsfaktor multiplizieren (siehe Pfeilbild rechts).

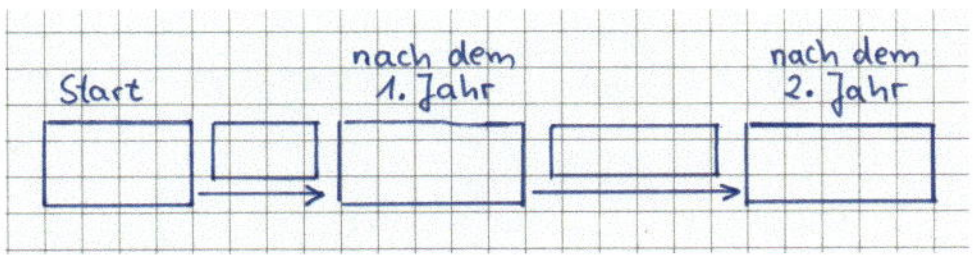

Die Überlegungen, die du am Pfeilbild angestellt hast, kannst du auf eine Tabelle übertragen.

- Übertrage die Tabelle in dein Heft und fülle sie aus.
- Beschrifte die Pfeile, damit man erkennt, wie von Zeile zu Zeile gerechnet wird.

Jahre	Kapital
0	70
1	91
2	■
3	■
4	■
5	■

b) Auch Multiplizieren mit dem Zinsfaktor kann man am Prozentstreifen darstellen. Der Pfeil deutet an, dass der Prozentstreifen nach oben gezogen wird. Übertrage die Prozentstreifen in dein Heft und ergänze sie. Erkläre den Unterschied zu den Prozentstreifen in Aufgabe 1 c) mit diesen Fragen:

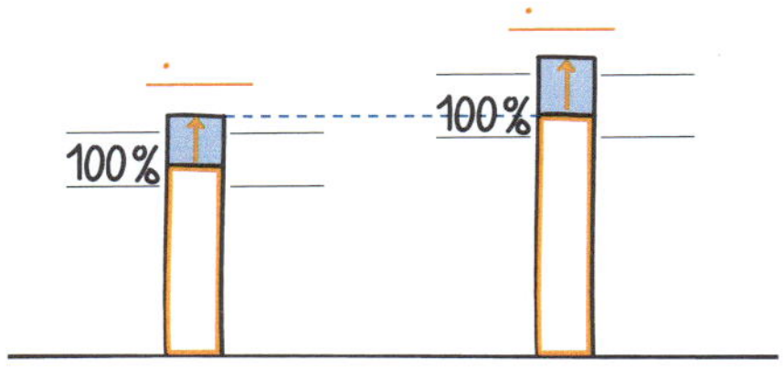

- Wieso wird der Prozentstreifen von Schritt zu Schritt immer schneller größer?
- Wieso bleibt der Zinsfaktor gleich, obwohl mit jedem Schritt die Zinsen wachsen?

► Materialblock S. 26 Wissensspeicher

c) Vergleicht eure Ergebnisse und übertragt sie in den Wissensspeicher.

4 **Kapital für mehrere Jahre in einem Schritt berechnen**

Merve, Pia und Till überlegen, wie man in einem Schritt das Kapital für mehrere Jahre bestimmen kann.

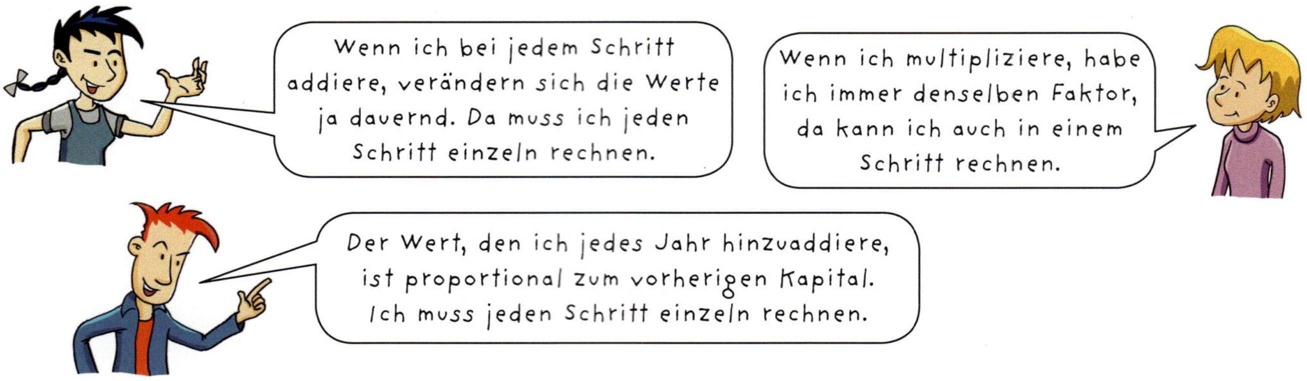

a) Ordne die Prozentstreifen und die Rechnungen Tills, Merves und Pias Aussagen zu.

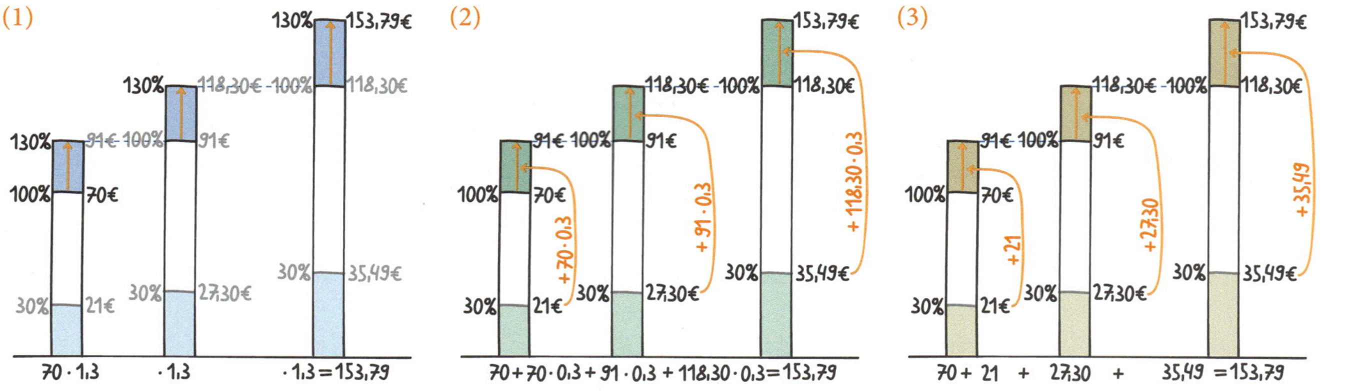

b) Erkläre, woran man erkennt, dass
- sich der addierte Wert immer ändert und warum das so ist;
- der addierte Wert den festen Prozentsatz enthält;
- der Zinsfaktor immer gleich bleibt und Pia deswegen in einem Schritt rechnen kann. Vergleiche dazu auch Pias Idee aus Aufgaben 4 b) auf Seite 65.

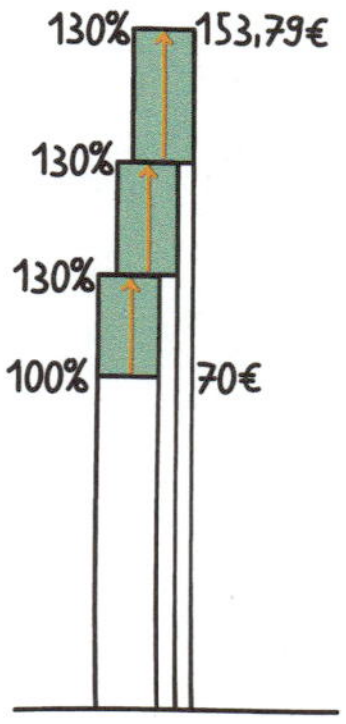

c) Pia berechnet das Kapital nach 3 Jahren so:
$((70 \cdot 1{,}3) \cdot 1{,}3) \cdot 1{,}3 = 70 \cdot 1{,}3^3$
Ole schiebt die Prozentstreifen aufeinander (siehe Bild links) und Till fasst die Schritte in der Tabelle zu einem Schritt zusammen.
Schreibe auf, wie man Pias Rechnung mit Prozentstreifen und Tabelle erklären kann.

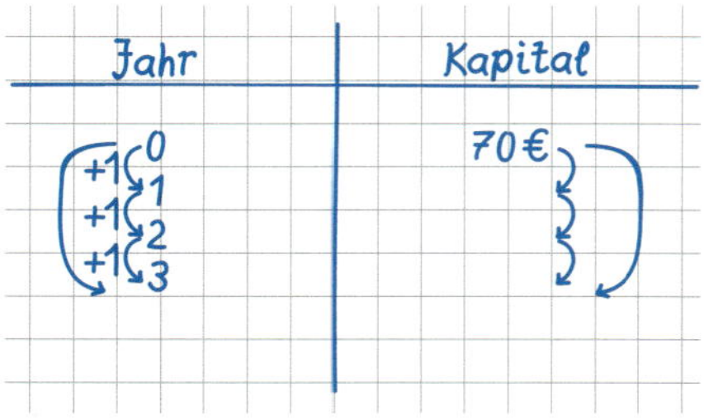

d) Um das Gesamtkapital nach einer beliebigen Anzahl an Jahren zu bestimmen, rechnet man mit der Formel: $K_n = K_0 \cdot \left(1 + \frac{p}{100}\right)^n$
Erkläre, was die einzelnen Teile der Formel (K_n, K_0, $1 + \frac{p}{100}$ und der Exponent n) genau bedeuten. Erstelle dazu eine Tabelle und ein Prozentstreifenbild wie in a).
Um den Ausdruck $1 + \frac{p}{100}$ zu erklären, nutze deine Erkenntnisse aus Aufgabe 2.

► Materialblock S. 26
Wissensspeicher

e) Vergleicht eure Erklärungen und Beispiele und übertragt sie in den Wissensspeicher.

Ordnen B

wiederholen

Wissensspeicher
Funktionen 3, 4

Wie kann man Kapital schnell vermehren?

5 Sparansätze in der Tabelle vergleichen – addieren oder immer vervielfachen

Im Erkunden hast du verschiedene Sparansätze kennengelernt. Hier arbeitest du typische Unterschiede zwischen verschiedenen Sparansätzen heraus.
Die Zeit ist hier in Monaten, das Kapital in Cent angegeben.

(1)

Zeit	Kapital
0	0
1	10
2	20
5	■

(2)

Zeit	Kapital
0	1
1	2
2	4
5	■

(3)

Zeit	Kapital
0	150
1	175
2	200
5	■

(4)

Zeit	Kapital
0	30
1	60
2	120
5	■

a) Sparansätze lassen sich gut in einer Tabelle vergleichen.
Woran erkennt man, ob das Kapital bei Sparansatz (1) und (3) proportional oder linear wächst? Bestimme das Kapital nach 5 Monaten.

* **Neue Wörter**
Zusammenhänge, bei denen die abhängigen Werte pro Schritt um denselben Faktor zu- oder abnehmen, nennt man ***exponentielles Wachstum****.*
Der Faktor heißt ***Wachstumsfaktor****.*

b) Übertrage die Tabellen in dein Heft und überprüfe bei Sparansatz (2) und (4), ob es sich um proportionales, lineares oder um *exponentielles Wachstum** handelt.
Untersuche dazu, ob die abhängige Größe pro Schritt multipliziert wird.
Beachte dazu auch die Kommentare von Merve und Till.

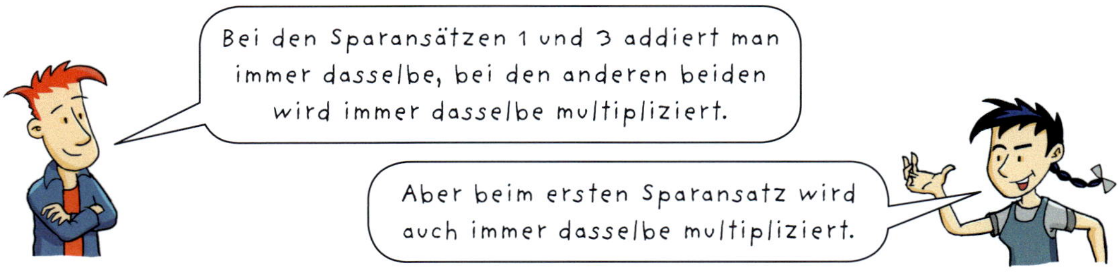

c) Erkläre dann, was gleich und was unterschiedlich ist bei den Sparansätzen.
Verwende dazu auch Satzbausteine wie:

wird die abhängige Größe pro Schritt mit demselben Faktor multipliziert.

Bei exponentiellem/linearen/proportionalen Wachstum

wird zur abhängigen Größe pro Schritt derselbe Wert addiert.

Der additive/multiplikative Zuwachs

bleibt pro Schritt immer gleich.

wird pro Schritt immer größer.

d) Handelt es sich bei Sparansatz 2 aus Aufgabe 5 auf Seite 66 auch um exponentielles Wachstum?
Überprüft eure Aussagen aus b) an der Tabelle zum Sparansatz 2 aus Aufgabe 5.

Sparansatz 2
Start mit 550 €, dann fünf Jahre lang sparen mit jährlichen Zinsen von 2 %.

► Materialblock S. 27
Wissensspeicher

e) Vergleicht eure Ergebnisse und übertragt sie in den Wissensspeicher.

6 Exponentielles Wachstum am Prozentstreifen erklären

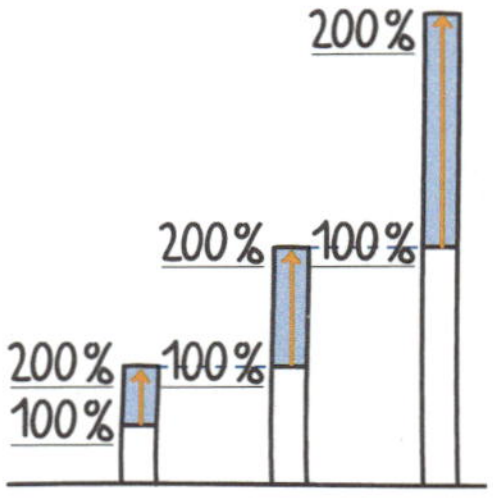

a) In Aufgabe 5 wurde im zweiten Sparansatz das Kapital pro Monat verdoppelt.
Markiere in den zugehörigen Prozentstreifen
(1) den additiven Zuwachs: der Teil, der pro Schritt addiert wird (so wie in Aufgabe 1 c)).
(2) den multiplikativen Zuwachs bzw. den Wachstumsfaktor: der Teil, der pro Schritt multipliziert wird (so wie in Aufgabe 3 b)).

Zeit	Kapital
0	1
1	2
2	4
5	■

b) Erkläre, wie der Wachstumsfaktor · 2 und das additive Wachstum + 100 % zusammenhängen.
Wie lässt sich das eine aus dem anderen berechnen?

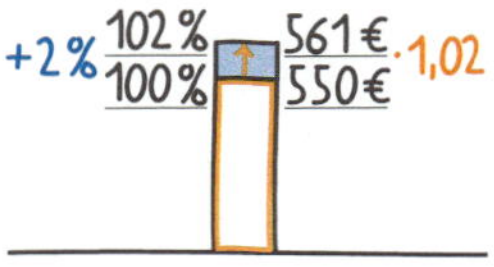

c) Erkläre, wie das additive Wachstum und der Wachstumsfaktor im Prozentstreifen links zu Sparansatz 2 aus Aufgabe 5 auf Seite 66 zusammenhängen.
Überlege dazu:
- Handelt es sich bei dem Zinsfaktor auch um einen Wachstumsfaktor?
- Wie lässt sich hier der Wachstumsfaktor aus dem additiven Zuwachs berechnen?
- Und wie lässt sich umgekehrt der additive Zuwachs aus dem Wachstumsfaktor bestimmen?

d) Nun vergleiche in Sparansatz 2 aus a) und c) die beiden Wachstumsfaktoren.
Was ist gleich, was ist unterschiedlich?

► Materialblock S. 27
Wissensspeicher

e) Vergleicht eure Ergebnisse und übertragt sie in den Wissensspeicher.

7 Exponentielles Wachstum am Graphen erklären

a) Übertrage die Werte zu dem Sparansatz 2 in Aufgabe 5 aus der Tabelle rechts in ein Koordinatensystem.
Zeichne dann die Prozentstreifen in das Koordinatensystem.
Was haben die Punkte im Graphen mit den Prozentstreifen zu tun?

Zeit	Kapital
0	1
1	2
2	4
5	■

b) Übertrage die Werte zu dem Sparansatz 4 in Aufgabe 5 aus der Tabelle rechts in ein Koordinatensystem.
Zeichne Steigungsdreiecke in das Koordinatensystem ein.
Wie hängen die Steigungsdreiecke mit den Prozentstreifen in a) zusammen?
Kann man den Zusammenhang in der Tabelle erkennen?

Zeit	Kapital
0	30
1	60
2	120
5	■

c) Vergleiche die beiden Graphen zu den Sparansätzen 2 und 4 aus a) und b).
Was ist unterschiedlich, was ist gleich?
Kann man das auch schon in den Tabellen erkennen?

► Materialblock S. 28
Wissensspeicher

d) Vergleicht eure Ergebnisse und übertragt sie in den Wissensspeicher.

8 Exponentielles Wachstum am Term erklären

Zeit	Kapital
0	1
1	2
2	4

a) Erstelle einen Term zu Sparansatz 2 aus Aufgabe 5 (Tabelle links), um das Kapital nach 5 Jahren zu bestimmen. Leite daraus einen allgemeinen Term ab, um für eine beliebige Anzahl an Jahren das Kapital zu bestimmen. Gehe dazu vor wie in Aufgabe 4 c). Markiere im Term den Wachstumsfaktor, die Jahresanzahl und den Startwert.

Zeit	Kapital
0	30
1	60
2	120

b) Erstelle nun auch den allgemeinen Term zu Sparansatz 4 aus Aufgabe 5 (Tabelle links) und vergleiche ihn mit dem allgemeinen Term zu Sparansatz 2 aus a).
Bei welchem Sparansatz wächst das Kapital schneller? Begründe deine Entscheidung nur mit den Wachstumsfaktoren und Startwerten. Überprüfe Deine Entscheidung, indem du die Graphen mit einer Funktionensoftware zeichnest. Warum darf man den Graphen durchzeichnen?

✱ ***Neue Wörter***
*In $f(x) = b \cdot a^x$ nennt man a die **Basis**, a^x die **Potenz** und x den **Exponenten**.*

c) Die Funktionsgleichungen für exponentielles Wachstum lauten mit Startwert 1: $f(x) = a^x$ und mit beliebigem Startwert: $f(x) = b \cdot a^x$.
Erkläre den Unterschied der beiden Funktionsgleichungen. Was ist die Bedeutung der Parameter a, b und x? Was bedeutet es, zum Beispiel $x = 4$ oder $x = \frac{1}{2}$ einzusetzen?

► Materialblock S. 28
Wissensspeicher

d) Vergleicht eure Ergebnisse und übertragt sie in den Wissensspeicher.

9 Negatives exponentielles Wachstum

a) Setze in $f(x) = b \cdot a^x$ für b den Startwert 200 und für a die beiden Werte $\frac{1}{2}$ und 0,9 ein.
Erstelle für beide Werte jeweils einen allgemeinen Term, eine Tabelle und einen Graphen.
Erkläre, was die Werte für die Art des Wachstums bedeuten, z. B. mit Hilfe einer Situation.

b) Überprüfe die Eigenschaften für exponentielles Wachstum aus Aufgabe 5 b) und überprüfe den Zusammenhang von additiver Änderung und Wachstumsfaktor aus Aufgabe 6 c).

► Materialblock S. 28
Wissensspeicher

c) Vergleicht eure Ergebnisse und übertragt sie in den Wissensspeicher.

10 Potenzgesetze – Rechenregeln für exponentielle Funktionen

a) Bei der Strategie des Zusammenrechnens in Aufgabe 11 auf Seite 68 hast du schon gesehen, dass man 2^2 mit 2^3 multiplizieren kann und als Ergebnis 2^5 erhält.
Formuliere eine allgemeine Regel, die für alle Produkte der Art $a^m \cdot a^n$ gilt und begründe, warum deine Regel immer gilt. Gilt sie auch, wenn man die Potenzen dividiert?
Probiere mit mehreren Beispielen.

b) Statt für die Basis dieselbe Zahl zu nehmen, kann man auch für den Exponenten dieselbe Zahl nehmen. Bestimme das Ergebnis von $2^3 \cdot 3^3$. Formuliere wieder eine allgemeine Regel und begründe sie. Gilt die Regel auch, wenn man dividiert?

c) Potenzen kann man auch potenzieren. Bestimme das Ergebnis von $(2^3)^2$.
Formuliere wieder eine allgemeine Regel und begründe sie.

► Materialblock S. 29
Wissensspeicher

d) Vergleicht eure Ergebnisse und übertragt sie in den Wissensspeicher.

Vertiefen 1

Kapital und Zinsen in Tabellen und Prozentstreifen

Training

1 Sparansätze vergleichen

(A)
Startkapital: 80 Euro
Laufzeit: 4 Jahre
Zinssatz: 1,3 Prozent

(B)
Startkapital: 110 Euro
Laufzeit: 3 Jahre
Zinssatz: 1,5 Prozent

(C)
Startkapital: 50 Euro
Laufzeit: 5 Jahre
Zinssatz: 2 Prozent

(D)
Startkapital: 80 Euro
Laufzeit: 8 Jahre
Zinssatz: 1 Prozent

a) Untersuche Sparansatz (A). Welche Auswirkungen hat es, wenn man den Zinssatz ändert? Variiere dazu den Zinssatz, z. B. in 0,25%-Schritten.
Suche Zusammenhänge zwischen den Werten, wie z. B.:
„Wenn man den Zinssatz immer um 0,25 % erhöht, dann erhöhen sich die Zinsen um …“ oder „Wenn man den Zinssatz verdoppelt (halbiert), dann …“ oder „Wenn man das Startkapital verdoppelt (halbiert), dann …“

b) Welcher der Sparansätze (A) bis (D) erzeugt den größten Zinsertrag? Sortiere die vier Sparansätze nach ihrem Zinsertrag.
Schätze erst und sortiere anschließend die vier Sparansätze nach ihrem Zinsertrag. Begründe deine Reihenfolge.
Dabei kannst du Aussagen nehmen, wie z. B.: „Das Kapital ist um … geringer.“ und „Das kann durch den Zinssatz … nicht ausgeglichen werden, weil …“

c) Erstelle zu den Sparansätzen (A) bis (D) jeweils eine Tabelle, an der man erkennt, wie viele Zinsen jährlich dazukommen und wie hoch das Endkapital ist. Erkläre, warum die Zinsen pro Jahr unterschiedlich sind.

Training

► Materialblock S. 30 Basisaufgabe

2 Zinssätze vergleichen

(1)

	Jahre	Kapital	
	0	60 €	
■	1	84 €	+ 0,4 · 60
■	2	■	■
■	3	■	■
■	4	■	■
■	5	■	■

(2)

	Jahre	Kapital	
	0	60 €	
■	1	78 €	■
■	2	■	■
■	3	■	■
■	4	■	■
■	5	■	■

a) Übertrage die Tabellen für die Sparansätze (1) und (2) in dein Heft und ergänze die fehlenden Werte.
Erläutere die Bedeutung des Ausdrucks + 0,4 · 60.
Erkläre dazu:
- Was bedeutet die erste Zahl, was die zweite Zahl?
- Was bleibt in der Tabelle pro Jahr gleich und was ändert sich?

Wie kann man in der zweiten Tabelle diesen Ausdruck bestimmen?

b) Ergänze die Tabellen zu den Sparansätzen (A) bis (D) aus Aufgabe 1 c) jeweils um die Zinsen pro Jahr wie in a). Erkläre damit, warum die Zinsen pro Jahr unterschiedlich sind.

3 Pfeilbilder und Prozentstreifen

a) Übertrage die Tabellen für die Sparansätze (1) und (2) aus Aufgabe 2 in ein Pfeilbild. Bestimme dazu den Zinsfaktor.

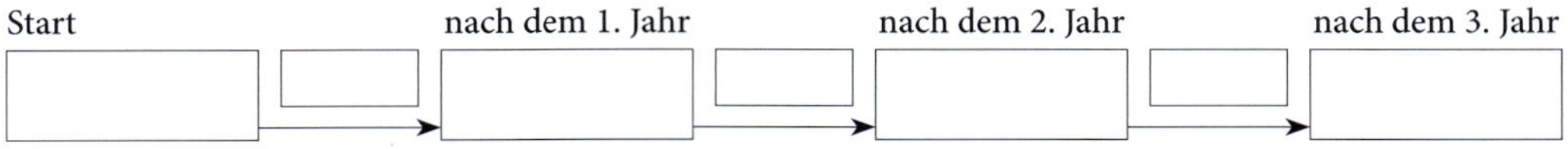

Erkläre, wie du in den Tabellen in Aufgabe 2 den Zinsfaktor bestimmst.

b) Übertrage die beiden Pfeilbilder aus a) jeweils in eine Folge von Prozentstreifen. Erkläre dabei:
- Warum steht die 100 % nicht immer gleich hoch?
- Wo findet man den Wachstumsfaktor?
- Warum werden die Streifen immer größer?
- Warum ändert sich die Höhe der grünen Teilstücke?

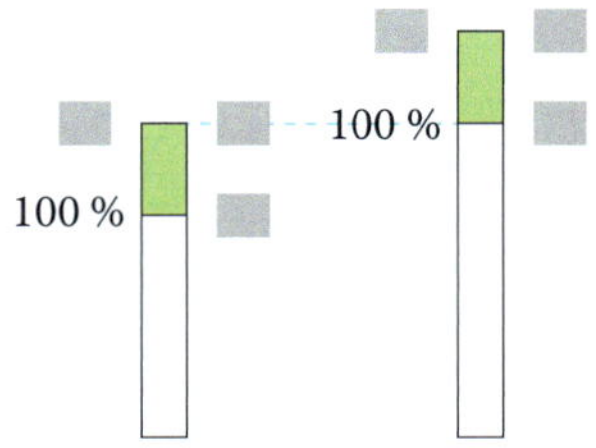

4 Tabelle in Prozentstreifen übertragen und umgekehrt

a) Übertrage die Tabellen in Prozentstreifen und berechne die fehlenden Werte. Dabei werden immer zwei Zeilen der Tabelle in einen Prozentstreifen übertragen.

Jahre	Kapital
0	112 €
1	120,96 €
2	■

Jahre	Kapital
0	140 €
1	■
2	154,35 €

b) Übertrage die Prozentstreifen in dein Heft und ergänze sie zu einer Folge von Prozentstreifen für drei Jahre und erstelle Tabellen dazu.

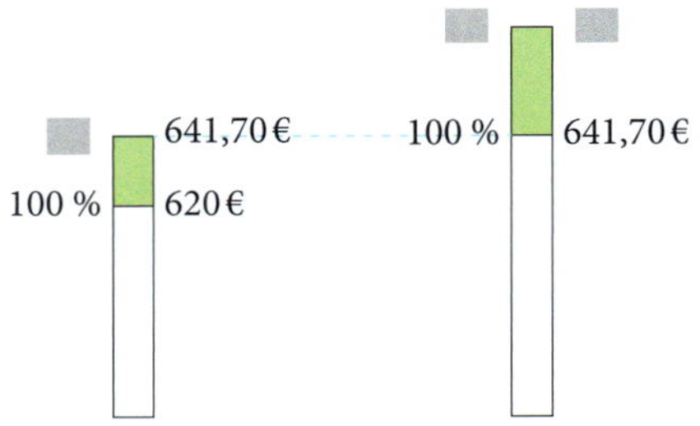

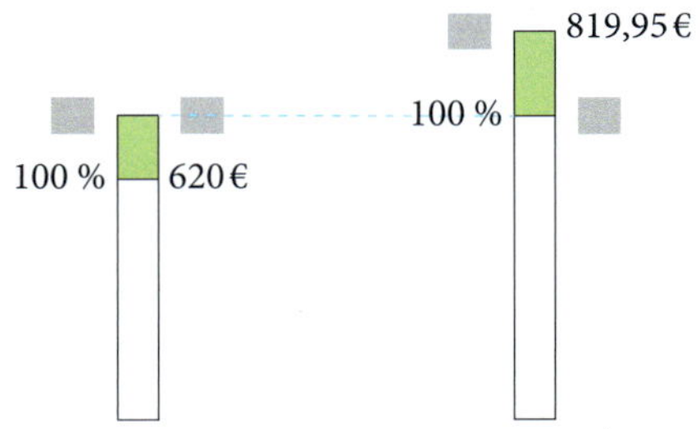

c) Trage jeweils den Zinsfaktor im Prozentstreifen und in der Tabelle ein. Überlege dir zu a) und b) jeweils eine passende Situation.

► Materialblock S. 30
Basisaufgabe

wiederholen

Wissensspeicher
Prozente 1

5 Ausdrücke sortieren

a) Welche Ausdrücke gehören zusammen? Begründe deine Wahl.

(1) 1,5 % von 150 (2) 150 % von 150 (3) 1,5 · 150
(4) 15 % von 15 (5) 0,015 · 150

b) Erfinde für alle Ausdrücke, für die es keinen passenden zweiten Ausdruck gibt, selbst einen zweiten Ausdruck.

6 Den Taschenrechner geschickt nutzen

a) Bei komplexen Zinseszinsberechnungen ist es sinnvoll, den Taschenrechner zu benutzen. Pia, Till, Ole und Merve haben für die folgende Aufgabe den Taschenrechner genutzt: Welches Kapital hat man bei einem jährlichen Zinssatz von 3,1 % und einem Anfangskapital von 149 € nach vier Jahren?
Dabei sind sie unterschiedlich vorgegangen:

Pia: 1 4 9 * 3 , 1 / 1 0 0 * 4
Till: 1 , 0 3 1 * 1 4 9
Ole: 1 4 9 * 1 , 0 3 1 ^ 4
Merve: 1 , 3 1 ^ 4 * 1 4 9

Kommen alle zum richtigen Ergebnis?
Erkläre die richtigen Vorgehensweisen aber auch die Fehler bei den anderen.

b) Auf manchen Taschenrechnern gibt es einen %-Befehl, um z. B. Zinsen zu berechnen. Erkunde deinen Taschenrechner und erkläre an einem Beispiel, was mit dem %-Befehl berechnet wird.
Nutze das Beispiel aus a) und schreibe die Tastenfolge auf, um mit dem %-Befehl die Zinsen nach vier Jahren zu berechnen.

c) Bestimme Gesamtzinsen und neues Kapital für die folgenden Situationen:
(1) Ein Kapital von 480 € wird zu einem jährlichen Zinssatz von 1,5 % für 12 Jahre angelegt.
(2) Anna bekommt bei der Bank pro Jahr 2,8 % Zinsen. Sie bringt 320 € für fünf Jahre auf ihr Konto.
(3) Ein Kapital von 1500 € wird mit 0,75 % für acht Jahre verzinst.
(4) Herr Schlüter gewinnt im Lotto 12 200 €, die er zu einem Jahreszinssatz von 3,7 % anlegt. Nach vier Jahren will er wissen, wie sich sein Kapital vermehrt hat.

Training

► Materialblock S. 31
Basisaufgabe

7 Kapital über Jahre bestimmen

Übertrage die Tabellen in dein Heft und fülle die Lücken.
Rechne dabei möglichst geschickt. Erkläre, wie du vorgegangen bist.

(1)

Jahre	Kapital
0	500 €
1	550 €
2	■
4	■
8	■
10	■

(2)

Jahre	Kapital
0	1000 €
1	■
2	1210 €
4	1464,10 €
8	■
10	■

(1)

Jahre	Kapital
0	■
■	■
2	1587 €
3	1825,05 €
8	■
50	■

(2)

Jahre	Kapital
0	■
1	898,70 €
2	■
3	981,40 €
8	■
■	■

Vertiefen 2 Flexibel mit Kapital und Zinseszins rechnen

8 Sparangebot über mehrere Jahre – Tabellenkalkulation nutzen

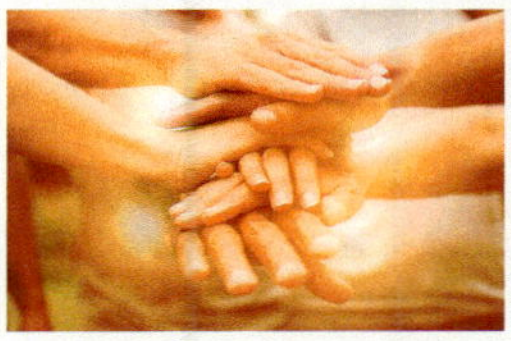

Starkbank-TGOnline

- ▶ 0,70 % Zinsen
- ▶ variable Zinsbindung
- ▶ keine Mindestanlagedauer

Trotz Geldanlage flexibel: Unser TagesgeldOnline ergänzt ihr Girokonto bei besten Konditionen. Wir bieten Ihnen einträgliche Zinsen bei täglicher Verfügbarkeit.

a) Im Internet kann man Sparangebote wie dieses hier finden.
Lies dir das Sparangebot durch und kläre dabei auch unbekannte Begriffe.

b) Berechne dann, wie viel Geld man nach 1, 2, 5, 10, 20 oder 30 Jahren bei einem Startkapital von z. B. 1000 € angespart hätte.
Du kannst dazu eine Tabellenkalkulation nutzen.

c) Übertrage die Tabelle ins Heft und beschrifte die Tabelle mit Pfeilen, so dass man erkennt, wie man von Zeile zu Zeile rechnet.
Wie entsteht der Wert 1007 in **B3**?
Erkläre dazu die Formel in **B3**: „**=B2*(1+0,7/100)**".
Welche Formel kann in **B4** eingetragen werden?
Von **A4** auf **A5** sind 3 Jahre Differenz. Worauf musst du in **B5** achten?

B3 =B2*(1+0,7/100)

	A	B	C	D
1	Zeit (Jahre)	Kapital		
2	0	1000		
3	1	1007		
4	2			
5	5			
6	10			

d) Kann man direkt von **B3** auf **B5** oder von **B3** auf **B6** hochrechnen?
Wie sehen dann die Formeln aus?

e) Variiere das Startkapital und untersuche die Auswirkungen deiner Änderungen.
Was kannst du beobachten?
- Wächst das Kapital von Schritt zu Schritt immer gleich?
- Wächst das Kapital bei gleichem Zinssatz immer gleich?

Variiere den Zinssatz und beantworte die Fragen:
- Verdoppeln sich die Zinsen pro Jahr, wenn der Zinssatz verdoppelt wird?
- Halbieren sich die Zinsen pro Jahr, wenn der Zinssatz halbiert wird?

9 Zinseszinsen berechnen

Ein Startkapital von 200 € soll mit einem Zinssatz von 2 % verzinst werden.
Übertrage die Tabelle in dein Heft. Ergänze die fehlenden Werte und beschrifte die Pfeile mit den Vorgaben (1) bis (5), damit man erkennt, was von Zeile zu Zeile gerechnet wird.

(1) $1{,}02^3$
(2) + 3
(3) $1{,}02^6$
(4) + 6
(5) Startkapital

Jahre	Kapital
0	200 €
■	■
3	■
■	■
■	■
9	■

10 Vorwärts und rückwärts rechnen

Jahre	Kapital
0	350 €
1	■
2	364,14 €
5	■

Merve weiß bereits, wie viel Geld sie nach zwei Jahren bei einem Zinssatz von 2 % und einem Kapital von 350 Euro auf dem Konto hat. Sie möchte das Kapital nach zwei Jahren nutzen, um das Kapital nach fünf Jahren zu bestimmen.

a) Wie bestimmt man auf direktem Weg das Kapital nach zwei Jahren? Erkläre und schreibe die jeweilige Rechnung an die Pfeile. Nun bestimme das Kapital nach fünf Jahren.

b) Nun mal umgekehrt: Merve möchte in drei Jahren 500 € haben. Welches Startkapital benötigt sie, bei einem Zinssatz von 3 %. Und wie hoch ist das Startkapital bei 2 %?

c) Was berechnet ihr mit diesem Term: $350 \cdot 1{,}03^5 \cdot 1{,}03^3$?
Was berechnet ihr mit dem Term $350 : 1{,}02^5$?

11 Sparangebote vergleichen

Sparbank
5 Jahre steigende Zinsen

Zeitraum	1 Jahr	2 Jahre	3 Jahre	4 Jahre	5 Jahre
Verzinsung	1,0 % p. a.	1,2 % p. a.	1,8 % p. a.	2,0 % p. a.	3,0 % p. a.

Turo-Bank

2 % ab 500 € Anlagebetrag für 5 Jahre
3 % ab 1000 € Anlagebetrag für 5 Jahre

a) Ole vergleicht verschiedene Sparangebote. Er hat 500 € in seinem Sparschwein. In fünf Jahren möchte er sich einen Fernseher kaufen. Zu welcher Bank würdest du ihm raten?

weitergedacht

b) Verändere das Angebot der Sparbank. Wie wirkt es sich aus, wenn der höchste Zinssatz für das erste Jahr, der zweithöchste für das zweite Jahr usw. gilt?

Training

► Materialblock S. 35
Basisaufgabe

12 Mit dem Zinsfaktor rechnen

a) Bestimme die fehlenden Angaben in der Tabelle.
Nenne Strategien, die du benutzt, um geschickt zu rechnen.

Kapital	Zinssatz	Zinsfaktor für ein Jahr	Zinsfaktor für 15 Jahre	Kapital nach 15 Jahren
4500 €	3 %	■	■	■
450 €	3 %	■	■	■
9000 €	3 %	■	■	■
■	13 %	■	■	35 000 €
9000 €	■	■	■	9117 €
■	0,3 %	■	■	9027 €

Kapital	Zinssatz	Zinsfaktor für ein Jahr	Zinsfaktor für 15 Jahre	Kapital nach 15 Jahren
1275 €	1 %	■	■	■
1275 €	■	■	15	■
1275 €	■	1,05	■	■
■	■	■	10	35 000 €
1275 €	■	■	■	1276,91 €
■	5,15 %	■	■	2103 €

080-1
Vorlage

Du kannst auch die Vorlage für die Tabellen im Internet verwenden.

b) Vergleicht eure Ergebnisse und Rechnungen.
Erklärt euch gegenseitig eure Rechenwege.

13 Denkfehler erklären

Betrachte die Aussagen der beiden.
Wer macht einen Denkfehler?
Korrigiere und erkläre den Denkfehler.
Nutze dazu Prozentstreifen.

14 Zinseszins vergleichen

a) Die vier Freunde haben Geld angelegt.
Wer erhält den besten Zinssatz pro Jahr? Wer hat in vier Jahren das meiste Geld dazu bekommen?

b) Zeichne eine Folge von Prozentstreifen zu den vier Sparansätzen.
Erkläre an den Prozentstreifen die Unterschiede der Sparansätze.

15 Terme vergleichen

a) Welche Terme zeigen den gleichen Wert? Berechne dann den Wert jedes Terms.

(1) 700 € · $1{,}3^3$	(2) 700 € · $0{,}07^2$	(3) 700 € · $1{,}07^2$
(4) 700 € · 70 % · 70 % · 70 %	(5) 700 € · 0,03 · 0,03	(6) 700 € · $0{,}7^3$
(7) 700 € · $1{,}3^2$	(8) 700 € · 130 % · 130 %	(9) 700 € · 1,07 · 1,07
(10) 700 € · $\left(\frac{3}{100}\right)^2$	(11) 700 € · 7 % · 7 %	(12) 700 € · 3 % · 3 %

b) Vergleicht eure Zuordnung und Ergebnisse miteinander.
Begründe deine Vorgehensweise und erkläre deinen Rechenweg.

16 Fehlersuche durchführen

Finde die Fehler in den Prozentstreifen, erkläre und verbessere sie.

(1)
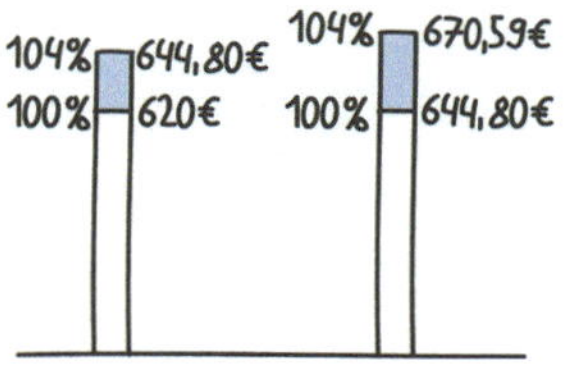

(2)
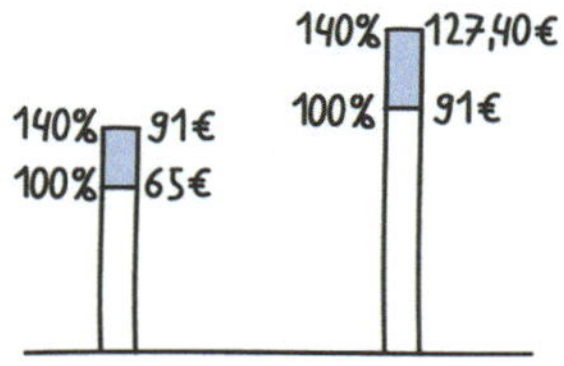

Vertiefen 3

Geldanlagen vergleichen

17 Gold als Geldanlage

Jahr	Preis pro Unze
2015	1160,37 USD
2014	1266,18 USD
2013	1412,47 USD
2012	1668,60 USD
2011	1572,94 USD
2010	1227,15 USD
2009	972,36 USD
2008	871,34 USD
2007	695,22 USD
2006	603,77 USD
2005	444,45 USD
2004	409,17 USD
2003	363,32 USD
2002	309,68 USD

a) Frau Grahe fragt sich, ob Gold eine gute Geldanlage ist. Seit 2002 haben sich die Preise für eine Unze (31 g) Gold gut entwickelt (vgl. Tabelle links).
Während 2002 eine Unze Gold noch ca. 310 US-Dollar wert war, waren es 2015 schon über 1100 US-Dollar.
Stelle die Werte in einem Koordinatensystem dar und beschreibe den Verlauf.

b) Finde eine Funktionsgleichung, mit der sich die Entwicklung von 2002 bis 2012 näherungsweise beschreiben lässt.
Handelt es sich hier um exponentielles Wachstum? Begründe.

c) Vergleicht untereinander eure Lösungen und diskutiert, welche Funktionsgleichungen am besten passen.

d) Handelt es sich bei Gold um eine gute Geldanlage? Recherchiert, was die Experten und Expertinnen dazu meinen. Berücksichtigt dabei auch, was nach 2013 mit dem Goldpreis passiert ist. Was würdet ihr Frau Grahe raten?

18 Geldanlagen berechnen

Lies dir die Situationen durch und berechne, ob die Geldanlagen zu den gewünschten Ergebnissen passen.

(1) Merve hat von ihrer Oma zum 14. Geburtstag ein Sparbuch mit 2000 € Guthaben geschenkt bekommen. Die Bank gibt ihr auf dem Sparbuch 1,5 % Zinsen pro Jahr. Wie viel erhält sie ausgezahlt, wenn sie das Geld vier Jahre anlegt?

(2) Till träumt von einem Super-Mountainbike für 899 €.
Er hat schon 850 € gespart.

(1) Pia hat von ihrer Oma 5000 € bekommen, die sie für später sparen soll. Auf einem Tagesgeldkonto erhält sie 2 % Zinsen im Jahr. Wie viel erhält sie ausgezahlt, wenn sie das Geld viereinhalb Jahre anlegt?

(2) Ole möchte sich ein neues Mountainbike für 1199 € kaufen. Ihm fehlen noch 40 €.

19 Geldentwicklungen untersuchen

Angebot A:
699 € mit einer 0,2%-Finanzierung bei 40 Monatsraten

Angebot B:
699 € mit einer 0,1%-Finanzierung bei 80 Monatsraten

Pias Onkel will ein Notebook kaufen und bittet Pia um Rat. Für welches Angebot sollte sich Pias Onkel entscheiden?

► Materialblock S. 32
Basisaufgabe

20 Verdopplungszeit berechnen

Im Jahre 1624 haben die Indianer die Insel Manhattan für 24 Dollar verkauft. Im Jahre 2010 wurde allein der Central Park auf über 500 Milliarden Dollar geschätzt.

a) Nimm an, die Indianer hätten damals die 24 Dollar mit 5 % Jahreszins angelegt.
- Auf welchen Betrag wären die Indianer mit ihrer Spareinlage bis 2010 gekommen?
- War der Kauf von Manhattan eine gute Geldanlage? Bestimme den Zinssatz, wenn du annimmst, dass der Central Park 5 Dollar gekostet hat.

b) Untersuche, wie sich der Geldgewinn der sparenden Indianer und der europäischen Käufer von Manhattan entwickelt hätte. Überlege dazu:
- Nach wie vielen Jahren hätten die Indianer bei 5 % Jahreszins ihre erste Million gehabt, wann ihre erste Milliarde?
- Wann hat sich ihr Geld das erste Mal verdoppelt, wann das zweite Mal?
- Wann hat sich der Wert des Central Park das erste Mal verdoppelt, wann das zweite Mal? Gibt es auch hier feste Verdopplungszeiten?

Problemlösen

c) Vergleiche die Verdopplungszeiten aus b), was fällt dir auf? Variiere den Zinssatz und das Startkapital und erkunde, ob du Regelmäßigkeiten entdeckst.
- Gibt es einen Zusammenhang zwischen dem Zinssatz und der Verdopplungszeit?
- Welche Rolle spielt das Startkapital bei der Berechnung der Verdopplungszeit?

21 Prozentstreifen zu Situationen

a) Erstelle zu jeder Situation eine Folge von Prozentstreifen.
(1) Innerhalb von drei Jahren hat sich der Kredit von 900 € auf 656,10 € reduziert.
(2) Innerhalb von drei Jahren hat sich das Guthaben von 656,10 € auf 900 € erhöht.
(3) Innerhalb von drei Jahren hat sich das Guthaben mit 10 % Zinsen auf 900 € erhöht.
(4) Das Startkapital von 90 € wächst pro Jahr um 5 %. Die Zinsen auch.
(5) Innerhalb von drei Jahren hat sich der Kredit von 900 € auf 656,10 € reduziert. Die Zinsen sind jedes Jahr gleich hoch.

b)
- Vergleiche Situationen (1) und (2). Dort hat man das Startkapital und das Endkapital nur vertauscht. Erkläre, warum der Zinssatz nicht derselbe ist.
- Vergleiche Situation (4) mit (5). Erkläre, warum nur der Zinssatz oder nur die Zinsen fest bleiben können.

22 Mit Inflation rechnen

Jahr	Inflationsrate	Bruttolohnentwicklung Männer	Bruttolohnentwicklung Frauen
2015	0,3 %	3810 €	3161 €
2014	0,9 %	3728 €	3075 €
2013	1,5 %	3645 €	3007 €
2012	2,0 %	3595 €	2925 €
2011	2,1 %	3508 €	2861 €
2010	1,1 %	3416 €	2791 €
2009	0,3 %	3320 €	2729 €
2008	2,6 %	3294 €	2661 €
2007	2,3 %	3211 €	2590 €
2006	1,5 %	3138 €	2522 €
2005	1,6 %	3088 €	2475 €
2004	1,6 %	3034 €	2421 €
2003	1,1 %	2972 €	2359 €
2002	1,4 %	2889 €	2286 €
2001	2,0 %	2800 €	2216 €
2000		2732 €	2150 €

Vor 30 Jahren hat man im Supermarkt für 100 DM noch sehr viel bekommen, während man heute für 50 € (ungefähr 100 DM) nur einen Bruchteil des Einkaufes von damals finanzieren kann. Das heißt, man bekommt weniger Waren für sein Geld bzw. die Waren werden teurer. Dieses Phänomen nennt man Inflation. So etwas passiert, wenn die Menschen mehr Geld haben, als es Waren gibt.
Inflation muss nicht problematisch sein, denn wenn die Löhne genauso steigen wie die Preise, bekommt man immer gleich viel für sein Geld. Wenn aber der eigene Lohn nicht so schnell steigt, ist das ein Problem.

a) Vergleiche die Inflation in Deutschland mit der Bruttolohnentwicklung eines Mannes und einer Frau.

b) Bekommt ein Mann genauso viel für 50 € wie eine Frau in dem Zeitraum von 2000–2015?

Hinweis
Jahreszinsen werden zu gleichen Anteilen auf die Monate verteilt.

Erinnere dich
Überziehungszinsen werden von Banken berechnet, wenn man sein Girokonto überzieht, also einen Kredit bekommt.

23 Mit Überziehungszinsen rechnen

a) Das Girokonto von Herr Trube ist leider seit vier Monaten mit 6200 € überzogen. Dafür kassiert die Bank 12,5 % Überziehungszinsen pro Jahr. Wie viel Euro hat Herr Trube in den vergangenen Monaten an Zinsen bezahlt?

b) Herr Trube will jeden Monat 300 € auf sein Konto einzahlen. Wann hat er seine Schulden abgebaut und wie viel Zinsen muss er zahlen?

c) Alternativ könnte Herr Trube auch einen Kredit aufnehmen mit 7,8 % Zinsen. Wie sieht in diesem Fall der Schuldenabbau aus, wenn Herr Trube 300 € jeden Monat abbezahlt? Gib einen allgemeinen Term zur Berechnung an.

24 Lotto oder Vorfahren?

a) Wie viel muss man im Lotto gewinnen, um davon leben zu können? Erkundige dich nach aktuellen Zinssätzen.

b) Welche Auswirkungen hat ein Zinssatz von einem halben Prozent mehr oder weniger auf den Betrag, der monatlich zur Verfügung steht?

c) Wie viel Geld hättest Du heute, wenn einer deiner Vorfahren für dich im Jahr 1900 10 € mit 5 % Jahreszins angelegt hätte? Gib einen allgemeinen Term zur Berechnung an.

d) Wie viel Geld hättest Du heute, wenn die 10 € schon in den Jahren 1800, 1500 oder 1000 angelegt worden wären?

25 Schuldenpläne aufstellen

(1)
30 000 € Kredit?
10 000 € für nur 3 % Zinsen pro Jahr auf die Restschuld
und für den restlichen Kredit zahlen Sie am Ende nur 999 € Zinsen!

(2)
SOFORT-KREDIT
30 000 €

Pro Jahr 7 % Zinsen auf die Restschuld.

(3)
KREDIT NOTWENDIG?
30 000 €

Pro Jahr nur 600 € Zinsen zurückzahlen.

a) Stelle mit Hilfe einer Tabellenkalkulation einen Plan auf, wie das Geld bei diesen drei Angeboten zurückgezahlt wird. Nimm dazu an, dass pro Jahr $\frac{1}{10}$ des Startkapitals und die zugehörigen Zinsen zurückgezahlt werden.

b) Beurteile die verschiedenen Kreditangebote. Welches ist das beste?

c) Vergleicht eure Ergebnisse untereinander und verbessert sie gegebenenfalls.

26 Darlehen berechnen und beurteilen

a) Vergleiche die beiden Angebote:
- Berechne bei beiden Angeboten die monatlichen Zinsen, die bezahlt werden müssen, wenn man für den Kauf eines Hauses ein Darlehen von 180 000 € benötigt.
- Welchen Unterschied macht es, wenn der Zinssatz beim zweiten Angebot um 0,1 % pro Jahr sinkt?

Bauen mit KfW
Kredit mit 10 Jahre Laufzeit:
100 000 € mit KfW bei 0,75 %
und den Rest für 2 % für 10 Jahre.

Nur im Internet!
1,75 % für 20 Jahre für die gesamte Summe.

b) Familie Aidic zahlte bisher für den Kredit über 150 000 € für ihr Einfamilienhaus 4,2 % Zinsen. Sie haben nun 60 000 € abbezahlt und die Gelegenheit, für die Restschulden von 90 000 € die Zinsen neu mit der Bank zu verhandeln.
Sie bekommen folgende Angebote:
(1) Der Zinssatz ist auf 5 Jahre festgelegt und beträgt 2,5 %.
(2) Der Zinssatz ist auf 10 Jahre festgelegt und beträgt 2,1 %.
(3) Der Zinssatz von 1,75 % ist auf 20 Jahre fest.

*** Neues Wort**
***Tilgung** ist eine regelmäßige Rückzahlung für einen Kredit ohne Zinsen.*

Vergleiche die Angebote. Lege dazu eine Tabelle an, in der die monatliche Rate und die monatlichen Zinsen erkennbar sind.
Die *Tilgung** und den monatlichen Betrag kannst du selbst festlegen. Die Tilgung sollte zwischen 1 % und 3 % liegen, der monatliche Betrag für Tilgung und Zinsen sollte sich nicht ändern.

Problemlösen

c) Erkundige dich nach unterschiedlichen Kreditangeboten:
- Was bedeutet KfW? Was ist eine Tilgung?
- Vergleiche verschiedene aktuelle Angebote, um die 90 000 € zu finanzieren.
- Überlege auch, was passiert, wenn man nur 300 € im Monat abzahlen kann.
- Verändere dazu die Laufzeit und die Tilgung.
- Nutze eine Tabellenkalkulation.

Vertiefen 4

Wertverlust

27 Verschiedene Wertverluste vergleichen

Ole möchte sein Rad (Neuwert 600 €) nach drei bis vier Jahren verkaufen.
(1) Im Internet steht, dass ein Fahrrad jedes Jahr circa 10 % an Wert verliert.
(2) Der Fahrradhändler behauptet, das Fahrrad würde jedes Jahr circa 50 € an Wert verlieren.

a) Wie viel Euro ist das Fahrrad nach drei bzw. nach vier Jahren wert?
Rechne jeweils mit beiden Annahmen (Internet und Fahrradhändler).

b) Was meinst du, welches Modell beschreibt den Wertverlust besser?
Berechne dafür auch den Wert des Fahrrads nach 5, 6, 7, 8, 9, 10 und 20 Jahren.

28 Wertverlust von Autos berechnen

Pias Vater möchte sich ein neues Auto kaufen. Der Autoverkäufer erzählt ihm, dass der Wagen, für den er sich interessiert, in den ersten fünf Jahren pro Jahr 12 % an Wert verliert.

a) Wie viel Euro wäre ein Auto, das neu 20 000 Euro kostet, nach einem Jahr wert?
Wie viel Euro wäre das Auto nach zwei bzw. fünf Jahren wert? Gib einen allgemeinen Term zur Berechnung an. Ist das Auto irgendwann nichts mehr wert?

b) Erkläre, warum der Wertverlust des Autos pro Jahr immer geringer wird.

29 Wertverlust von Smartphones vergleichen

Produkt	Preis Markteinführung	Preis nach 6 Monaten
Ophone	959 €	809 €
Ophone smart	699 €	491 €
Elego	439 €	295 €
Elego plus	799 €	599 €
SP 7	799 €	650 €

a) Bestimme den prozentualen Wertverlust von Smartphones nach sechs Monaten.

b) Nimm an, der Wertverlust würde sich für die nächsten drei Jahre so fortsetzen.
Wie sieht die Wertentwicklung für die nächsten drei Jahre aus? Stelle dazu eine Tabelle auf.

c) Erstelle für jedes Smartphone eine Formel, die die Wertenwicklung pro Monat beschreibt. Bestimme mit Hilfe der Formel den Wert nach 1 Jahr 6 Monaten bzw. nach 2,5 Jahren.

Problemlösen

d) Aus einer Untersuchung von mehr als 4000 verschiedenen Smartphones zeigt der Graph die durchschnittliche Wertverlustentwicklung.
Welche Smartphones aus a) liegen oberhalb des durchschnittlichen Wertes, welche unterhalb?
Erkläre, wie du vorgegangen bist.

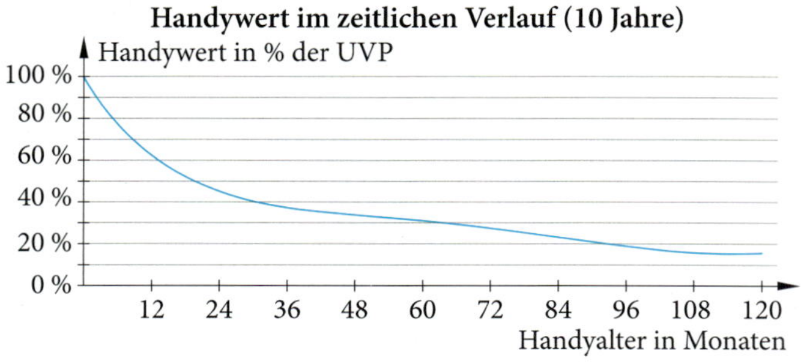

Vertiefen 5 Krumme Zeiten

30 Wachstum über die halbe Zeit bestimmen

Hefen sind einzellige Pilze, die sich unter günstigen Bedingungen schnell vermehren. Hefen werden beim Backen verwendet oder zur Gärung von Bier, Wein oder Essig. Bei guter Versorgung verdoppelt sich die Hefemasse in einer Bierhefekultur in einer Stunde.

a) Wie groß ist eine $3\,cm^3$ große Hefekultur nach 4, 6, 20 Stunden?
Schreibe in einer Tabelle und einer Funktionsgleichung auf, wie du vorgehst.

Stunden	Volumen
0	$3\,cm^3$
1	$6\,cm^3$
2	$12\,cm^3$

+1, +1, +2 · 2, · 2, · 4

b) Wie groß ist eine $3\,cm^3$ große Hefekultur nach einer halben Stunde?
Überlege dazu wie groß das a in der Tabelle sein muss.
Die Tabelle oben kann dir dabei helfen.

Stunden	Volumen
0	$3\,cm^3$
$\frac{1}{2}$	■
1	$6\,cm^3$

$+\frac{1}{2}$, $+\frac{1}{2}$, +1 · a, · a, · 2

c) Warum ist $\sqrt{2} = 2^{\frac{1}{2}}$? Erkläre dazu, was Pia und Till meinen.

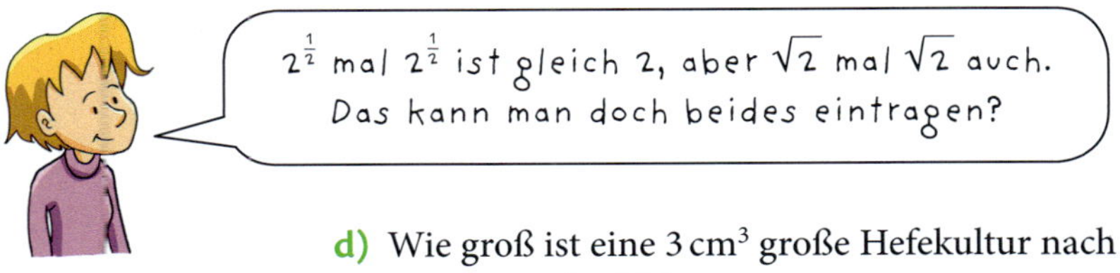

d) Wie groß ist eine $3\,cm^3$ große Hefekultur nach 15 min bzw. 20 min?
Bestimme das Volumen:
- mit der Tabelle aus b)
- mit der Funktionsgleichung aus a)

e) Erstelle mit der Funktionsgleichung einen Graphen.
Betrachte genauer den Bereich zwischen Startpunkt und einer Stunde. Erkläre, warum der Graph in dem Bereich nicht linear verläuft. Nutze dazu deine Überlegungen aus b).

weitergedacht

31 Kapital für Monate und Tage berechnen

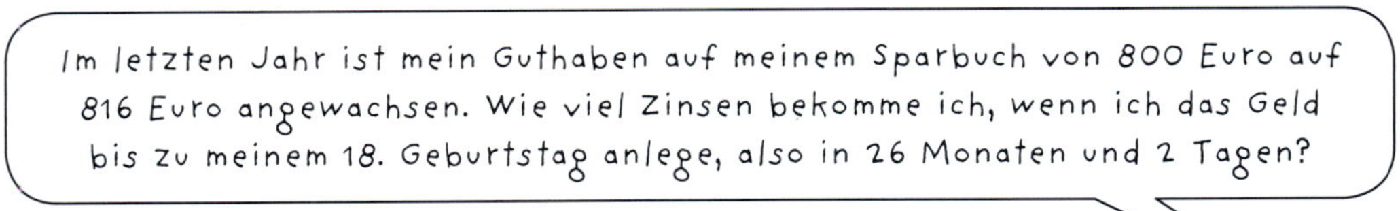

Tipp
Die Banken rechnen mit 30 Tagen pro Monat und 360 Tagen pro Jahr.

a) Wie bestimmt man das Kapital und die Zinsen, die Merve nach 26 Monaten und 2 Tagen gutgeschrieben bekommt? Erkläre mithilfe eines Terms.

b) Vergleiche deine Ergebnisse und Rechnungen mit deinem Nachbarn. Erkläre jeweils deinen Rechenweg.

c) Stellt euch gegenseitig mindestens drei Aufgaben für Zeiträume, die nicht ganze Jahre sind. Tauscht sie aus und bestimmt die Ergebnisse.

Vertiefen 6 Exponentielles Wachstum in verschiedenen Situationen

Training

32 Prozentstreifen zu Wachstumsprozessen verstehen

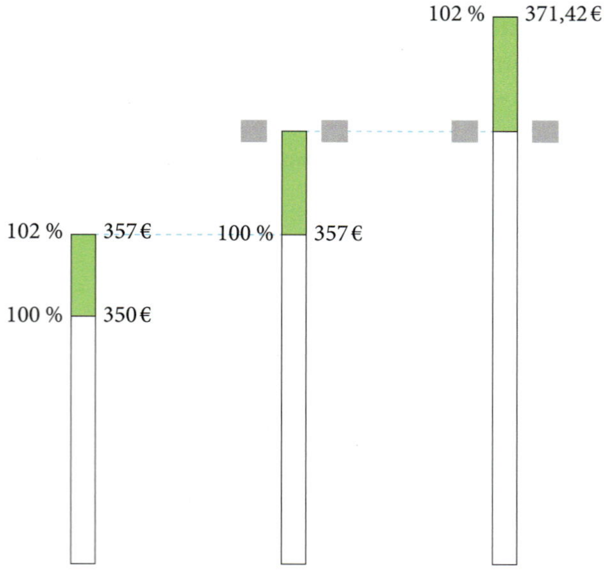

a) Welche Aussagen passen zu diesen Prozentstreifen? Begründe jeweils.
   (1) Innerhalb von drei Jahren ist das Guthaben von 350 € auf 371,42 € gestiegen.
   (2) Das Guthaben steigt jährlich um 102 %.
   (3) Das Guthaben steigt jährlich um 7 €.
   (4) 371,42 € entsprechen 102 % von 350 €.
   (5) Die Zinsen sind jedes Jahr gleich hoch.

b) Trage den additiven Zuwachs und den Wachstumsfaktor in die Prozentstreifen ein.

c) Ergänze zwei Prozentstreifen für die nächsten beiden Jahre.
Trage auch hier den additiven Zuwachs und den Wachstumsfaktor ein.

d) Erstelle für Situation (2) eine Folge von Prozentstreifen.
Wie lautet der Wachstumsfaktor?

e) Gib zu den Situationen (1) bis (3) jeweils eine allgemeine Funktionsgleichung zur Berechnung des Guthabens an.
Erkläre an den Termen die Unterschiede zwischen den Situationen.

33 Sparansätze mit Prozentstreifen und Graphen darstellen

a) Übertrage die Sparansätze (3) und (4) aus Aufgabe 34 in Prozentstreifen für jeweils drei Jahre.
Orientiere dich an dem rechten Bild.
Trage den additiven Zuwachs und den Wachstumsfaktor ein.
Erkläre, wie die beiden zusammenhängen.

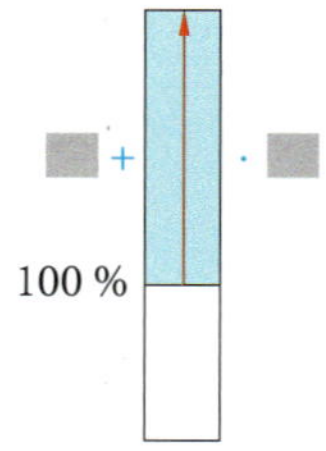

b) Woran kann man an den Prozentstreifen erkennen, welcher Ansatz besser ist?

c) Übertrage die beiden Sparansätze (3) und (4) in einen Graphen und trage zwei bis drei Steigungsdreiecke ein.
Erkläre, warum die Steigungsdreiecke jeweils unterschiedlich sind.

d) Woran erkennst du im Graphen, im Prozentstreifen und in der Tabelle jeweils, dass es sich um exponentielles Wachstum handelt?
Welche Informationen sind dabei besonders wichtig?
Nutze auch die Satzbausteine aus Aufgabe 5.

e) Kann man am Graphen immer sicher sein, dass es sich um exponentielles Wachstum und nicht z. B. um eine quadratische Funktion handelt?

Training

34 Sparansätze vergleichen

(1) Startkapital: 80 €
Laufzeit: 4 Jahre
Verdoppeln

(2) Startkapital: 110 €
Laufzeit: 5 Jahre
Zinssatz: 30 %

(3) Startkapital: 140 €
Laufzeit: 8 Jahre
Zinssatz: 25 %

(4) Startkapital: 20 €
Laufzeit: 5 Jahre
Verdreifachen

a) Vergleiche die Sparansätze. Bei zwei Ansätzen stehen Prozentangaben, bei den anderen beiden stehen Wachstumsfaktoren.
Übertrage die Sparansätze in dein Heft und ergänze sie so, dass bei allen Angeboten die Angaben in Prozent und als Wachstumsfaktor stehen.
Erkläre, wie das prozentuale Wachstum und der Wachstumsfaktor zusammenhängen:
- Wie lässt sich der Wachstumsfaktor aus dem additiven Zuwachs berechnen?
- Und wie lässt sich umgekehrt der additive Zuwachs aus dem Wachstumsfaktor bestimmen?

b) Welcher der Sparansätze (1) bis (4) erzeugt das größte Kapital?
Welcher der Sparansätze (1) bis (4) erzeugt den größten Zinsgewinn?
Sortiere die vier Sparansätze nach dem Zugewinn an Zinsen. Schätze erst und begründe deine Reihenfolge. Dabei kannst du Aussagen nehmen, wie z. B.:
Das Kapital wächst schneller, weil der Zinsfaktor …

c) Erstelle zu den Sparansätzen (1) bis (4) jeweils eine Tabelle, an der man erkennt, wie viele Zinsen jährlich dazukommen und wie hoch das Endkapital ist.
Erkläre, warum zwei Ansätze besonders schnell wachsen.

Training

35 Prozentstreifen verstehen

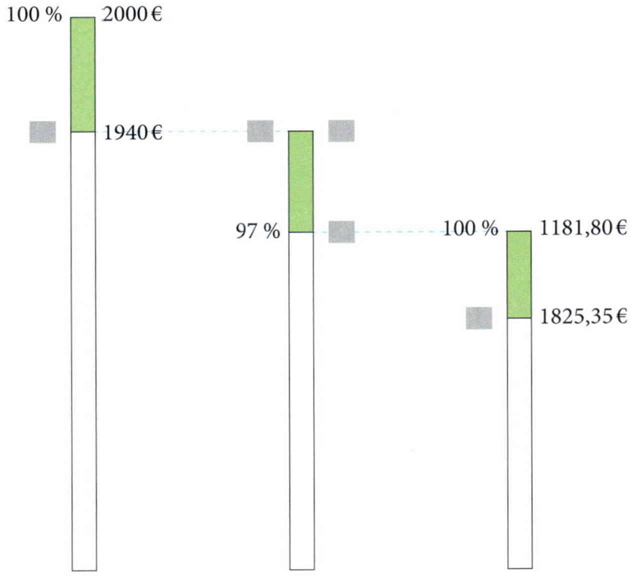

a) Welche Aussagen passen zu diesem Prozentstreifen? Begründe jeweils.
(1) Innerhalb von drei Jahren hat sich der Kredit von 2000 € auf 1825,35 € reduziert.
(2) Der Kredit sinkt jährlich um 97 %.
(3) Der Kredit sinkt jährlich um 60 €.
(4) 1825,35 € entsprechen 91 % von 2000 €.
(5) Die Zinsen sind jedes Jahr gleich hoch.
(6) 2000 € sind das 1,03-fache von 1940 €.
(7) 1825,35 € ist das 0,973-fache von 2000 €.

b) Trage den additiven Zuwachs und den Wachstumsfaktor in die Prozentstreifen ein.

c) Ergänze zwei Prozentstreifen für die nächsten beiden Jahre.

d) Erstelle auch für Situation (2) eine Folge von Prozentstreifen.
Wie lautet hier der Wachstumsfaktor?

e) Gib zu den Situationen (1) bis (3) jeweils eine allgemeine Funktionsgleichung zur Berechnung des Guthabens an.
Erkläre an den Funktionsgleichungen die Unterschiede zwischen den Situationen.

36 Neues Kapital besser durch Addition oder Multiplikation bestimmen

Im Alltag ist es oft hilfreich, wenn man einfache Zinseszinsaufgaben schnell im Kopf rechnen kann. Dabei kann man sich überlegen, ob es einfacher ist, die Zinsen zum Anfangskapital dazu zu addieren oder direkt zu multiplizieren.
Wie groß ist das Kapital nach zwei Jahren bei einem jährlichen Zinssatz von 5 % und einem Anfangskapital von 160 €?

a) Welche Rechnung ist richtig, welche falsch? Begründe deine Wahl.

(1) Ich addiere die Hälfte von 16 zweimal zu den 160 €.

(2) Ich multipliziere zweimal mit 1,5.

(3) Ich multipliziere zweimal mit 1,05.

(4) Ich addiere 8 € (das sind 5 %) zu 160 € und addiere dann 8,40 € (das sind auch 5 %) zu 168 €.

b) Stelle die vier Rechnungen jeweils an Prozentstreifen für zwei Jahre dar und begründe daran, warum welche Rechnungen falsch sind.

wiederholen

Wissensspeicher *Funktionen 8*

37 Situationen sortieren

a) Entscheide für jede Situation, welche Größe die erste und welche die abhängige Größe ist.
(1) Karina bekommt jede Woche 15 € Taschengeld.
(2) Tim spart 300 € mit einem Zinssatz von 2 % jährlich.
(3) Ein Computer kostet 2000 € und verliert jedes Jahr die Hälfte seines Wertes.
(4) Eine Hefekultur verdreifacht stündlich ihre Masse.
(5) Im Tank sind 40 ℓ. Pro Stunde Fahrt auf einer Autobahn werden es 6 ℓ weniger.
Überlege dann, welches Wachstum vorliegt.

b) Nimm deine alten Wissensspeicherseiten und wiederhole, welche Eigenschaften proportionale, lineare und umgekehrt proportionale Funktionen besitzen.
Stelle dann eine Tabelle zu jeder Situation auf, so dass du einen Überblick über das Wachstumsverhalten bekommst.
Skizziere dann die Graphen zu den Situationen.

c) Stelle zu jeder Situation einen Term auf und bestimme einen hohen Funktionswert. Überlege, ob für hohe Werte dein ausgewählter Wachstumstyp auch noch stimmt.

38 Der beste Ansatz auf einen Blick

a) Vergleiche die folgenden Sparansätze.
Welcher Ansatz ist langfristig der beste? Entscheide nur auf Grundlage der Funktionsgleichungen. Entscheide dafür zuerst, was x und was $f(x)$ bedeutet.
(1) $f(x) = 3^x$
(2) $f(x) = 5 \cdot 2^x$
(3) $f(x) = 150 \cdot x$
(4) $f(x) = 1000 \cdot 90x$

b) Welcher Ansatz ist für die Sparsumme 2000 € der beste?

39 Exponentielles Wachstum erkennen

a) Welcher der Wachstumsprozesse verläuft exponentiell?
Bestimme dazu den Wachstumsfaktor und den Startwert und ergänze die fehlenden Werte. Da es sich um experimentelle Werte handelt, können die fehlenden Werte auch von einem idealen Verlauf abweichen. Erkläre, wie du vorgegangen bist.
Mit welchen Funktionstypen kann man die anderen Ansätze beschreiben?

(1) Papierfalten: Höhe des gefalteten Papiers in Abhängigkeit von der Anzahl der Faltungen

Faltungen	3	4	■	6	■
Höhe (in mm)	1	2	■	■	16

(2) Ausbreitung eines Gerüchts: Anzahl der Personen, die das Gerücht kennen, in Abhängigkeit von der Zeit

Zeit (in Tagen)	0	1	■	■	■
Personen	1	4	■	■	256

(3) Wasserbecken befüllen: Füllmenge des Wassers im Becken in Abhängigkeit von der Zeit

Zeit (in min)	■	■	■	■	8
Füllmenge (in ℓ)	0	26	■	■	208

(4) Abkühlung einer heißen Tasse Tee: Temperatur des Tees in der Tasse in Abhängigkeit von der Zeit

Zeit (in min)	0	1	2	3	4
Temperatur (in °C)	100	88	74	■	57

(5) Wachstum einer Hefekultur: Masse der Hefekultur in Abhängigkeit von der Zeit

Zeit (in h)	0	1	2	3	4
Masse (in mg)	9,9	18,3	31,4	54,2	■

b) Erstelle zu (1) bis (5) je einen Graphen und einen Term, mit dem man die Prozesse gut annähern kann.

Problemlösen

c) Beantworte die folgenden Fragen und prüfe, ob du jeweils sinnvolle Funktionstypen gewählt hast. Verändere sie gegebenenfalls oder formuliere Einschränkungen.
- Wann reicht die Höhe des Papiers zum Mond (Entfernung: 380 000 km)?
- Wie viele Personen kennen das Gerücht nach 10 Jahren?
- Wie voll ist das Becken nach 12 Stunden?
- Wann hat der Tee eine Temperatur von 0 °C?
- Wie groß ist die Hefekultur in 10 Jahren?

40 Mit Halbwertzeiten das Alter bestimmen

Gut zu wissen
Isotope sind Atome, deren Atomkerne gleich viele Protonen, aber unterschiedlich viele Neutronen enthalten.

Die Halbwertszeit ist die Zeitdauer, nach der die Hälfte eines radioaktiven Materials zerfallen ist. Halbwertszeiten von bestimmten Elementen sind sehr interessant, um das Alter z. B. von Fossilien zu bestimmen. Das Kohlenstoffisotop ^{14}C, das in allen Lebewesen vorkommt, zerfällt mit einer Halbwertszeit von ca. 5730 Jahren, das bedeutet, dass nach 5730 Jahren nur noch die Hälfte des letzten Wertes vorhanden ist. Misst man z. B. in einem alten Fund 5 % des Isotops ^{14}C, so kann man auf das Alter zurückschließen, denn vor 5730 Jahren waren sicher noch 10 % des Isotops vorhanden.

a) Erstelle eine Tabelle, an der du für verschiedene Anteile von ^{14}C das Alter des jeweiligen Fundes bestimmen kann.

b) Erstelle dann eine Funktionsgleichung und den zugehörigen Graphen.

41 Mit Halbwertzeiten rechnen

Es gibt Isotope, die mit ihrer radioaktiven Strahlung die Umwelt sehr stark schädigen können. Beim Unfall von Tschernobyl waren insbesondere die Isotope Cäsium 137, Strontium 90 und Iod 131 besonders gefährlich.
Bei radioaktiven Isotopen gibt man häufig die Halbwertszeit an. Der prozentuale Wert gibt an, was pro Zeiteinheit zerfällt. Es ist gut, beide Angaben zu kennen.

a) Vervollständige die folgende Tabelle.

Isotop	Halbwertszeit	Abnahme in %	Wann ist noch 1 % übrig?
Strontium 90	28 Jahre	■	■
Cäsium 137	■	2,3 % pro Jahr	■
Phosphor 32	■	4,7 % pro Tag	■
Iod 131	8 Tage	■	■
Polonium 218	■	20 % pro Minute	■

b) Erstelle zu allen Isotopen eine Funktionsgleichung und den zugehörigen Graphen.

42 Bevölkerungswachstum beeinflussen

a) 1970 betrug das prozentuale Wachstum der Weltbevölkerung 2 %. Damals lebten 3,69 Milliarden Menschen auf der Erde. Wie groß wäre die Weltbevölkerung heute, wenn die Wachstumsrate konstant geblieben wäre?

b) 2016 lebten ungefähr 7,4 Milliarden Menschen auf der Erde.
Wie groß war die durchschnittliche Wachstumsrate von 1970 bis 2016?
Kannst du erklären, warum das Wachstum nicht bei 2 % geblieben ist?

c) 2016 teilen sich in NRW 520 Einwohnerinnen und Einwohner einen Quadratkilometer. Wie viele Menschen werden es 2050 sein, wenn man eine Wachstumsrate von 1 % annimmt? Recherchiere, wie die Verteilung und das entsprechende Wachstum in anderen Bundesländern und Ländern ist.

43 CO_2 reduzieren

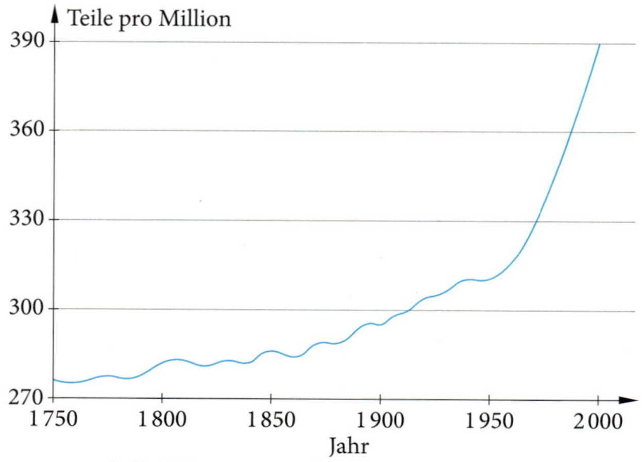

Quelle: IGBP, 2016. Diagramm basiert auf den Analysen von Steffen et al., 2015

Der Mensch verbraucht laut WWF (World Wide Fund For Nature) mehr Ressourcen, als die Erde nachliefern kann. Dabei werden mehr klimaschädliche Gase, darunter CO_2, freigesetzt, als abgebaut werden können. Dies führt zu einer starken Erwärmung der Erde.

a) Stelle auf Grundlage des Graphen näherungsweise eine Funktionsgleichung auf, um abzusehen, wie sich die CO_2-Werte nach 2000 entwickeln.

b) Informiere dich über aktuelle CO_2-Werte und bestimme daraus ein neues Wachstumsmodell für die CO_2-Werte. Wie kann man die CO_2-Werte wieder reduzieren?

Vertiefen 7

Mit Potenzen rechnen

Training

44 Zahlenmauern für Potenzen

a) Übertrage die Zahlenmauern in dein Heft und fülle sie aus. Du musst die Zahlen in benachbarten Zellen multiplizieren.
Wenn es mehrere Lösungen gibt, versuche mindestens vier Lösungen zu finden.

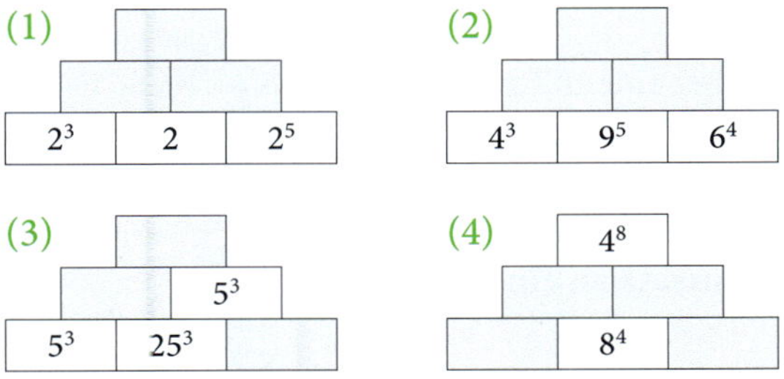

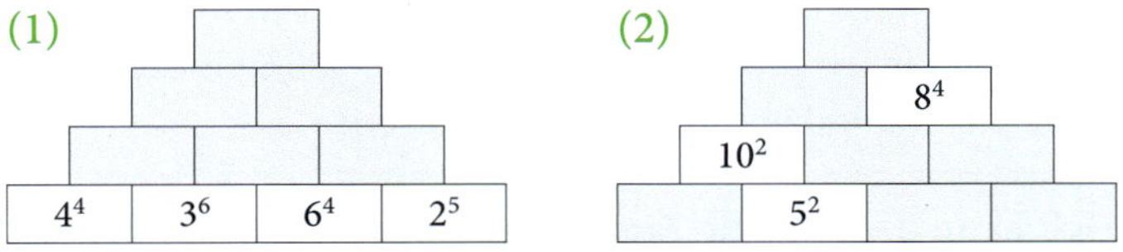

b) Nun dividiere die Zahlen in benachbarten Zellen, anstatt sie zu multiplizieren.
Schau dir im Wissensspeicher auf Seite 33 die Regeln zum Rechnen mit Potenzen an.
Notiere: Bei welcher Zahlenmauer hast du welche Regel benutzt?

c) Denke dir selbst Zahlenmauern aus, in denen man genau zwei der Regeln verwenden muss.
Tausche sie mit deinen Nachbarn und rechne sie aus.
Überprüfe dann, ob es tatsächlich genau zwei Regeln waren.

45 Nach Schwierigkeit sortieren

www 093-1
Karten

a)
- Sortiere die Aufgaben nach Schwierigkeit:
- Du kannst die Aufgaben zum Beispiel nach der Art der Rechenregeln sortieren. Du kannst sie auch nach der Anzahl der verwendeten Regeln oder nach Aufgabenähnlichkeit sortieren.
- Rechne sie dann aus und sortiere sie gegebenenfalls um.
- Erkläre zum Schluss, warum du sie so sortiert hast.

- $2 \cdot (2^2 : 2^3)^2$
- $(2^2 + 2^3)^2 : 4^5$
- $(5^2)^{\frac{1}{2}}$
- $3^{2^3} \cdot 9^3$
- $4^3 \cdot 2^3$
- 3^{2^3}
- $4^3 \cdot 7^3$
- $12^4 : 12^2 : 12^2$
- $5^{2^{-2}}$
- $6^3 \cdot 9^3 \cdot 11^3$
- $5^{2^5} : 10^3$
- $4^3 - 2^3$
- $18^3 \cdot 9^6$
- $(2^2 \cdot 6^3)^5 : 12^3 - 2$
- $5^3 \cdot 5^6$
- $5^{0,5^2}$
- $(3^2)^3$
- $(9^2 - 3^2)^2$
- $9^7 : 9^3$

b) Betrachte noch einmal alle Ergebnisse.
Versuche, sie möglichst kurz und mit der kleinsten Basis darzustellen.
Beispiel: $2 \cdot 4^3 + 8 = 2 \cdot 2^6 + 2^3 = 2^7 + 2^3 = 2^3 \cdot (2^4 + 1) = 17 \cdot 2^3$

Checkliste

Geldanlagen – Wachsendes Wachstum vergleichen

Ich kann … *Ich kenne …*	*Hier kann ich üben …*
Ich kann am Prozentstreifen darstellen, in welcher Beziehung Zinsen, Zinssatz und Kapital zueinanderstehen, auch für mehrere Jahre. Erläutere am Prozentstreifen, wie viele Zinsen man bekommt, wenn man bei einem Zinssatz von 5 % Zinsen pro Jahr ein Kapital von 400 € anlegt. Wie viel Kapital hat man nach 10 Jahren?	S. 77 Nr. 3, 4 S. 81 Nr. 14, 16 S. 83 Nr. 21
Ich kann die Begriffe Zinsen, Anfangskapital, Kapital nach *n* Jahren, Zinssatz an einem Term, einer Tabelle und einem Prozentstreifen erklären. Erkläre die Begriffe an folgender Situation: Familie Ardil hat 4200 € auf dem Konto, sie erhalten 1,5 % im Jahr von der Bank. Wie viel Geld haben sie nach 3 Jahren gespart?	S. 76 Nr. 1, 2 S. 77 Nr. 3–5 S. 80 Nr. 11 S. 81 Nr. 15
Ich kann das Kapital und die Zinsen für mehrere Jahre mit Tabelle und Term in einem Schritt bestimmen. (1) Bestimme mit Tabelle und Term die Zinsen und das Kapital nach 12 und nach 20 Jahren, wenn man 140 € bei einem jährlichen Zinssatz von 1,25 % spart. (2) Bestimme mit einem Term, welchen Wert ein Auto nach 5 Jahren hat, wenn der Neupreis 12 000 € beträgt und der Wertverlust 10 % pro Jahr.	S. 78–80 Nr. 6–10 S. 80/81 Nr. 12, 13 S. 82/83 Nr. 17–20 S. 84–86 Nr. 23–29 S. 87 Nr. 31
Ich kann aus der Verdopplungszeit bzw. Halbwertzeit den Wachstumsfaktor bestimmen und umgekehrt. Die Halbwertzeit eines Isotops beträgt 20 Jahre. Wie groß ist das prozentuale Wachstum?	S. 89 Nr. 34 S. 91 Nr. 40 S. 92 Nr. 41
Ich kenne die Eigenschaften von exponentiellem Wachstum und kann sie in verschiedenen Darstellungen (Tabelle, Graph, Term und Situation) angeben. Woran erkennt man jeweils den exponentiellen Zusammenhang? (1) Ein Rad kostet 1200 € und verliert jedes Jahr 20 % seines Wertes. (2) $f(x) = 230 \cdot 5^x$ Erstelle zu (1) und (2) einen Graphen.	S. 88 Nr. 32, 33 S. 89 Nr. 34, 35 S. 90 Nr. 36-38 S. 91 Nr. 39
Ich kann weitere Werte in exponentiellen Zusammenhängen bestimmen, in Tabelle, Graph und Term. (1) Bestimme den Wert nach 5 Jahren: $f(x) = 30 \cdot 0{,}9^x$ (2) Vervollständige die Tabelle: (siehe unten)	S. 91 Nr. 39, 40 S. 92 Nr. 41–43
Ich kann mit Potenzen rechnen. Vereinfache und schreibe als Potenz mit möglichst kleiner Basis. (1) $7^3 \cdot 7^6$ (2) $4^3 \cdot 6^6$ (3) $(16^2 - 8^2)^2$	S. 93 Nr. 44, 45

Tabelle zu (2):

Jahre	Wert
0	150 €
2	162,24 €
5	■

▸ *Hinweis:* Im Materialblock auf Seite 33 findest du diese Checkliste für deine Selbsteinschätzung.
Zusätzliche Übungsaufgaben findest du im Internet unter www 094-1.
(www.cornelsen.de/mathewerkstatt, Webcode: MWS040048-094-1)

Im Freizeitpark – Mit Längen und Winkeln rechnen

In diesem Kapitel …

- untersuchst du, wie man mit Hilfe von Winkel und Längen Steigungen berechnen kann.
- kannst du Winkel und Längen im Dreieck berechnen, die du bislang nur mit Hilfe von Konstruktionen bestimmen konntest.
- kannst du Kreisbewegungen mit Hilfe einer Funktion beschreiben.
- lernst du die Sinusfunktion kennen.

Welche Rutsche ist denn die schnellste und steilste? Da möchte ich zuerst rein.
Das merkt man doch nicht durch Ausprobieren. Ich denke, je höher, desto besser.

Du kannst doch alle ausprobieren. Und zum Schluss, wenn du weißt, welche die steilste ist, gehst du da noch mal drauf.
Aber es kann doch sein, dass die Rutsche zwar hoch aber sehr lang ist, dann ist sie nicht sehr steil. Es kommt doch auf beides an.

Erkunden A Wie kann ich Steigung in Dreiecken bestimmen?

1 Die steilste Achterbahn der Welt

wiederholen
Wissensspeicher
Figuren 6

a) Wie steil und wie hoch sind die steilsten Abfahrten der Achterbahnen der Welt? Sortiere die folgenden Achterbahnen einmal nach Höhe und einmal nach Steilheit. Bestimme dazu die Steigung der Bahnen. Nutze die Aussagen von Ole und Merve.

Big One

Höhe: 56 m
Fahrstrecke: 100 m

Colossos

Höhe: 60 m
Fahrstrecke: 120 m

Steel Dragon

Höhe: 97 m
Fahrstrecke: 210 m

Blue Fire

Höhe: 75 m
Fahrstrecke: 150 m

nachgedacht

b) Warum kann man die Steigung mit einem Winkel angeben? Erkläre auch, warum die Höhe der Achterbahn nicht ausreicht, um die Steigung anzugeben. Nimm dazu eines der Beispiele aus dieser Aufgabe.

2 Ähnliche Achterbahnen

wiederholen
Wissensspeicher
Figuren 15

a) Was meint Pia damit, dass die Höhe und Fahrstrecke zusammenpassen? Erkläre an den beiden Dreiecken zu Colossos und Blue Fire aus 1, was Pia meint.

b)
- Zeichne mindestens vier Dreiecke mit dem gleichen Steigungswinkel, aber unterschiedlicher Höhe und Fahrstrecke.
- Vergleicht eure Ergebnisse, erstellt eine Tabelle und tragt sie ein. Könnt ihr ein Muster entdecken?
- Erkläre, warum deine Dreiecke mit gleichem Steigungswinkel alle ähnlich sind.

Winkel	Höhe	Fahrstrecke

	Höhe	Fahrstrecke
1	1 cm	2 cm
2	3 cm	4 cm
3	3 cm	6 cm
4	2 cm	3 cm
5	2 cm	4 cm
6	1,5 cm	2 cm
7	21 cm	28 cm

c) Till hat zu b) sieben Dreiecke gezeichnet, er hat aber nur Höhe und Fahrstrecke gemessen. Welche Dreiecke haben dieselbe Steigung? Begründe oder überprüfe deine Wahl.

► Materialblock S. 38
Basisaufgabe

3 Steigung von Achterbahnen berechnen

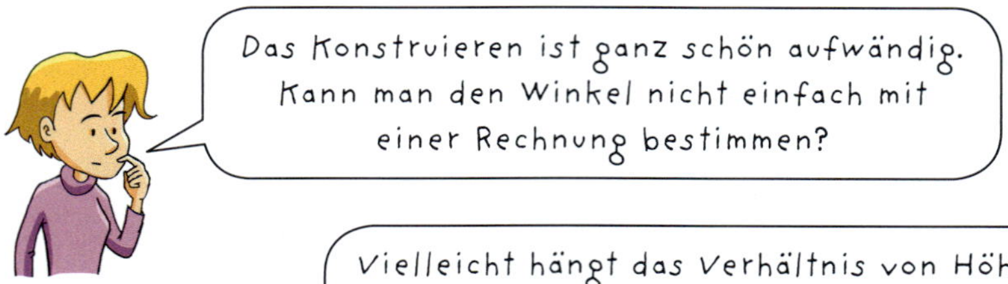

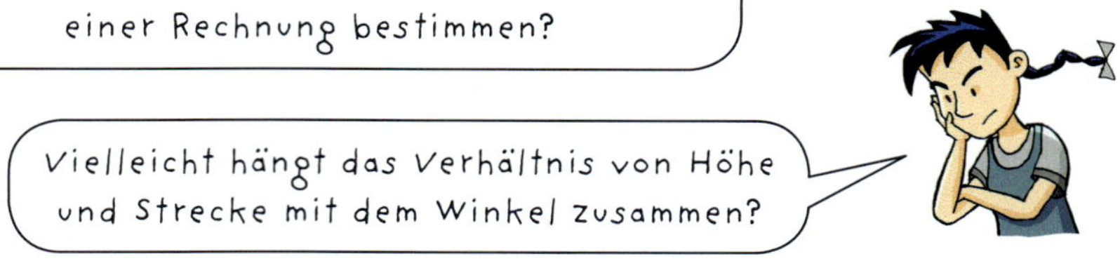

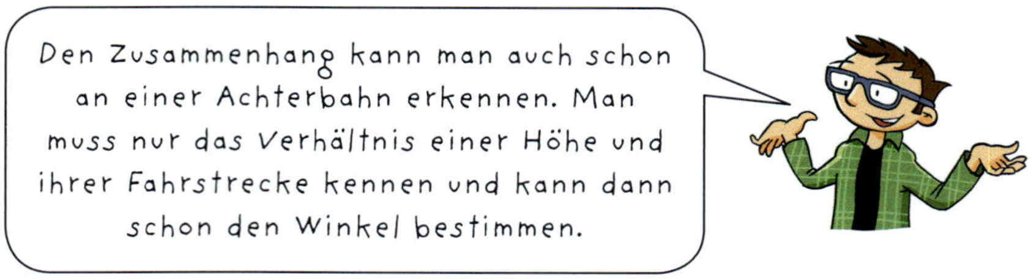

wiederholen

Wissensspeicher
Figuren 15

a) Was meinen Pia, Merve und Ole? Was bedeutet es, dass der Winkel nur vom Verhältnis von Höhe und Streckenlänge abhängt?
Vergleicht dazu eure Tabellen und Dreiecke aus Aufgabe 2.
Begründet eure Beobachtungen mit Hilfe des Wissensspeichers „Ähnliche Figuren".

b) Zeichnet zu einigen Winkeln zwischen 0° und 90° Dreiecke wie in Aufgabe 2 und bestimmt für jeden Winkel das Verhältnis Höhe h zu Fahrstrecke $\frac{h}{f}$.

c) Vergleicht eure Ergebnisse und tragt sie in einer Tabelle zusammen, immer je eine Zeile für einen Winkel.

Winkel	Höhe h	Fahrstrecke f	$\frac{h}{f}$
10°			≈0,17

d)

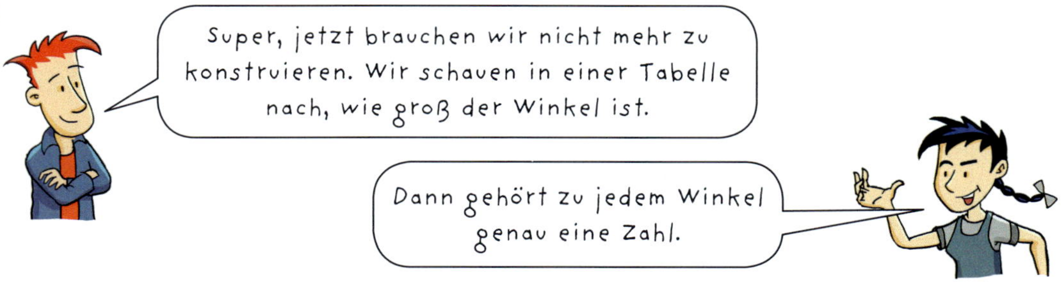

Probiert aus, ob die Aussagen von Merve und Till stimmen.
- Denkt euch dazu Längen von Fahrstrecke und Höhe aus.
- Schaut in der Tabelle aus c) nach, wie groß der Winkel ist.
- Wenn ihr kein passendes Verhältnis $\frac{h}{f}$ in der Tabelle habt, bestimmt den Winkel ungefähr. Überprüft hinterher durch Zeichnen des Dreiecks.

nachgedacht

e) Hat Till Recht, wenn er sagt, dass man nur ein Verhältnis kennen muss, um die Größe des Winkels herauszufinden?
- Überprüfe dazu, wie groß zum Beispiel der Winkel zum Verhältnis 1,4 ist.
- Welche Verhältnisse können vorkommen und welche nicht? Begründe.
- Gilt die Umkehrung von Merves Behauptung:
  Zu jeder Zahl gehört genau ein Winkel.

► Materialblock S. 39
Basisaufgabe

wiederholen

Wissensspeicher
Funktionen 8

4 Doppelter Winkel, doppelte Steigung?

a) Betrachtet man die Verhältnisse zu den Winkeln in der Tabelle, so sieht es so aus, als ob es sich um einen proportionalen Zusammenhang handelt. Denn wenn man den Winkel verdoppelt oder verdreifacht, so verdoppelt und verdreifacht sich das Verhältnis ebenfalls ungefähr.

Winkel	$\frac{h}{f}$
1°	0,017
2°	0,035
3°	0,052

Überprüfe ob dieser Zusammenhang auch für andere Winkel gilt. Gehe dabei so vor:
- Stelle für die Tabellenwerte eine proportionale Funktion auf.
- Bestimme mit diesem Funktionsterm weitere Werte, zum Beispiel für 10°, 20° und 30°.
- Vergleiche diese Werte mit den Werten in eurer Tabelle aus Aufgabe 2. Was stellst du fest?

b)
- Zeichne einen Graphen zu der Tabelle aus Aufgabe 2.
- Woran kann man erkennen, ob der Zusammenhang proportional ist?
- Falls der Zusammenhang nicht proportional ist, überlege mit Hilfe des Graphen und auch der Tabelle aus Aufgabe 2, ob man den Zusammenhang mit einem Funktionstyp beschreiben kann, den du schon kennst. Du kannst zum Beispiel verschiedene Funktionsterme ausprobieren.

► Materialblock S. 39
Basisaufgabe

5 Bodenlänge und Fahrstrecke

a) Um den Steigungswinkel zu finden, hast du bisher das Verhältnis von Höhe und Fahrstrecke bestimmt.
Man kann aber auch das Verhältnis von Bodenlänge und Fahrstrecke nehmen.
Stelle eine Tabelle auf, in der du zu jedem Winkel das Verhältnis Bodenlänge b zu Fahrtstrecke $\frac{b}{f}$ einträgst.

Winkel	Bodenlänge b	Fahrstrecke f	$\frac{b}{f}$
10°			
20°			

b) Begründe, warum es pro Winkel nur genau ein Verhältnis $\frac{b}{f}$ gibt, auch wenn die Dreiecke unterschiedlich groß sind.

c) Lege die Tabellen aus 3 c) und hier aus a) nebeneinander und untersuche, ob du Zusammenhänge findest. Schau zum Beispiel auf dieselben Verhältnisse. Schreibe auf, was du entdeckt hast. Achte darauf, dass in den Tabellen verschiedene Winkel stehen.

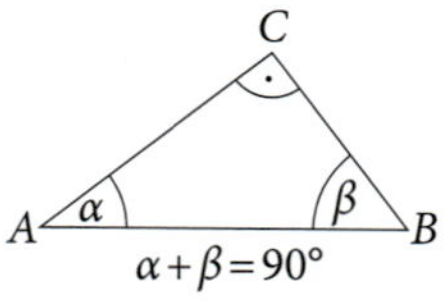

$\alpha+\beta=90°$

d) Vergleicht eure Entdeckungen in c) und begründet sie mit Hilfe von zwei Winkeln, die zusammen 90° ergeben.

6 Höhe und Bodenlänge

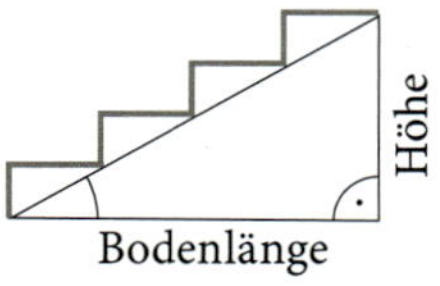

Wenn man aus der Achterbahn kommt, ist man noch wacklig auf den Beinen.
Daher ist es wichtig, dass die Treppen zum Ausgang nicht zu steil sind.
Wie kann man Steigungswinkel von Treppen bestimmen, wenn man nur Höhe und Bodenlänge kennt? Erstelle wie in Aufgabe 5 eine Tabelle und bestimme für verschiedene Höhen und Bodenlängen die Steigungswinkel. Vergleiche die Werte auch mit den Tabellen aus den Aufgaben 3 und 5. Was fällt Dir auf?

Erkunden B

Wie kann ich Bewegungen mit Wiederholungen darstellen?

Gut zu wissen
In der Zeche Zollverein in Essen gibt es ein Riesenrad, das fast zur Hälfte unterirdisch verläuft.

Das „Sonnenrad" hat 12 Gondeln und einen Durchmesser von ca. 80 m. Eine Umdrehung dauert etwa 2 Minuten.

7 Im Riesenrad

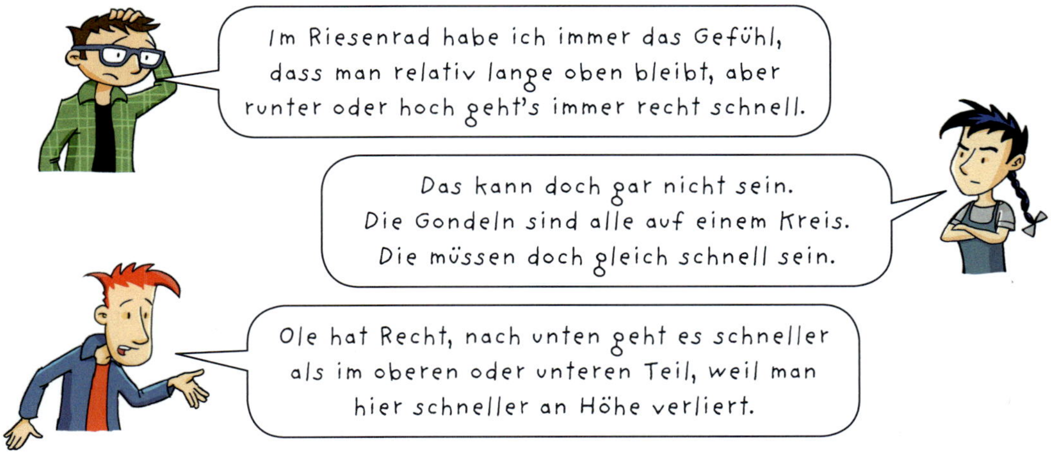

a) Geht es dir genauso wie Ole? Was sagst du zu den Aussagen der drei Freunde? Überprüfe die Aussagen, indem du wie folgt vorgehst:

- Bestimme zuerst die Zeit, in der sich eine Gondel (roter Punkt) im oberen Bereich (20 m bis 40 m) bewegt. Vergleiche mit der Zeit, die die Gondel im Bereich 0 m bis 20 m braucht (Angaben links).
- Da man nicht immer weiß, wie schnell sich ein Riesenrad dreht, kann man die Höhe der Gondeln auch in Abhängigkeit von einem Winkel (grün) untersuchen. Bestimme die Höhen der Gondeln und den zugehörigen Drehwinkel. Wie hängen Höhen und Winkel miteinander zusammen?

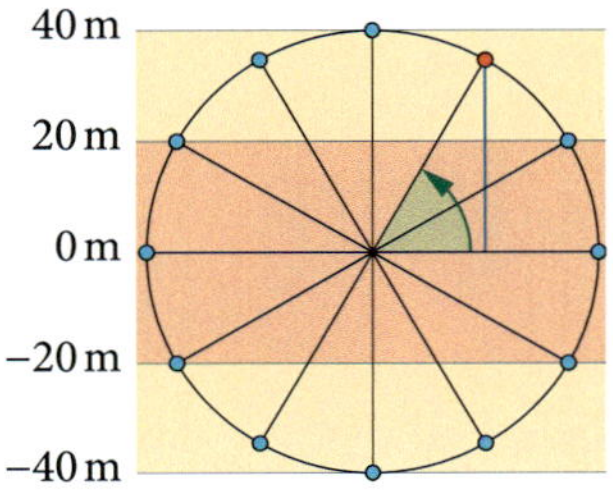

b) Till will die Höhe der Gondel in ein Koordinatensystem übertragen.

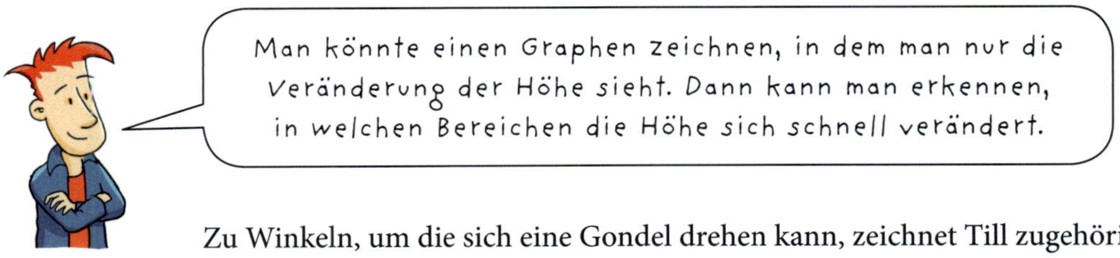

Zu Winkeln, um die sich eine Gondel drehen kann, zeichnet Till zugehörige Höhen ein.

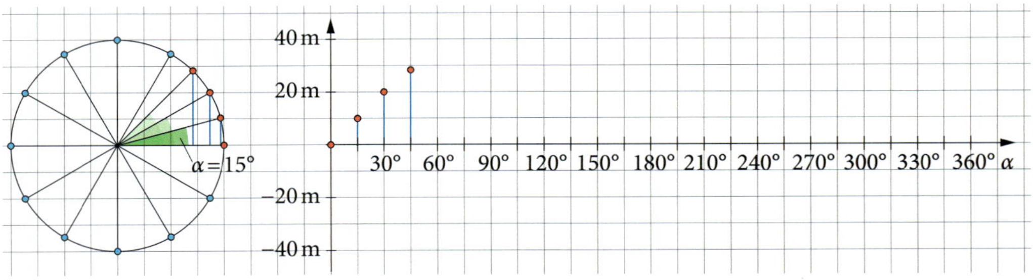

Ergänze im Heft die Zeichnung und beantworte dann die folgenden Fragen.

(1) Wann verändert sich die Höhe besonders schnell, wann besonders langsam?

(2) Woran kann man am Graphen erkennen, dass die Gondeln unterschiedlich schnell an Höhe gewinnen und verlieren?

Ordnen A

Wie kann man die Steigung in Dreiecken bestimmen?

1 Rechtwinklige Dreiecke konstruieren

✱ Neues Wort
Steigungen *von Strecken kann man mit Hilfe der Größe eines Steigungswinkels angeben.*

Um *Steigungen*✱ von Strecken angeben zu können, kann man den Winkel zwischen den Strecken a und c messen, wobei die Strecken a und b senkrecht zueinander liegen.

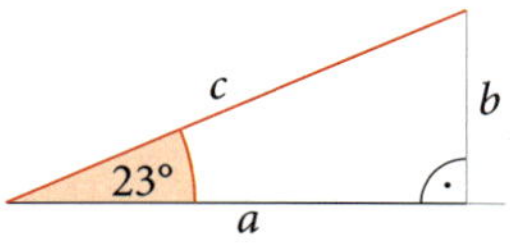

wiederholen
Wissensspeicher
Figuren 6

a) Zwei Größenangaben in einem rechtwinkligen Dreieck reichen meist aus, um das Dreieck eindeutig zu konstruieren.
- Ordne die Situationen den Bildern zu.
- Gibt es noch weitere Bilder, die zu den drei Situationen passen?

Situation 1:
Gegeben sind zwei Seiten im rechtwinkligen Dreieck.

Situation 2:
Gegeben sind ein Winkel und eine Seite im rechtwinkligen Dreieck.

Situation 3:
Gegeben sind zwei Winkel im rechtwinkligen Dreieck.

(1)
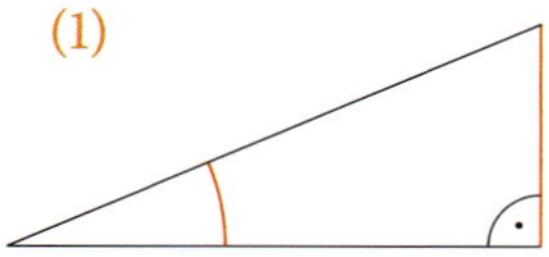
(2)
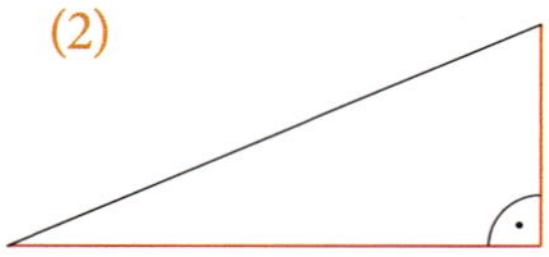
(3)
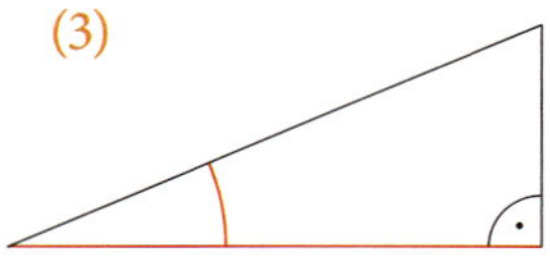
(4)
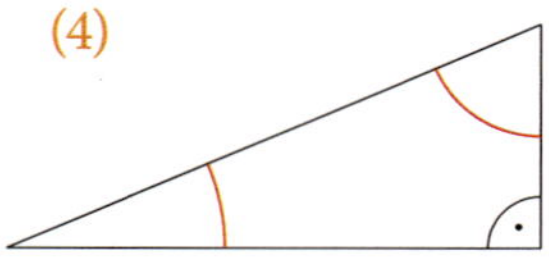
(5)
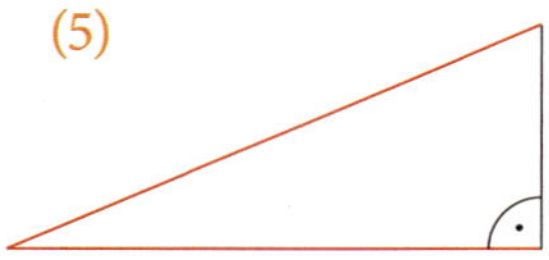

b)
- Warum reichen zwei Größen aus, um ein rechtwinkliges Dreieck zu konstruieren?
- In welchen der Situationen in a) kann man genau ein Dreieck konstruieren?
- Erkläre, warum man in den anderen Situationen mehr als ein Dreieck erhält.

wiederholen
Wissensspeicher
Figuren 17

c) In welchen Situationen in a) kann man alle anderen Größen durch Rechnung bestimmen, ohne zu konstruieren. Erkläre wie du vorgehst.

Erinnere dich
Im rechtwinkligen Dreieck heißen Seiten Hypotenuse oder Kathete.

✱ Neue Wörter
Im rechtwinkligen Dreieck liegt die ***Gegenkathete*** *dem Winkel gegenüber und die* ***Ankathete*** *liegt auf einem Schenkel des Winkels.*

d) In einem Dreieck werden die Katheten voneinander unterschieden, in *Gegenkathete*✱ und *Ankathete*✱
- Erkläre, warum die Unterscheidung sinnvoll ist.
- Sind immer dieselben Seiten Gegenkathete und Ankathete?

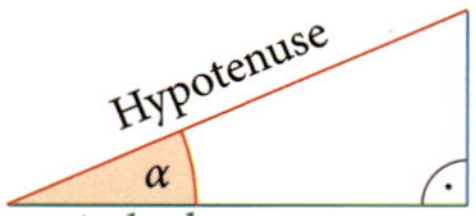

e) Konstruiere die rechtwinkligen Dreiecke.
(1) Die Katheten sind $a = 3\,\text{cm}$ und $b = 4\,\text{cm}$, die Hypotenuse $c = 5\,\text{cm}$.
(2) Die Katheten sind $a = 6\,\text{cm}$ und $b = 7\,\text{cm}$, $\gamma = 90°$.
(3) $\alpha = 37°$ und die Ankathete ist 4,5 cm, $\gamma = 90°$.
(4) $\alpha = 28°$ und die Gegenkathete ist 4 cm, $\gamma = 90°$.

Welchen Dreieckstyp aus a) hast du in (1) bis (4) jeweils genutzt?

► Materialblock S. 34 Wissensspeicher

f) Vergleicht eure Ergebnisse und tragt sie in den Wissensspeicher ein.

► Materialblock S. 40
Basisaufgabe

2 Zusammenhang zwischen Gegenkathete, Hypotenuse und Winkel

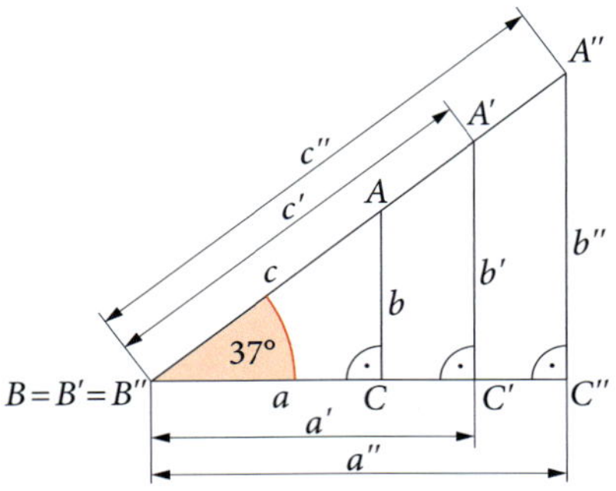

wiederholen
Wissensspeicher
Figuren 6

a) Erkläre, was Ole und Merve meinen. Erkläre dazu, wann Dreiecke ähnlich sind. Überprüfe die Aussage, indem du die Figur ins Heft überträgst und die drei Verhältnisse zu β bestimmst.

► Materialblock S. 34
Wissensspeicher

b) Bestimme zu jedem Winkel zwischen 0° und 90° das zugehörige Verhältnis von Gegenkathete und Hypotenuse im rechtwinkligen Dreieck. Gehe in Zehnerschritten vor. Nutze dazu auch deine Berechnungen aus Aufgabe 4, Seite 100. Trage deine Werte zunächst mit Bleistift in die Tabelle im Wissensspeicher ein.

c) Vergleicht eure Ergebnisse und tragt sie endgültig in den Wissensspeicher ein.

3 Den funktionalen Zusammenhang bestimmen

*** Neues Wort**
*Der **Sinus** eines Winkels ist im rechtwinkligen Dreieck das Verhältnis aus Gegenkathete dieses Winkels zur Hypotenuse.*

a) In Aufgabe 4 auf Seite 100 hast du herausgefunden, dass der Zusammenhang zwischen Winkel und Verhältnis nicht proportional ist. Ein solcher Zusammenhang heißt *Sinus** und zwar $\sin\alpha = \frac{\text{Gegenkathete}}{\text{Hypothenuse}}$ (sprich: Sinus von alpha).
Erkläre, ob Sinus eine Funktion ist. Nutze dazu die Aussagen von Pia und Till?

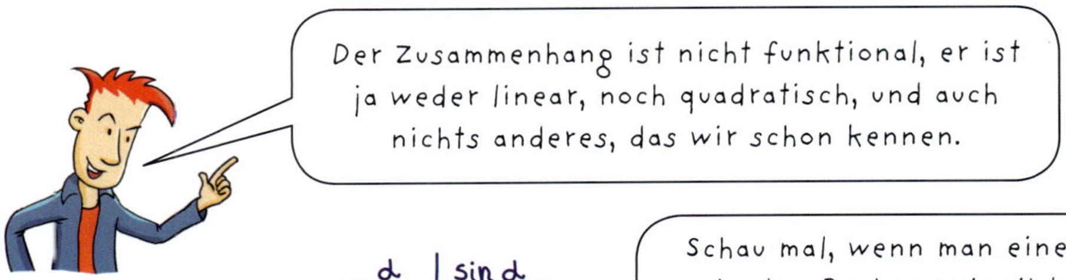

α	$\sin\alpha$
10°	0,1736
23°	0,3907
30°	0,5

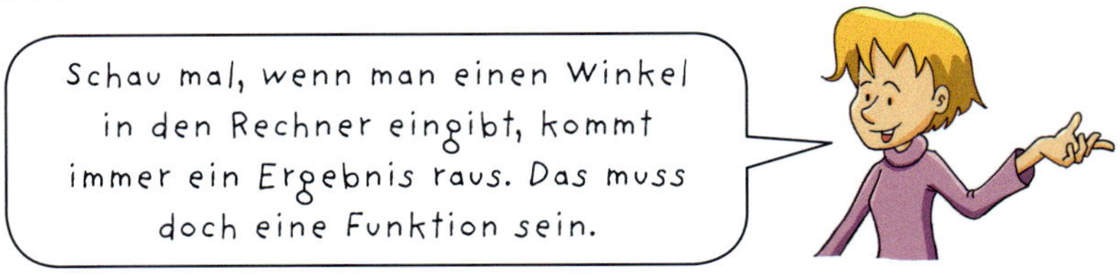

b) Überprüfe mit deinem Taschenrechner, ob der zu denselben Ergebnissen kommt, wie sie in der Tabelle im Wissensspeicher Figuren 19 angegeben sind.

c) Erkläre, wie man mit dem Verhältnis aus a) weitere Größen bestimmen kann. Nutze dazu die drei Beispiele. Funktioniert dies bei allen drei Beispielen?
(1) $a = 4\,\text{cm}$; $c = 5{,}5\,\text{cm}$, $\gamma = 90°$
(2) $\alpha = 90°$; $a = 0{,}6\,\text{cm}$; $b = 3\,\text{cm}$
(3) $\gamma = 50°$; $a = 2\,\text{cm}$; $c = 3\,\text{cm}$

► Materialblock S. 34
Wissensspeicher

d) Ergänze den Wissensspeicher.

► Materialblock S. 40
Basisaufgabe

4 Zusammenhang zwischen Ankathete, Hypotenuse und Winkel

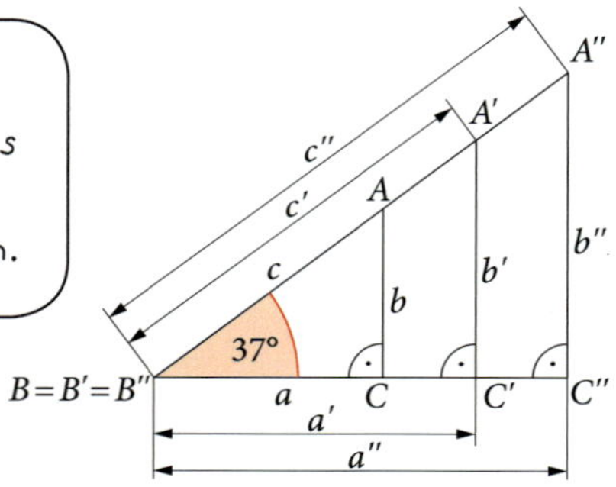

a) Erkläre, was Merve meint. Warum erhält man pro Winkel immer dasselbe Verhältnis aus Ankathete und Hypotenuse.
Nutze dazu die Tabelle aus Aufgabe 5, Seite 100.

*✱ **Neues Wort***
*Der **Kosinus** eines Winkels ist im rechtwinkligen Dreieck das Verhältnis aus Ankathete dieses Winkels zu Hypotenuse.*

► Materialblock S. 35
Wissensspeicher

b) Dieser Zusammenhang heißt *Kosinus*✱ und zwar $\cos \alpha = \frac{\text{Ankathete}}{\text{Hypothenuse}}$ (sprich: Kosinus von alpha).
Gehe in Zehnerschritten vor und trage deine Werte zunächst mit Bleistift in die Tabelle im Wissensspeicher ein.

c) Vergleiche die Tabellen zu Sinus und Kosinus und erkläre, was Ole meint.
Schau dazu, bei welchen Winkeln Sinus und Kosinus gleiche Werte haben. Woran liegt das?

α	$\sin \alpha$	$\cos \alpha$
0°	0	1
10°	0,1736	0,9848
30°	0,5	0,8660
60°	0,8660	0,5
90°	1	0

d) Ergänze den Wissensspeicher.

5 Zusammenhang zwischen Ankathete und Gegenkathete

wiederholen
Wissensspeicher
Funktionen 4

a) Um die Steilheit von Treppen zu bestimmen, kannst du dein Wissen über lineare Funktionen nutzen.
Dort hast du die Steilheit mit Hilfe eines Steigungsdreiecks bestimmt.
Nutze das Steigungsdreieck, um die Steigung der Treppe zu bestimmen.

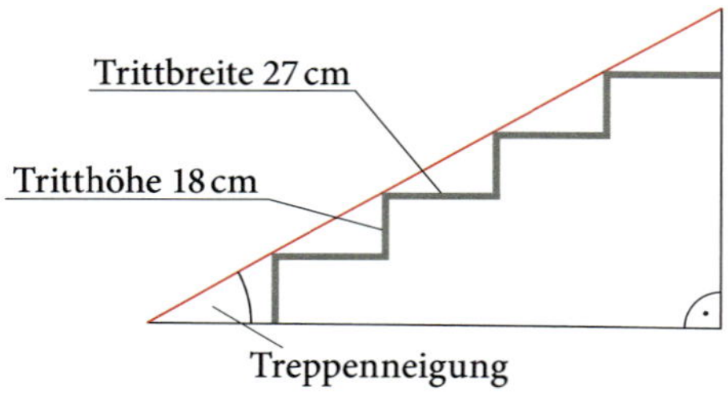

► Materialblock S. 35
Wissensspeicher

b) Statt die Steigung anzugeben, kann man auch wieder den Steigungswinkel bestimmen.
Ergänze in deinem Wissensspeicher wie bei Sinus und Kosinus die Tabelle zunächst mit Bleistift, nutze nun aber das Verhältnis von Gegenkathete und Ankathete.
Dieser Zusammenhang heißt *Tangens*✱, und zwar $\tan \alpha = \frac{\text{Gegenkathete}}{\text{Ankathete}}$.

*✱ **Neues Wort***
*Der **Tangens** eines Winkels ist im rechtwinkligen Dreieck das Verhältnis aus Gegenkathete zu Ankathete dieses Winkels.*

c) Erkläre an dem Bild, was die Steigung bei linearen Funktionen mit dem Tangens zu tun hat.

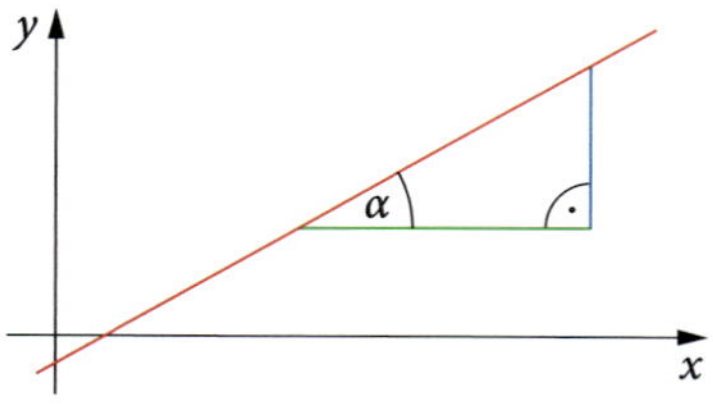

d) Ergänze den Wissensspeicher.

Ordnen B

Wie stellt man Bewegungen mit Wiederholungen dar?

6 Kreisbewegung im Koordinatensystem

a) In Aufgabe 7 auf Seite 101 wurde die Höhenveränderung einer Gondel im Koordinatensystem dargestellt. Warum ist es praktisch, als Kreisradius den Wert 1 zu nehmen?

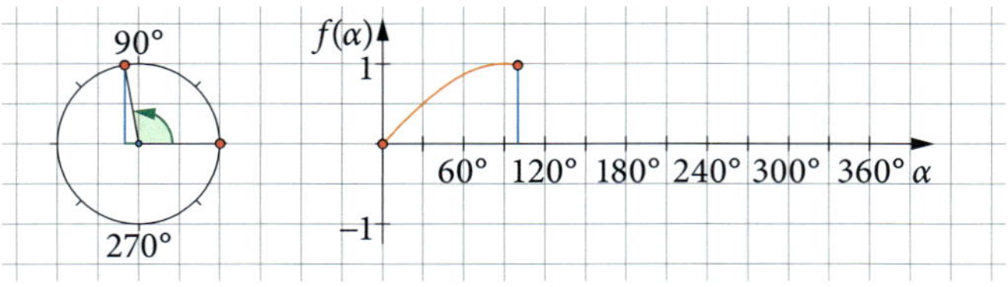

b) Beantworte die Fragen. Nutze dazu auch deine Zeichnung aus Aufgabe 7, Seite 101.
(1) Was ist die abhängige und was ist die unabhängige Größe?
(2) Was bedeuten die 1 und die −1 an der zweiten Achse?
(3) Was bedeuten die Zahlen an der ersten Achse und findet man diese auch im Kreis?
(4) Welche Werte haben dieselben Funktionswerte? Woran liegt das?

c) Erkläre, woran man im Graphen die Kreisbewegung erkennen kann.
Beantworte dazu auch: Woran erkennt man im Graphen, wann der Punkt:
(1) im Kreis steigt?
(2) schnell an Höhe verliert?
(3) seinen höchsten Punkt erreicht hat?

d) ▪ Bestimme mit Hilfe von Oles Idee die Höhen des roten Punktes in den Bildern. Erkläre dazu, wie du vorgehst.
▪ Gehst du bei Winkeln kleiner als 90° anders vor als bei Winkeln größer als 90°?

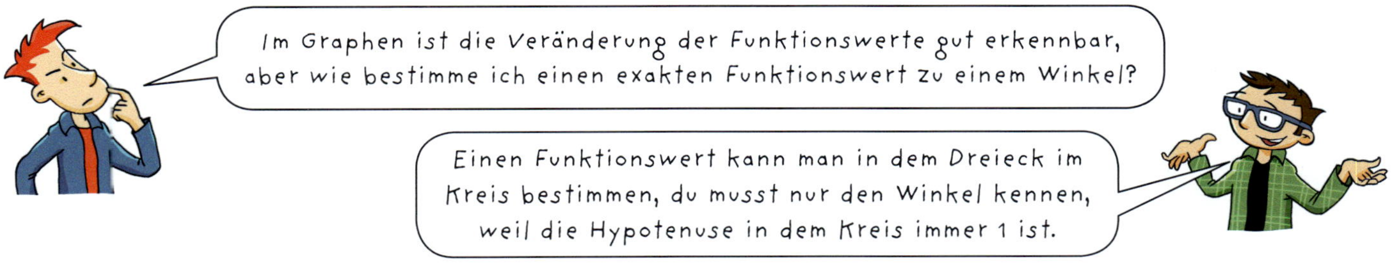

(1) $\alpha = 40°$

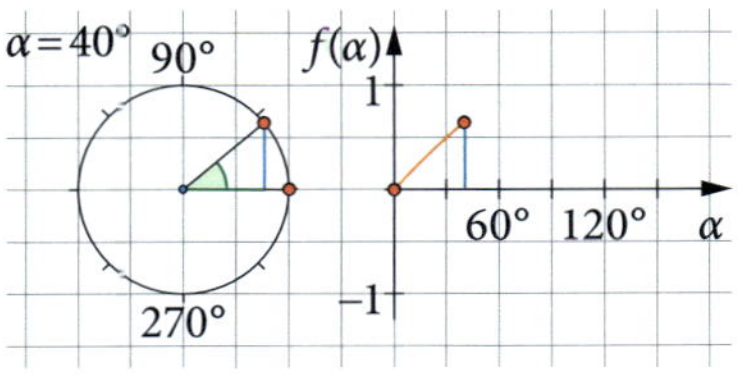

(2) $\alpha = 160°$

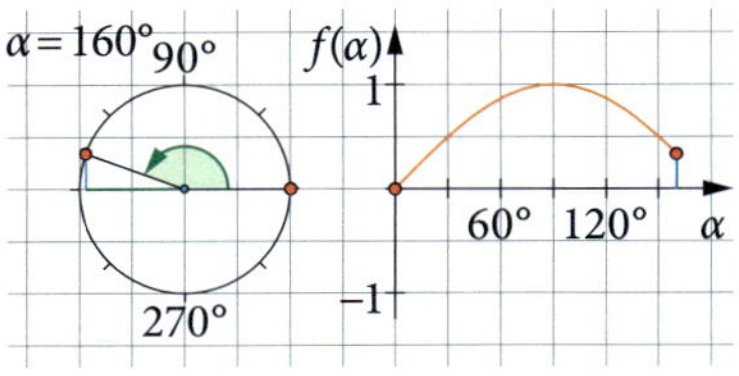

(3) $\alpha = 110°$

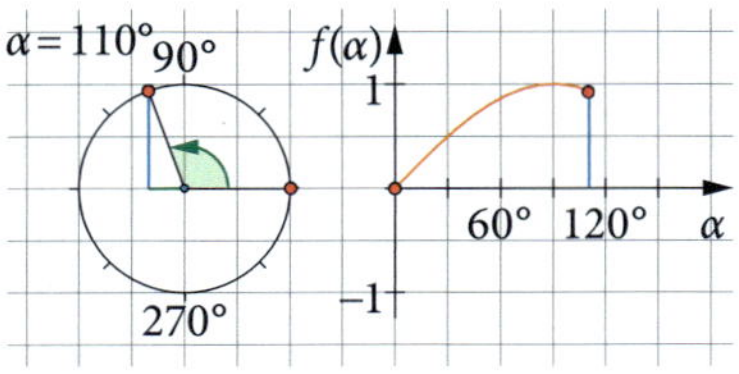

e) Bestimme weitere α-Werte, dass du die Funktion skizzieren kannst, zum Beispiel für 60°, 120°, 210° und 300°.
Nutze dazu, dass manche Funktionswerte zusammenhängen.

f) Die bisher betrachtete Funktion nennt man *Sinusfunktion**.
▪ Erkläre, warum das ein guter Name ist.
▪ Was ändert sich, wenn man statt 1 einen anderen Wert für den Kreisradius nimmt?

* ***Neues Wort***
Die ***Sinusfunktion*** *ordnet jedem Winkel seinen Sinuswert zu.*

g) Vergleicht eure Erklärungen und Beispiele und übertragt sie in den Wissensspeicher.

► Materialblock S. 36 Wissensspeicher

Vertiefen 1

Rechtwinklige Dreiecke konstruieren

1 Steigung von linearen Funktionen

wiederholen

Wissensspeicher
Funktionen 5

Der Verlauf von Achterbahntrassen kann teilweise durch lineare Funktionen beschrieben werden, deren Steigung man mit Hilfe eines Terms, eines Graphen oder einer Tabelle bestimmt. Erkläre wie du vorgehst, wenn du die Steigung für den Graphen im rechten Bild bestimmst. Gib die Steigung des Graphen auch mit Hilfe eines Winkels an.

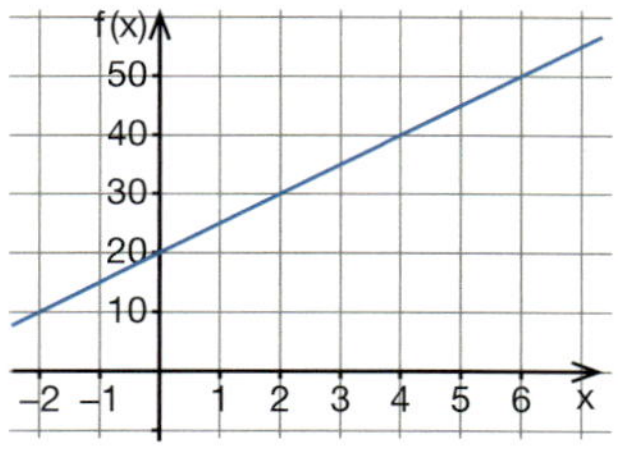

Training

2 Dreiecke konstruieren

a) Konstruiere die Dreiecke mit den Angaben aus der Tabelle.
Miss dann die übrigen Maße und vervollständige die Tabelle.

	α	β	γ	a	b	c
(1)	■	■	90°	■	3 cm	5 cm
(2)	90°	40°	■	6 cm	■	■
(3)	■	■	90°	■	4 cm	■
(4)	30°	90°	60°	■	■	■

b) Bei einigen Dreiecken gibt es mehr als eine Lösung. Erkläre, woran das liegt.
Ergänze die Werte so, dass es nur eine Lösung gibt.

3 Achterbahnen konstruieren und Steilheit berechnen

Hinweis
Steel Dragon:
Fahrstrecke: 210 m
Höhe: 97 m

a) Konstruiere zur Achterbahn Steel Dragon ein rechtwinkliges Dreieck im Maßstab 1 : 1000 und bestimme das Verhältnis von der Höhe der Fahrbahn zur Länge der Fahrtstrecke.

b) Bestimme durch Ausmessen der Größen im konstruierten Dreieck aus a):
- Wie hoch ist man auf der Achterbahn, wenn man 100 m bzw. 150 m gefahren ist?
- Wie weit ist man gefahren, wenn man 50 m bzw. 80 m hoch ist?

c) Kontrolliere mit Hilfe des in a) bestimmten Verhältnisses die Ergebnisse von b).
Nutze dazu deine Tabelle aus Aufgabe 3, Seite 99.

d) In Ahr soll eine Achterbahn gebaut werden, die noch 5° steiler ist als Steel Dragon.
Konstruiere dazu ein Dreieck und gib das Verhältnis für die Steigung an.
Wie hoch ist man hier nach einer 210 m langen Fahrtstrecke?
Beantworte auch für diese Bahn die Aufgaben b) und c).

Problemlösen

4 Anstellwinkel bei Leitern bestimmen

Eine Leiter sollte weder zu steil noch zu flach an der Wand stehen.
Um sicher zu gehen, dass eine Leiter richtig steht, gibt es die Ellenbogenprobe:
Dazu stellt man sich so, dass ein Fuß und der rechtwinklige Ellenbogen wie im Bild die Leiter berühren.
Ermittle durch Konstruktion mit deinen eigenen Körpermaßen den Anstellwinkel α.
Vergleiche dein Ergebnis mit dem deines Nachbarn.

Vertiefen 2

Mit Sinus rechnen

Training

5 Steigung bestimmen

a) Bestimme die Steigung bezüglich des Winkels α durch Angabe des Winkels und durch Angabe des Verhältnisses aus Ankathete und Hypotenuse.
Überprüfe dann mit der Tabelle Aufgabe 3 auf Seite 99, ob dein gemessener Winkel und das Verhältnis zusammenpassen. Falls nicht, überlege, woran das liegen kann.

(1)

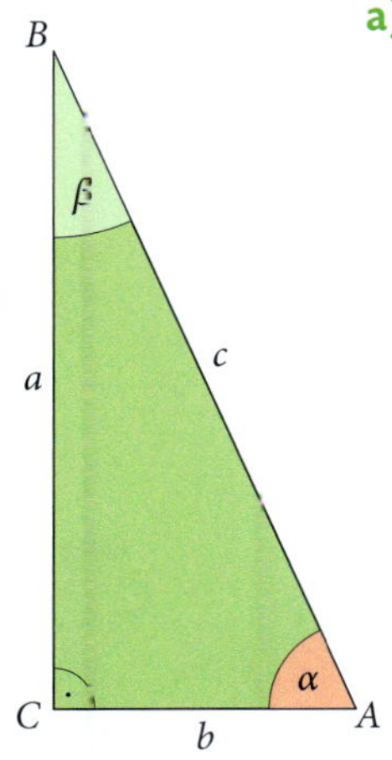

(2)

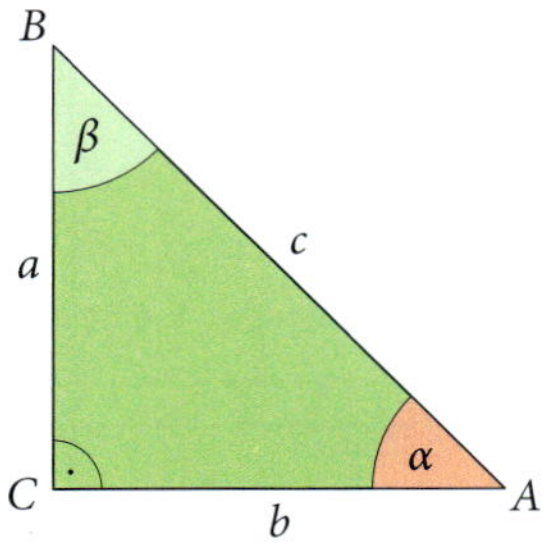

(3)

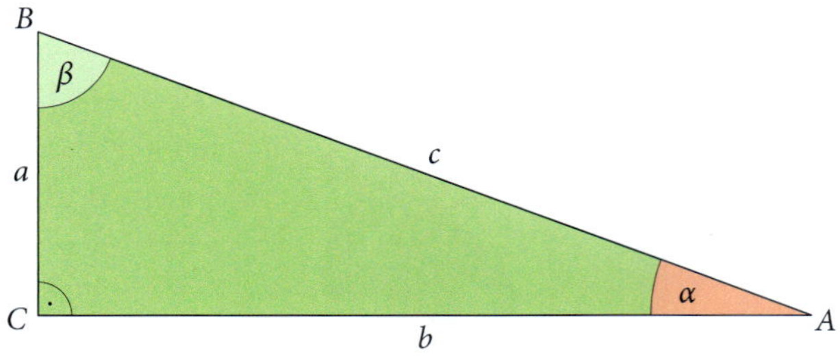

b) Bestimme die Steigung bezüglich des Winkels β durch Angabe des Winkels und durch Angabe des Verhältnisses aus Ankathete und Hypotenuse.
Überprüfe dann mit der Tabelle aus Aufgabe 3 auf Seite 99, ob dein gemessener Winkel und das Verhältnis zusammenpassen.
Falls nicht, überlege, woran das liegen kann.

6 Mit Sinus rechnen

a) Miss in den Dreiecken den Winkel α und die Seitenlängen und überlege, wo jeweils die Hypotenuse und wo die Katheten sind.
Berechne dann den Sinus vom Winkel α, indem du das Verhältnis von Gegenkathete und Hypotenuse bestimmst: $\sin \alpha = \frac{\text{Gegenkathete}}{\text{Hypothenuse}}$

(1)

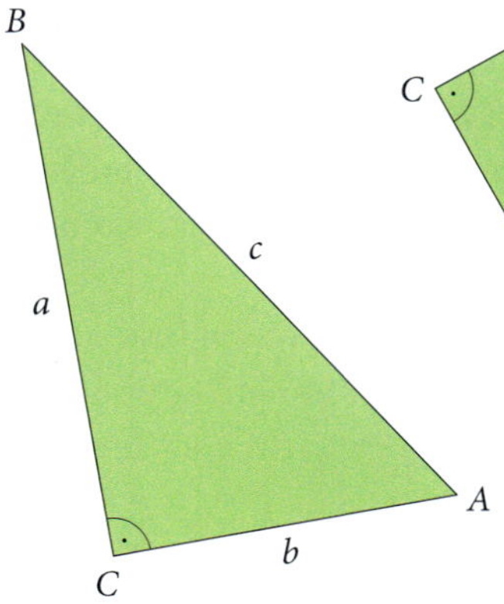

(2)

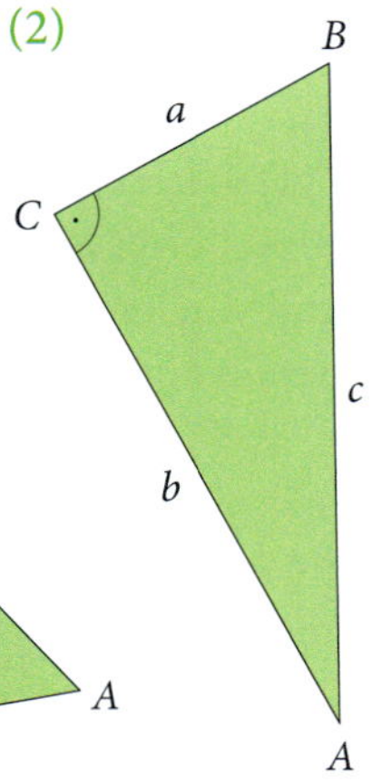

(3)

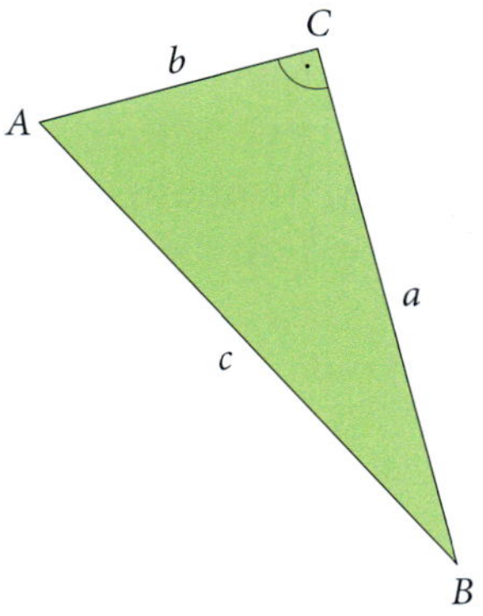

(4)

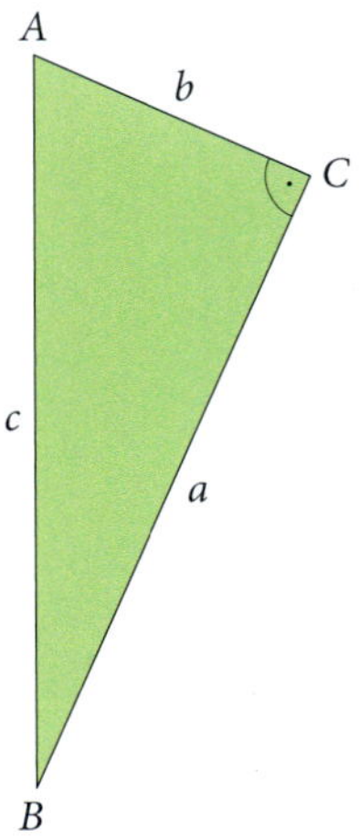

b) Vergleiche zur Kontrolle deine Ergebnisse aus a) mit deiner Tabelle aus Aufgabe 3, Seite 99.

c) Erkläre an einem Beispiel, warum für jeden Winkel α der Quotient aus Gegenkathete und Hypotenuse immer kleiner als 1 ist.

7 Erst messen, dann rechnen

a) Das Dreieck ADE ist eine Verkleinerung des Dreiecks ABC und das Dreieck AFG eine Vergrößerung des Dreiecks ABC. Konstruiere die Dreiecke mit $\alpha = 30°$ und miss die Längen der drei Gegenkatheten.

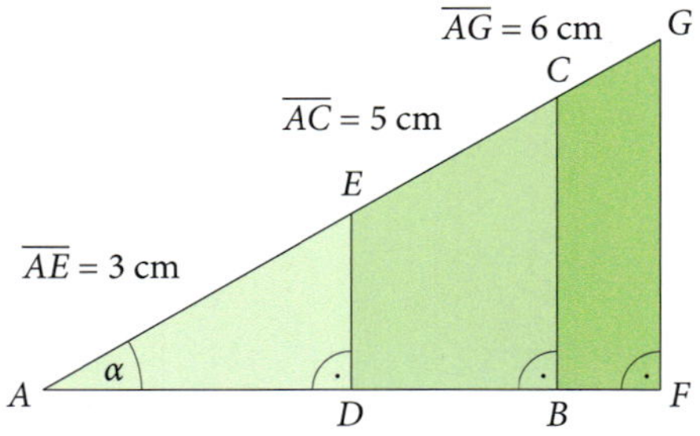

b) Till und Ole überlegen, ob Auftrag a) schneller zu erfüllen ist.

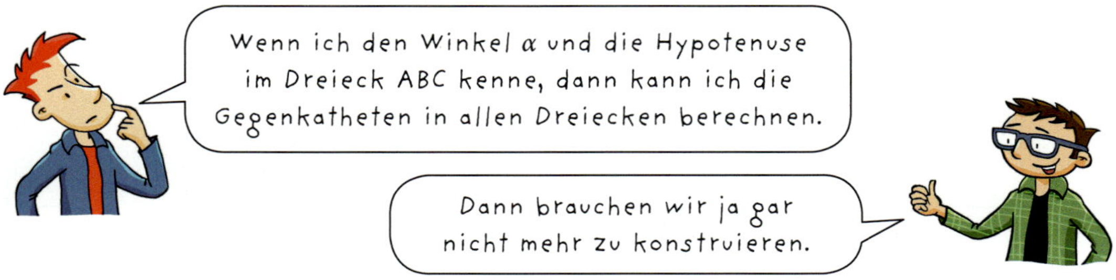

Wie berechnen Till und Ole mit den Informationen aus a) die Gegenkatheten von α in den drei Dreiecken?
Überprüfe, indem du rechnest wie Till und Ole.

c) Schätze mit Hilfe der Tabelle im Wissensspeicher Figuren 19, wie groß der Winkel α ist, wenn die Hypotenuse 10 cm und die Gegenkathete 3 cm lang ist.
Schätze den Winkel α auch, wenn die Gegenkathete 4 cm, 5 cm oder 6 cm lang ist.

8 Größen berechnen ohne zu messen

a) Arbeitet zu zweit.

- Jeder zeichnet fünf rechtwinklige Dreiecke, misst alle Größen und schreibt sie geheim auf einen Zettel.
- Tauscht die Dreiecke aus.
- Nun misst jeder an den getauschten Dreiecken genau einen Winkel und genau eine Seite, sodass ihr alle weiteren Größen ohne Messen bestimmen könnt.
- Berechnet die Längen und vergleicht mit den zuvor gemessenen Werten.
- Falls die Werte nicht übereinstimmen, klärt zu zweit, woran das liegen kann.

b) Von einem rechtwinkligen Dreieck sind zwei Größen bekannt.
Schreibt eine Gleichung auf, mit der man die andere Größe berechnen kann.
Berechnet dann die fehlende Größe und vergleicht eure Ergebnisse.

(1) $a = 6\,\text{cm};\ c = 8\,\text{cm};\ \beta =$ ▇
(2) $b = 4\,\text{cm};\ \beta = 60°;\ c =$ ▇
(3) $\alpha = 70°;\ c = 5\,\text{cm};\ b =$ ▇
(4) $a = 3\,\text{cm};\ c = 6\,\text{cm};\ \beta =$ ▇
(5) $b = 7\,\text{cm};\ \alpha = 50°;\ c =$ ▇

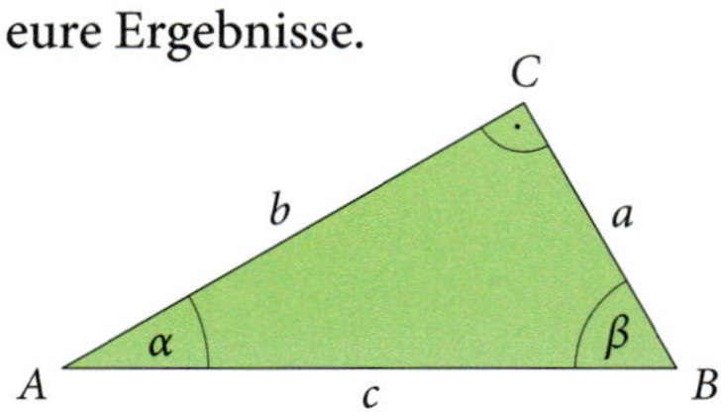

c) Überlegt euch selbst weitere Größenpaare, mit denen man eine dritte Größe bestimmen kann. Tauscht sie aus, berechnet die fehlende Größe und vergleicht eure Ergebnisse.

Vertiefen 3 Mit Kosinus und Tangens rechnen

Training

9 Steigung bestimmen

a) Bestimme die Steigung bezüglich des Winkels α durch Angabe des Winkels und durch Angabe des zugehörigen Verhältnisses aus Ankathete und Hypotenuse.
Überprüfe dann mit der Tabelle aus Aufgabe 5, Seite 100, ob dein gemessener Winkel und das Verhältnis zusammenpassen.
Falls nicht, überlege, woran das liegen kann.

(1)

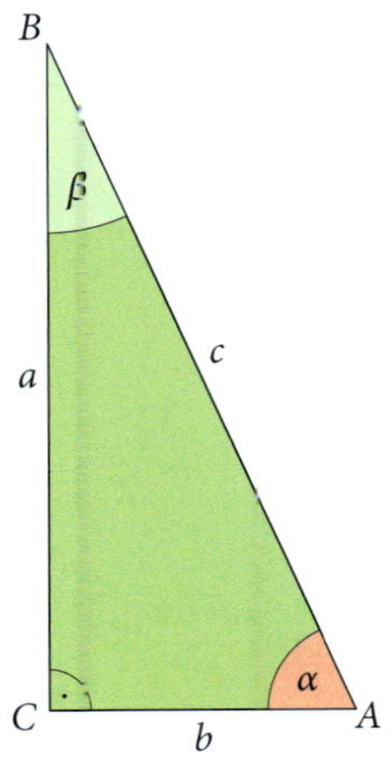

(2)

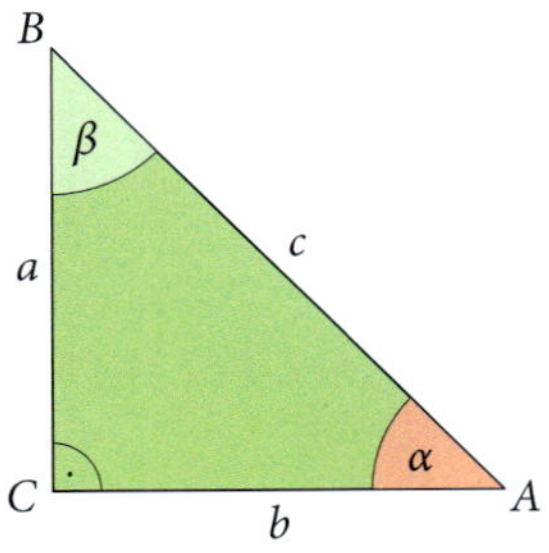

(3)

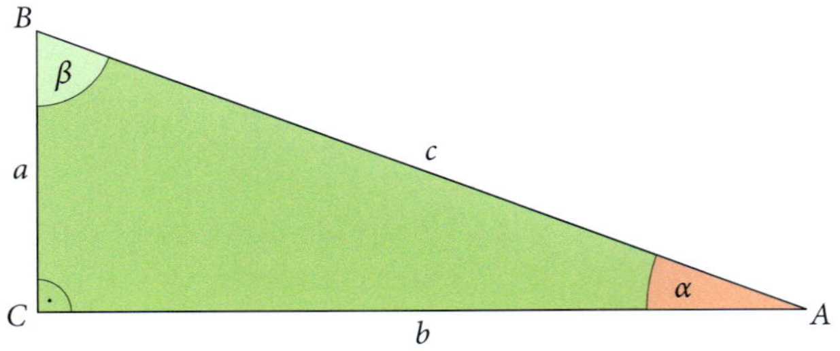

b) Bestimme die Steigung bezüglich des Winkels β durch Angabe des Winkels und durch Angabe des Verhältnisses aus Ankathete und Hypotenuse.
Überprüfe dann mit der Tabelle aus Aufgabe 5 auf Seite 100, ob dein gemessener Winkel und das Verhältnis zusammenpassen.
Falls nicht, überlege, woran das liegen kann.

c) Vergleiche deine Ergebnisse mit den Ergebnissen von Aufgabe 5 auf Seite 107.
Was fällt dir auf?

10 Mit Kosinus und Tangens rechnen

wiederholen

Wissensspeicher
Funktionen 5

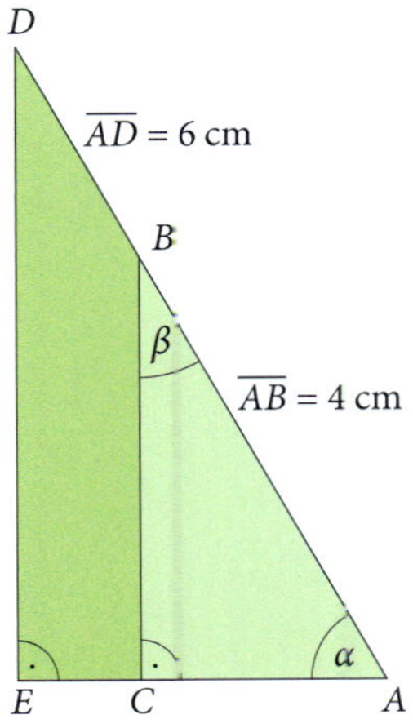

a) Das vergrößerte Dreieck ADE ist ähnlich zu ABC. Zeichne die Dreiecke mit $\alpha = 60°$ und berechne das Verhältnis $\cos\alpha = \frac{\text{Ankathete}}{\text{Hypothenuse}}$.

b) Vergleiche die Verhältnisse $\cos\alpha = \frac{\text{Ankathete}}{\text{Hypothenuse}}$ und $\sin\beta = \frac{\text{Gegenkathete}}{\text{Hypothenuse}}$.
Was stellst du fest? Begründe.

c) Fülle die Tabelle aus. Du kannst dazu deine Erkenntnisse aus b) nutzen.

α	0°	10°	20°	30°	40°	50°	60°	70°	80°	90°
$\cos\alpha$	■	■	■	■	■	■	■	■	■	■

d) Berechne nun das Verhältnis $\tan\alpha = \frac{\text{Gegenkathete}}{\text{Ankathete}}$ für die folgenden Werte:

α	0°	10°	20°	30°	40°	50°	60°	70°	80°	90°
$\tan\alpha$	■	■	■	■	■	■	■	■	■	■

e) Begründe die beiden Aussagen:
(1) Für alle Winkel zwischen 0° und 90° sind die Sinuswerte und die Kosinuswerte kleiner als 1.
(2) Die Tangenswerte sind für alle Winkel zwischen 45° und 90° größer als 1.

Vertiefen 4

Schneller zum Ziel mit dem Taschenrechner

Training

Tipp
Mit dem Taschenrechner kannst Du zu jeder Winkelgröße die Werte von sin α, cos α und tan α bestimmen.
Tippe z. B. sin 50 und du erhältst ca. 0,766.
Umgekehrt erhältst du mit SHIFT sin 0,5 die zugehörige Winkelgröße 30°.

11 Mit dem Taschenrechner rechnen

a) Berechne mit dem Taschenrechner:

α	0°	15°	30°	45°	60°	75°	■	■	■	■
sin α	■	■	■	■	■	≈0,966	0,25	0,5	0,75	0,9

α	0°	15°	30°	45°	60°	75°	■	■	■	■
cos α	■	■	■	■	■	≈0,259	0,25	0,5	0,75	0,9

α	0°	15°	30°	45°	60°	75°	■	■	■	■
tan α	■	■	■	■	■	≈3,732	0,25	0,5	0,75	0,9

b) Überprüfe die Aussage mit dem Taschenrechner: Für alle Werte aus der Tabelle gilt:
$(\sin\alpha)^2 + (\cos\alpha)^2 = 1$
Gilt das auch für andere Winkelgrößen? Erkläre, warum das so ist.

12 Muster bei Winkelgrößen erkennen

a) Wie groß ist der Winkel α, wenn $\sin\alpha = 0{,}1$ ist? Wie verändert sich der Winkel α bei $\sin\alpha = 0{,}2$ (0,3; 0,4 usw.)? Kannst du ein Muster erkennen?

b) Lis glaubt, ihr Taschenrechner sei defekt. Immer wenn sie $\sin\alpha = 1{,}1$ lösen will, steht im Display eine Fehlermeldung. Kannst du ihr helfen?

Training

► Materialblock S. 41 Basisaufgabe

13 Fehlende Größen im rechtwinkligen Dreieck berechnen

In den folgenden rechtwinkligen Dreiecken mit $\gamma = 90°$ sind jeweils zwei Größen gegeben. Übertrage die Tabelle in dein Heft und berechne alle fehlenden Winkel und Seitenlängen.

	a	b	c	α	β
(1)	■	4 cm	5 cm	■	■
(2)	■	6 cm	■	20°	■
(3)	3,5 cm	■	■	■	65°
(4)	4 cm	■	7 cm	■	■
(5)	■	72 mm	8 cm	■	■
(6)	3 cm	4 cm	■	■	■

14 Gleichschenklige Dreiecke untersuchen

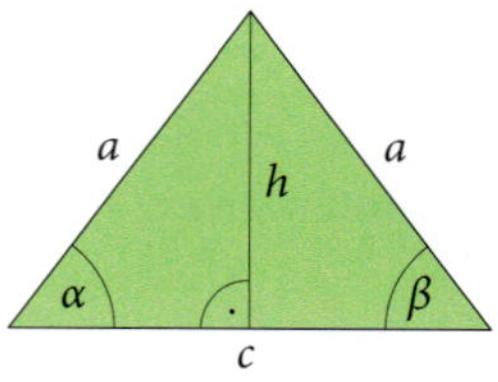

Überprüfe oder widerlege die Aussagen mit Hilfe konkreter Berechnungen:
(1) Wenn man in einem gleichschenkligen Dreieck den Winkel α beibehält und die Höhe halbiert, dann halbiert sich auch die Seite c.
(2) Wenn man die Seite c beibehält und den Winkel α halbiert, dann halbiert sich die Höhe h nicht.

Vertiefen 5

Pythagoras und Sinus

15 Mit Pythagoras rechnen

wiederholen

Wissensspeicher
Figuren 17

a) Miss jeweils zwei Seitenlängen und berechne mit dem Satz des Pythagoras die dritte. Vergleiche dann dein Rechenergebnis mit den Längenmaßen aus den Zeichnungen

b) Berechne aus deinen Ergebnissen die Winkel und vergleiche dann mit den Winkelmaßen aus den Zeichnungen.

	(1)	(2)	(3)	(4)
Messen	$\overline{BC}$	$\overline{AB}$	$\overline{AB}$	$\overline{AC}$
Messen	$\overline{AB}$	$\overline{BC}$	$\overline{BC}$	$\overline{BC}$
Berechnen	$\overline{AC}$	$\overline{AC}$	$\overline{AC}$	$\overline{AB}$

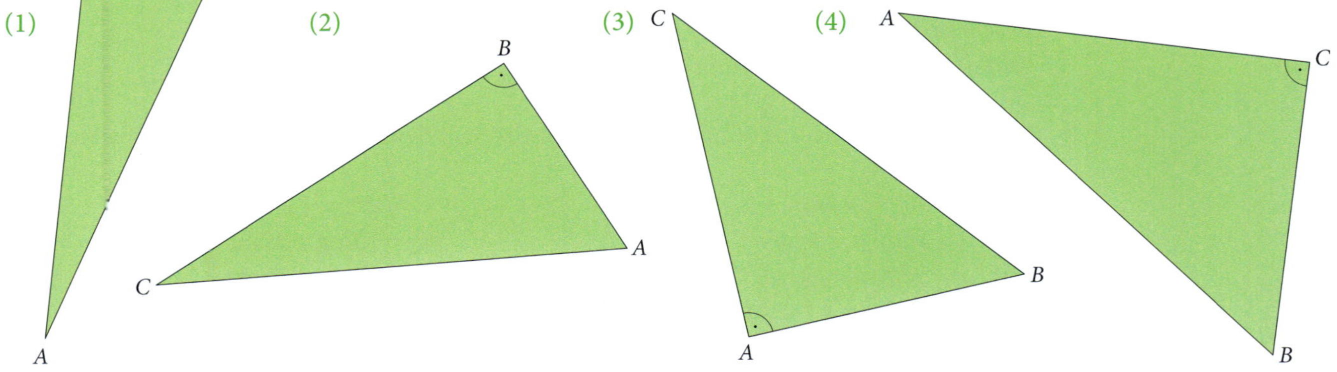

c) Berechne die gesuchten Größen. Berechne anschließend auch die anderen Winkel und Seitenlängen.

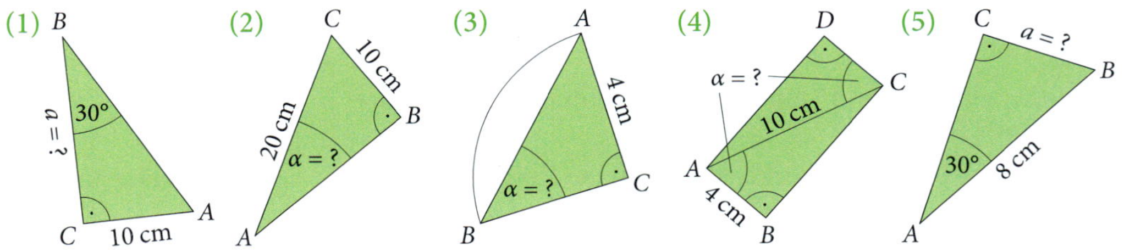

d) Gibt es ein rechtwinkliges Dreieck mit rechtem Winkel bei *C* mit folgenden Größen?
Begründe deine Antwort.

(1) $a = 4\,\text{cm}$, $b = 3\,\text{cm}$ und $c = 5\,\text{cm}$
(2) $\alpha = 30°$, $a = 8\,\text{cm}$ und $b = 16\,\text{cm}$
(3) $\alpha = 40°$, $a = 3\,\text{cm}$ und $c = 7\,\text{cm}$
(4) $\beta = 40°$, $b = 4\,\text{cm}$ und $c = 4\,\text{cm}$
(5) $\beta = 45°$, $b = 4\,\text{cm}$ und $a = 4\,\text{cm}$
(6) $\alpha = 60°$, $a = 6\,\text{cm}$ und $c = 3\,\text{cm}$

Gibt es ein rechtwinkliges Dreieck mit folgenden Größen?
Begründe deine Antwort.

(7) $\beta = 30°$, $b = 5\,\text{cm}$ und $a = 10\,\text{cm}$
(8) $\alpha = 20°$, $a = 4\,\text{cm}$ und $b = 6\,\text{cm}$
(9) $\gamma = 70°$, $a = 3\,\text{cm}$ und $b = 8\,\text{cm}$

Tipp
Der rechte Winkel muss nicht bei C liegen.

Schau dir die Dreiecke in der linken Spalte an, bei denen ein Winkel und zwei Seitenlängen bekannt sind:
Bei einigen kann man ein rechtwinkliges Dreieck konstruieren, bei anderen nicht.

(1) Gib zwei andere Beispiele an, in denen man aus zwei Seitenlängen und einem Winkel ein rechtwinkliges Dreieck konstruieren kann.
(2) Gib zwei andere Beispiele an, in denen man aus zwei Seitenlängen und einem Winkel kein rechtwinkliges Dreieck konstruieren kann.

Erkläre, woran es liegt, ob das Dreieck konstruierbar ist oder nicht.

Vertiefen 6

Besondere Winkel in Dreiecken

Problemlösen

16 Mehr als ein rechter Winkel

a) Das Dreieck ABC wird durch die Höhe h in zwei rechtwinklige Dreiecke zerlegt. Mit welchen Verhältnissen kannst du die Winkel α und γ_2 bestimmen?
Zeichne dazu mehrere rechtwinklige Dreiecke.
Berechne für diese Dreiecke die Verhältnisse.
Beschreibe, was Dir auffällt.
Kannst du deine Beobachtung begründen?

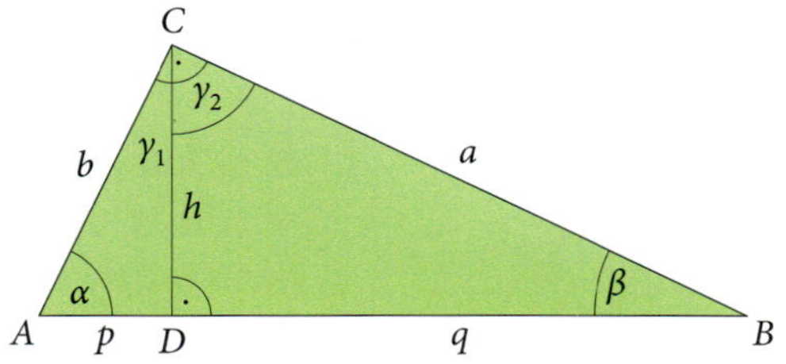

b) Du kennst im Dreieck ABC mit $\gamma = 90°$ zwei Größen. Berechne alle anderen Größen im Dreieck.

(1) $\beta = 60°$; $h = 3\,\text{cm}$
(2) $a = 3\,\text{cm}$; $b = 4\,\text{cm}$
(3) $a = 5\,\text{cm}$; $q = 4\,\text{cm}$
(4) $\gamma_2 = 50°$; $b = 6\,\text{cm}$
(5) $\gamma_1 = 35°$; $b = 4\,\text{cm}$

(1) $\alpha = 40°$; $p = 2{,}5\,\text{cm}$
(2) $\gamma_2 = 70°$; $p = 2\,\text{cm}$
(3) $q = 4\,\text{cm}$; $b = 7\,\text{cm}$
(4) $\gamma_1 = 45°$; $a = 6\,\text{cm}$
(5) $p = 2\,\text{cm}$; $q = 5\,\text{cm}$

c) Überlegt euch selbst weitere Größenpaare, mit denen man eine dritte Größe bestimmen kann. Überlegt euch dazu, welche Größen man gut kombinieren kann.
Tauscht sie aus und vergleicht eure Ergebnisse.

► Materialblock S. 41
Basisaufgabe

17 Spezielle Winkelmaße

a) Erkläre anhand der Zeichnung:

$\sin 30° = 0{,}5$

$\cos 60° = 0{,}5$

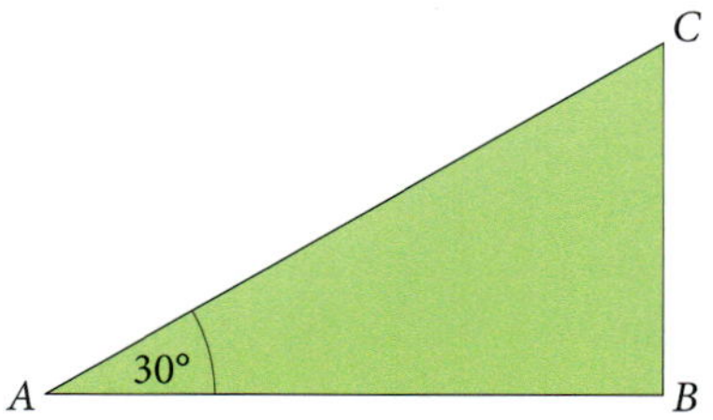

Erkläre anhand der Zeichnung:

$\sin 45° = \frac{\sqrt{2}}{2}$

$\cos 45° = \frac{\sqrt{2}}{2}$

$\tan 45° = 1$

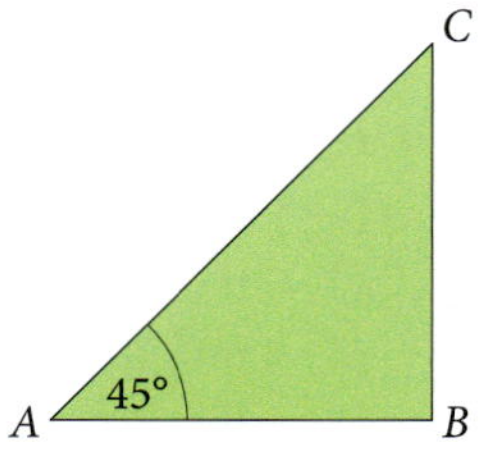

b) Untersuche den Zusammenhang zwischen einem Winkel α und den Katheten in einem rechtwinkligen Dreieck.

(1) Für welchen Winkel α ist die Gegenkathete doppelt so groß wie die Ankathete?
(2) Für welchen Winkel α ist die Gegenkathete halb so groß wie die Ankathete?
(3) Für welchen Winkel α ist die Gegenkathete dreimal so groß wie die Ankathete?
(4) Für welchen Winkel α ist die Gegenkathete ein Drittel so groß wie die Ankathete?
(5) Für welchen Winkel α ist die Gegenkathete viermal so groß wie die Ankathete?
(6) Für welchen Winkel α ist die Gegenkathete ein Viertel so groß wie die Ankathete?

Vertiefen 7

Flächen berechnen in anderen Formen

Training

18 Flächenberechnung von Dreieck und Parallelogramm

Tipp
Man muss ein rechtwinkliges Dreieck finden. Zeichne dazu die Höhe h_c ein.

a) Das Dreieck ABC ist durch die Angabe von $b = 5\,\text{cm}$, $c = 6\,\text{cm}$ und $\alpha = 30°$ nach dem Kongruenzsatz SWS eindeutig konstruierbar.
Berechne aus diesen Größen den Flächeninhalt, ohne das Dreieck zu konstruieren und die Höhe auszumessen.

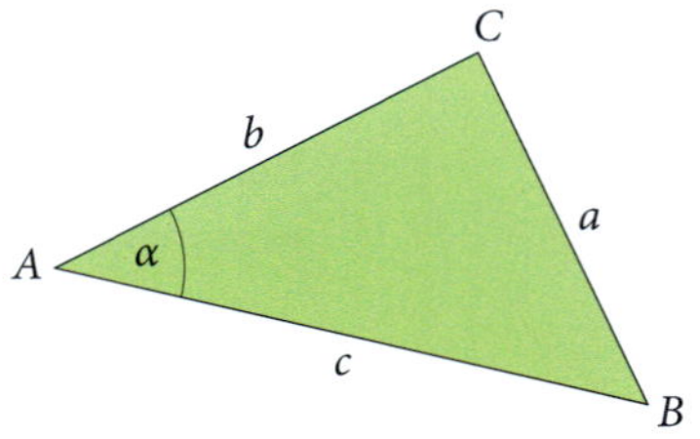

b) Berechne den Flächeninhalt der Dreiecke mit den folgenden Maßen:
(1) $\beta = 40°$ und $c = 3\,\text{cm}$ und $a = 6\,\text{cm}$
(2) $\gamma = 70°$ und $a = 5\,\text{cm}$ und $b = 10\,\text{cm}$
(3) $\alpha = 20°$ und $b = 7\,\text{cm}$ und $c = 8\,\text{cm}$

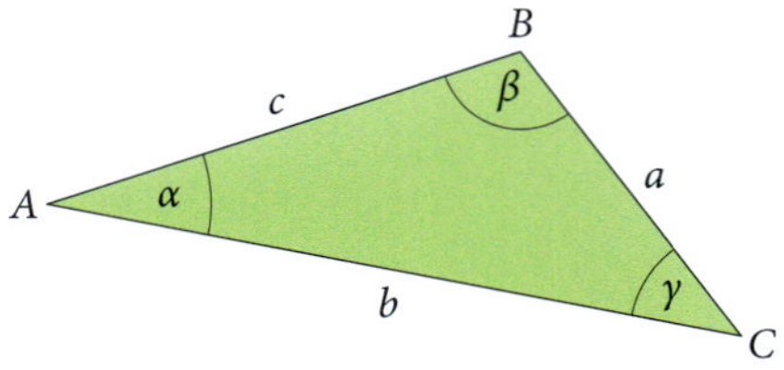

c) Gib zu den drei Beispielen jeweils eine allgemeine Formel an, wie man den Flächeninhalt berechnet, wenn man die folgenden Größen kennt:
(1) β, c und a
(2) γ, a und b
(3) α, b und c

Tipp
Ergänze das Dreieck ABC zu einem rechtwinkligen Dreieck ADB und bestimme δ.

d) Berechne den Flächeninhalt des stumpfwinkligen Dreiecks ABC mit den folgenden Maßen:
$\gamma = 120°$; $a = 6\,\text{cm}$ und $b = 8\,\text{cm}$

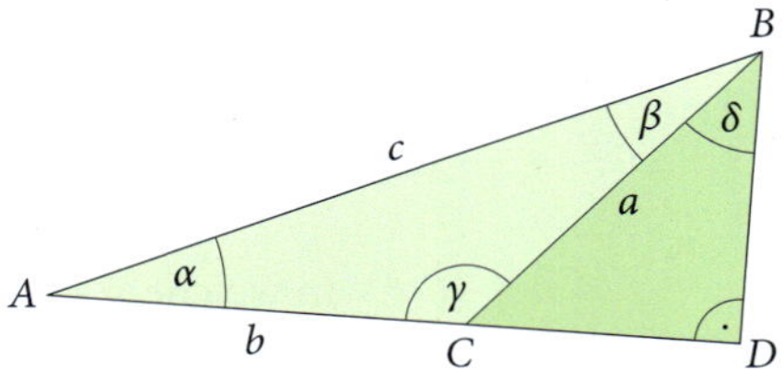

Tipp
Man muss ein rechtwinkliges Dreieck finden. Zeichne eine Höhe ein.

e) Berechne die Flächeninhalte der Parallelogramme mit den folgenden Größen:
(1) $a = 5\,\text{cm}$; $b = 3\,\text{cm}$ und $\alpha = 60°$
(2) $a = 8\,\text{m}$; $b = 10\,\text{m}$ und $\alpha = 120°$

Gib hier wie in c) eine allgemeine Formel zur Berechnung des Flächeninhalts an.

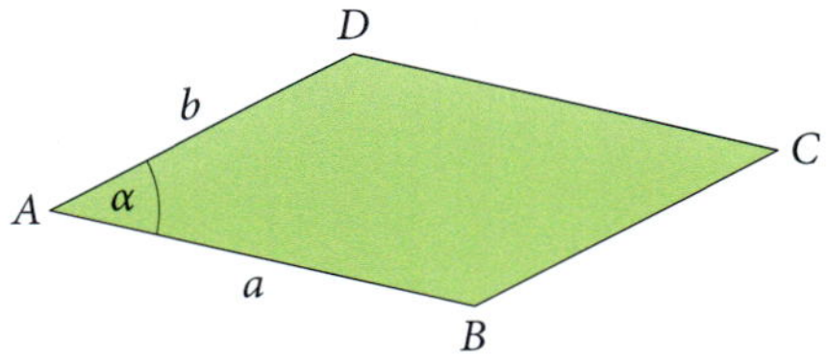

19 Parallelogramm und Rechteck

a) Begründe die folgende Aussage:
Wenn ein Rechteck und ein Parallelogramm gleich lange Seiten haben, muss ihr Flächeninhalt nicht gleich sein.

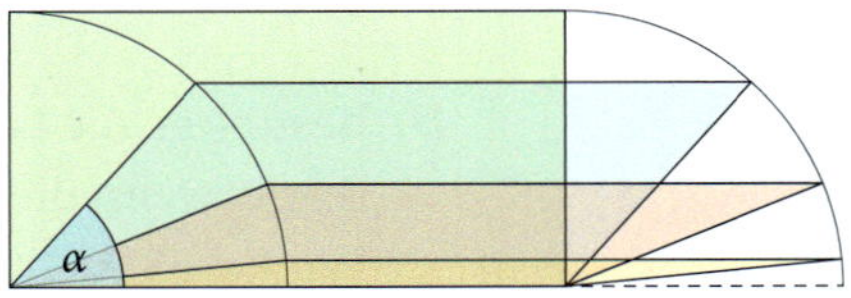

b) Ein Rechteck hat die Seitenlängen $a = 3\,\text{cm}$ und $b = 6\,\text{cm}$.
Wie groß muss der Winkel α sein, damit der Flächeninhalt eines Parallelogramms mit denselben Seitenlängen genau halb so groß ist wie der Flächeninhalt dieses Rechtecks?

20 Fläche des Parallelogramms bestimmen

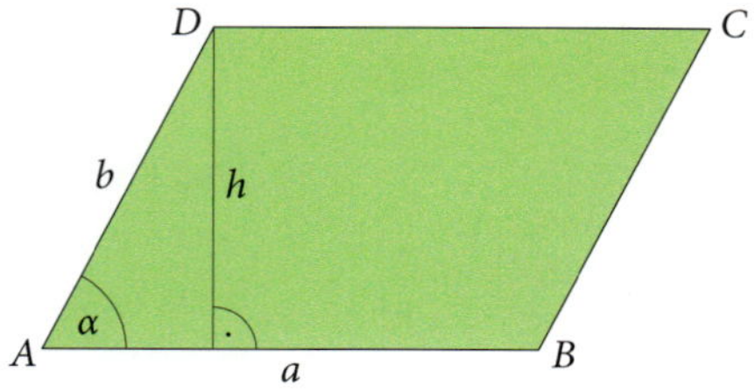

a) Erkläre, dass sich der Flächeninhalt des Parallelogramms berechnen lässt durch $a \cdot b \cdot \sin \alpha$.

b) Berechne die Fläche eines Parallelogramms mit den Seitenlängen 5 cm und 3 cm und dem Winkel $\alpha = 42°$.
Wie groß ist der Winkel α, wenn der Flächeninhalt eines Parallelogramms 20 cm² beträgt und die Seiten 10 cm und 5 cm lang sind?

c) Begründe oder widerlege die folgende Aussage: Wenn man den Winkel α halbiert, dann halbiert sich auch der Flächeninhalt des Parallelogramms.

21 Berechnung an Rechtecken

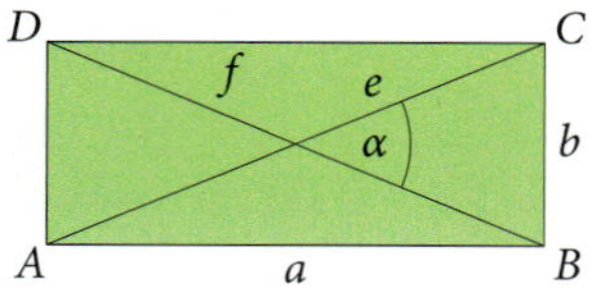

a) Die Diagonalen eines Rechtecks schneiden sich in einem Winkel von $\alpha = 60°$ und die Seite b ist 12 cm lang. Bestimme die Länge der anderen Seite und den Flächeninhalt.

b) Wie ändert sich der Flächeninhalt, wenn weiterhin $\alpha = 60°$ aber nun $a = 12$ cm ist?

c) Für welche α bleibt der Flächeninhalt gleich, egal ob a oder b vorgegeben wird?

Tipp
Achte auf die Form des Dreiecks BCE.

d) In welchem Winkel schneiden sich die Diagonalen eines Rechtecks, wenn eine Seite 10 cm und die andere Seite 8 cm lang sind?

e) Die Diagonalen eines Rechtecks sind 10 cm lang und schneiden sich in einem Winkel von 40°. Wie groß ist der Flächeninhalt des Rechtecks?

► Materialblock S. 42
Basisaufgabe

22 Flächenberechnung von Trapez und Raute

a) Berechne den Umfang und den Flächeninhalt der Trapeze.

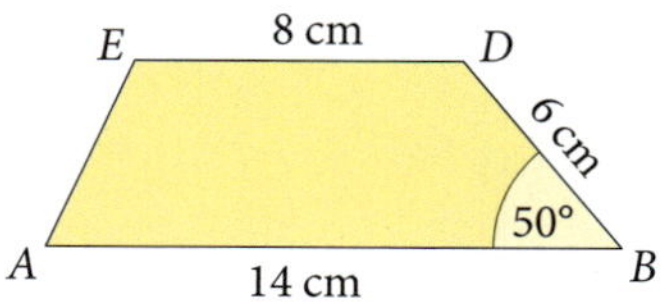

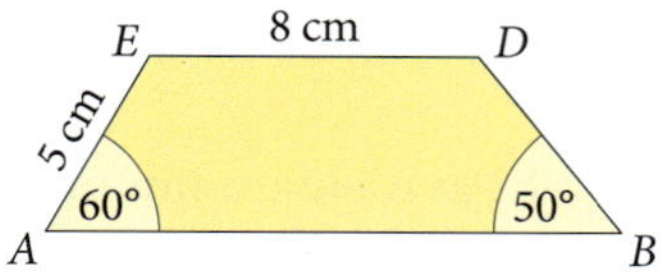

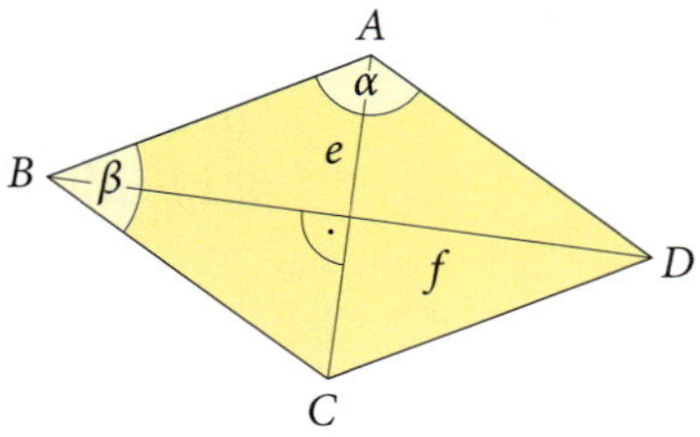

b) Bestimme die Länge der Diagonalen in einer Raute, wenn die Seitenlängen 6 cm und ein Winkel 55° betragen.

c) Wie lang ist die Seitenlänge einer Raute, wenn die Diagonale $f = 6$ cm und $\beta = 70°$ ist?

d) Wie groß sind die Winkel einer Raute, wenn die Diagonalen 6 cm und 4 cm lang sind?

Vertiefen 8 Sinus, Kosinus und Tangens in verschiedenen Situationen

Problemlösen

23 Winkel und Längen von Rampen berechnen

a) Ein Autozulieferer bietet Rampen zum Beladen von Autoanhänger an. Die Rampen haben eine Länge von 3 m und sind gedacht für Hänger mit einer Höhe von 80 cm.
Ein anderer Hersteller bietet für seinen 1 m hohen Anhänger Rampen mit einer Länge von 3,50 m an.
Welche Rampe ist steiler?
Wie lang müsste die zweite (erste) Rampe sein, damit beide Rampen gleich steil sind?

b) Hamster werden häufig in zu kleinen Käfigen untergebracht. Um mehr Platz für die Tiere zu erhalten, kann man einen Käfig mit mehreren Ebenen bauen. Die Hamster laufen dann auf Rampen in die oberen Etagen. Dabei muss man den Steigungswinkel der Rampen beachten.

> Steile Rampen haben einen Winkel von etwa 40° und sind für Jungtiere und an Rampen gewöhnte Tiere geeignet.
> Flache Rampen haben einen Winkel von nicht mehr als 20° und sind für ältere und weniger bewegliche Tiere geeignet

Tom hat für seinen Stall eine Etagenhöhe von 20 cm geplant und für die Rampe ein Brett mit einer Länge von 50 cm. Reicht das für seine älteren Hamster?
Plane einen Käfig mit mehreren Etagen.
Überlege dir geeignete Etagenhöhen und Rampenlängen, so dass in diesem Käfig sowohl Jungtiere als auch ältere Hamster gut leben können.

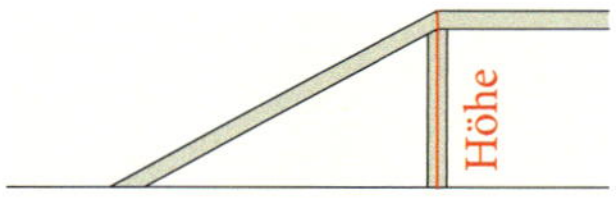

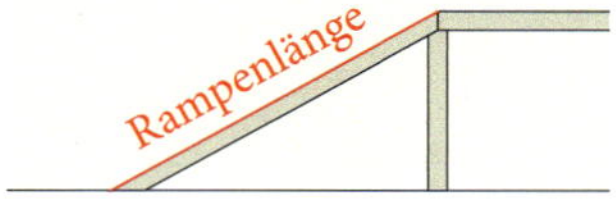

c) Damit Rollstuhlfahrende öffentliche Gebäude auch mit ihrem Rollstuhl befahren können, werden Rampen angebracht.

Aus einer Bauvorschrift für Rampen an öffentlichen Gebäuden (DIN 18 040-1):

> Die Steigung der Rampe darf nicht mehr als 6 % betragen. Bei einer Rampenlänge von mehr als 600 cm ist ein Zwischenpodest von mindestens 150 cm Länge einzufügen.

Welchen Höhenunterschied kann durch eine Rampe ohne Zwischenpodest maximal überwunden werden?

Vor dem Eingang einer Schule sind vier Treppenstufen mit jeweils 15 cm Höhe.
Erstelle einen Plan für eine Rampe, mit Zeichnung und Rechnung.

24 Steilheit von Bergen bestimmen

a) Auf der 19. Etappe der Tour de France 2015 mussten vier Berge bezwungen werden:
(1) Der Anstieg zum Col du Chaussy ist 9,9 km lang und führt vom Tal in 790 m Höhe zur Spitze auf 1533 m Höhe.
(2) Zum Col de la Croix de Fer führt eine Straße über 22,4 km von 510 m auf 2067 m hinauf.
(3) 387 Höhenmeter werden auf einer 5,7 km langen Strecke zum Col du Mollard hinauf gefahren.
(4) La Toussuire erreichen die Fahrer nach 18 km und 1005 m Höhenunterschied.
Welcher der vier Berge hat die größte durchschnittliche Steilheit?

b) Vergleiche die Steilheit der Berge in a) mit der des berühmten Berges Alpe d'Huez. Durch 21 Serpentinen windet sich eine 13,8 km lange Straße von 730 m bis zur Spitze auf einer Höhe von 1850 m.

25 Sicherheit in Häusern

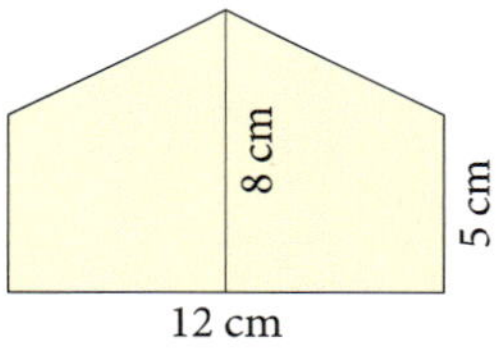

a) Beim Dachdecken muss eine vorgeschriebene Dachneigung eingehalten werden, die abhängig von der Art der verbauten Dachziegel ist. Für manche Ziegelarten beträgt die vorgeschriebene Dachneigung 30°.
Kann man mit diesen Ziegeln das Haus in der Skizze vorschriftsgemäß decken?
Wie viele Ziegel werden benötigt, wenn das Haus 15 m lang ist und ein Ziegel 400 mm × 255 mm abdeckt?

b) Im Gerüstbau werden Leitern benutzt, um von einer Etage zur anderen zu gelangen.
Eine Etage ist 2 m hoch und die einzelnen Bodenplatten sind 2,5 m breit.
Welche Maße dürfen die Leitern haben, wenn der Steigungswinkel aus Sicherheitsgründen 70° bis 80° betragen soll?
Die diagonalen Querverbindungen auf den Etagen sind für die Stabilität notwendig.
Wie lang sind die Verbindungen?

c) Rolltreppen dürfen Steigungswinkel zwischen 27° und 35° haben.
Im Kaufhaus ist die erste Etage 4,50 m hoch und die zweite 3,80 m.
Der Hersteller der Rolltreppe bietet Rolltreppen unterschiedlicher Länge an.
Welche Längen können in dem Kaufhaus verbaut werden?
Berechne auch die maximale Länge von Rolltreppen für andere Etagenhöhen.

26 Pyramide und Kegel

a) Die Cheopspyramide hat eine quadratische Grundfläche mit einer 230 m langen Seite und war zur Zeit der Erbauung (2620 bis 2580 v. Chr.) 146,59 m (280 Königsellen) hoch.
Wie groß war der Steigungswinkel einer Seite?
Wie groß war der Steigungswinkel einer Kante?

wiederholen

Wissensspeicher *Körper 10*

b) Ein Kegel hat einen Radius von $r = 10$ cm und eine Höhe von $h = 10$ cm (8 cm, 12 cm)
Wie groß ist sein Volumen? Wie groß ist der Steigungswinkel des Kegels?
Ein zweiter Kegel hat ebenfalls einen Radius von $r = 10$ cm und einen Steigungswinkel von 60° (50°, 70°).
Wie groß sind seine Höhe und sein Volumen?

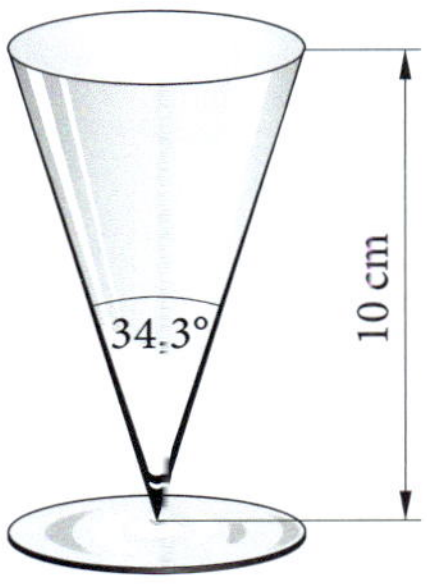

c) Ein Sektglas hat die Form eines Kegels (siehe links). Der Winkel ist 34,3° groß und die Höhe 10 cm.
(1) Wie viele dieser Gläser können aus einer Flasche Sekt mit 0,7 ℓ Inhalt bis zum Rand gefüllt werden?
(2) Wenn jedes Glas nur bis zu einer Höhe von 5 cm gefüllt wird, wie viele Gläser können dann aus einer Flasche Sekt mit 0,7 ℓ gefüllt werden?
(3) Versuche, das überraschende Ergebnis aus b) mit Überlegungen zum Streckfaktor zu erklären.

Training

► Materia block S. 42 Basisaufgabe

27 Quader

a) Ein Quader hat die Seitenlängen $a = 3$ cm, $b = 5$ cm und $c = 6$ cm.
Wie lang sind die Flächendiagonalen d_1, d_2, und d_3?
Wie lang ist die Raumdiagonale d?
Wie groß sind die folgenden Winkel:
(1) zwischen der Flächendiagonalen d_3 und a?
(2) zwischen der Flächendiagonalen d_2 und b?
(3) zwischen der Flächendiagonalen d_1 und a?
(4) zwischen der Raumdiagonalen d und der Höhe c?
(5) zwischen der Raumdiagonalen d und der Breite b?
(6) zwischen der Raumdiagonalen d und der Länge a?

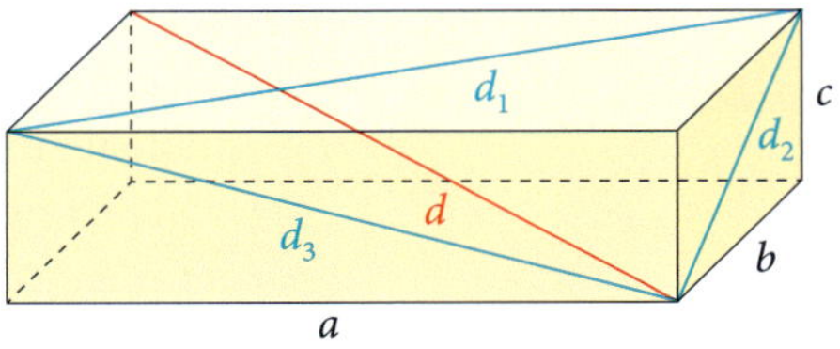

b) Wie lang ist die Raumdiagonale d, wenn $a = 4$ cm, $b = 6$ cm und $c = 2$ cm ist?
Wie groß ist der Winkel, den die Raumdiagonale d mit der Flächendiagonalen e einschließt?

c) Gib eine Formel für die Länge der Raumdiagonalen d an.
Gib eine Formel für den Winkel zwischen der Raumdiagonalen d und der Flächendiagonalen e an.

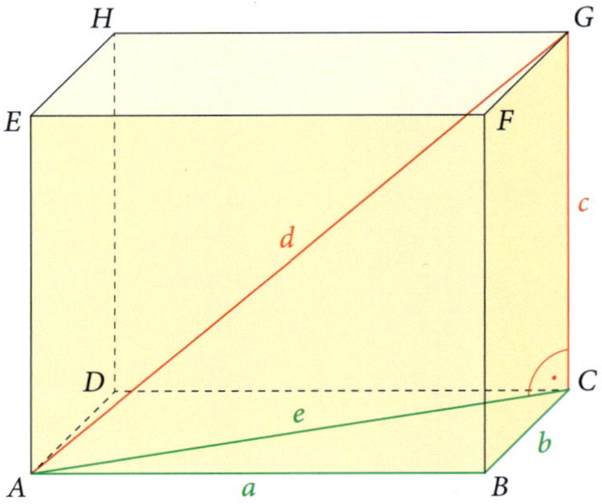

28 Winkel und Längen von Drehleitern bestimmen

a) Ein 24 m hoher Baum muss gefällt werden. Um keine größeren Risiken einzugehen, soll der Baum in 3 m Schritten abgesägt werden.
Wie groß sind die Steigungswinkel und wie lang muss die Leiter für jeden Schritt ausgefahren werden, wenn der Fußpunkt der Leiter sich in 2 m Höhe befindet und 5 m vom Baum entfernt ist?

b) Bei einem Brand in einem Haus müssen Personen aus dem 6. Stock (ein Stock ist ca. 2,80 m hoch) gerettet werden. Wegen eines Grünstreifens am Straßenrand muss die Drehleiter 5 m vom Haus entfernt sein. Der Fußpunkt der Leiter ist in 2 m Höhe.
Erstelle eine Skizze und beantworte folgende Fragen:
(1) Wie lang muss die Leiter mindestens sein, um Personen aus dem 6. Stock zu retten?
(2) Wie lang muss die Drehleiter für die anderen Stockwerke ausgefahren werden?
(3) Bis zu welcher Etage reicht eine 20 m lange Drehleiter?
(4) Wie groß sind in diesen drei Fällen die Steigungswinkel?
(5) Recherchiere, bis zu welcher Höhe die Leiter der Feuerwehr in deiner Stadt reicht.

Problemlösen

29 Papier falten

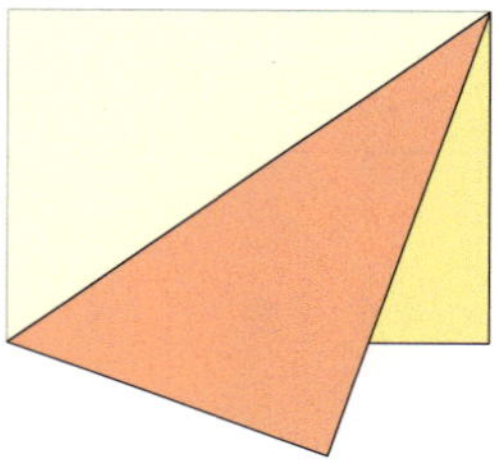

Wenn man ein DIN-A4-Blatt in der Mitte der längeren Seite senkrecht faltet, erhält man ein DIN-A5-Blatt (siehe Zeichnung links). Faltet man das DIN-A5-Blatt in der Mitte der längeren Seite, dann erhält man ein DIN-A6-Blatt.
Untersuche die Winkel bei den gefalteten Blättern. Gehe folgendermaßen vor:
(1) Falte ein DIN-A4-Blatt diagonal, sodass ein rechtwinkliges Dreieck entsteht (siehe untere Zeichnung links).
(2) Berechne die Winkel und bestätige deine Ergebnisse durch Messungen.
(3) Falte ein DIN-A5-Blatt diagonal und berechne die Winkel.
(4) Falte ein DIN-A6-Blatt diagonal und berechne die Winkel.
(5) Was stellst du fest? Halte deine Beobachtungen schriftlich fest.
Gilt deine Entdeckung für alle Rechtecke?
Experimentiere dazu mit anderen Blattgrößen, die kein DIN-A-Format haben.

30 Schatten berechnen

a) Im Winter wirft ein Baum einen Schatten von 10,5 m Länge. Die Sonnenstrahlen fallen dabei unter einem Winkel von 38° auf den Boden ein.
Lege eine Skizze an und berechne die Höhe des Baumes.

b) Einige Zeit später fallen die Sonnenstrahlen unter einem Winkel von 48° ein.
Wie lang ist jetzt der Schatten?

c) In Berlin fallen die Sonnenstrahlen im Sommer zur Mittagszeit unter einem Winkel von 61° und im Winter unter einem Winkel von 14° ein.
Wie lang ist der Schatten eines 10,5 m großen Baumes zur Mittagszeit im Sommer und im Winter? Wie lang ist dein Schatten zur Mittagszeit in Berlin im Sommer und im Winter?

31 Schiefe Türme

Schiefer Turm von Pisa

Untersuche verschiedene Türme und vergleiche deren Neigungen.

(1) Der schiefe Turm von Pisa ist 55,8 m hoch und hat eine Seitenneigung von 4°. Wie weit ist die obere Spitze von der Senkrechten entfernt?

(2) Der Kirchturm von Suurhusen ist 27,37 m hoch und seine Spitze ist 2,47 m von der Senkrechten entfernt. Ist er schiefer als der schiefe Turm von Pisa?

(3) Als schiefster Glockenturm der Welt wird der Turm der Midlumer Kirche bezeichnet. Stimmt das? Er hat eine Höhe von 14 m und einen Neigungswinkel 6,74°. Wie weit ist die Spitze von der Senkrechten entfernt?

Midlumer Kirche

Kirche von Suurhusen

32 Flugzeug und Kontrollturm

a) Ein Flugzeug fliegt mit konstanter Geschwindigkeit und peilt einen Kontrollturm an. Die erste Messung erfolgt unter einem Winkel von 42°. Nachdem das Flugzeug einen weiteren Kilometer geflogen ist, erfolgt die zweite Messung unter einem Winkel von 60°. Wie hoch fliegt das Flugzeug?

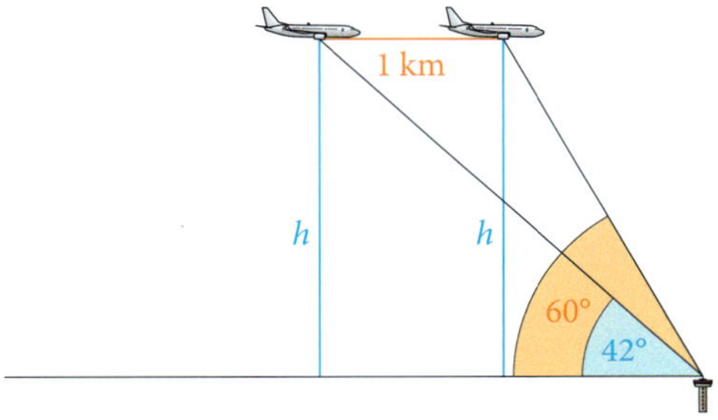

b) Von einem 80 m hohen Leuchtturm sieht man ein Schiff unter einem Winkel von 32°. Wie weit ist das Schiff vom Leuchtturm entfernt?

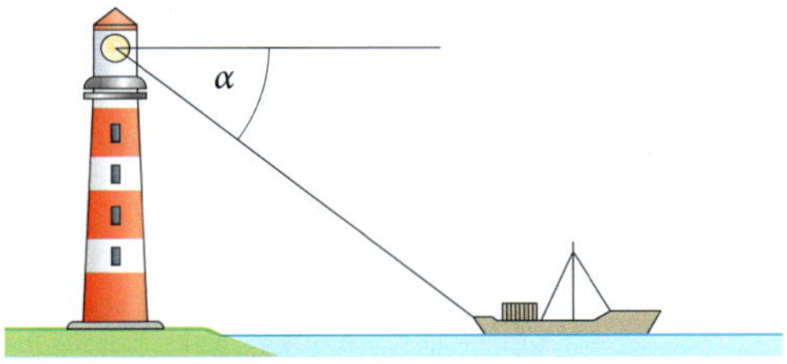

33 Messfehler

Mit Steigungswinkel und Entfernung, kann man die Höhe bestimmen. Jedoch kann es sein, dass man ungenau gemessen hat.

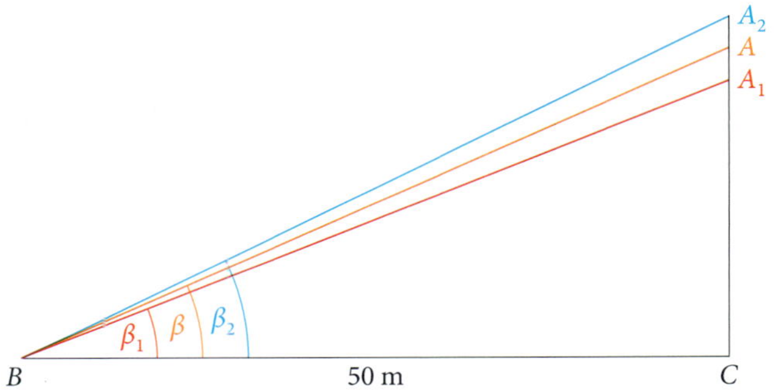

a) Untersuche, welche Auswirkungen ein Messfehler von 1° bei einem 30°-Winkel auf die Genauigkeit des Ergebnisses für größere Entfernungen (z. B. 50 m oder 100 m) hat.

b) Untersuche, welche Auswirkungen ein Messfehler von 1 m bei einer Entfernung von 50 m oder 100 m auf die Genauigkeit des Ergebnisses hat, wenn der Winkel 30° beträgt.

► Materialblock S. 43
Basisaufgabe

34 Straßensteigung

Das Verkehrsschild gibt die Steigung einer Straße in Prozent an.
Dieser Prozentsatz p ist das Verhältnis von Höhenunterschied und horizontaler Entfernung:

$p = \frac{\text{Höhenunterschied}}{\text{horizontale Entfernung}}$ Beispiel: $= \frac{4\,\text{m}}{100\,\text{m}} = 0{,}04 = 4\,\%$

a) Erkläre die verschiedenen Größen am Beispiel des Schildes. Vergleiche dazu das Verkehrsschild. Ist dort das Dreieck angegeben, mit dem im Beispiel gerechnet wird?

b) Man kann die Steigung auch mit Hilfe des Tangens angeben.
Erkläre an dem Beispiel aus a), warum das geht.

c) Übertrage die Tabelle und berechne die fehlenden Größen in der Tabelle.

	Höhenunterschied	Horizontale Entfernung	Prozentuale Steigung	tan α	Winkel α
(1)	12 m	60 m	■	■	■
(2)	22 m	88 m	■	■	■
(3)	10 m	■	20 %	■	■
(4)	■	200 m	5 %	■	■
(5)	■	100 m	■	0,4	■
(6)	30 m	■	■	■	45°

d) Eine Straße ist 5 km lang. Das Verkehrsschild zeigt eine Steigung von 10 %.
Berechne den Steigungswinkel α und den Höhenunterschied.
Variiere die Länge, indem du mehrfach einen Kilometer zur Straßenlänge addierst.
Welche Auswirkung hat die Veränderung der Straßenlänge auf den Steigungswinkel?

e) Wie groß ist die durchschnittliche prozentuale Steigung, wenn eine Straße auf einer Länge von 20 km um 500 m ansteigt?

f) Berechne die durchschnittliche prozentuale Steigung der Anstiege auf der 19. Etappe der Tour de France 2015. (Benutze dazu die Maße aus Aufgabe 24.)

Problemlösen

35 Breitenkreise

a) Die Erde dreht sich in 24 Stunden einmal um die Nord-Süd-Achse. Ein Mensch auf dem Äquator legt damit in 24 Stunden einmal die Länge des Äquators zurück.
Mit welcher Geschwindigkeit $\left(\frac{\text{km}}{\text{h}}\right)$ bewegt man sich auf dem Äquator?

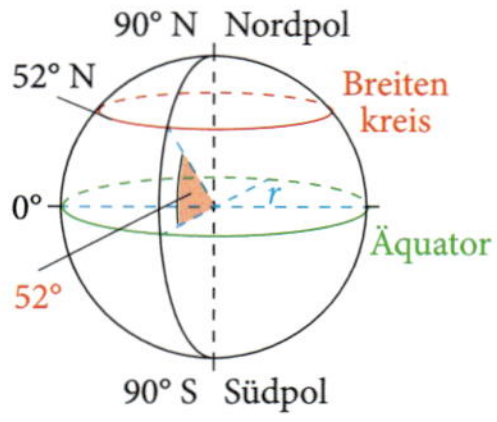

b) Münster liegt auf dem 52. Nördlichen Breitenkreis.
- Wie groß sind der Radius und der Umfang dieses Breitenkreises?
- Mit welcher Geschwindigkeit werden die Bewohner von Münster bewegt?

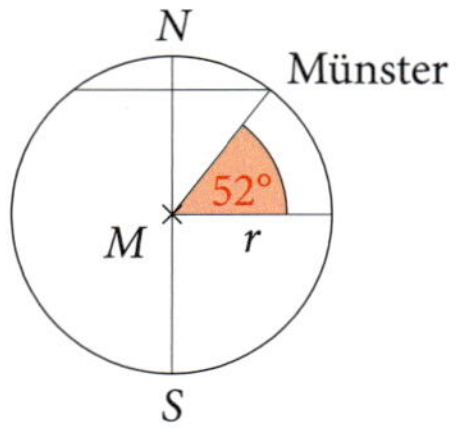

Vertiefen 9

Bewegungen mit Wiederholungen darstellen

36 Sinuswerte bestimmen

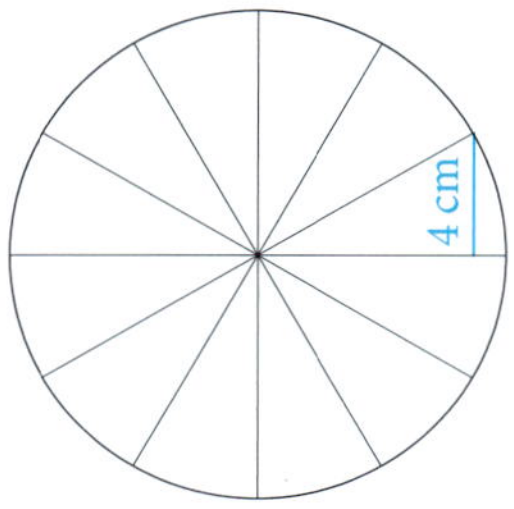

a) Zeichne einen Kreis mit dem Radius $r = 4\,\text{cm}$.
Betrachte ihn als Kreis mit dem Radius 1. Zeichne Dreiecke zu den folgenden Drehwinkeln in den Kreis.
(1) 25° (2) 65° (3) 115° (4) 155°
(5) 205° (6) 245° (7) 295° (8) 335°
Bestimme jeweils die Sinuswerte zu den Winkeln.
Was fällt dir auf? Begründe.

b) Warum reicht es aus, nur die Sinuswerte der Winkel zwischen 0° und 90° zu kennen? Überlege, welche Winkel zusammengehören.

c) Wenn du weißt, dass $\sin 18° = 0{,}31$ ist, für welche anderen Winkel kannst du dann den Sinuswert ohne weitere Berechnung angeben?
Bestimme auch zu anderen Winkeln die Sinuswerte und erkläre, welche Winkel sich darauf leicht bestimmen lassen.

d) Gibt es Winkel mit besonders einfachen Sinuswerten? Wie hängen die zusammen?

e) Der Taschenrechner zeigt für einen Winkel α den Sinuswert 0,7 an.
Welche Winkelgrößen kann α haben?
Gib zu folgenden Sinuswerten die möglichen Winkelgrößen an.
(1) $\sin \alpha = 0{,}2$ (2) $\sin \alpha = 0{,}4$ (3) $\sin \alpha = 0{,}6$ (4) $\sin \alpha = 0{,}8$

f) Für welche Winkel α ist $\sin \alpha < 0$?

g) In einem Kreis kann der Drehwinkel höchstens 360° sein. Der Taschenrechner berechnet auch für größere Winkel die Sinuswerte, z. B. für sin 385° den Wert 0,42.
Erkläre, warum das möglich ist. Vergleiche dazu das Ergebnis mit deinen Lösungen aus a). Bestimme auch zu anderen Winkeln größer als 360° die Sinuswerte und erkläre, mit welchen Winkeln kleiner als 360° ein Zusammenhang besteht.

37 Zeit oder Drehwinkel

a) Ein Riesenrad mit einem Radius von 30 m braucht für eine Umdrehung 4 min.
Erstelle einen Graphen, an dem man erkennen kann, zu welcher Zeit eine bestimmte Gondel welche Höhe hat. Markiere die Gondel mit einer Farbe.
Nun ändere den Startpunkt der Gondel. Welche Auswirkungen hat dies auf den Graphen der Funktion?

b) Variiere die Zeit, die das Riesenrad für eine Umdrehung braucht.
Nimm an, das Riesenrad würde sich doppelt, dreimal oder halb so schnell bewegen.
Welche Auswirkungen hat dies auf den Graphen?

c) Statt der Zeit trage den Drehwinkel auf der ersten Achse ein. Vergleiche die Graphen mit der Zeit und dem Drehwinkel. Was ist gleich, was sind die Unterschiede? Überlege dazu, was sich ändert, wenn sich das Riesenrad doppelt oder dreimal so schnell dreht.

38 Sinusfunktion genauer untersuchen

Tipp
Denke auch an Winkel, die größer sind als 360°.

Es ist gut, wenn man zu Funktionen die wichtigsten Werte und den Verlauf des Graphen kennt, damit man sie schnell skizzieren kann.

a) Untersuche die Sinusfunktion in dieser Aufgabe genauer:
(1) Für welche Winkelmaße schneidet die Sinusfunktion die erste Achse?
(2) Für welche Winkelmaße liegt der Graph der Sinusfunktion unter der ersten Achse?
(3) Für welche Winkelmaße fällt der Graph der Sinusfunktion?
(4) Für welche Winkelmaße steigt der Graph der Sinusfunktion?
(5) Für welche Winkelmaße erreicht der Graph der Sinusfunktion seinen höchsten Punkt?
(6) Für welche Winkelmaße erreicht der Graph der Sinusfunktion seinen tiefsten Punkt?

b) Für welche Winkelmaße verändert sich die Sinusfunktion schneller?
(1) Für α zwischen 10° und 20° oder für α zwischen 70° und 80°?
(2) Für α zwischen 20° und 40° oder für α zwischen 60° und 80°?
(3) Für α zwischen 280° und 290° oder für α zwischen 340° und 350°?
(4) Für α zwischen 300° und 320° oder für α zwischen 340° und 360°?

39 Mitternachtssonne

In Nordnorwegen geht die Sonne an einigen Wochen im Sommer nicht unter, sondern bleibt ständig über dem Horizont. Dafür geht sie im Winter einige Wochen lang nicht auf. Diese Phänomene bezeichnet man als Polartag und Polarnacht.

Dieses Bild der Mitternachtssonne setzte der Schweizer Fotograph Schulthess im Jahre 1950 aus 24 Einzelbildern zusammen, die er jeweils mit einem Abstand von einer Stunde aufgenommen hatte. Das erste Bild machte er morgens gegen 7 Uhr.

a) Untersuche den Sonnenlauf im Bild oben genauer:
(1) Zu welcher Uhrzeit erreicht die Sonne ihren höchsten Punkt?
(2) Zu welcher Uhrzeit erreicht die Sonne ihren tiefsten Punkt?
(3) In welchen Zeiträumen „fällt“ die Sonne besonders schnell?
(4) In welchen Zeiträumen „steigt“ die Sonne besonders schnell?

► Materialblock S. 37 Arbeitsmaterial

b) Vergleiche den Verlauf der Sonne mit dem Graphen der Sinusfunktion.
Zeichne dazu die beiden Achsen in das Bild im Materialblock ein und beschrifte sie.
Welche Uhrzeiten entsprechen den Winkeln in der Sinusfunktion?

Problemlösen

40 Photovoltaikanlagen und Stromproduktion

a) Photovoltaikanlagen produzieren Strom aus Sonnenlicht.
In der Tabelle ist die durchschnittliche Stromproduktion einer Photovoltaikanlage für die Region Hamburg im Laufe eines Jahres in Prozent angegeben.

Monat	Stromproduktion
Januar	2,5 %
Februar	4,8 %
März	7,5 %
April	11,6 %
Mai	12,5 %
Juni	14,4 %
Juli	13,6 %
August	12,3 %
September	9,1 %
Oktober	6,4 %
November	3,4 %
Dezember	2,0 %

Zeichne zu den Werten aus der Tabelle einen Graphen für zwei Jahre. Wähle dazu für die erste Achse: ein Monat ≙ 1 cm und für die zweite Achse den Maßstab 1 % ≙ 2 cm.

Tipp
Zeichne den Graphen für 2 Jahre.

b) Vergleiche die Kurve mit dem Graphen der Sinusfunktion.
Zeichne dazu zwei neue Achsen ein.
Welche Monate entsprechen welchen Winkeln der Sinusfunktion?

Problemlösen

41 Schattenlauf

a) In Aufgabe 30 hast du berechnet, wie lang ein Schatten bei einem 8,2 m hohen Baum ist, wenn die Sonne in zwei unterschiedlichen Winkeln auf den Baum fällt. Erstelle nun einen Graphen, der die Schattenlänge in Abhängigkeit vom Sonnenstand beschreibt für alle möglichen Winkel. Erkläre, wie du vorgegangen bist.

b) Wie verändert sich der Graph, wenn die Baumhöhe verdoppelt bzw. halbiert wird?

c) Spielt es eine Rolle, dass der Sonnenstand sich nicht nur im Einfallswinkel ändert, sondern dass die Sonne sich auch um den Baum dreht?

d) Überprüfe mit dem Funktionsgraph aus a) dein Ergebnis zu 30 c).

e) Nun halte den Sonnenstand bei 38° fest und variiere die Baumhöhe.
Wie verläuft nun der Funktionsgraph zur Schattenlänge?

f) Wiederhole auch hier dein Vorgehen für den doppelten und für den halben Sonnenstand.
Wie verändert sich der Graph, wenn der Sonnenstand verdoppelt bzw. halbiert wird?

42 Tageslängen

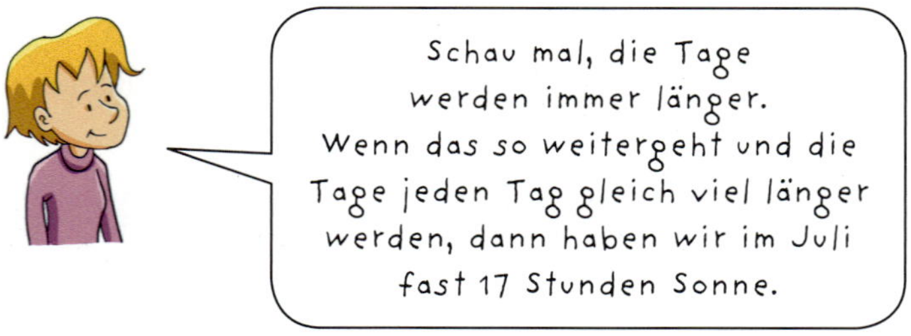

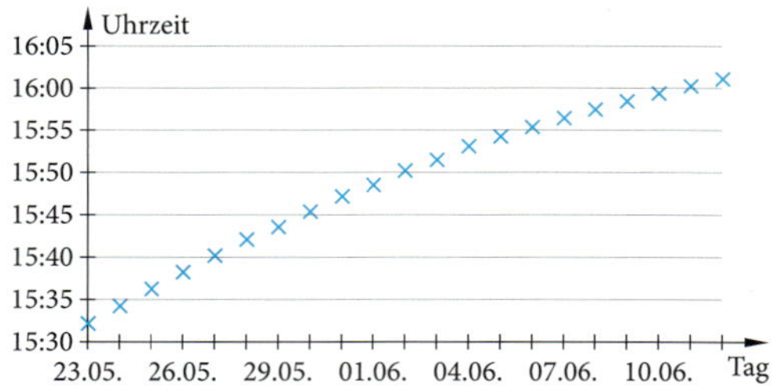

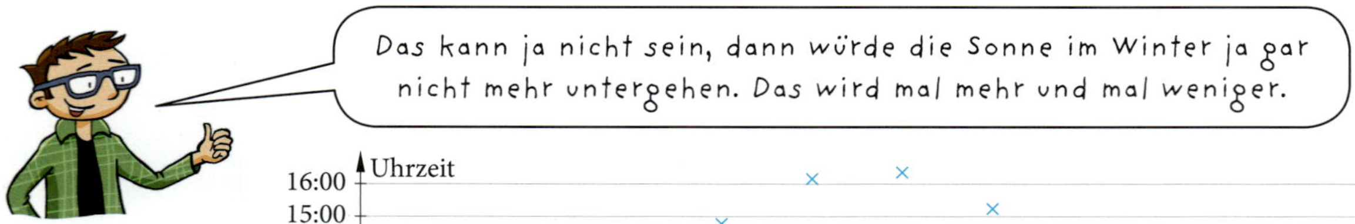

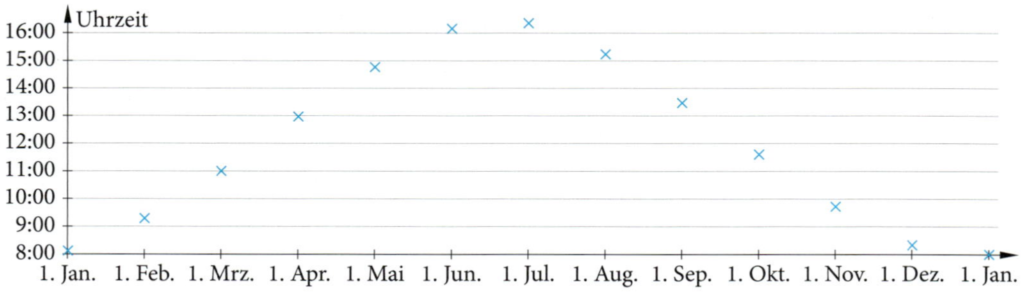

a) Was meinen die beiden? Untersuche dazu mit Hilfe der Diagramme und der Tabelle die Tageslängen in Ettringen über den Zeitraum eines Jahres.
Die folgenden Fragen können dir bei der Untersuchung helfen:
- Wann ist der längste Tag im Jahr, wann der kürzeste?
- Nimmt die Tageslänge von Tag zu Tag immer gleich viel zu?
- Lässt sich ein Muster erkennen?
- Was haben die Diagramme miteinander zu tun?

Tageslänge im Jahresverlauf für Ettringen

Datum	1. Jan	1. Feb	1. Mrz	1. Apr	1. Mai	1. Jun	1. Jul	1. Aug	1. Sep	1. Okt	1. Nov	1. Dez	1. Jan
Sonnenaufgang	08:31	08:07	07:14	07:06	06:05	05:25	05:25	06:00	06:46	07:32	07:22	08:10	08:31
Sonnenuntergang	16:38	17:24	18:14	20:04	20:51	21:34	21:46	21:14	20:14	19:08	17:05	16:30	16:38
Tageslänge	08:07	09:17	11:00	12:58	14:46	16:09	16:21	15:14	13:28	11:36	09:43	08:20	08:07

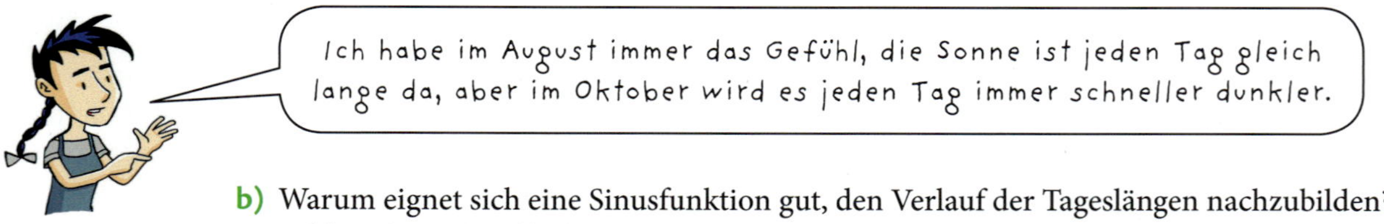

b) Warum eignet sich eine Sinusfunktion gut, den Verlauf der Tageslängen nachzubilden? Erkläre das mit Hilfe der Eigenschaften der Tageslängen und den Eigenschaften der Sinusfunktion.
Was meint Merve? Hast du das auch schon erlebt?

c) Erstelle mit dem Computer einen Term wie z. B. $3 \sin x + 10$ oder $\sin 2x$. Setze dann verschiedene Zahlen für a, b und c in den Term $a \sin bx + c$ ein. Beschreibe, was passiert, wenn man a ändert, wenn man b verändert oder wenn man c verändert.

d) Welche Sinusfunktion passt gut zu dem Diagramm in a)?
Kannst du damit die Tageslängen für die nächsten Monate vorhersagen?

Problemlösen

43 Jupiter beobachten

Till beobachtet mit seinem neuen Teleskop die Jupitermonde, wie Galileo Galilei es bereits 1610 getan hat. Jupiter hat insgesamt mehr als sechzig Monde. Tills Lieblingsmond heißt Europa. Er ist überrascht über die Bewegungen von Europa, die ähnlich aussehen, wie Galilei sie aufgeschrieben hat.
Till findet eine Tabelle, die den scheinbaren Abstand von Europa und Jupiter in den Nächten vom 29.11. bis 02.12.2013 angibt.

Beobachtungszeit Datum und Uhrzeit	Scheinbarer Abstand Jupiter – Europa
29.11.2013; 06:45	0 km (Bedeckung durch Jupiter)
29.11.2013; 21:00	565 000 km rechts
30.11.2013; 04:00	671 000 km rechts
30.11.2013; 07:00	636 000 km rechts
30.11.2013; 19:30	283 000 km rechts
01.12.2013; 01:20	0 (Durchgang vor Jupiter)
01.12.2013; 04:50	177 000 km links
01.12.2013; 19:30	636 000 km links
01.12.2013; 22:30	671 000 km links
02.12.2013; 05:30	565 000 km links
02.12.2013; 19:40	0 km (Bedeckung durch Jupiter)

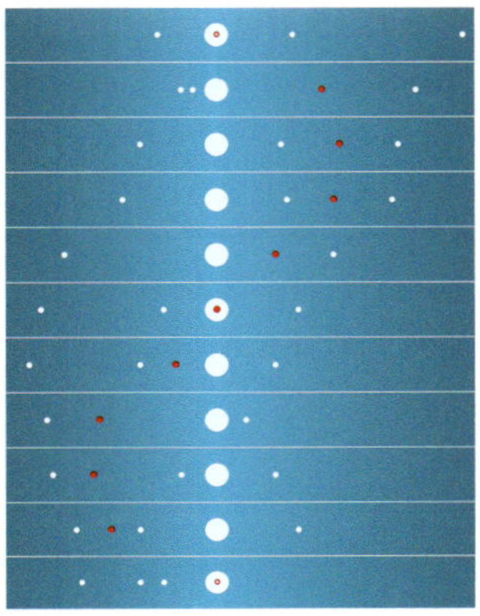

Gut zu wissen
Die vier größten Monde des Planeten Jupiter wurden 1610 von Galileo Galilei entdeckt. Sie heißen Io, Europa (oben abgebildet), Ganymed und Kallisto und sind schon in kleinen Fernrohren sichtbar.

a) Trage die Positionen aus der Tabelle in ein Koordinatensystem.
Lege dazu auf die erste Achse die Beobachtungszeit und auf die zweite Achse den scheinbaren Abstand des Mondes Europa vom Jupiter.
Zeichne den Abstand rechts nach oben und den Abstand links nach unten.

b) Erkläre, wieso es so aussieht, als ob der Mond sich nur auf einer Linie von rechts nach links beziehungsweise von links nach rechts bewegt.
Eigentlich müsste sich der Mond ja um Jupiter herumbewegen.
Nutze dazu dein Koordinatensystem, Tills Tabelle und die Skizze von den Mondpositionen.
Tipp: Vergleiche mit dem Graphen zum Riesenrad aus 7.

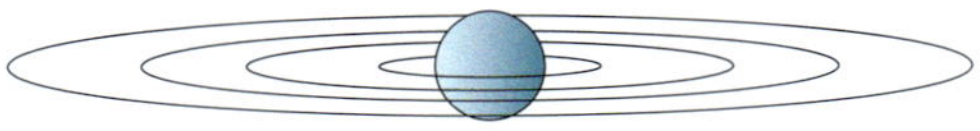

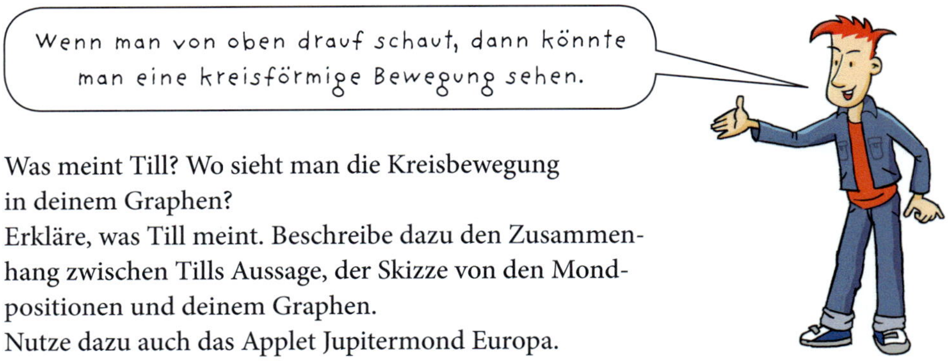

c) Was meint Till? Wo sieht man die Kreisbewegung in deinem Graphen?
Erkläre, was Till meint. Beschreibe dazu den Zusammenhang zwischen Tills Aussage, der Skizze von den Mondpositionen und deinem Graphen.
Nutze dazu auch das Applet Jupitermond Europa.

125-1
Simulation

Checkliste Im Freizeitpark – Mit Längen und Winkeln rechnen

Ich kann … *Ich kenne …*	*Hier kann ich üben …*
Ich kann die Steilheit von Achterbahnen rechnerisch vergleichen, wenn ich Höhen und Fahrstrecken kenne. Bestimme die Steilheit der Achterbahn: Höhe 70 m und Fahrstrecke 120 m. 	S. 106 Nr. 1, 2
Ich kann in rechtwinkligen Dreiecken aus den Angaben einer Seitenlänge und einer weiteren Größe alle anderen Winkel und alle anderen Seitenlängen bestimmen. Berechne alle anderen Werte in einem Dreieck mit $\gamma = 90°$, $\alpha = 55°$ und $a = 3\,\text{cm}$.	S. 107–111 Nr. 5–15
Ich kann die Steigung in einem rechtwinkligen Dreieck als Winkel, als Prozentangabe und als Verhältnis angeben. Bestimme die Steigung als Winkel, als Prozent und als Verhältnis in einem rechtwinkligen Dreieck mit $a = 3\,\text{cm}$, $b = 4\,\text{cm}$ und $c = 5\,\text{cm}$.	S. 106 Nr. 3, 4 S. 120 Nr. 34
Ich kann mit dem Taschenrechner zu einem vorgegebenen Winkel α die Werte $\sin\alpha$, $\cos\alpha$ und $\tan\alpha$ bestimmen und umgekehrt aus diesen Werten den Winkel. (1) $\sin 45° =$ ▩ (2) $\sin\alpha = 0{,}4$; $\alpha =$ ▩ (3) $\cos\alpha = 0{,}5$; $\alpha =$ ▩ (4) $\cos 42° =$ ▩	S. 110 Nr. 11 – 13
Ich kann aus der Angabe von Seitenlängen und Winkelmaßen die Fläche von Dreiecken und Vierecken berechnen. (1) Berechne den Flächeninhalt eines Parallelogramms mit den Seitenlängen $a = 4\,\text{cm}$, $b = 7\,\text{cm}$ und $\alpha = 65°$. (2) Berechne den Flächeninhalt eines Rechtecks, wenn die Diagonalen 8 cm lang sind und sich in einem Winkel von 70° schneiden.	S. 113–114 Nr. 18–22
Ich kann die Längen von Seiten- und Raumdiagonalen in Quadern berechnen und die Winkel dazwischen. Wie lang ist die Raumdiagonale im Quader mit $a = 3\,\text{cm}$, $b = 2\,\text{cm}$, $c = 6\,\text{cm}$?	S. 117 Nr. 27
Ich kann in verschiedenen Situationen mit $\sin\alpha$, $\cos\alpha$ und $\tan\alpha$ weitere Werte berechnen. Im Winter wirft ein Baum einen 10,5 m langen Schatten. Die Sonnenstrahlen fallen dabei mit 38° auf den Boden. Bestimme die Höhe des Baumes.	S. 115–119 Nr. 23–33 S. 120 Nr. 35
Ich kann am Beispiel der Höhenveränderung in einem rechtwinkligen Dreieck erklären, was eine Sinusfunktion ist. Erkläre für ein rechtwinkliges Dreieck mit der Hypotenusenlänge 1, wie aus seiner Veränderung im Kreis die Sinusfunktion entsteht, wann die Veränderung der Höhe besonders groß ist und woran man das am Graphen sieht.	S. 121–122 Nr. 36–38
Ich kann Situationen benennen, die sich durch eine Sinusfunktion beschreiben lassen. Nenne eine Situation, die durch die Funktion $f(x) = 4\sin x$ beschrieben wird.	S. 122–125 Nr. 39–43

► *Hinweis:* Im Materialblock auf Seite 44 findest du diese Checkliste für deine Selbsteinschätzung.
Zusätzliche Übungsaufgaben findest du im Internet unter www 126-1.
(www.cornelsen.de/mathewerkstatt, Webcode: MWS040048-126-1)

Zufall bei Jungen und Mädchen – Wahrscheinlichkeiten kombinieren

In diesem Kapitel …

- untersuchst du Zufallssituationen, indem du sie mit Experimenten nachahmst.
- beschreibst du Zufallsversuche auf zeichnerische Weise.
- lernst du, wie man Wahrscheinlichkeiten in mehreren Schritten bestimmt.

Dein großer Bruder hat mit seiner Frau schon zwei Mädchen bekommen. Wenn jetzt noch eins kommt ... ist das eigentlich wahrscheinlich?
Dabei sind Jungen und Mädchen doch gleich wahrscheinlich.
Aber drei Mädchen ist doch eher unwahrscheinlich?
BITTE RUHE!

Ist schon spannend. Im Prinzip ist das wie Würfeln.
Dann lass uns doch mal Familien würfeln. Ich würde sagen bei „1“ ist es ein Mädchen.
A3
ENTBINDUNGS STATION

Erkunden A

Wie kann ich zufällige Situationen durch Experimente nachahmen und untersuchen?

1 Wahrscheinlichkeitsaussagen mit einem Experiment untersuchen

a) Pia und Till haben in der Zeitung die Geburtsanzeigen gefunden und unterhalten sich darüber, wie viele Jungen und Mädchen im vergangenen Monat geboren wurden.

Kann das sein? Von 53 Geburten sind 29 Jungen und nur 24 Mädchen? Beides ist doch gleich wahrscheinlich.

Stimmt, ob Junge oder Mädchen, ist Zufall, so wie wenn man eine Münze wirft. Wir können es ja mal ausprobieren. Ich werfe 53-mal: Wappen steht für Jungen, Zahl für Mädchen. Was sagst du, wie oft kommt „Junge“?

Geburten

7.9. • Dennis Maximilian Sebastian Teufel, Mutter Sarah Alexandra Teufel
21. • Devid Hoffmann, Eltern Regina Feiler und Arthur
25. • Mats Heidemann, Eltern Miriam Mira Ibrahimovic und Jan Heidemann
• Alessia, Eltern Irina geb. Rudenko und Artur Held
• Emre, Eltern Pinar geb. Noyan und Timur Denizlerli
26. • Moritz, Eltern Heike geb. Streich und Ralph Michael Groß
• Letisha Lehmann, Eltern Tina Lehmann-Lamarina geb. Wahr und Volker Lehmann
• Tom, Eltern Carmen geb. Spohn und Stefan Peter Sauter
• Lea Junia, Eltern Simone geb. Lieb und Jürgen Konrad
• Pierre Richard, Eltern Sabrina Ursula Isabelle geb. Thaller und Christoph Brunner
6.10. • Eray Kemal, Eltern Cihan geb. Yalindag und Kasim Ozkan Ylidirim
7. • Helena, Eltern Judith geb. Renovanz und Stefan Dwenger
8. • Lilly, Eltern Jasmin geb. Poiger und Sven Pflumm
• Hannes Josch Drechsler, Eltern Kerstin Drechsler und Jens Carsten Bühler

- Wettet zunächst: Wie oft kommt Wappen und wie oft Zahl, wenn ihr 53-mal werft?
- Werft in eurer Gruppe eine Münze 53-mal und zählt.
- Fasst die Ergebnisse verschiedener Gruppen zusammen und vergleicht erneut.
- Vergleicht mit den Zahlen, die Pia nennt.

130-1
Simulation

b) Innerhalb eines ganzen Jahres sind 610 Kinder geboren worden. Wie viele Jungen und Mädchen sind das? Mit der vorbereiteten Excel-Tabelle könnt ihr rasch Experimente mit beliebig hohen Geburtenzahlen erzeugen. Führt das mehrmals zum Beispiel mit 610 Geburten durch und berechnet die prozentualen Jungen- und Mädchenanteile. Was stellt ihr fest?
Wenn ihr keinen Computer zur Verfügung habt, könnt ihr auch Münzen werfen und die 610 Münzwürfe auf verschiedene Gruppen verteilen.

nachgedacht

c) Hilf Merve bei ihren Überlegungen.

Ist die Wahrscheinlichkeit für die Geburt eines Jungen nun eigentlich 50 % oder nicht? Wir haben schon so viele Würfe gemacht und es ist immer etwas Anderes herausgekommen.

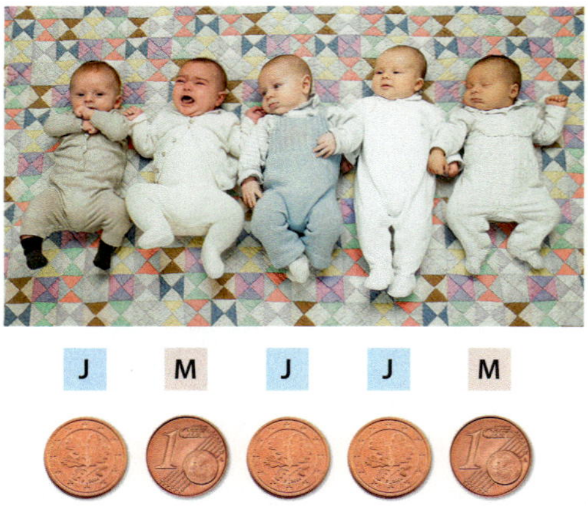

Vergleiche die Unterschiede zwischen Jungen und Mädchen in den Zahlen aus euren Experimenten mit den Zahlen aus Auftrag b).

- Welche Antwort gibst du Merve?
- Was kannst du ändern, damit du sicherer sein kannst?
- Kann man es auch schaffen, dass genau 50 % herauskommt?

Tipp
Du kannst im Wissensspeicher Zufall 1 und 2 über den Zufall auf lange Sicht nachschlagen.

2 Welche Geschwisterpaare sind wahrscheinlicher? – Theoretisch bestimmen

Till, Pia und Ole unterhalten sich zu Kindern in Familien.

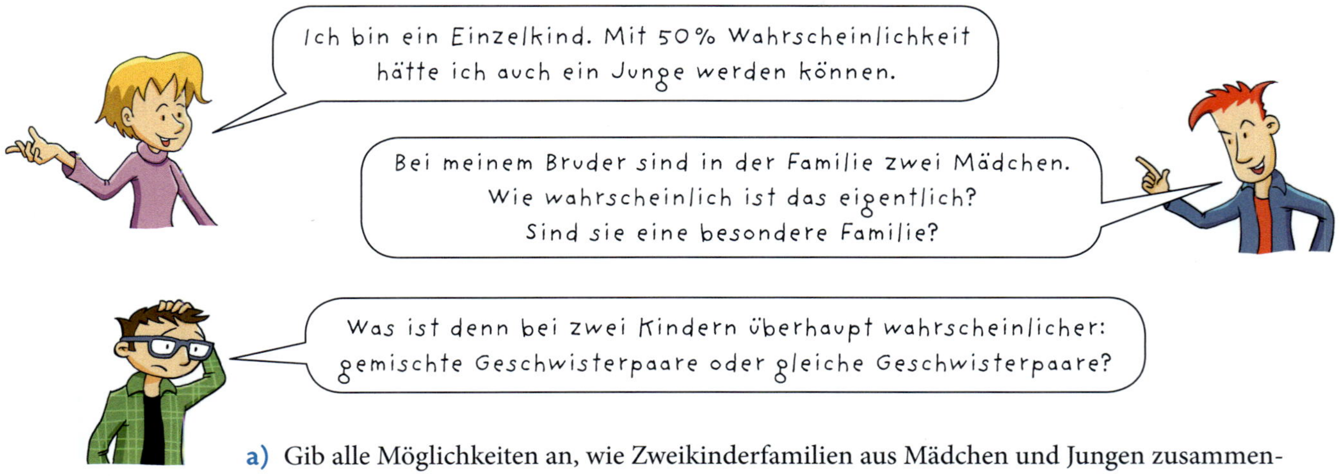

a) Gib alle Möglichkeiten an, wie Zweikinderfamilien aus Mädchen und Jungen zusammengesetzt sein können. Welche Wahrscheinlichkeiten nimmst du für jeden dieser Fälle an?

b) Vergleicht eure Überlegungen. Wenn ihr verschiedene Lösungen habt, diskutiert diese miteinander.

3 Welche Geschwisterpaare sind wahrscheinlicher? – Praktisch bestimmen

a) Nimm an, dass die Geburt von Jungen und Mädchen wirklich gleich wahrscheinlich ist. Plane ein Experiment mit Münzen, mit dem du untersuchen kannst, wie die Geschlechter in vielen Zweikinderfamilien wohl verteilt sein könnten.
- Wie gehst du vor? Wie oft willst du werfen?
- Wie willst du die Daten festhalten?

Hinweis
Du kannst das Experiment auch mit einem Computerprogramm durchführen.
www 131-1
Simulation

b) Führe das geplante Experiment praktisch durch.
Interpretiere das Ergebnis. Welche Annahmen über die Wahrscheinlichkeiten aus Aufgabe 2 findest du nach deinem Experiment passend?

c) Tragt eure Ergebnisse in der Klasse zusammen und vergleicht sie mit euren Schätzungen. Was könnt ihr jetzt aussagen?

weitergedacht

d) Kannst du Till, Pia und Ole eine Antwort geben?

Erkunden B

Wie kann ich Wahrscheinlichkeiten aus anderen Wahrscheinlichkeiten berechnen?

4 Welche Geschwisterpaare sind wahrscheinlicher? – Rechnen mit Flächen

Merve und Ole wollen durch Überlegen und Rechnen herausfinden, wie groß die Wahrscheinlichkeiten für die verschiedenen Geschwisterpaare sind. Merve macht sich die folgenden Gedanken und zeichnet Bilder.

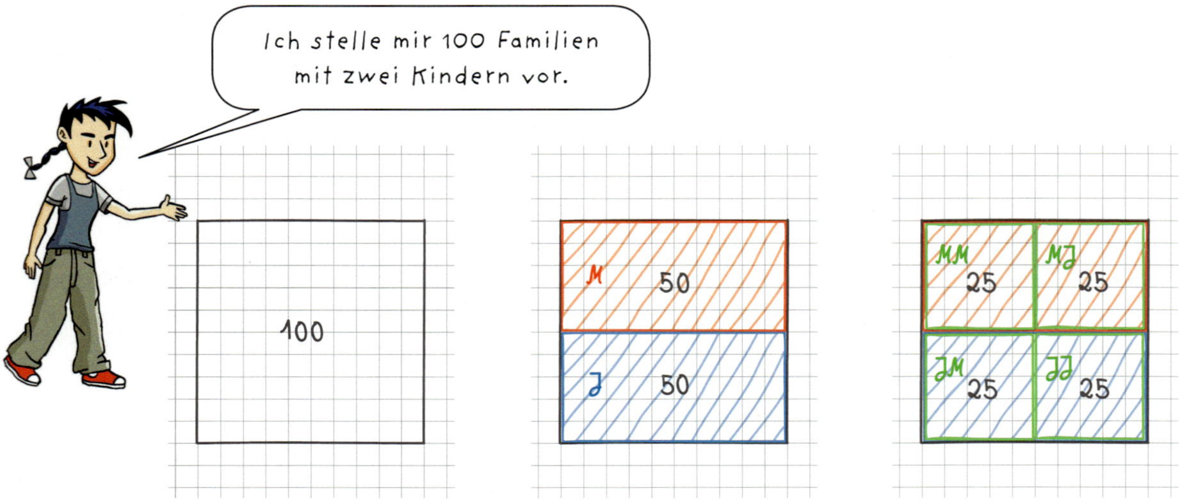

a) Erkläre anhand der Flächenbilder, wie Merve schrittweise vorgeht. Was bedeuten die einzelnen Flächen?

b) Zu welchem Ergebnis kommt Merve? Du kannst ihre Gedanken anhand der folgenden Fragen nachvollziehen.
- Wie viele Familien sind reine Jungenfamilien? Welcher Anteil an allen ist das?
- Wie viele Familien sind reine Mädchenfamilien? Welcher Anteil an allen ist das?
- Wie viele Familien sind gemischt? Welcher Anteil an allen ist das?
- In wie vielen Familien gibt es einen „großen Bruder"?
- In wie vielen Familien hat ein Junge eine „kleine Schwester"?

c) Funktioniert eine Darstellung mit Flächen auch, wenn man sich 80 Familien vorstellt? Wie sieht dann das Flächenbild aus? Zeichne den Fall auch in dein Heft.

d) Funktioniert eine Darstellung mit Flächen auch für 610 Familien? Wie zeichnest du dann das Flächenbild?

e) In Deutschland gibt es ungefähr 3 000 000 Familien mit zwei Kindern (nur minderjährige Kinder werden berücksichtigt). Versuche mit dem Bild auch die folgenden Fragen zu beantworten.
- Bei wie vielen Familien sind es nur Mädchen?
- Welcher Anteil von den Geschwisterpaaren sind gemischt?

nachgedacht

f) Drücke die Fragen und Ergebnisse von Auftrag b) und e) als Wahrscheinlichkeiten aus. Nutze Formulierungen wie: *Wie groß ist die Wahrscheinlichkeit für …* Antworte mit prozentualen Wahrscheinlichkeiten.

5 Welche Geschwisterpaare sind wahrscheinlicher? – Rechnen mit Bäumen

Ole kennt einen anderen Weg als ein Flächenbild, um Wahrscheinlichkeiten zu zeichnen.

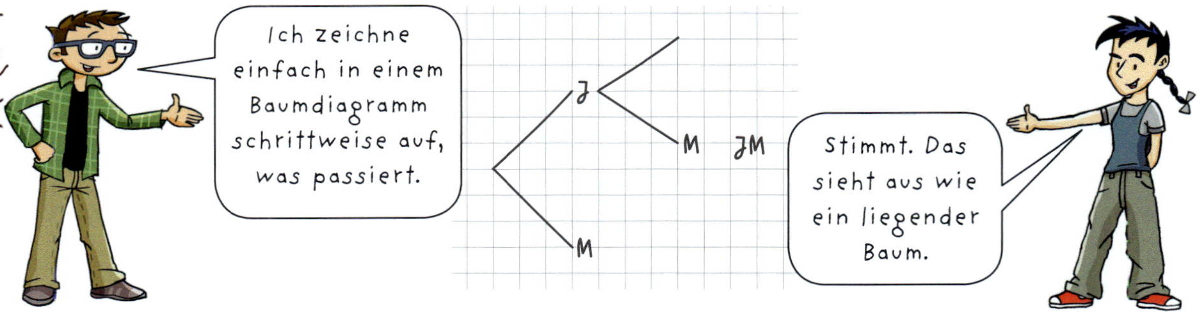

a) Übertrage das Baumdiagramm in dein Heft und vervollständige es. Damit können dieselben Fragen wie in Aufgabe 4 untersucht werden.

b) Ole stellt sich 100 Familien mit genau zwei Kindern vor. Trage die Häufigkeiten an allen Ästen ein. Damit kann Ole nun die folgenden Fragen beantworten.
- Wie viele Familien sind reine Jungenfamilien? Welcher Anteil ist das?
- Wie viele Familien sind reine Mädchenfamilien? Welcher Anteil ist das?
- Wie viele Familien sind gemischt? Welcher Anteil ist das?
- In wie vielen Familien gibt es einen „großen Bruder“? Welcher Anteil ist das?
- In wie vielen Familien hat ein Junge eine „kleine Schwester“? Welcher Anteil ist das?

nachgedacht

c) Vergleiche das Baumdiagramm mit den Flächen, die Merve in Aufgabe 4 gezeichnet hat. Welche Vor- und Nachteile haben die unterschiedlichen Darstellungen jeweils?

d) Drücke die Fragen und Ergebnisse von Auftrag b) als Wahrscheinlichkeiten aus. Nutze Formulierungen wie: *Wie groß ist die Wahrscheinlichkeit für …* Antworte mit prozentualen Wahrscheinlichkeiten.

6 Dreikinderfamilien

a) Untersuche nun auch Dreikinderfamilien.
- Welche Kombinationen für drei Geschwister gibt es?
- Welche Anteile haben die verschiedenen Zusammensetzungen?

Du kannst mit einem Flächenbild arbeiten wie in Aufgabe 4. Wie viele Flächen entstehen? Du kannst auch ein Baumdiagramm zeichnen wie in Aufgabe 5. Wie viele Äste muss der Baum jetzt haben?

nachgedacht

b) Welche Darstellung fandest du geeigneter, das Flächenbild oder das Baumdiagramm? Worin bestanden die Vor- und Nachteile?

c) Wie groß ist die Wahrscheinlichkeit für diese Familienarten?
(1) „Dreijungen-Familien“ (2) „Dreigleichekinder-Familien“
(3) „Einszuzwei-Familien“

7 Rechnen mit Wahrscheinlichkeiten

Till hat beim Mensch-Ärgere-Dich-Nicht-Spiel mal wieder bei drei Würfen keine Sechs bekommen, um seinen Spielstein ins Spiel zu bringen. Er will wissen, wie wahrscheinlich das ist.

Hnweis
Du kannst als Hilfe auch wieder ein Flächenbild zeichnen und beschriften:

a) Untersuche zunächst die Situation Mädchen/Jungen.

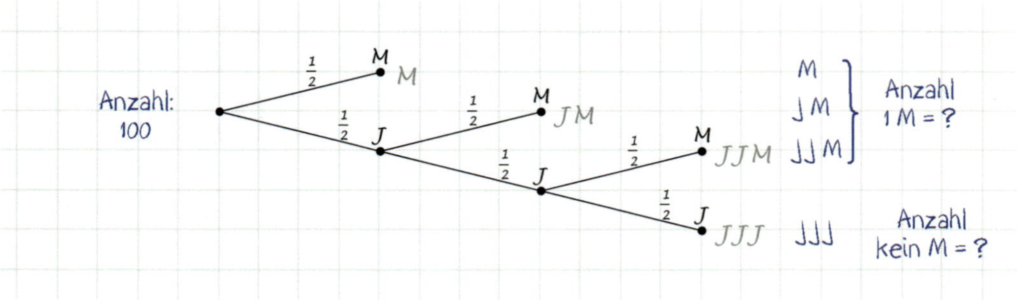

134-1
Darstellungswerkzeug für Wahrscheinlichkeiten

Erkläre den Aufbau des Baumdiagramms. Warum enden die oberen Äste früher? Berechne die ungefähre Anzahl der Familien ohne Mädchen und die Anzahl der Familien mit einem Mädchen.

Gut zu wissen
Die Schreibweise P (J) bedeutet „Wahrscheinlichkeit des Ereignisses J“. P steht für engl. „Probability“= Wahrscheinlichkeit. Du kannst dafür auch W (J) schreiben.

b) Mit dem Baumdiagramm aus a) kann man auch Werte für andere Ausgangszahlen bestimmen. Man braucht nur die Wahrscheinlichkeiten an den Pfaden, also zum Beispiel P (drei Jungen) $= \frac{1}{2} \cdot \frac{1}{2} \cdot \frac{1}{2}$.
Wie berechnet man die anderen Wahrscheinlichkeiten?

(1) P (zwei Jungen, ein Mädchen) (2) P (ein Junge, ein Mädchen)
(3) P (ein Mädchen) (4) P (kein Mädchen)

c) Wie kann Till nun beim „Herauskommen“ beim Mensch-Ärgere-Dich-Nicht die Wahrscheinlichkeit für „keine 6 bei höchstens drei Würfen“, also P (keine 6) berechnen? Setze dazu das rechte Baumdiagramm im Heft fort und beschrifte es geeignet. Die Schreibweise ist eine Abkürzung für „keine 6“.

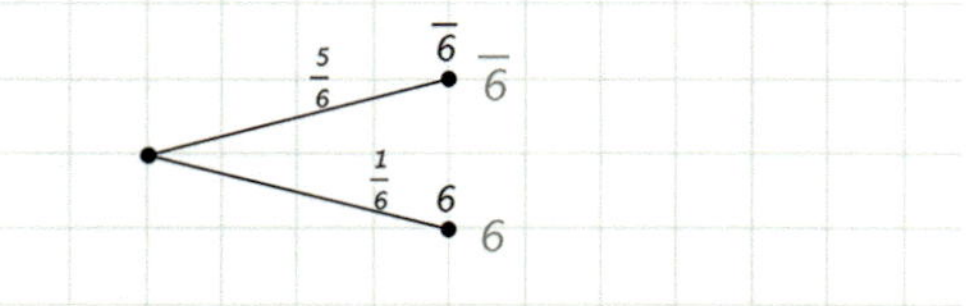

d) Berechne zu c) die folgenden Wahrscheinlichkeiten.
(1) P (keine 6) (2) P (sofort eine 6) (3) P (6)

nachgedacht

e) Beschreibe deine Rechenwege. Wie erhält man die Wahrscheinlichkeit für ein Einzelergebnis oder mehrere Ergebnisse mit Hilfe eines Baumdiagramms?

Erkunden C

Wie kann ich mittlere Ergebnisse vorausberechnen?

8 Eine Familienstrategie und ihre Folgen

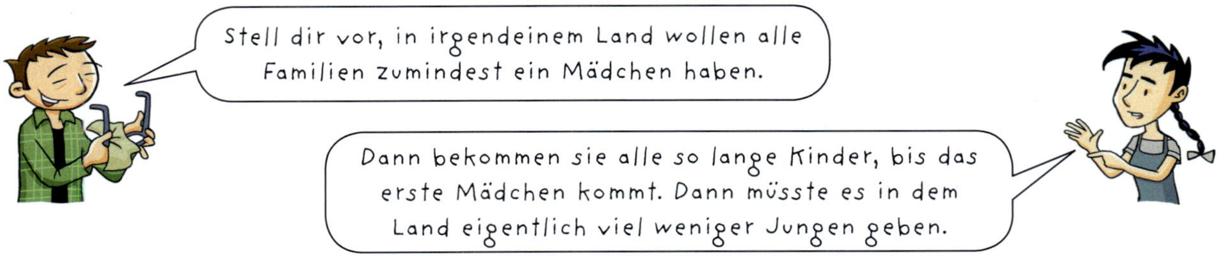

a) Untersuche Merves Vermutung. Betrachte dazu 1000 Familien.
Nimm vereinfachend an, dass alle Familien höchstens drei Kinder bekommen.
Bestimme die Anzahl der Kinder insgesamt und die Anzahl der Jungen.

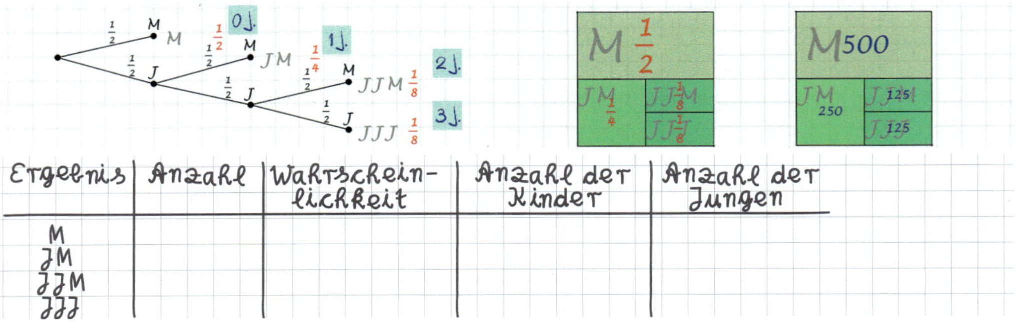

b) ▪ Welchen mittleren Wert erwartest du für die Anzahl von Kindern pro Familie?
▪ Welchen mittleren Wert erwartest du für die Anzahl von Jungen pro Familie?
▪ Wie interpretierst du das Ergebnis?

c) ▪ Was ändert sich, wenn man bis zu vier Kinder bekommt, was bleibt gleich?
▪ Untersuche auch mit einem Baumdiagramm.

9 Erwarteter Gewinn beim Spiel „Kinder würfeln“

Pia überlegt sich dieses Spiel: Du bekommst genau drei Kinder (das heißt, du wirfst dreimal mit einer Münze: Kopf ist Mädchen; Zahl ist Junge).
Wenn dreimal das gleiche kommt („Oh, je, drei Mädchen!“ bzw. „Oh, je, drei Jungs“) verlierst du 2 €, ansonsten gewinnst du 1 €.

Tipp
Wenn es dir beim Verstehen hilft, kannst du auch ein Flächenbild zeichnen.

a) Überlege mit folgenden Aufträgen, ob du bei diesen Regeln mitspielen würdest.
▪ Untersuche, welchen Gewinn du auf lange Sicht machst.
▪ Erstelle ein Baumdiagramm und schreibe an das Ende jedes Astes die Wahrscheinlichkeit und den Gewinn bzw. Verlust.

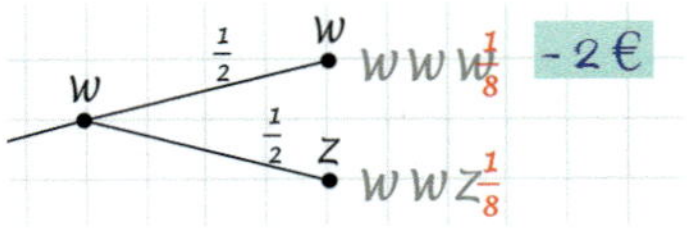

▪ Welchen Gesamtgewinn erwartest du bei 1000 Spielen?
Wie berechnest du deinen erwarteten Gesamtgewinn pro Einzelspiel?

nachgedacht

b) Wie hast du bei den Aufgaben 7 und 8 die erwarteten mittleren Werte berechnet?
Schreibe auf, wie man allgemein vorgehen kann.

Ordnen A

Wie kann man zufällige Situationen durch Experimente nachahmen und verstehen?

1 Wahrscheinlichkeiten bestimmen

wiederholen

Wissensspeicher
Zufall 4

Es gibt verschiedene Wege, die Wahrscheinlichkeit für ein Ereignis zu bestimmen.

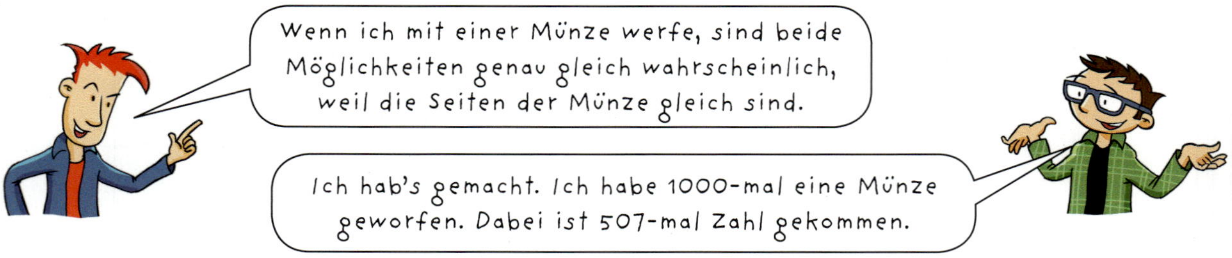

a) Wer von den beiden bestimmt die Wahrscheinlichkeiten praktisch und wer theoretisch? Welchen Wert für die prozentuale Wahrscheinlichkeit erhalten die beiden?

b) In welchen Fällen können Wahrscheinlichkeiten theoretisch bestimmt werden? Wann bestimmt man sie besser praktisch?

(1) Glücksrad (2) Würfelspiel (3) Schwangerschaftstest
(4) Lottogewinn (5) Fußballmeisterschaft (6) Krankheitsrisiko

► Materialblock S. 45
Wissensspeicher

c) Vergleicht eure Antworten und übernehmt ein Beispiel in den Wissensspeicher.

*** Neues Wort**
*Bei einer **Simulation** wird die Wirklichkeit nachgestellt, z. B. eine Zufallssituation durch einen Würfelwurf (lat. „simulare": so tun als ob)*

2 Wahrscheinlichkeiten durch eine Simulation* bestimmen

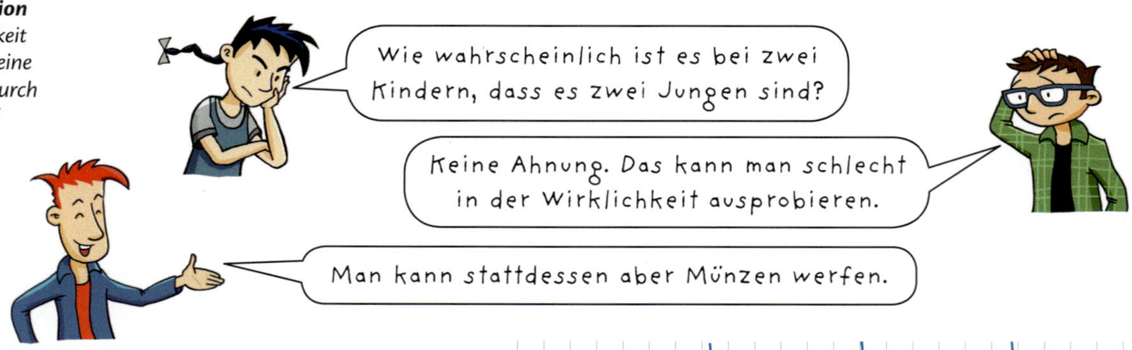

Till schlägt vor, eine Simulation durchzuführen. Die drei werfen zusammen 1000-mal mit zwei Münzen. Die Ergebnisse stehen in der Tabelle.

Ereignis beim Münzwurf	Kopf-Kopf	Kopf-Zahl	Zahl-Zahl
für Familien bedeutet das	■ Mädchen ■ Jungen	■ Mädchen ■ Jungen	■ Mädchen ■ Jungen
Häufigkeit des Ereignisses	255	496	249

wiederholen

Wissensspeicher
Zufall 4

a)
- Welche drei Familienarten sind hier simuliert?
- Wie groß sind die Häufigkeiten in Prozent?
- Welche Wahrscheinlichkeiten vermutest du? Schreibe sie prozentual und als Bruch.

► Materialblock S. 45
Wissensspeicher

b) Vergleicht eure Antworten und übernehmt ein Beispiel in den Wissensspeicher.

nachgedacht

c) Warum sind die drei Familienarten nicht gleich wahrscheinlich?

Ordnen B

Wie kann man Wahrscheinlichkeiten aus anderen Wahrscheinlichkeiten berechnen?

3 Wahrscheinlichkeiten mit Baumdiagrammen und Flächenbildern bestimmen

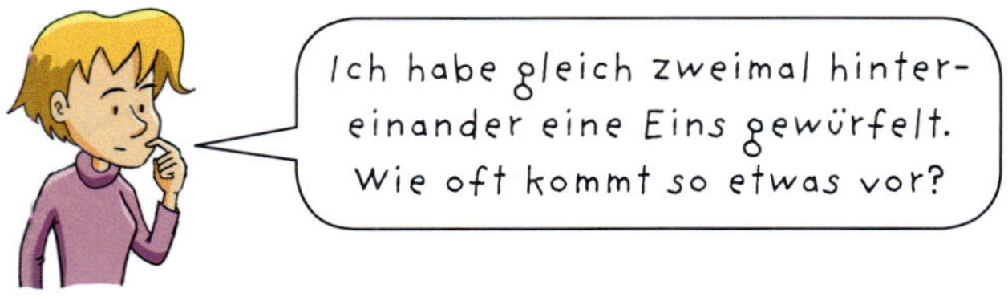

** **Neues Wort***
*Ein **Versuch** heißt **zweistufig** bzw. **dreistufig** wenn man ein Zufallsgerät zweimal bzw. dreimal wirft, oder wenn man 2 bzw. 3 Zufallsgeräte wirft.*

Pia und Merve haben einen *zweistufigen Zufallsversuch** durchgeführt.
Die vier Freunde haben Pias Frage auf vier verschiedene Weisen untersucht.

Pia:

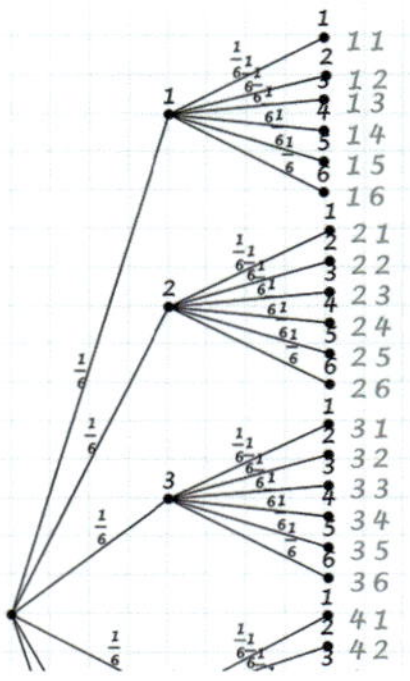

Till:

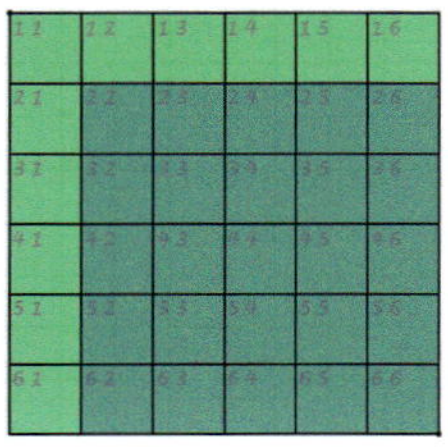

Merve:

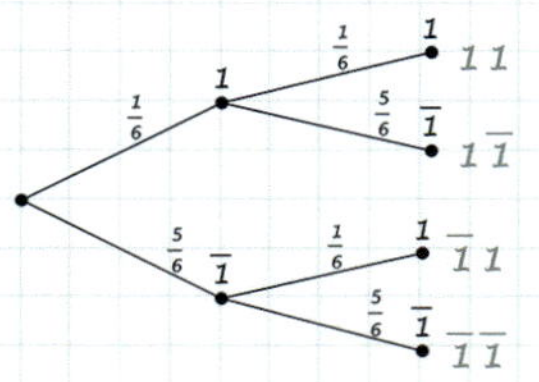

Ole:

$\bar{1}$ bedeutet „keine Eins“, also 2, 3, 4, 5 oder 6.

a) Wie kann man in den vier Bildern Antworten auf Pias und Merves Fragen ablesen?

b) Wie kann man die folgenden Aussagen vervollständigen?

(1) Von 36 Möglichkeiten sind es $\frac{1}{6} \cdot \_ = \_$ Möglichkeiten für eine Eins im ersten Wurf.
Und $\frac{1}{6}$ davon, also __ Möglichkeiten haben auch eine Eins im zweiten Wurf.
Die Wahrscheinlichkeit für zwei Sechsen hintereinander ist __.

(2) Von 36 Möglichkeiten sind es $\frac{5}{6} \cdot \_ = \_$ Möglichkeiten für keine Eins im ersten Wurf.
Und $\frac{5}{6}$ davon, also __ Möglichkeiten haben auch keine Eins im zweiten Wurf.
Die Wahrscheinlichkeit für zweimal keine Sechs hintereinander ist __.

► Materialblock S. 46 Wissensspeicher

c) Vergleicht eure Lösungen und übertragt sie in den Wissensspeicher.

4 Planvolles Vorgehen beim Flächenbilder zeichnen

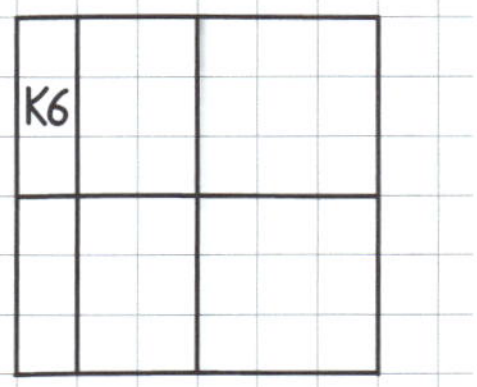

a) Stelle diesen Zufallsversuch dar: Erst wird eine Münze und dann ein Würfel geworfen.
- Welche Seitenlänge kannst du für ein Rechteckbild wählen, wenn du jede Möglichkeit durch ein kleines Kästchen darstellst?
- Zeichne das Bild, trage Ereignisse „Kopf“, „Sechs“ und „Kopf und Sechs“ ein.
- Beschrifte mit den passsenden Anteilen $\frac{1}{2}$, $\frac{1}{6}$ und $\frac{1}{12}$.

b) Wenn du Anteile ablesen willst, kannst du auch ein Quadrat von beliebiger Größe zeichnen und geeignet unterteilen. Führe das Bild am Rand, das 1200 Versuche darstellt, weiter. Beschrifte es mit Anteilen und Anzahlen.

► Materialblock S. 46 Wissensspeicher

c) Vergleicht eure Lösungen und übertragt sie in den Wissensspeicher.

5 Baumdiagramme zeichnen

a) Einen zwei- oder dreistufigen Versuch kann man mit einem Baumdiagramm darstellen. Erkläre, welchen Versuch das Baumdiagramm beschreibt.
- Welche Zufallsgeräte sind beteiligt?
- Welches Ereignis ist hervorgehoben?

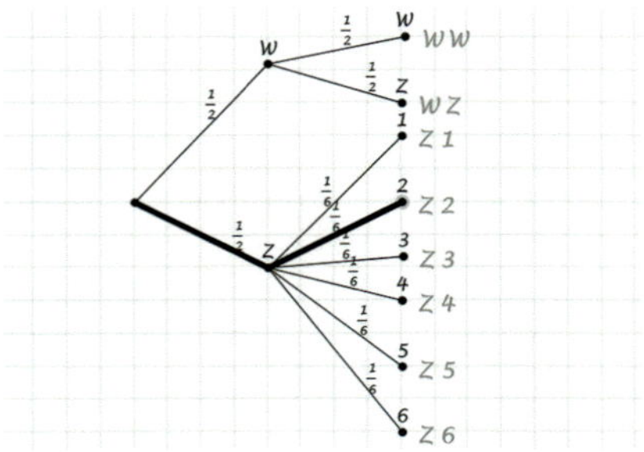

► Materialblock S. 46 Wissensspeicher

b) Ergänze das im Materialblock begonnene Baumdiagramm für das dreimalige Werfen einer Münze und markiere das Ereignis Zahl-Wappen-Zahl.

6 Rechenregeln für Baumdiagramme

a) Till würfelt, bis er das erste Mal eine 1 hat. Er darf höchstens dreimal würfeln. Er spielt dieses Spiel 216-mal. (Die Zahl 216 = 6 · 6 · 6 wurde gewählt, damit man im Baumdiagramm nicht runden muss.) Trage für jedes Zwischen- und Endereignis in das Baumdiagramm im Materialblock ein, wie oft es ungefähr vorkommt.

► Materialblock S. 47 Wissensspeicher

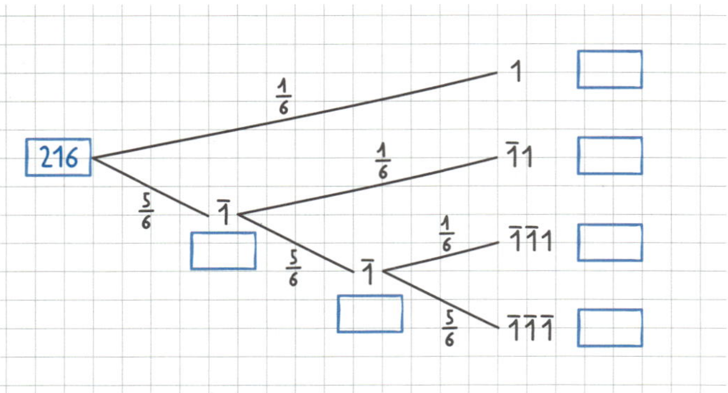

b) Auch für andere Anzahlen als 216 führt man dieselbe Multiplikation mit Brüchen wie in a) durch. Ergänze die folgende Rechnung im Heft.

Gesamtzahl $\cdot \frac{5}{6} \cdot \frac{5}{6} \cdot \frac{1}{6} =$ Gesamtzahl $\cdot \frac{\blacksquare}{\blacksquare}$

Erkläre in Worten: Was bedeutet diese Rechnung? Wie erhält man den Bruch rechts, mit dem man die Wahrscheinlichkeit in einem Schritt berechnen kann?

✱ Neue Wörter
*Einen Weg durch den Baum nennt man **Pfad**, die Wahrscheinlichkeiten werden multipliziert. Das nennt man die **Pfadregel**.*

c) Wie erhält man die Wahrscheinlichkeit eines Ereignisses am Ende eines *Pfades*✱? Formuliere eine *Pfadregel*✱. Rechne damit auch die anderen Wahrscheinlichkeiten aus.

d) In wie vielen von 216 Fällen würfelt Till eine 1? Welche Werte im Baumdiagramm muss man dazu addieren (eine Summe bilden)?

e) Ergänze nach der Summe in d) die folgende allgemeine Rechnung im Heft.

Gesamtzahl $\cdot \frac{1}{6} +$ Gesamtzahl $\cdot \frac{5}{36} +$ Gesamtzahl $\cdot \frac{25}{216} =$ Gesamtzahl $\cdot \frac{\blacksquare}{\blacksquare}$

Erkläre in Worten: Was bedeutet diese Rechnung? Wie erhält man den Bruch rechts, mit dem man die Wahrscheinlichkeit in einem Schritt berechnen kann?

✱ Neues Wort
*Wahrscheinlichkeiten aus mehreren Wegen werden addiert. Das nennt man die **Summenregel**.*

f) Formuliere nach d) eine *Summenregel*✱.

► Materialblock S. 47 Wissensspeicher

g) Vergleicht eure Lösungen und übertragt sie in den Wissensspeicher.

Ordnen C

Wie kann man mittlere Ergebnisse vorausberechnen?

7 Mittlere erwartete Ergebnisse

Beim dreimaligen Werfen mit einer Münze sollen folgende Gewinne und Verluste gelten:
- 2 € Verlust (also −2 €), wenn alle drei Würfe gleich sind (z. B. WWW)
- 1 € Gewinn (also +1 €), wenn nicht alle drei Würfe gleich sind

► Materialblock S. 48 Wissensspeicher

a) Nutze die vorbereitete Darstellung im Materialblock und berechne für jedes der acht möglichen Spielergebnisse die Wahrscheinlichkeiten und die Gewinne bzw. Verluste.
- Wenn man 1000-mal spielt, in wie vielen Spielen gewinnt und in wie viel verliert man ungefähr?
- Wie groß sind Gewinn und Verlust insgesamt bei 1000 Spielen?
- Wie groß sind Gewinn und Verlust zusammen pro Spiel gerechnet?

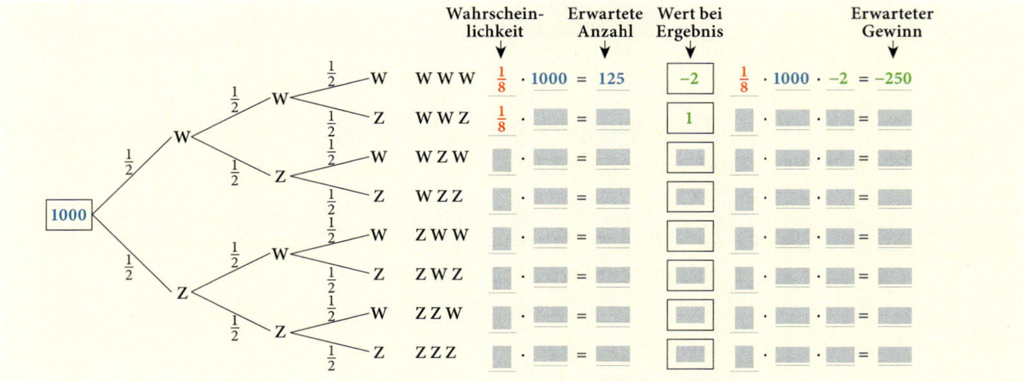

b) Der Wert eines einzelnen Spiels ist der Gewinn oder Verlust, den man macht. Wenn man viele Spiele, also z. B. 10 Spiele durchführt, kann man einen mittleren Gewinn/Verlust pro Spiel berechnen, indem man z. B. den Gesamtgewinn und -verlust zusammenrechnet und durch 10 teilt. Berechne den mittleren erwarteten Gewinn/Verlust, also den Gewinn/Verlust pro Spiel. Man nennt dies auch den *Erwartungswert** des Gewinns.

*** Neues Wort**
*Der **Erwartungswert** ist der mittlere erwartete Wert über viele Versuche hinweg.*

c) Man kann den Erwartungswert auch berechnen, ohne eine Anzahl von Versuchen festzulegen. Erkläre die folgende Formel und die Vereinfachung in der zweiten Zeile.

$$\text{Erwartungswert} = \frac{\text{Wahrscheinl.} \cdot \text{Anzahl} \cdot \text{Wert} + \text{Wahrscheinl.} \cdot \text{Anzahl} \cdot \text{Wert} + \ldots}{\text{Anzahl}}$$

$$\text{Erwartungswert} = \text{Wahrscheinl.} \cdot \text{Wert} + \text{Wahrscheinl.} \cdot \text{Wert} + \ldots$$

► Materialblock S. 48 Wissensspeicher

d) Man darf mit einem Würfel höchstens dreimal werfen, bis eine 6 kommt. Der Wert eines Spiels ist die Anzahl der Würfe. Was ist die erwartete mittlere Zahl der Würfe? Ergänze die fehlenden Werte im Materialblock und berechne den Erwartungswert für die Anzahl der Würfe.

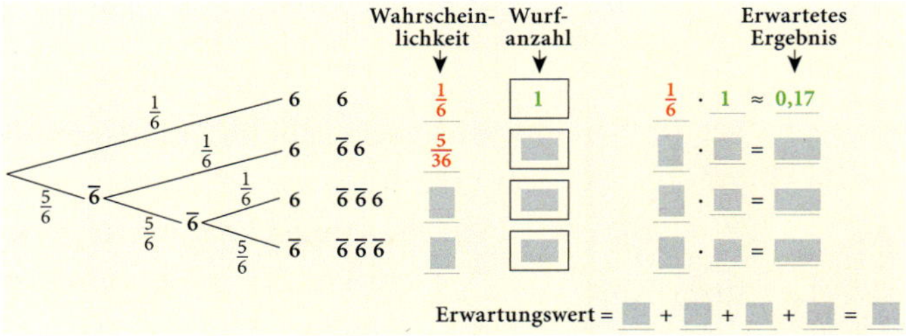

e) Vergleicht eure Lösungen und ergänzt den Wissensspeicher.

Vertiefen 1

Zufallssituationen simulieren

1 Simulationen beurteilen

Gute Nachrichten

Mit 43,5% im Jahr 2016 ist die seit 1994 niedrigste Quote für Scheidungen erreicht.

a) Pia recherchiert im Internet zu dem Zeitungsartikel, der links dargestellt ist.
Sie findet heraus, dass im Jahr 2011 die Wahrscheinlichkeit für eine Scheidung noch 50 % war. Sie möchte mit einer Simulation untersuchen, wie die Zahl der Scheidungen bei 150 Paaren aussehen kann.
Welche der folgenden Simulationen passt dazu?
(1) 150-mal eine Münze werfen. Wappen bedeutet, dass die Ehe geschieden wird.
(2) Mit einem Würfel 150-mal werfen. 1 oder 6 bedeutet Scheidung.
(3) Mit einem Würfel 150-mal werfen. Eine ungerade Zahl bedeutet Scheidung.

b) Pia hat ihre Versuche (mit einer passenden Simulation) mehrmals durchgeführt.

(1)

ja	nein
39	111

(2)

ja	nein
79	71

(3)

ja	nein
65	85

(4)

ja	nein
72	78

- Welches der Ergebnisse liegt am nächsten an der Zeitungsmeldung?
- Wie kommen die Abweichungen zustande?

Problemlösen

c) Im Jahr 1990 wurde ungefähr jede dritte Ehe geschieden. Wie könnte man das simulieren? Nenne mehrere Möglichkeiten.

2 Verteilung der Geburtstage im Jahr

a) Nimm zwölf verschiedene Spielkarten und simuliere die Verteilung der Geburtstage. Wie musst du dazu vorgehen? Welche Monate stehen für „Winter“ bzw. „Frühjahr“?

b) Lege eine Tabelle an und führe 20-mal eine Ziehung durch (Karte zurücklegen). Welche Werte könntest du theoretisch erwarten? Wie stark weichen deine simulierten Werte davon ab? Wie könnten Merve und Ole auf ihre Aussagen gekommen sein?

c) Till schlägt eine Simulation vor, bei der er mit zwei Würfeln wirft und dann die Augensumme bildet. Erkläre, ob diese Simulation passend ist. Korrigiere gegebenenfalls.

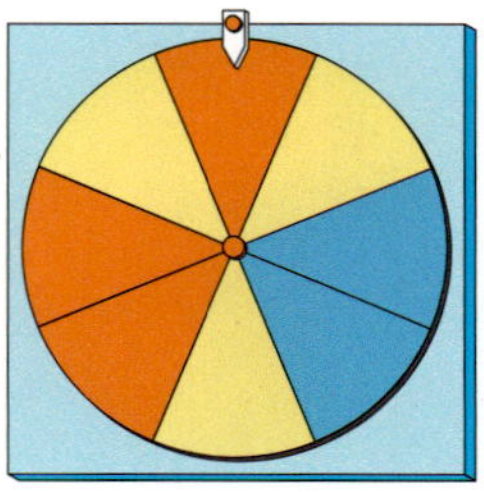

3 Unterschiedliche Zufallsgeräte für Simulationen

Welche Wahrscheinlichkeiten kann man mit diesen Zufallsgeräten simulieren?
Wie kann man jeweils vorgehen?
(1) mit einer Münze werfen
(2) mit zwei Münzen werfen
(3) das Glücksrad links drehen
(4) aus einem Skatspiel ein Ass ziehen
Hinweis: Ein Skatspiel enthält je 4-mal die Zahlen 7 bis 10, Bube, Dame, König und Ass.

Vertiefen 2 Wahrscheinlichkeiten mit Flächenbildern und Baumdiagrammen bestimmen

Training

4 Mit Flächenbildern Wahrscheinlichkeiten bestimmen

a) Übertrage das Quadrat in dein Heft und vervollständige.
- Welche Fläche steht für das gesuchte Ereignis „keine 6“?
- Wie groß ist dieser Anteil vom Anteil an der gesamten Fläche?

b) Beantworte anhand eines Flächenbildes aus a) die Fragen.
(1) Bei wie vielen von 360 Würfen mit zwei Würfeln kommt keine 6 vor?
(2) Bei welchem Anteil aller Würfe kommt keine 6?
(3) Mit welcher Wahrscheinlichkeit wirft man mit zwei Würfeln keine 6?
(4) Spielt es eine Rolle, ob man mit zwei Würfeln gleichzeitig oder mit einem Würfel zweimal hintereinander würfelt?

5 Mit Baumdiagrammen Wahrscheinlichkeiten bestimmen

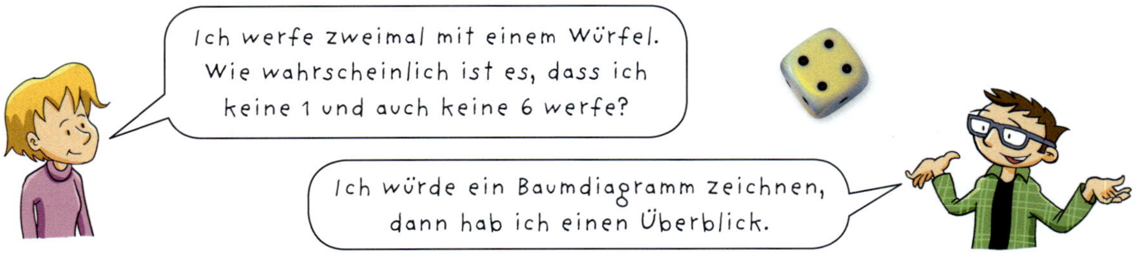

a) Zeichne ein Baumdiagramm und beantworte Pias Frage.

b) Zeichne ein Flächenbild und beantworte damit folgende Fragen.
(1) Welcher Anteil der ersten Würfe hat keine 1 und auch keine 6?
(2) Nachdem eine 2 geworfen wurde, welcher Anteil der zweiten Würfe hat keine 1 und auch keine 6?
(3) Wie ist es, wenn zuerst eine 3 geworfen wurde?
(4) Welcher Anteil aller Würfe hat keine 1 und keine 6?
(5) Wie hängen die Anteile am ersten, am zweiten und an allen Würfen zusammen?

c) Merve stellt sich vor, dass sie 300-mal einen Würfel wirft.
Wo kann man im Baumdiagramm und wo im Flächenbild die Würfe ohne Einsen und Sechsen ablesen?

Training

6 Wahrscheinlichkeit für einen Pasch

Hinweis
Du kannst für deine Untersuchungen auch das Darstellungswerkzeug verwenden.

142-1
Darstellungswerkzeug für Wahrscheinlichkeiten

Wie groß ist die Wahrscheinlichkeit, mit zwei Würfeln einen Pasch (beide Würfel zeigen dieselbe Augenzahl) zu würfeln?

(1) Zeichne ein Baumdiagramm, markiere alle Pfade, in denen ein Pasch vorkommt, und bestimme daraus die Wahrscheinlichkeit.
(2) Bestimme die Wahrscheinlichkeit mit einem Flächenbild.
Erkläre jeweils, wie du deine Antwort findest.

Training

7 Wahrscheinlichkeitssituation darstellen und berechnen

a) Spielwürfel zweimal werfen

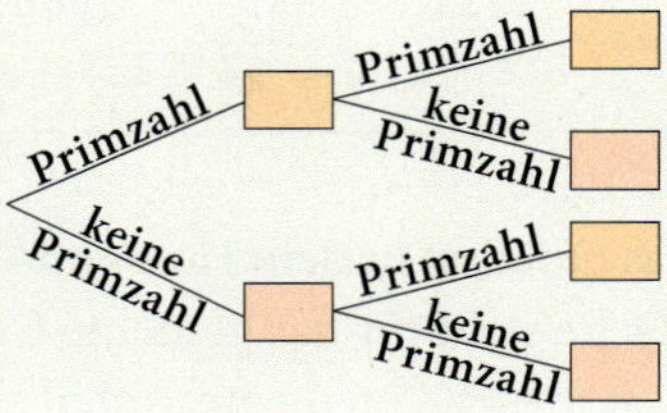

Zeichne auch als Flächenbild und bestimme die Wahrscheinlichkeiten.

b) zwei Münzen werfen

	W	Z
W	WW	WZ
Z	ZW	ZZ

Zeichne auch als Baumdiagramm und bestimme die Wahrscheinlichkeiten.

c) Wie wahrscheinlich ist eine Zweikinderfamilie ohne Mädchen?

Zeichne ein Baumdiagramm und ein Flächenbild und bestimme die Wahrscheinlichkeiten.

d) mit dem Glücksrad Gelb oder Orange treffen

Zeichne ein Baumdiagramm und ein Flächenbild und bestimme die Wahrscheinlichkeiten.

e) Würfel und Münze werfen

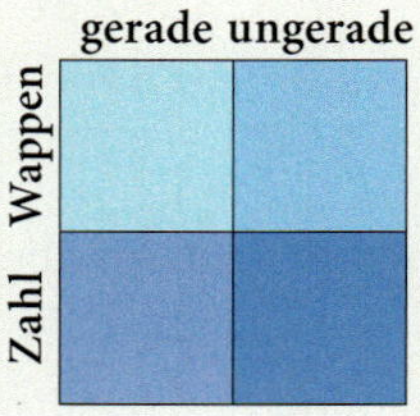

Zeichne ein Baumdiagramm und ein Flächenbild und bestimme die Wahrscheinlichkeiten.

f) Spielstein werfen, sodass er steht oder liegt. Schätze die Wahrscheinlichkeit für beides.

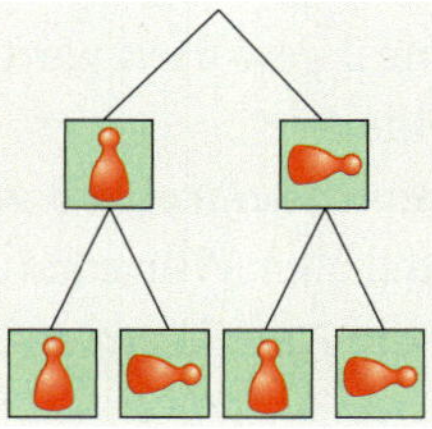

Zeichne auch als Flächenbild und berechne dann die Wahrscheinlichkeiten.

g) Welche Situationen aus a) bis f) passen zusammen und ergeben dieselben Wahrscheinlichkeiten? Erkläre.

8 Mensch ärgere dich nicht

Till hat beim „Mensch-Ärgere-dich-nicht“ bei drei Würfen keine Sechs bekommen, um mit seinem Spielstein ins Spiel zu kommen.
Lies erst alle Fragen a) bis e) durch und zeichne dann ein Baumdiagramm.

a) Wie groß ist die Wahrscheinlichkeit für „gar keine Sechs“ bei drei Würfen?

b) Ist bei drei Würfen „keine Sechs“ wahrscheinlicher als „mindestens eine Sechs“?

c) Wie groß ist die Wahrscheinlichkeit für „dreimal Sechs“ bei drei Würfen?
Markiere an einem Baumdiagramm, welchen Pfad du in Gedanken gehst.

d) Wie groß ist die Wahrscheinlichkeit, dass Till beim ersten und zweiten Wurf eine Sechs und beim dritten Wurf keine Sechs würfelt?

e) Pia behauptet: „keine Sechs“ ist bei drei Würfen wahrscheinlicher als „genau eine Sechs“.
- Wie rechnet Pia?
- Wie kann sie dies am Baum begründen?

Problemlösen

f) Wie groß ist die Wahrscheinlichkeit, bei drei Würfen eine, zwei oder drei Sechsen zu würfeln?
Wie kannst du geschickt vorgehen, um dies zu bestimmen?

Problemlösen

9 Unterschiedliche Würfel – Gleiche Wahrscheinlichkeiten

Ole und Till möchten mit Zufallsgeräten die Wahrscheinlichkeiten $\frac{1}{2}$, $\frac{1}{6}$ und $\frac{1}{12}$ simulieren.

a) Wenn Ole einen Zwölfer-Würfel hätte, mit welchen Regeln kann er dann die drei oben genannten Wahrscheinlichkeiten erhalten?

b) Ole und Till wollen diese Simulation auch durchführen.

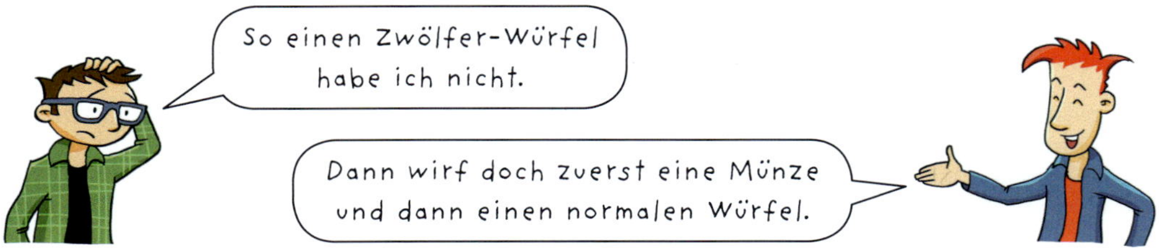

Kann Till mit seinem Vorschlag die drei Wahrscheinlichkeiten simulieren?
Zeichne dazu ein Baumdiagramm oder ein Flächenbild und begründe.

c) Kann man auch einen Zwanziger-Würfel ersetzen durch Münzen und normale Sechser-Würfel?
Begründe deine Antwort mit Beispielen: Wähle Zufallsgeräte und untersuche die möglichen Wahrscheinlichkeiten mit Baumdiagramm oder Rechteckbild.

Vertiefen 3

Wahrscheinlichkeiten rechnerisch bestimmen

10 Sechs und keine Sechs

Merve wirft mit zwei Würfeln und fragt dabei nur nach „Sechs“ oder „keine Sechs“.

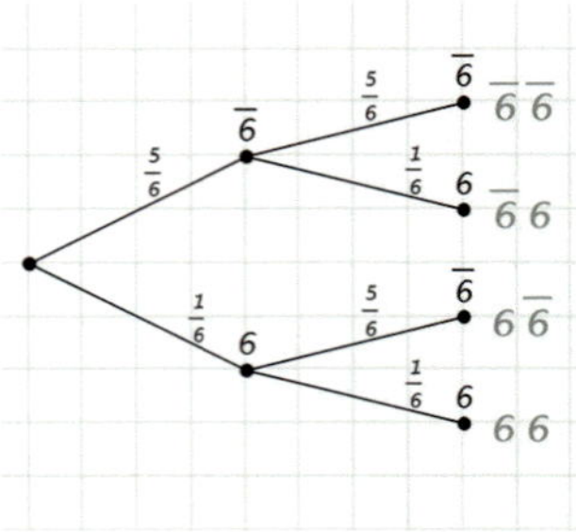

a) Wie passen der Baum und das Quadratbild dazu? Was bedeuten die Markierungen?

b) Beschreibe die vier möglichen Ereignisse und berechne ihre Wahrscheinlichkeiten. Welche sind am wahrscheinlichsten?

c) Gib ein Ereignis an, das die Wahrscheinlichkeit $\frac{35}{36}$ hat.

11 Sechs und keine Sechs

▸ Materialblock S. 49 Arbeitsmaterial

Till wirft mit einem „Zweierwürfel“ (z. B. Münze mit 1 und 2 beschriftet) und einem Sechserwürfel. Die möglichen Ereignisse hat er auf zwei Weisen dargestellt.

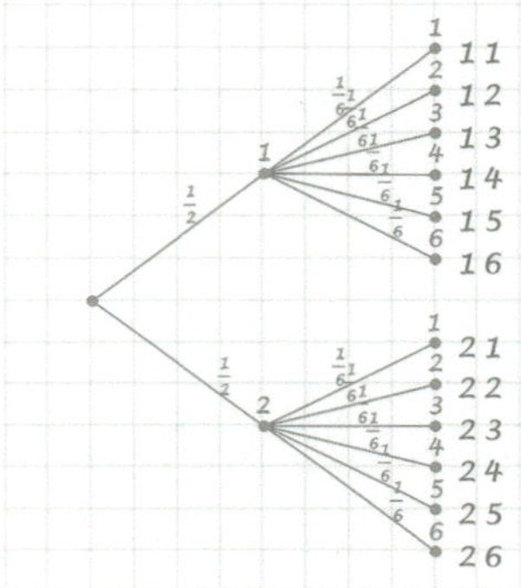

a) Markiere im Materialblock die folgenden Ereignisse im Baum und im Flächenbild. Bestimme dann ihre Wahrscheinlichkeiten.

(1) eine 1 und eine 6
(2) eine 1 und keine 6
(3) keine 1
(4) keine 6
(5) beide Werte gleich („Pasch“)
(6) Wert des Sechserwürfels größer als Wert des Zweierwürfels

b) Man kann den Baum auch mit dem Sechserwürfel beginnen und dann den Zweierwürfel als zweite Stufe zeichnen. Skizziere dies und prüfe an Beispielen aus a), ob dieselben Wahrscheinlichkeiten herauskommen.

12 Wahrscheinlichkeitsbäume ergänzen

▸ Materialblock S. 50 Arbeitsmaterial

Ergänze im Materialblock die fehlenden Wahrscheinlichkeiten an den Bäumen. Begründe deine Werte.

(1)

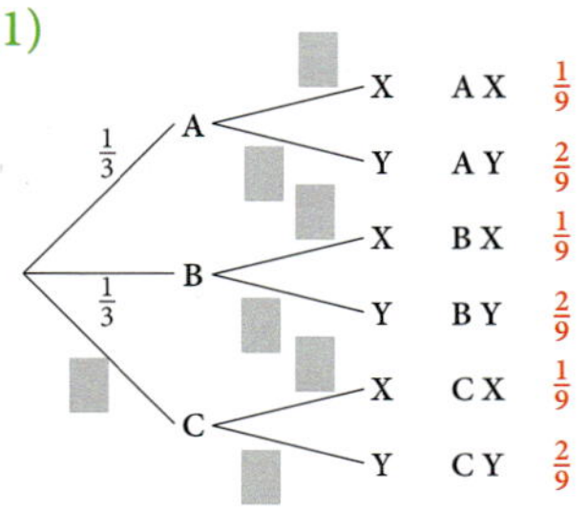

(2)

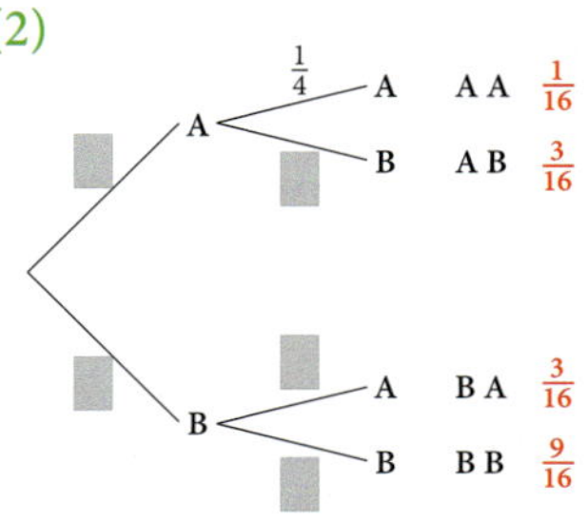

(3)

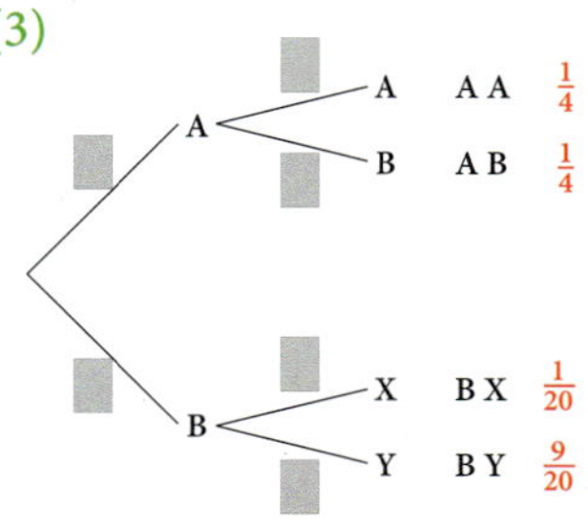

13 Ein Glücksspiel entwerfen

Till, Pia, Merve und Ole denken sich unterschiedliche Glücksspiele aus, bei denen eine Wahrscheinlichkeit von $\frac{1}{12}$ auftritt.

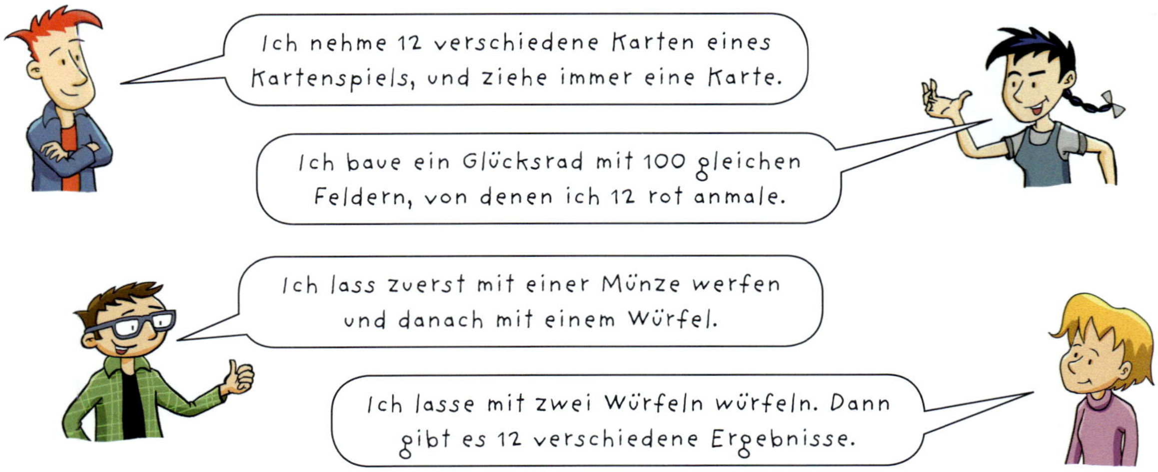

a) Untersuche die Ideen der Vier und versuche damit die gewünschte Wahrscheinlichkeit zu erreichen. Prüfe dabei, welche der vier Ideen zum Ziel führen.

b) Überlege dir noch weitere Möglichkeiten, die Wahrscheinlichkeit von $\frac{1}{12}$ zu erzeugen (in einem Schritt, in zwei Schritten, in drei Schritten). Erkläre deine Ideen.

14 Code knacken

a) Wie groß ist die Wahrscheinlichkeit, ein Zahlenschloss mit drei Rädchen mit einer zufälligen Einstellung zu knacken?

b) Vergleiche den Wert aus a) mit der Wahrscheinlichkeit bei einem elektronischen Code-Schloss, das einen dreistelligen Code hat.

15 Verschiede Wahrscheinlichkeiten an einem bunten Glücksrad

Bestimme die folgenden Wahrscheinlichkeiten. Wenn du noch Schwierigkeiten hast, kannst du passende Baumdiagramme oder Flächenbilder zeichnen.

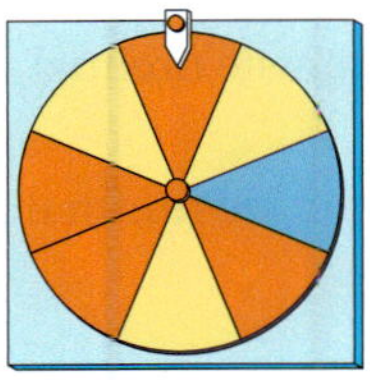

a) Das Glücksrad wird einmal gedreht. Wie groß ist die Wahrscheinlichkeit, Orange zu treffen? Wie groß ist die Wahrscheinlich für Gelb oder die für Blau?

b) Das Glücksrad wird zweimal gedreht. Wie groß ist die Wahrscheinlichkeit, zweimal Orange zu treffen, oder die für zweimal Gelb oder für zweimal Blau?

c) Das Glücksrad wird zweimal gedreht. Wie groß ist die Wahrscheinlichkeit, zweimal dieselbe Farbe zu treffen?

d) Das Glücksrad wird zweimal gedreht. Wie groß ist die Wahrscheinlichkeit, beide Male kein Orange zu treffen?

16 Geschickt kombinieren

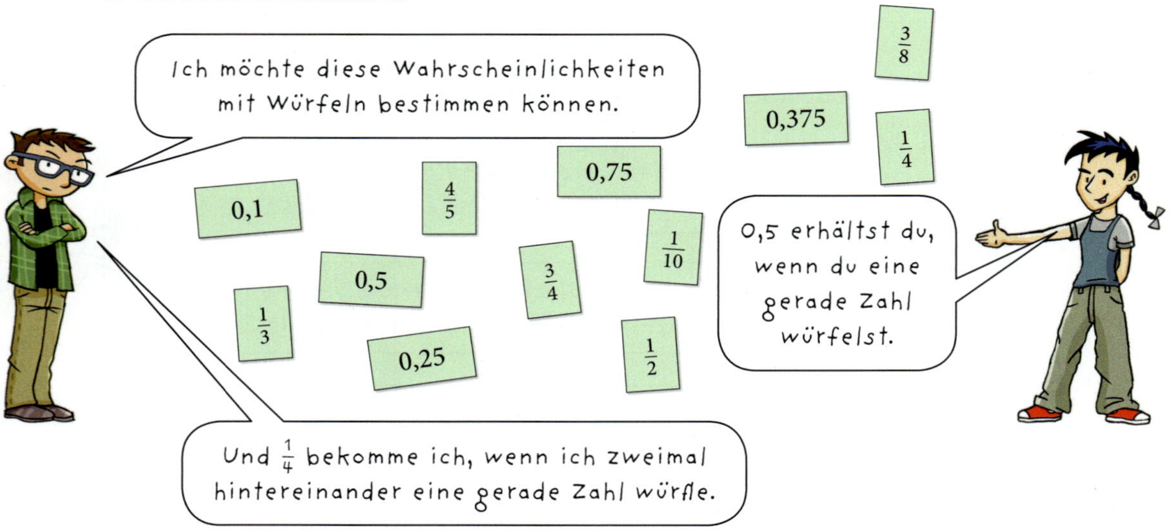

a) Finde möglichst viele Wahrscheinlichkeiten, die du mit normalen Spielwürfeln erreichen kannst. Welche Wahrscheinlichkeiten kannst du in einem Wurf bekommen? Für welche benötigt man zwei oder mehr Würfe?

b) Wie kannst du geschickt vorgehen, um von einer Wahrscheinlichkeit auf eine andere zu gelangen?

c) Welche der Wahrscheinlichkeiten kannst du auch mit Münzen bestimmen?

17 Wahrscheinlichkeiten einschätzen bei einfachen Zufallsversuchen

Tipp
Bei allen Situationen kann es helfen, ein Baumdiagramm zu zeichnen, um sie besser zu verstehen.

Schätze bei den folgenden Zufallssituationen erst einmal ganz „aus dem Bauch“ heraus. Prüfe deine Schätzung durch Nachrechnen. Lagst du sehr daneben? Woran hat es vielleicht gelegen?

a) Stell dir vor, dein Lehrer wirft zwei Würfel und gibt dir als Note die kleinere der Augenzahlen. Wie groß ist die Wahrscheinlichkeit, dass du eine Eins bekommst?

b) Beim Basketball trifft Jan mit einer Wahrscheinlichkeit von 40 %, Kira mit 70 %. Jeder wirft einmal. Ist es wahrscheinlicher, dass sie zusammen 0 oder 2 Treffer erzielen?

c) Tennisspieler A gewinnt in einem einzelnen Spiel zu 60 % gegen Tennisspieler B.
- Wie wahrscheinlich gewinnt er nach Spielen (also mindestens 2 : 1), wenn sie dreimal gegeneinander spielen?
- Wie wahrscheinlich gewinnt er nach Spielen (also mindestens 3 : 2), wenn sie fünfmal gegeneinander spielen?

d) Wie wahrscheinlich ist es, dass du bei dreimal Würfeln wenigstens einmal eine 6 gewürfelt hast?

e) In einem Flugzeug gibt es manche Systeme dreifach. Erst wenn alle ausfallen, wird es problematisch. Ein Messfühler funktioniert im Normalbetrieb in 99 % der Flüge. Wie wahrscheinlich ist es, dass mindestens einer von drei Messfühlern funktioniert?

18 Mit Heftzwecken würfeln

Merve und Pia erfinden ein neues Spiel zum Würfeln mit Heftzwecken.
In einer Versuchsreihe haben sie bereits herausgefunden, dass Heftzwecken beim Werfen zu 40 % auf den Rücken fallen. Es wird mit drei Heftzwecken geworfen.
Die möglichen Ereignisse sind: Drei, zwei, eine, keine Heftzwecke fallen auf den Rücken.

a) Bestimme die Wahrscheinlichkeiten für alle Ereignisse.

b) Pia schlägt diese Spielregel vor:

> Wenn mindestens zwei Reißzwecken auf den Rücken fallen,
> bekommt man den doppelten Einsatz zurück.
> In allen anderen Fällen verliert man seinen Einsatz.

Würdest du bei dem Spiel mitspielen? Begründe deine Antwort.

19 Mensch-ärgere-dich-nicht mit zwei Würfeln

Beim Würfelspiel Mensch-Ärgere-Dich-Nicht wird ausnahmsweise mit zwei Würfeln gewürfelt.

a) Im letzten Zug ergab sich die rechts dargestellte Situation.
- Mit welcher Wahrscheinlichkeit schlägt die grüne Figur die blaue Figur?
- Mit welcher Wahrscheinlichkeit schlägt die grüne Figur die rote Figur?

Stelle erst eine Vermutung auf und bestimme dann die beiden Wahrscheinlichkeiten.

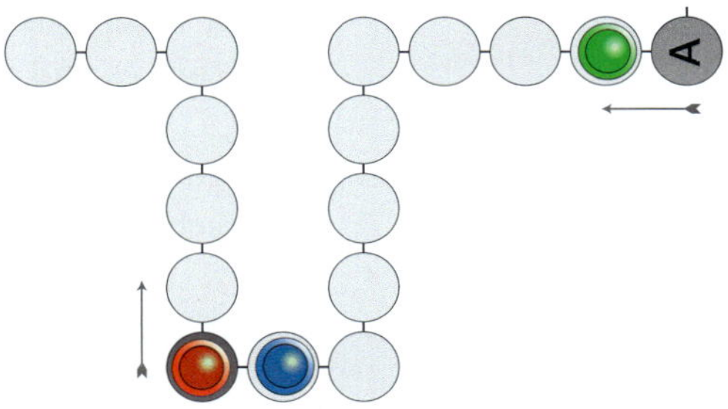

b) In Tills nächstem Zug ist er mit seiner grünen Figur den beiden anderen Figuren nähergekommen.

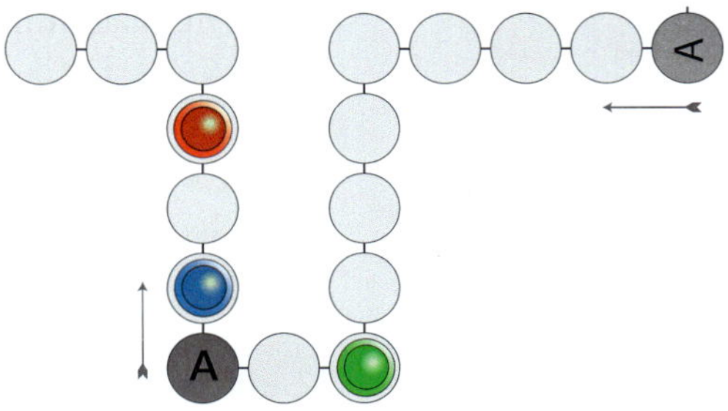

Begründe, weshalb Till mit seiner Einschätzung nicht Recht hat.

c) Wenn man bei einem Wurf mit zwei Würfeln mindestens eine 6 erzielt, darf man eine Figur auf das Startfeld setzen und dann mit der zweiten Zahl weitersetzen.
Wie groß ist die Wahrscheinlichkeit, dass das bei einem Wurf passiert?
Zeichne ein Flächenbild oder ein Baumdiagramm und erkläre dein Vorgehen.

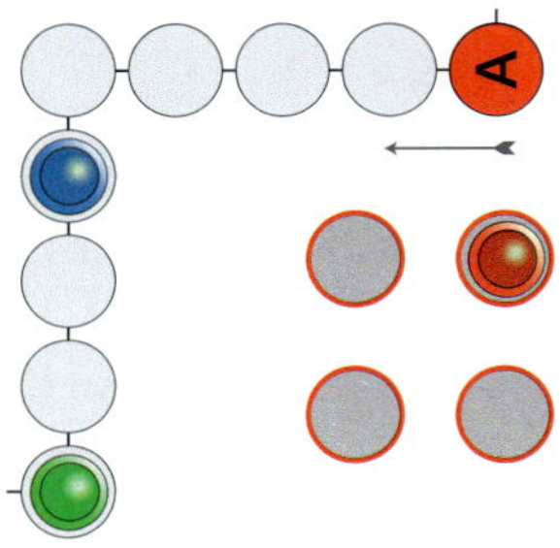

20 Wettchancen einschätzen

Pia schlägt Till ein Spiel vor: „Wir werfen fünfmal mit einer Münze. Wenn dreimal Zahl oder dreimal Wappen kommt, gewinne ich, sonst gewinnst du."
Würdest du an Tills Stelle darauf eingehen? Erkläre, wie du dazu vorgehst.

21 Galtonbrett

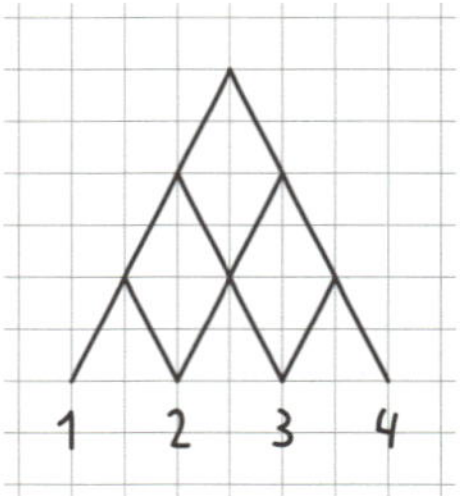

Bei einem Galtonbrett werden Kugeln oben eingeworfen und auf ihrem Weg nach unten Stufe für Stufe zufällig nach rechts oder nach links gelenkt.
Bei dem rechts abgebildeten Galtonbrett sind es acht Stufen und neun Ausgänge.
Um herauszufinden, wie wahrscheinlich es ist, dass die Kugeln in die verschiedenen Ausgänge fallen, untersuche zunächst ein Galtonbrett mit nur drei Stufen (linke Skizze).

a) Zeichne ein Bild vom kleinen Galtonbrett wie in der Skizze. Finde verschiedene mögliche Wege, die eine Kugel nehmen kann. Wie viele Wege findest du?

b) Das Baumdiagramm, mit dem man die Wahrscheinlichkeiten darstellen kann, sieht anders aus als das Bild der Skizze.
Zeichne es und erkläre, warum sich in jedem Schritt die Zahl der Äste verdoppelt.

c) Trage am Ende des Baumdiagramms ein, in welches Fach die Kugel am Schluss fällt. Berechne dann die Wahrscheinlichkeit für jedes Fach.

d) Untersuche nun ein großes Galtonbrett mit zehn Stufen:
- Wie viele verschiedene Fächer gibt es?
- Wie viele Äste hat der zugehörige Wahrscheinlichkeitsbaum? Du musst ihn nicht ganz zeichnen.
- Wie wahrscheinlich ist es, dass eine Kugel in das ganz linke Fach fällt?

e) Wie wahrscheinlich ist es, dass eine Kugel in das zweite, dritte oder vierte Fach fällt? Erkläre genau, wie du vorgehst.

22 Macht Rauchen krank?

a) 25 % der Erwachsenen in Deutschland rauchen regelmäßig. 6 % der Bevölkerung leiden unter einer Atemwegserkrankung. Wenn Raucher und Nichtraucher gleich wahrscheinlich erkranken, wie sieht dann das Baumdiagramm und wie das Flächenbild aus?

b) Tatsächlich sind nur 1 % der Nichtraucher von Atemwegserkrankungen betroffen, aber 21 % der Raucher. Zeichne ein verändertes Baumdiagramm und ein Flächenbild.

	Raucher	Nichtraucher
erkrankt		
nicht erkrankt		

c) Man kann die Situation auch in einer sogenannten Vierfeldertafel darstellen.
Gehe von 100 Personen aus und ergänze passende Zahlen.
Wo findet man die 25 Raucher, wo die 6 Erkrankten?

23 Was bringt die Früherkennung?

Etwa 1 % aller Frauen haben Brustkrebs. Ein Früherkennungstest schlägt bei erkrankten Frauen zu 67 % tatsächlich an. Aber auch bei den Gesunden schlägt der Test zu 5 % an, obwohl sie nicht an Brustkrebs erkrankt sind.
Frau Müller geht zum Arzt und dieser teilt ihr mit: „Bei Ihnen zeigt das Testergebnis Brustkrebs an. Der Test ist allerdings nicht ganz sicher."
Frau Müller überlegt nun, wie wahrscheinlich es ist, dass sie wirklich Brustkrebs hat.

a) Versuche die Wahrscheinlichkeit zu schätzen.
Welche der gegebenen Wahrscheinlichkeiten könnten zutreffen?
① 95 % ② 67 % ③ 33 % ④ 10 % ⑤ 1 %

b) Mit einem mehrstufigen Baumdiagramm kannst du die Wahrscheinlichkeit selbst ausrechnen. Zeichne einen Baum in dein Heft und beschrifte ihn mit den passenden Wahrscheinlichkeiten. Einige kannst du aus dem Text ablesen, andere musst du ausrechnen.

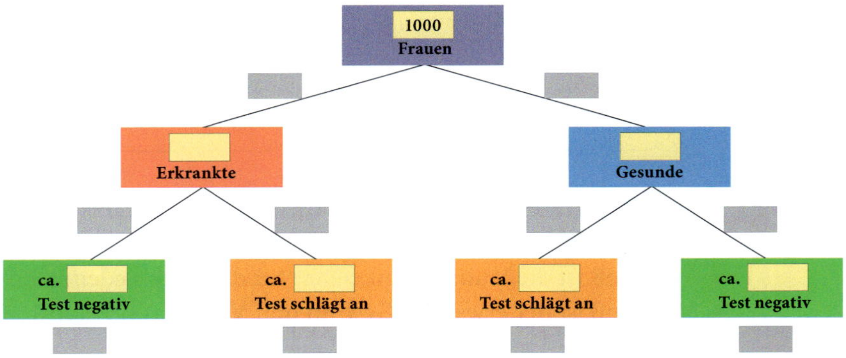

c) Wie wahrscheinlich ist es wohl, dass Frau Müller wirklich Brustkrebs hat?
- Wie kannst du das mit Hilfe des Baumdiagramms berechnen?
- Welche der vier Fälle Wahrscheinlichkeiten unten am Baumdiagramm braucht man für die Beantwortung der Frage?

d) Pia schreibt die Lösung in einem einzigen Term auf.
Erkläre die einzelnen Teile dieses Terms

$$\frac{1}{100} \cdot \frac{2}{3} + \frac{99}{100} \cdot \frac{1}{20}$$

e) Man kann die Situation auch übersichtlich darstellen, wenn man eine sogenannte Vierfeldertafel oder ein Rechteckbild anlegt.

	Erkrankt	Gesund
Test schlägt an		
Test negativ		

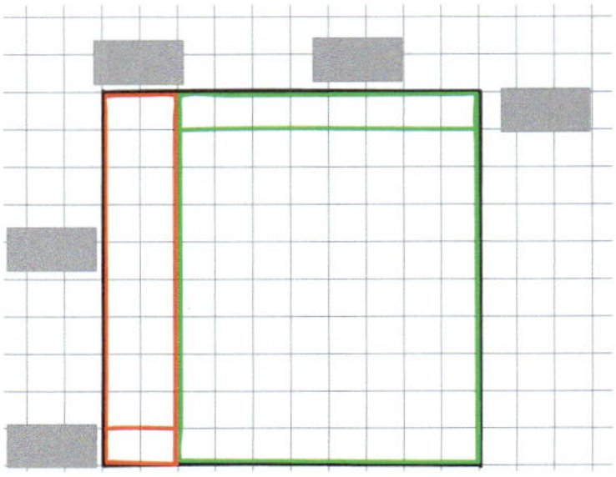

Übertrage die Tabelle und das Bild in dein Heft und trage die Wahrscheinlichkeiten und die Anzahlen ein. Erkläre damit das erstaunliche Ergebnis aus c).

Vertiefen 4

Erwartungswerte bestimmen

Training

24 Gewinnen und Verlieren bei einfachen Spielen

Pia und Merve wollen sich die Zeit mit einem einfachen Glücksspiel vertreiben. Sie können sich nicht entscheiden, welches Spiel sie wählen.

(1) Pia wirft mit einem Sechserwürfel. Bei einer Sechs bekommt sie 6 Cent von Merve. In allen anderen Fällen muss sie Merve 1 Cent geben.

(2) Pia wirft mit zwei Münzen. Wenn beide Münzen Kopf zeigen, erhält sie 5 Cent. In allen anderen Fällen bekommt Merve 1 Cent von ihr.

(3) Pia setzt 1 Cent. Sie würfelt mit einem Sechserwürfel. Bei einer Sechs bekommt sie den Cent zurück und zusätzlich 2 Cent von Merve. Bei einer Eins oder Zwei verliert sie den Cent. In allen anderen Fällen kann sie ihren Cent zurücknehmen.

a) Beantworte für die Spiele (1) bis (3) die folgenden Fragen.
- Welche verschiedenen Ereignisse gibt es?
- Wie groß ist die Wahrscheinlichkeit für die verschiedenen Ereignisse?
- Wie groß ist der erwartete Gewinn und Verlust von Pia in 100 Spielen?

b) Betrachte die Spiele, die nicht ausgeglichen sind, also bei denen der Erwartungswert nicht 0 Cent ist. Ändere die Regel so ab, dass sie ausgeglichen sind.

nachgedacht

c) Wie groß ist jeweils der erwartete Gewinn oder Verlust von Merve?

25 Ausgeglichene Spiele erstellen

Pia und Merve denken sich ausgeglichene Spiele aus, bei denen erwarteter Gewinn und erwarteter Verlust gleich sind. Was sollten sie bei den Spielen (1) bis (3) an der Stelle ■ einsetzen, damit das Spiel ausgeglichen, also der Erwartungswert 0 Cent ist?
Überlege zuerst und prüfe dann nach, indem du den Erwartungswert berechnest.

(1) Würfeln mit einem Sechserwürfel: Bei einer Sechs bekommt Pia 5 Cent von Merve. Sonst muss sie Merve ■ Cent geben.

(2) Werfen mit einem Zehnerwürfel: Bei einer Neun oder Zehn bekommt Pia 4 Cent. Bei einer Fünf, Sechs, Sieben oder Acht geschieht nichts. Bei einer Eins, Zwei, Drei oder Vier muss sie ■ Cent abgeben.

(3) Werfen von zwei Münzen: Wenn Kopf dabei ist, gewinnt Pia ■ Cent. Wenn kein Kopf dabei ist, verliert sie ■ Cent.

26 Erwartungswert am Baumdiagramm und Flächenbild berechnen

Das folgende Baumdiagramm stellt ein Spiel mit zwei Würfeln dar.
Für jede Sechs gewinnt man 1 Cent.
Für jeden Sechser-Pasch (beide Würfel zeigen die Sechs) gewinnt man zusätzlich 5 Cent.
In allen anderen Fällen verliert man 1 Cent.

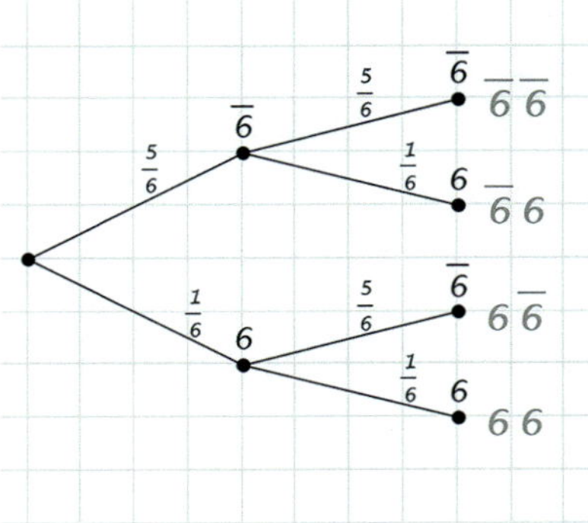

a) Welches sind die Wahrscheinlichkeiten für die folgenden Fälle?
- keine Sechs
- zwei Sechsen
- genau eine Sechs

b) Gib zu jedem möglichen Ereignis den Gewinn oder den Verlust an.

c) Berechne den Gewinn oder Verlust, den du bei 36 Spielen erwartest.

d) Berechne den Erwartungswert, also den erwarteten Gewinn pro Spiel.
Würdest du dich an dem Spiel beteiligen? Begründe deine Entscheidung.

27 Verschiedene Erwartungswerte

Für das Werfen mit einem Würfel und einer Münze sind verschiedene Spiele mit unterschiedlichen Gewinn-/Verlust-Verteilungen vorgeschlagen.

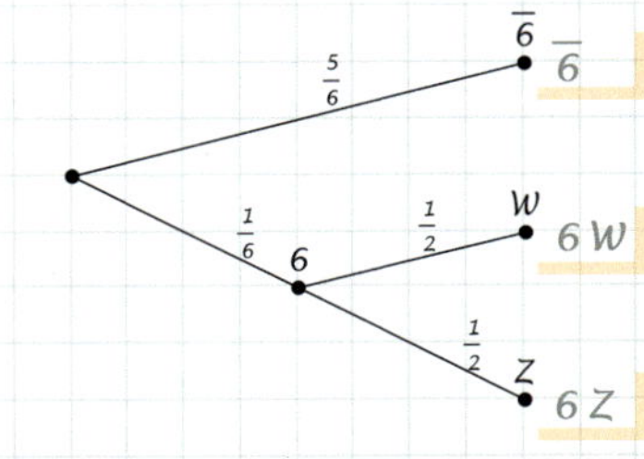

	Spiel (1)	Spiel (2)	Spiel (3)	Spiel (4)
6̄	− 1 €	0 €	− 2 €	− 1 €
6 W	+ 1 €	+ 1 €	− 1 €	+ 1 €
6 Z	+ 2 €	− 1 €	+ 10 €	+ 1 €

a) Beschreibe die Regeln für die vier Spiele.

b) Bei welchem Spiel erwartest du den höchsten Gewinn, bei welchem den geringsten?
Schätze zunächst, ohne zu rechnen.
Berechne danach und überprüfe deinen ersten Eindruck.

28 Gewinn und Verlust bei Glücksspielen

Bei vielen Glücksspielen wie Lotto oder Roulette spielt ein Spieler gegen eine Lottogesellschaft oder eine Bank. Viele Spieler erhoffen sich große Gewinne. Hier soll ein vereinfachtes Beispiel, das Tausenderlotto, untersucht werden.

> Ein Los kostet 1 €.
> Man tippt eine der Zahlen von 0 bis 999.
> Dann wird eine Zahl zufällig gezogen.
> Wenn man die gezogene Zahl getroffen hat, erhält man 500 €.

a) Untersuche, wie dieses Spiel funktioniert und welche Gewinne man erwarten kann.

b)
- Bestimme die Wahrscheinlichkeiten für die beiden Ereignisse „Gewinnen“ und „Verlieren“.
- Berechne den Erwartungswert für ein Spiel.
- Wie viel gewinnt oder verliert man etwa, wenn man 100-mal spielt?
- Wie viel gewinnt die Lottogesellschaft, wenn 10 000 Spieler mitspielen?

c) Oft gibt es bei einer Lotterie auch kleine Gewinne, damit die Spieler gelegentlich gewinnen und zufrieden weiterspielen.
Ändere die Regeln so:

> Wenn die Zehner und Hunderter richtig sind, erhält man 10 €.
> Wenn nur die Hunderter richtig sind, erhält man den Euro Einsatz zurück.

- Wie viel gewinnt oder verliert man nun etwa, wenn man 100-mal spielt?
- Wie viel gewinnt die Lottogesellschaft nun, wenn 10 000 Spieler mitspielen?

29 Warum beim Roulette nur die Bank gewinnt

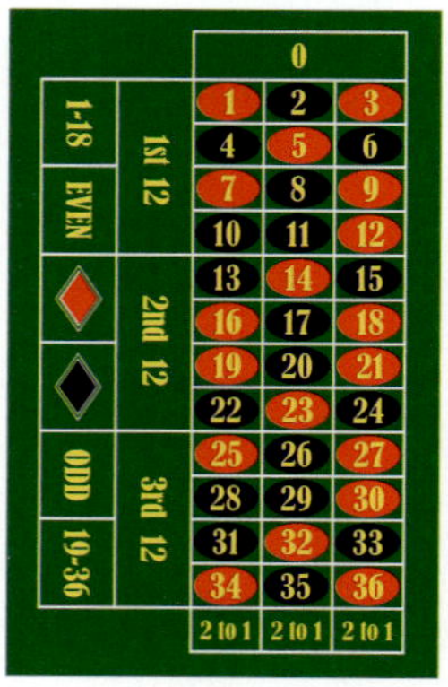

Beim Roulette spielt man gegen eine Bank. Mit einer Kugel wird eine Zahl von 0 bis 36 ermittelt. Die Hälfte der Zahlen ist rot, die andere Hälfte ist schwarz, die 0 ist grün. Wenn man auf die richtige Farbe rot oder schwarz gesetzt hat, bekommt man den doppelten Einsatz zurück, sonst nichts.

a)
- Berechne die Wahrscheinlichkeiten für die Ereignisse rot, schwarz und null.
- Berechne damit den Erwartungswert für ein Spiel mit Einsatz 1 €.
- Wie hoch ist der erwartete Gewinn bzw. Verlust, wenn man 100-mal spielt oder wenn man auf einmal 100 € einsetzt?

b) Statt auf eine Farbe kann man auch auf eine Zahl setzen. Wenn die richtige Zahl kommt, erhält man seinen Einsatz zurück und das 35fache als Gewinn.
- Berechne die Wahrscheinlichkeiten und den Erwartungswert eines solchen Spiels.
- Warum ist der Erwartungswert negativ, so dass man auf lange Sicht verliert?
- Wie müsste man die Regeln ändern, damit das Spiel ausgeglichen ist?

c) Für die Bank sieht es besser aus. Aus ihrer Sicht gibt es z. B. für die drei Ereignisse rot, schwarz und 0 andere Gewinne und Verluste. Stelle dir vor, in jeder Runde setzt ein Spieler immer 1 € auf Schwarz. Was ist der erwartete Gewinn oder Verlust für die Bank?

30 Versicherungen

Auch eine Versicherung ist eine Art Spiel mit dem Zufall.
Eine Versicherungsgesellschaft nimmt bei einem Kunden eine Prämie (z. B. 180 €
pro Jahr) für eine Autoversicherung.
Die Wahrscheinlichkeit, dass bei bestimmten Kunden und Autos überhaupt kein Schaden eintritt, lässt sich aus statistischen Daten abschätzen, z. B. 88 %.
Nimm an, die Wahrscheinlichkeit für kleine Schäden (z. B. 500 €) beträgt 10 % und die für große Schäden (z. B. 5000 €) beträgt 2 %.

a) Der Gewinn der Versicherungsgesellschaft pro Jahr und Kunden ist ein Erwartungswert. Stelle die Situation in einem Baumdiagramm dar und berechne den Erwartungswert.

b) Es kann passieren, dass ein Kunde zu einem Verlust für die Versicherungsgesellschaft wird. Wieso kann eine Versicherungsgesellschaft ein solches Risiko tragen?
Was kann sie alles tun, damit das Risiko nicht zu groß wird?

31 Überbuchung von Flugzeugen

Bei Fluggesellschaften ist es üblich, mehr Plätze zu buchen, als vorhanden sind, weil immer wieder einzelne Passagiere einen gebuchten Flug zum Beispiel aufgrund von Krankheit nicht antreten. Die Einnahmen werden dadurch gesteigert, denn man hat immer ein volles Flugzeug.
Andererseits muss eine Fluggesellschaft Schadensersatz bezahlen, wenn sie einen Passagier nicht mitnehmen kann.
Nimm diese Werte an:
Einnahme pro Flug: 275 €;
Schadensersatz im Falle einer Nicht-Beförderung: 400 €

a) Von den 149 Sitzplätzen einer Boeing 737 sind die folgenden Buchungen und Ausfälle in den letzten zehn Flügen festgehalten worden.

Flug-Nr.	1	2	3	4	5	6	7	8	9	10
Buchungen	140	155	142	151	152	159	149	132	160	155
Ausfälle	8	4	2	2	1	6	5	7	6	5

Berechne den Gewinn bzw. Verlust für die letzten zehn Flüge.

b) Um zu berechnen, welche Überbuchungen sinnvoll sind, kann eine Mathematikerin, die für die Fluggesellschaft arbeitet, zum Beispiel von folgender Situation ausgehen:

Überbuchung: 155 Buchungen für 149 Plätze

Anzahl der Ausfälle	0	1	2	3	4	5	6	7	8
Wahrscheinlichkeit der Ausfälle	5 %	15 %	22 %	23 %	17 %	10 %	5 %	2 %	1 %

Berechne für jedes Ereignis aus a) die Wahrscheinlichkeit und den Erwartungswert (das heißt, Gewinn und Verlust) für die Gesellschaft.
Ist die Überbuchung von 155 Passagieren für nur 149 Plätze eine gute Idee?

Checkliste

Zufall bei Jungen und Mädchen – Wahrscheinlichkeiten kombinieren

Ich kann … *Ich kenne …*	*Hier kann ich üben …*
Ich kann Zufallsprozesse durch Simulationen beschreiben. Eine Familie bekommt drei Kinder hintereinander. In jedem Schritt ist ein Junge oder ein Mädchen gleichwahrscheinlich. Wie kann man diesen Zufallsversuch mit einem Würfel simulieren?	S. 140 Nr. 1, 2
Ich kann mehrstufige Zufallsversuche als Rechteckbild (Quadrat/Rechteck) darstellen. Du wirfst zweimal mit einem Würfel. Zeichne dazu ein Rechteckbild und markiere darin das Ereignis „Beide Würfe verschieden“. Welcher Anteil gehört zu diesem Ereignis?	S. 141 Nr. 4 S. 142 Nr. 6, 7
Ich kann mehrstufige Zufallsversuche als Baumdiagramm darstellen. Du wirfst dreimal mit einer Münze. Zeichen dazu ein Baumdiagramm und markiere darin das Ereignis „Alle Würfe gleich“.	S. 141 Nr. 5 S. 142 Nr. 6, 7
Ich kann Wahrscheinlichkeiten in mehrstufigen Zufallsversuchen erklären und rechnerisch bestimmen. Du wirfst dreimal mit einem Würfel und beachtest nur die beiden Ereignisse „6“ oder „keine 6“. Bestimme mit Hilfe eines Baumdiagramms rechnerisch die Wahrscheinlichkeit für „Dreimal keine 6“.	S. 144 Nr. 10–12 S. 145 Nr. 15
Ich kann bei einem Zufallsversuch den Erwartungswert bestimmen. Beim Werfen von zwei Würfeln verlierst du 1 Cent, wenn keine 6 dabei ist. Du gewinnst 2 Cent, wenn eine 6 dabei ist. Entscheide, ob sich das Spiel lohnt und berechne dazu den Erwartungswert.	S. 150 Nr. 24, 25 S. 151 Nr. 26

▸ *Hinweis:* Im Materialblock auf Seite 51 findest du diese Checkliste für deine Selbsteinschätzung.
Zusätzliche Übungsaufgaben findest du im Internet unter www 154-1.
(www.cornelsen.de/mathewerkstatt, Webcode: MWS040048-154-1)

Informationen im Internet – Erklären, hinterfragen, Stellung nehmen

In diesem Kapitel ...

- berechnest du, was das Leben kostet.
- rechnest du zu vielen Fragen des Alltags mit Informationen aus dem Internet.
- erklärst und hinterfragst du Informationen, die rechnerisch nicht zusammenpassen.
- nimmst du Stellung zu Informationen und falschen Berechnungen im Internet.

Cool ist das schon, das Internet. Egal, was ich mich im Alltag frage, hier finde Informationen und Zahlen. Aber gibt es Daten zu allem, z. B. auch, was glücklich macht?
Ich will planen, wie viel mein Leben so kostet, wenn ich ausziehe. Aber ich habe doch keine Ahnung von Versicherungen, Wohnung und Lebenshaltungskosten.

Vorsicht, ihr glaubt doch wohl nicht alles, was ihr da lest? Manchmal muss man ganz schön grübeln und rechnen. In Foren schreibe ich oft, wenn etwas Quatsch war.
Da braucht man manchmal richtig viel Mathe, gestern brauchte ich Funktionen.
SMARTMENÜ
RADIO
TV
INTERNET
SM
SM

Erkunden A

Wie finde ich heraus, was das Leben kostet?

1 Was kostet mein Leben? – Recherchieren im Internet

Oles Schwester Lena beginnt eine Lehre. Im ersten Lehrjahr erhält sie nach Abzug aller Abgaben 480 €.
Sie überlegt, ob sie sich leisten kann, auszuziehen und ihr Leben selbst zu finanzieren. Ole und Lena stellen zusammen, welche Kosten auf sie zukommen.

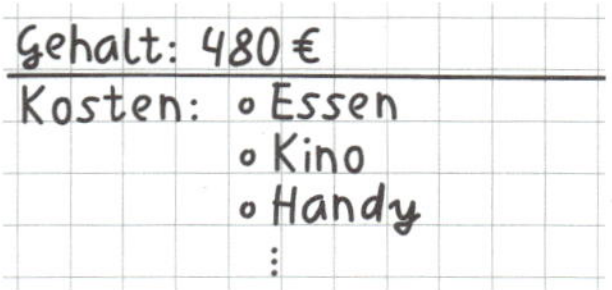

a) Welche Kosten muss Lena bedenken? Wie hoch sind diese?
- Überlegt zunächst selbst.
- Erkundigt euch im Internet, wie viel für die Kostenpunkte bezahlt werden muss.

b) Vergleicht eure Berechnungen untereinander und ergänzt sie.
Beratet euch auch bei den Internetquellen, die ihr benutzt habt.
Klärt dabei zum Beispiel folgende Fragen:
- Sind die Informationen umfassend genug?
- Sind die Informationen verlässlich oder widersprechen sie sich?

Gut zu wissen
Als Hartz IV wird die Unterstützung durch den Staat bezeichnet, den man bei längerer Arbeitslosigkeit erhält.

c) Als Orientierung für einen Grundbedarf, kann auch die offizielle Berechnung für Hartz-4-Empfänger helfen. Dort werden Annahmen über die typischen Bedarfe einer Person gemacht (Liste rechts). Finde weitere Beispiele für die einzelnen Kostenpunkte.

Bedarfsberechnung für Hartz 4

Wohnen (Miete, Energie, Instandhaltung)	max. 356,84 €
Essen und Trinken	140,98 €
Bekleidung und Schuhe	35,63 €
Wohnungs- und Haushaltsausstattung	25,65 €
Verkehr (z. B. Fahrrad, Bus und Bahn)	16,06 €
Telefon, Handy, Internet	31,48 €
Freizeit (Unterhaltung, Kultur, Gaststätten)	49,34 €
Sonstiges (z. B. Körperpflege, Gesundheit, …)	41,02 €
Summe	**max. 690,00 €**

d) Vergleicht Eure Berechnung der Lebenshaltungskosten aus a) mit der Bedarfsberechnung für Hartz 4 aus c).
- Was ist ähnlich, was habt ihr anders veranschlagt?
- Welche Kostenpunkte hattet ihr vergessen?
- Welche hattet ihr, die in der Liste von c) fehlen?

e) Die Miete ist der Kostenpunkt, der am stärksten schwankt, je nachdem, wo man lebt. Finde heraus, wie hoch die Mieten in euren Ortsteilen sind. Welche Nebenkosten zur Miete müssen berücksichtigt werden? Dies wird in Aufgabe 7 auf Seite 170 vertieft.

Hinweis
Weitere Teilfragen werden in den Aufgaben 1 bis 7 auf den Seiten 166 bis 170 geklärt.

f) Welche Fragen müsste Lena für sich genauer klären, bevor sie ihre Lebenshaltungskosten präziser überblicken kann?
Sollte Lena ausziehen? Gebt ihr einen begründeten Rat auf Basis eurer Berechnungen.

nachgedacht

g) Diskutiert gemeinsam über eure Informationsquellen:
- Auf welchen Webseiten habt ihr gesucht?
- Wie verlässlich sind diese Quellen? Wie aktuell waren sie?
- Welche Alternativen hätte es gegeben?
- Wie geht ihr mit Informationen im Internet um, die euch komisch vorkommen?

Erkunden B

Wie kann ich kritisch mit Informationen umgehen?

► Materialblock S. 56 Basisaufgabe

2 Internet-Informationen zum Alkoholabbau

Nicht nur zu den Lebenshaltungskosten findet man mathematikhaltige Informationen im Internet, auch zu kleineren Fragen des Alltags wie dem Alkoholabbau. Um sie zu verstehen, muss man mathematisch denken.

Gut zu wissen
Promille heißt für Tausend, also sind es Tausendstel.

a) Nach einem Fest hat Tills Vater um Mitternacht 1,9 Promille Alkohol im Blut, seine Mutter um 2 Uhr 1,3 Promille. Das haben sie mit einem Alkoholtester überprüft. Sie wollen wissen, ob sie am Morgen danach mit dem Auto zur Arbeit fahren dürfen. Dazu informieren sie sich im Internet.

Alkoholabbau
Im Blut wird der Alkoholgehalt unabhängig von der Konzentration annähernd linear abgebaut, und zwar um durchschnittlich pro Stunde 0,15 ‰ bis 0,17 ‰ bei Männern bzw. 0,1 ‰ bis 0,2 ‰ bei Frauen. Diese gleichbleibende Abnahme ermöglicht nach dem Ende des Alkoholkonsums die Rückrechnung.

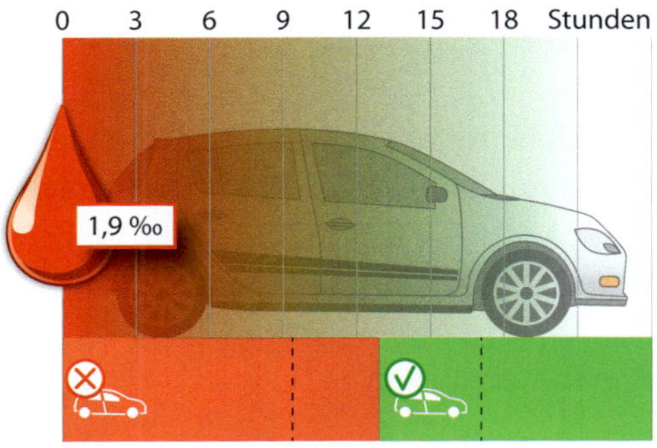

Alkohol am Steuer
Für Fahranfänger in der Probezeit und für Fahrer unter 21 Jahren ist Alkohol am Steuer verboten.
Für alle anderen Fahrer gilt die 0,5-Promille-Grenze.
Jedoch wird ab 0,3 Promille bei Unfällen eine Teilschuld gegeben.

- Erkläre die Informationen aus den Texten. Wie hängen sie zusammen?
- Was sagt die Grafik aus? Beschreibe möglichst genau.
- Stimmen die Aussagen der Grafik mit der Textinformation überein?
- Was könnten die gestrichelten Linien bedeuten?
- Wie sollten Tills Vater und Pias Mutter entscheiden?

b) Präsentiert eure Ergebnisse einer Kleingruppe.

c) In einem Internetforum wird die Frage diskutiert, ob man fünf Pralinen mit Alkohol essen darf, wenn man später Auto fahren will.
Der Foren-Beiträger „matari42“ schreibt dazu:

> Wenn du das ausrechnen willst, musst du dein Gewicht kennen. Du kommst aber sicher auch mit dieser Überlegung weiter: So eine Praline enthält 0,66 g Likör (hab ich recherchiert!), der mindestens 25 % Alkohol enthält. Das entspricht ca. 0,165 g reinem Alkohol. Fünf Pralinen haben also ca. 0,8 g Alkohol. Eine Halbe-Liter-Flasche Pils mit 4,5 % Alkohol hat zum Vergleich 22 g reinen Alkohol. Kannst du jetzt das Risiko einschätzen? ;-)

- Überprüfe die Angaben von matari42.
- Schreibe einen eigenen kritischen Forenbeitrag zu der Frage, ob man fünf Pralinen Alkohol essen darf, wenn man noch Auto fahren will.
  Beziehe dich dabei auf die Promillegrenzen aus a).

▶ Materialblock S. 57
Basisaufgabe

3 Widersprüche im Internet

a) Nicht immer kann man sich auf Informationen aus dem Internet verlassen.
Text und Diagramm waren sinngemäß auf derselben Internetseite zu finden.

Die Wirkung des Alkohols im Körper
Im Magen werden 20 % der Alkoholmenge von der Magenschleimhaut aufgenommen, der Rest von der Darmschleimhaut. Damit gelangt er in den Blutkreislauf. In wenigen Minuten ist der Alkohol im ganzen Körper verteilt. Innerhalb von fünf Minuten steigt der Alkoholspiegel des Blutes und erreicht nach ca. 30 Minuten seinen Höhepunkt. Wird nicht weiter getrunken, wird der Alkohol im Körper abgebaut und die Alkoholmenge im Blut sinkt. Wie schnell der Alkoholabbau verläuft, unterscheidet sich individuell. Es sind 0,1 bis 0,2 Promille pro Stunde.

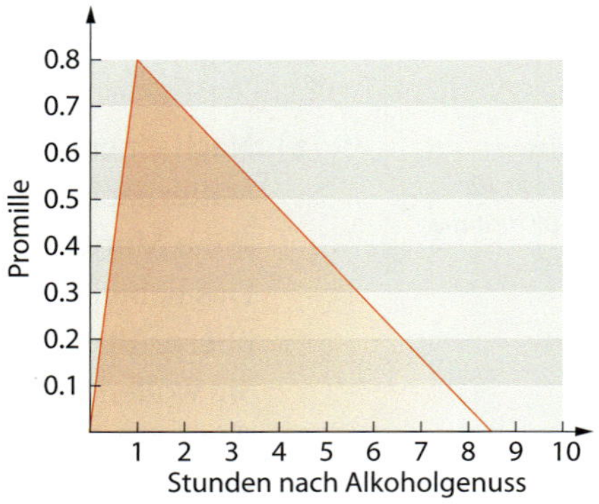

- Beschreibe die Grafik. Welche Alkoholabbaurate wird in der Grafik dargestellt?
- Inwiefern stimmt der Text mit der Aussage in der Grafik nicht überein?

b) Nutze die Informationen aus a), um folgende Fälle zu durchdenken.

- Max trinkt ein Glas Bier innerhalb von zehn Minuten.
  Zeichne ein Zeit-Promille Diagramm. Benutze alle Informationen, die in dieser Darstellung und a) enthalten sind.
- Recherchiere, wie groß der Körperflüssigkeitsanteil bei Frauen ist. Berechne damit den Promillewert für eine 60 kg schwere Frau, nachdem sie ein Glas Bier getrunken hat.

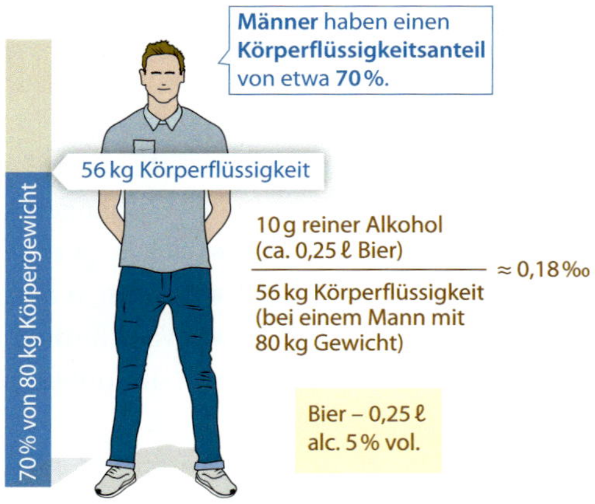

c) Schreibe eine Stellungnahme zur folgenden Foren-Diskussion.
Beziehe auch die Überlegungen aus b) ein.

Skepsi71: Seid ihr denn völlig verrückt, als Sechzehnjährige so über Alkohol zu diskutieren? Alkohol tötet Gehirnzellen, gerade Jugendliche sollten gar nicht trinken!! Der gesundheitlich unbedenkliche Alkoholkonsum liegt bei gesunden erwachsenen Frauen bei 12 Gramm, bei Männern bei 24 Gramm Alkohol pro Tag, alles andere schädigt den Körper!

Juno99: Eh klar, dann kann man ja locker 8 Gläser trinken? Und Jugendliche nur 6 Gläser, weil sie noch leichter sind?

d)
- Finde im Internet weitere Informationen, wie Alkohol den Körper von Jugendlichen schädigt.
- Diskutiere, welche Konsequenzen du daraus ziehen willst für dein Trinken.

4 Macht Geld glücklich? Umgang mit Umfrageergebnissen

Es gibt wissenschaftliche Studien, die untersuchen, was Menschen glücklich macht. Wenn in Zeitungen oder im Internet darüber berichtet wird, muss man immer sehr gut prüfen, was man aus solchen Umfrage-Studien wirklich ableiten darf und was nicht.

a) Macht Geld glücklich?

- Beschreibe das Diagramm. Welchen Zusammenhang kannst du erkennen? Vergleiche dabei auch die Werte von Kolumbien und West-Deutschland.
- Stimmen die Aussagen im Text mit dem Diagramm überein? Begründe.
- Wo liegen Grenzen der Aussagekraft der grafisch dargestellten Zusammenhänge?

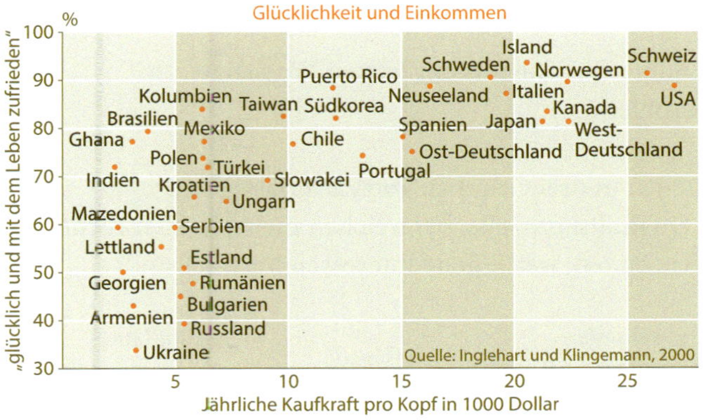

Die Mehrheit der Bevölkerung glaubt nicht, dass mit einem immer höheren Wirtschaftswachstum auch die eigene Lebensqualität steigt. „Gesundheit" und „intakte Familie und Partnerschaft" als Aspekte für die persönliche Lebensqualität sind am wichtigsten, der „soziale Ausgleich in der Gesellschaft" und insbesondere „Geld und Besitz mehren" dagegen am unwichtigsten.

Quelle: Bertelsmann-Stiftung

b) In den folgenden Abbildungen werden weitere sogenannte Zusammenhänge zwischen der Lebenszufriedenheit und anderen Merkmalen dargestellt. Formuliere zu jeder Abbildung eine kurze Schlagzeile, mit der jeweils die Kernaussage zusammengefasst wird. Hinterfrage dann diese Aussage kritisch.

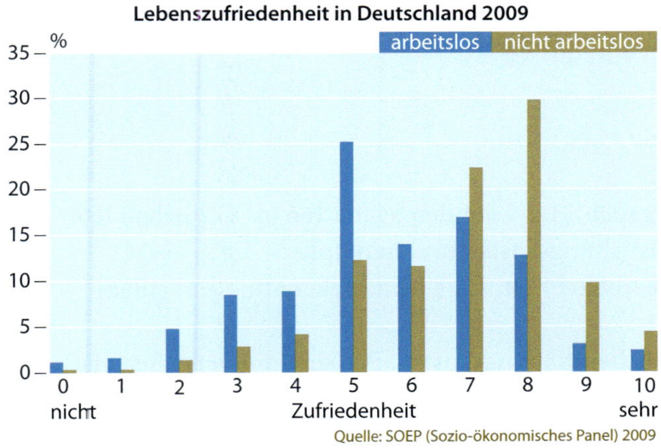

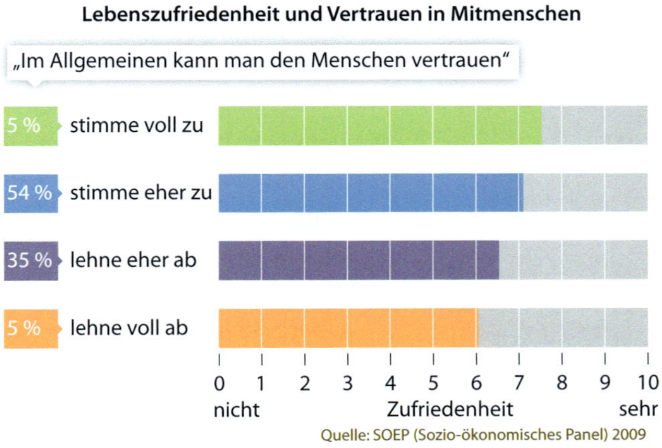

c) Vergleiche die folgenden Aussagen mit den Abbildungen in b). Was hältst du davon?

- *Zuletzt nehmen rund zwei Drittel der Menschen in Deutschland ihre Mitbürger als vertrauenswürdig wahr.*
- *Arbeit macht glücklich.*

d) Schaut gemeinsam auf diese und die vorigen Aufgaben zurück.
Welche Aspekte sind euch aufgefallen, als ihr die Diagramme kritisch hinterfragt habt? Sammelt kritische Fragen.
Wenn euch nicht gleich kritische Fragen einfallen, schaut in Aufgabe 5 auf Seite 165 nach.

Ordnen A

Wie findet man heraus, was das Leben kostet?

1 Recherchieren: Zuverlässige Informationsquellen

Informationen sucht man heutzutage gerne aus dem Internet. Aber dabei lohnt es sich zu überlegen, welche Quelle wie zuverlässig ist, auf die uns Suchmaschinen führen.

a) Wo recherchiert ihr für folgende Fragen? Findet jeweils zwei oder drei konkrete Seiten (nicht nur Suchmaschinen) und vergleicht sie.
(1) Wie groß ist dein Bundesland?
(2) Was kostet Smartphone/Inliner/Milch?
(3) Wie viele Menschen mit Migrationshintergrund leben in Deutschland?
(4) Was wiegt eine Praline?
(5) Welchen Hintergrund hat das politische Ereignis der letzten Woche?
(6) Wie löse ich mein Computer-Problem?

b)
- Sortiere die folgenden Internetquellen in drei Gruppen von Zuverlässigkeit. Bei welchen Quellen gibt es eine Qualitätskontrolle, bei welchen meistens eher nicht?
- Wo würdest du schiefe Angaben vermuten, weil eigene Interessen im Spiel sind?

offizielle Webseiten mit systematischer Information, zum Beispiel Statistisches Bundesamt

individuelle Webseiten von Privatpersonen

Wikipedia

Blog- und Forumeinträge

Facebook

große Tageszeitungen

Fachzeitschriften von großen Verlagen mit Gutachten für jeden Artikel

► Materialblock S. 53 Methodenspeicher

Vergleicht eure Ergebnisse aus b) und übertragt sie in den Methodenspeicher. Diskutiert auch, warum es manchmal sinnvoll ist, in mehreren Quellen nach derselben Information zu suchen.

2 Lebenshaltungskosten im Überblick

a) Aufgabe 1 auf Seite 158 und die Aufgaben 1 bis 9 auf den Seiten 166 bis 172 behandeln unterschiedliche Aspekte von Lebenshaltungskosten und Einkünften.
Nachdem du einige der Aufgaben bearbeitet hast, fasse deine Erkenntnisse in einem Überblick zusammen.

wiederholen

Wissensspeicher *Prozente 4*

- Welche Begriffe aus der Welt der Lebenshaltungskosten, Banken und Versicherungen willst du dir notieren?
Schaue im Wissensspeicher „Rechnungswesen – mein Wörterbuch" nach und ergänze, was dir noch fehlt.

► Materialblock S. 52 Wissensspeicher

- Lebenshaltungskosten und die anderen Angaben ändern sich. Deshalb notiere im Wissensspeicher, auf welchem Typ von Webseite man dazu etwas finden kann (Krankenkassen-Seite, Lexikon-Seiten, usw.).

Kostenpunkte	Erklärung	Hier kann ich nachlesen (Typ Webseite)

b) Vergleicht eure Notizen im Wissensspeicher und ergänzt oder korrigiert sie.

Ordnen B

Wie kann man kritisch mit Informationen umgehen?

3 Lesen: Informationen kombinieren

Manchmal sind Informationen nicht in einem Text systematisch aufgeschrieben, sondern man muss sie aus verschiedenen Tabellen, Grafiken und Texten kombinieren. Den Überblick kann man behalten, wenn man konkrete Fragen stellt.

Das Internet ist die zweitliebste Freizeitbeschäftigung der Zehn- bis Achtzehnjährigen in Deutschland (Quelle BITKOM).
Deutliche Unterschiede gibt es zwischen den Interessen von Mädchen und Jungen. Von den befragten 1200 Mädchen haben 31 % eine besondere Vorliebe für Musik- und Radiohören. Bei den 1200 Jungen sind es nur 21 %.
Bei Jungen ist dagegen die Begeisterung für Sport (44 % gegenüber 29 % bei den Mädchen) sowie Computer- und Online-Spiele (36 % gegenüber 10 % bei den Mädchen) deutlich größer.
Auch nach Altersgruppen gibt es Unterschiede. So nennen Zehn- bis Zwölfjährige als zweitliebste Beschäftigung Unternehmungen mit der Familie. Den Dreizehn- bis Achtzehnjährigen sind dagegen Internetnutzung und Sport wichtiger als Familienaktivitäten.

► Materialblock S. 55 Arbeitsmaterial

a) Beantwortet werden sollen folgende Fragen mit Hilfe des Materialblocks.
- Wie viele befragte Jugendliche haben „Treffen mit Freunden" angegeben?
- Wie viele Mädchen zählen Internet zur Lieblingsbeschäftigung?

Letzte Frage:	Wie viele haben Treffen mit Freunden angegeben?
Dies muss ich dazu wissen:	Wie viele Jugendliche wurden befragt?
Dies muss ich dazu wissen:	
Dies muss ich dazu wissen:	

Um die Antworten zu finden, hilft die Strategie Einfachere Fragen stellen, wie im Beispiel. Sammle ebenso einfachere Fragen, die dich der zweiten Frage näher bringen.

► Materialblock S. 53 Methodenspeicher

b) Die einfachen Fragen aus a) können dir helfen, um herauszufinden, welche Informationen in Text und Grafik zusammengehören. Welche der Tipps helfen Dir dabei? Probiere sie aus und schreibe die für dich wichtigsten in den Methodenspeicher.

1. Mit gleichen Farben Zusammengehörendes in Text und Grafik einkreisen.
2. Überschriften und Beschriftungen der Achsen oder der Spalten in Tabellen darauf prüfen, ob etwas zusammengehört.
3. Durch Vergleich der Einheiten herausfinden, was zusammengehört.
4. Die einfachen Fragen auf die Informationen aus Text und Bild beziehen.

c) Diese Tipps helfen manchmal bei fehlenden Informationen.
Ordne zu, welcher Tipp bei welcher fehlenden Information hilft.

5. Einfache Fragen in der richtigen Reihenfolge kombinieren.
6. Fehlende Angaben schätzen.
7. Fehlende Information recherchieren.

► Materialblock S. 53 Methodenspeicher

d) Vergleicht die Tipps, die euch am meisten helfen, und übertragt sie in den Methodenspeicher.

4 Schreiben: Stellungnahmen formulieren

a) Manchmal sind Fehler in Informationen, manchmal passen Informationen aus verschiedenen Quellen (wie Texten, Bildern, Grafiken, …) nicht zusammen.
Was passte im Beispiel aus Aufgabe 3 auf Seite 160 nicht?

Die Wirkung des Alkohols im Körper
Innerhalb von fünf Minuten steigt der Alkoholspiegel des Blutes und erreicht nach ca. 30 Minuten seinen Höhepunkt.
Wird nicht weiter getrunken, wird der Alkohol im Körper abgebaut und die Alkoholmenge im Blut sinkt.
Wie schnell der Alkoholabbau verläuft, unterscheidet sich individuell.
Es sind 0,1 bis 0,2 Promille pro Stunde.

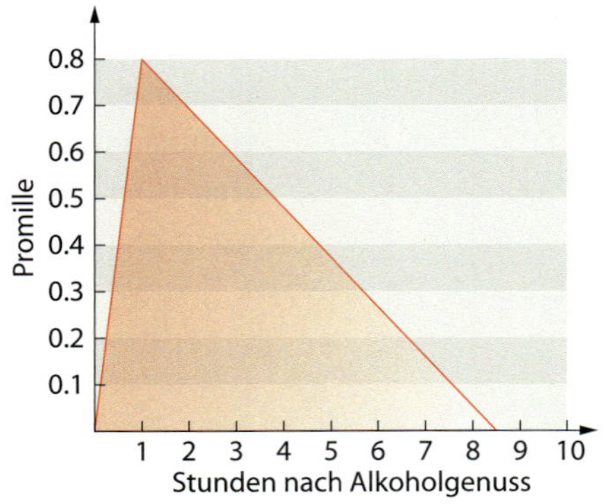

b) Wenn du schriftlich zu Widersprüchen zu einzelnen Informationen, mehreren Quellen oder Berechnungen Stellung nehmen sollst, beantworte folgende Fragen.
Sie sind aber hier noch nicht gut angeordnet. Bringe die Fragen in eine sinnvolle Reihenfolge.

- Wie passt mein Ergebnis zu den gegebenen Informationen? Was folgt daraus?
- Zu welcher Information nehme ich Stellung, und wie bewerte ich die Informationsquelle?
- Zu welcher Berechnung/welchen Texten nehme ich Stellung, und wie bewerte ich sie?
- Wie bin ich vorgegangen, um die Information/Berechnung zu prüfen (Recherche und Rechenweg)?

c) Diese Satzbausteine können helfen beim Formulieren einer Stellungnahme.
Zu welcher Frage aus b) passt welcher Satzbaustein?

- Damit komme ich aber zu völlig anderen Zahlen als angegeben.
- Angegeben ist dort, dass …
- Nach meiner Recherche bei …
- Ich beziehe mich auf Pauls Eintrag im Blog …, darin schreibt er …
- Ich halte Pauls Quelle …
- Wenn ich meine Zahlen mit denen des Autors vergleiche, …
- Ich habe die Informationen mit folgenden Überlegungen geprüft …

► Materialblock S. 54 Methodenspeicher

d) Vergleicht eure Zuordnungen von Frage und Satzbaustein und korrigiert sie gegebenenfalls.
Übertragt die Satzbausteine in den Methodenspeicher.

e) Überarbeitet dann mit diesen Fragen und möglichen Satzbausteinen aus c) die Stellungnahme zu Aufgabe 3 d) auf Seite 160.

5 Hinterfragen von Zahlenangaben und behauptete Zusammenhänge

Nicht nur zwischen Glück und Kaufkraft werden Zusammenhänge hergestellt, sondern auch zwischen wissenschaftlichem Erfolg und anderen Aspekten.

In dem Diagramm wird ein nahezu linearer Zusammenhang gezeigt zwischen dem Schokoladenkonsum in einem Land und der Anzahl der Nobelpreise, die es in dem Land gibt.

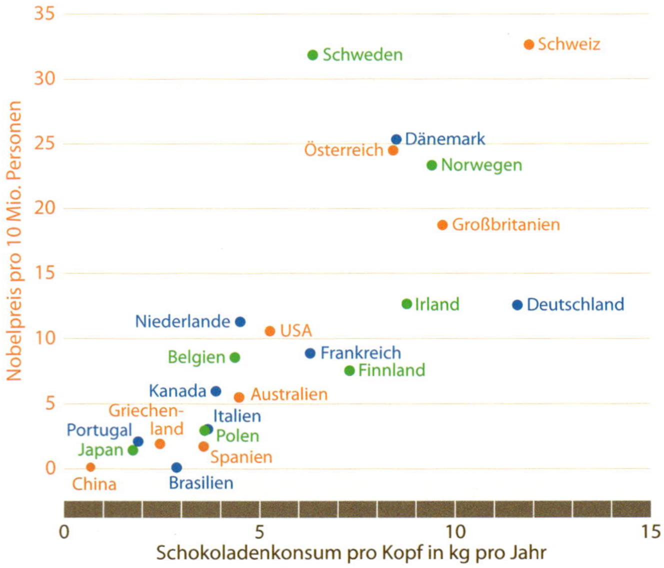

a) Ein solcher Zusammenhang ist inhaltlich sicher sinnlos.
Welche Fragen könntest du stellen, um dies klar zu machen? Wähle aus.

1. Was wurde gemessen?
2. Wie wurden die Daten erhoben?
3. Wurden alle Daten dargestellt oder fehlen Daten?
4. Wurden die Anteile auf die richtigen Ganzen bezogen?
5. Können die Angaben stimmen?
6. Auf welchen Zeitraum beziehen sich die Daten? Wie aktuell sind sie?
7. Wer hat die Daten erhoben? Ist die Quelle grundsätzlich vertrauenswürdig?
8. Inwiefern sind die Zusammenhänge inhaltlich nachvollziehbar?
9. An welchem dahinterliegenden Aspekt könnte ein Zusammenhang eher liegen?
10. Welche Absicht verfolgt der Autor mit seiner Darstellung?
11. Hat sich der Autor verrechnet? Ist seine Schlussfolgerung richtig?

Tipp
Arbeitet in Gruppen, so könnt ihr untereinander die Aufgaben aufteilen.

b) Blicke abschließend noch einmal zurück: In den Aufgaben 2 bis 4 auf den Seiten 159 bis 161 und in den Aufgaben 10 bis 22 auf den Seiten 173 bis 179 hast du immer wieder nicht zusammenpassende Informationen und auch die Zahlenangaben selbst hinterfragt. Das ist wichtig, um kritisch mit Informationen aus Zeitungen und Internet umgehen zu können.

- Welche der Fragen aus a) passten bei welcher Aufgabe?
- Welche weiteren Fragen musst du stellen?

► Materialblock S. 54 Methodenspeicher

c) Vergleicht eure wichtigsten Fragen und übertragt sechs davon in den Methodenspeicher.

Vertiefen 1

Recherchieren und berechnen, was das Leben kostet

1 Was bleibt vom Lohn?

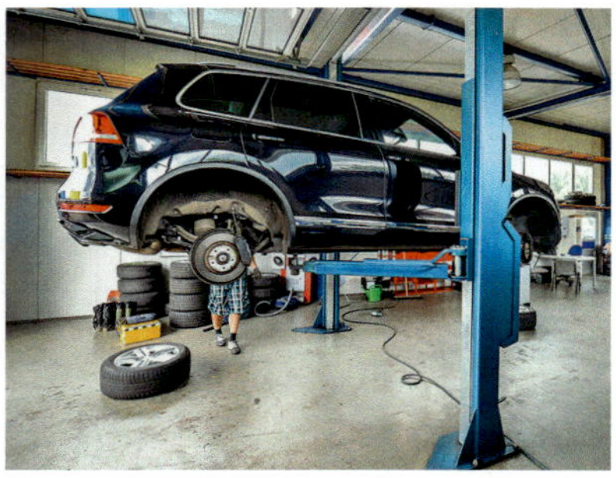

Tills Schwester Paula und Merves Bruder Yusuf sind mit ihren Ausbildungen als Kfz-Mechatroniker fertig. Sie vergleichen ihre ersten Lohnabrechnungen. So hohe Abzüge haben sie nicht erwartet. Yusuf in Berlin hat bei 1650 € brutto ein Nettogehalt von 1087,43 €. Paula aus Nordrhein-Westfalen bekommt bei 1750 € brutto, aber 1133,74 € netto.

a) Im Internet finden sie die Angaben rechts. Erkläre, was die verschiedenen Abzüge eigentlich bedeuten. Recherchiere dazu im Internet. Wieso zahlt Yusuf keine Kirchensteuer? An welche Institution zahlt er stattdessen vielleicht?

Brutto minus Abzüge gleich Netto
Abzüge sind Steuern & Sozialabgaben

Lohnsteuer	14 % – 15 % vom Brutto
Kirchensteuer	8 % – 9 % von der Lohnsteuer
Solidaritätszuschlag	5,5 % von der Lohnsteuer
Krankenkassenbeitrag	7,3 % vom Brutto
Pflegeversicherung	1,175 % vom Brutto
Arbeitslosenversicherung	1,5 % vom Brutto
Rentenversicherung	9,35 % vom Brutto

b) Warum schwanken die Lohnsteuern so? Wer zahlt welchen Prozentsatz? Finde im Internet einen Lohnsteuer-Rechner, mit dem du den Steuer-Betrag für verschiedene Gehälter bestimmen kannst.

Nettolohn	**1356,51**
Lohnsteuer	157,83
Solidaritätszuschlag	8,68
9 % Kirchensteuer	14,20
Summe der Steuern	**180,71**
8,400 % Krankenversicherung	142,80
1,175 % Pflegeversicherung	19,98
Summe Sozialversicherung	**162,78**
Bruttolohn	**1700,00**
Arbeitgeberanteil und Sozialversicherung	
7,300 % Krankenversicherung	124,10
1,175 % Pflegeversicherung	19,98
Gesamtbelastung Arbeitgeber	**1844,07**

c) Stelle eine Lohnabrechnung für Paula und Yusuf auf und versuche, auf die oben genannten Beträge zu kommen. Eine Tabellenkalkulation kann die Berechnung erleichtern.

d) Paula hatte während der Ausbildung ein Bruttogehalt von 900 €. Sie musste noch keine Steuern bezahlen, aber Sozialabgaben. Wie viel Euro betragen ihre Sozialabgaben (rechts) zusammen und welchen Anteil vom Bruttogehalt bilden sie?

Sozialabgaben 3. Ausbildungsjahr

Rentenversicherung:	84,15 €
Krankenversicherung:	75,60 €
Arbeitslosenversicherung:	13,50 €
Pflegeversicherung:	10,58 €

Tipp
Überlege, welche Wörter du in deinem Wissensspeicher Größen 11 auf Seite MB 56 noch festhalten willst.

e) Die Krankenversicherungs-Sätze sind je nach Kasse unterschiedlich teuer.
- Recherchiere im Internet die Sätze für mindestens fünf verschiedene Versicherungen. Welche Leistungen bieten die mit den teureren Kostensätzen mehr?
- Berechne dann ausgehend von den unterschiedlichen Sätzen, wie sich das auf das Nettogehalt in der Ausbildung und der ersten vollen Stelle auswirkt.
- Rechne ansonsten mit dem Prozentsatz für Sozialabgaben, den du in d) bestimmt hast.

f) Welche Begriffe aus der Aufgabe waren für dich neu? Welche davon sind wichtig zu merken? Übertrage sie in deinen Wissensspeicher Größen 11 auf Seite MB 56.

2 Bankgeschäfte

Merve merkt, dass sie keine Ahnung vom Umgang mit der Bank hat.
Ihr Vater zeigt ihr einen Kontoauszug.

Pecunia-Bank

Auszug für
Girokonto

Kontonummer	Nr.	Bl.	Datum	Mitgl-Nr.	Kontostand alt EUR
1912382	1	01	14.01.		1.253,78

Bu-Ta	Buchungserläuterungen		Wert	Belastungen	Gutschriften
29.12.	Rechnungsabschluss		30.12.	9,70	
	Kontoführung	9,00–			
	Portogebühren	0,70–			
	*** Rechnungsabschluss Bitte Rückseite beachten ****				
	***** Saldo per 29.12. *****	1.244,08			
05.01.	Kosten für die Bahncard ec mit der Nr. 00003689379		05.01.	5,00	
07.01.	Lastschrift Sparmarkt		07.01.	142,11	
11.01.	Rückzahlung Merve		11.01.		230,00

Pecunia-Bank 95237 Kohlburg Postfach 98 98 32

384/01/0003027/14//90471-01/0,70EUR

Limit	0	PA 11,00 %
darüber hinaus		PA 15,00 %

Kontostand neu EUR 1326,97

Herrn
Ali Aydin
Pappelallee 12b
92132 Reichenheim

IBAN: DE09 3514 0583 0001 9123 82
IBIC: PECUNEBAXX

01 Pecunia-Bank Süd eG
02 Geschäftsstelle Kohlburg
93471 Moneta, Königsbruch 12-14

Tel.: 0800-763 854
BLZ: 351 405 83

a) Analysiere den Kontoauszug.
- Wie viel Kontoführungsgebühren hat die Bank erhoben?
- Was sind Belastungen, was Gutschriften?
- Manchmal steht statt Belastungen auch Saldo an dieser Stelle. Aus welcher Sprache kommt das und was bedeutet das?
- Was sind IBAN und BIC?
- Erkläre die dargestellten Kontobewegungen. Was genau kann man daran ablesen?

b)
- Vergleiche mit einem anderen Kontoauszug, zum Beispiel aus deiner Familie. Was ist anders?
- Übertrage dir neue Begriffe in deinen Wissensspeicher Größen 11 auf Seite MB 56.

3 Schuldenzinsen sind nicht gleich Schuldenzinsen

a) Pias Tante verdient gut, aber sie überzieht regelmäßig ihr Girokonto. Sie lässt sich immer wieder zum Einkaufen verführen. Erst bei 5000 € Schulden auf dem Konto hört sie auf.
- Recherchiere, wie viel Zinsen sie jährlich als so genannte Dispozinsen für die tolerierte Überziehung des Giro-Kontos zahlen muss.
- Wie wären Zinssatz und Zinsen in Euro für einen Verbraucher-Kredit?
- Was soll Pia ihrer Tante raten?

b) Im Jahr 2015 nahmen die Banken 3,45 Milliarden Euro an Dispo- und Überziehungszinsen ein.
- Wie viel ist das pro Kopf in Deutschland?
- Was ratet ihr den Betroffenen, insbesondere, wenn sie wirklich kein Geld haben?

c) Erkläre, warum der Unterschied zwischen einem Dispo-Zins, einem Überziehungszins und dem Zins für einen Verbraucher-Kredit überhaupt so hoch sein kann.
Trage die Begriffe auch in deinen Wissensspeicher Größen 11 auf Seite MB 56.

4 Kosten für Lebensmittel

Die durchschnittlichen Ausgaben von Familien für Nahrungsmittel und Getränke schwanken je nach Einkommen zwischen 519 € und 156 € im Monat.

a) Besorge dir einen Katalog eines Supermarktes und stelle zusammen, wie ein Wocheneinkauf in verschiedenen Familien aussehen könnte. Vergiss nicht Obst und Gemüse.

b) Die Schauspielerin Gwyneth Paltrow machte 2015 den Selbstversuch, ob sie sich mit 40 € in der Woche ernähren könnte, denn so viel hat eine arme Familie in den USA. Stelle für sie einen entsprechenden Warenkorb zusammen, der ihr eine ausgewogene Ernährung ermöglicht. (Der Hollywood-Star brach den Selbstversuch nach 14 Tagen ab.)

c) Hat die Recherche für dich neue Begriffe ergeben? Dann übertrage sie in deinen Wissensspeicher Größen 11 auf Seite MB 56.

5 Haushaltsbuch

a) Solange man als Jugendlicher noch bei den Eltern wohnt, hat man weniger Ausgaben. Wofür gibst du dein Geld aus (Taschengeld plus Jobeinkünfte)?

- Bildet gemeinsam sinnvolle Kategorien für eure Ausgaben.
- Notiert in einer Liste, was ihr für welche Kategorie ausgebt.
- Welche Kategorien könnten Till, Merve, Ole und Pia hier rechts aufgeführt haben?
- Berechnet auch jeweils eure relativen Ausgaben als Anteile von den Gesamtausgaben.

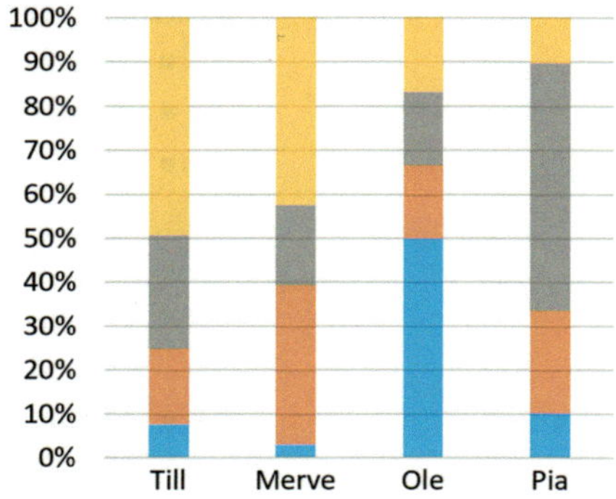

b) Vergleicht eure Ausgaben, indem ihr sie wie die Freunde in einem Stapeldiagramm zusammenfasst. Ihr könnt dazu auch eine Tabellenkalkulation benutzen.

	A	B	C	D	E	F	G
1	**Mein monatliches Geld im Juli:**				**geplante Einnahmen und Ausgaben**		
2					**reale Einnahmen und Ausgaben**		
3							
4	**Einnahmen**	**95,00 €**	**92,00 €**		**Ausgaben**	**75,99 €**	**51,49 €**
5	Zeitungsaustragen	30,00 €	30,00 €		1 Fahrstunde	27,00 €	27,00 €
6	Taschengeld	40,00 €	40,00 €		Handy Prepaid	7,99 €	7,99 €
7	Gelegenheitsjobs	25,00 €	22,00 €		Bekleidung	15,00 €	0,00 €
8	(Babysitten, Rasenmähen, ...)				Kino	10,00 €	12,00 €
9					Musik	8,00 €	0,00 €
10	**Sparen**	**19,01 €**	**40,51 €**		Pizza/Eis/Getränke	8,00 €	4,50 €
11							

c) Um einen Überblick zu bekommen, was man tatsächlich einnimmt und ausgibt, führen manche Leute ein Haushaltsbuch, um Schulden zu vermeiden. Links siehst du Pias Haushaltsbuch.

- Was bedeuten die blauen und roten Einträge?
- Welche Terme stehen in den Zellen **B4**, **G4** und **C10**?

d) Erarbeite ein digitales Haushaltsbuch für deine eigenen Einnahmen und Ausgaben, um die Schätzungen aus a) zu präzisieren.

e) Erarbeite nun ein digitales Haushaltsbuch für eine fiktive oder deine eigene Familie. Berate dich dazu mit deinen Eltern.
Welche Ausgaben haben dich am meisten überrascht? Warum?

f) Trage die wichtigsten Ausgabenarten in Familien in deinen Wissensspeicher Größen 11 auf Seite MB 56.

6 Lebenshaltungskosten bei verschiedenem Einkommen

Beim Statistischen Bundesamt (DESTATIS) werden systematisch Daten gesammelt, verarbeitet und veröffentlicht. Es erhebt die Lebenshaltungskosten nicht nur im Durchschnitt, sondern auch im Vergleich verschiedener Einkommensgruppen.

Hinweis
Im Internet findest du die Datei, sodass du mit der Tabellenkalkulation arbeiten kannst.
169-1
Excel-Datei

Durchschnittliche Ausgaben je Haushalt und Monat für folgende Ausgabearten:	Haushalte insgesamt	Davon nach dem monatlichen Haushaltsnettoeinkommen					
		unter 1.300 €	1.300 € bis unter 1.700 €	1.700 € bis unter 2.600 €	2.600 € bis unter 3.600 €	3.600 € bis unter 5.000 €	5.000 € bis 18.000 €
Private Konsumausgaben	2.375 €	974 €	1.364 €	1.807 €	2.480 €	3.110 €	4.393 €
Nahrungsmittel, Getränke und Tabakwaren	326 €	166 €	227 €	272 €	343 €	421 €	519 €
Bekleidung und Schuhe	107 €	33 €	55 €	76 €	106 €	141 €	225 €
Wohnen, Energie, Wohnungsinstandhaltung	856 €	472 €	577 €	725 €	897 €	1.085 €	1.334 €
Innenausstattung, Haushaltsgeräte, -gegenstände	132 €	35 €	52 €	86 €	138 €	170 €	303 €
Gesundheit	92 €	20 €	45 €	51 €	77 €	115 €	247 €
Verkehr	325 €	62 €	133 €	199 €	378 €	476 €	677 €
Post und Telekommunikation	61 €	38 €	47 €	55 €	64 €	72 €	87 €
Freizeit, Unterhaltung und Kultur	248 €	80 €	123 €	180 €	252 €	326 €	510 €
Bildungswesen	17 €	4 €	5 €	8 €	14 €	25 €	43 €
Beherbergungs- und Gaststättendienstleistungen	129 €	31 €	58 €	93 €	122 €	178 €	287 €
Andere Waren und Dienstleistungen	82 €	32 €	43 €	62 €	88 €	102 €	160 €

Quelle: Statistisches Bundesamt (DESTATIS); Haushaltsnettoeinkommen 2014

a) Sichert zunächst zu zweit ab, dass ihr die Daten der Tabelle richtig versteht:
(1) Wie viel gibt eine Familie mit unter 1300 € Einkommen monatlich für Bildung aus?
(2) Wo findet man die Ausgaben fürs Kino, Handy, Versicherung, Urlaub wieder? Was bedeuten dabei die verschiedenen Spalten?
(3) Welches mittlere Einkommen hat wohl die höchste aufgeführte Einkommensgruppe?

b) Vergleiche die Angaben mit den Ausgaben eurer Familie. In welchen Kategorien habt ihr typische Ausgaben, wo deutlich niedrigere oder höhere?

c) Nun vergleicht die Haushalte mit unterschiedlichem Einkommen.
(1) Haushalte mit Einkommen über 5000 € pro Monat geben viermal mehr für Bekleidung aus als in der untersten Einkommensgruppe. Prüfe in der Tabelle, ob die Aussage stimmt.
(2) Vergleiche Einkommensgruppen auch in anderer Hinsicht. Schreibe Vergleichsaussagen auf. Welche überrascht dich am meisten?

d) Je mehr man verdient, desto einfacher wird es, auch Geld zu sparen für spätere große Anschaffungen oder schlechte Zeiten, man spricht dann von Rücklagen.
(1) In der Einkommensklasse 2600 € bis 3600 € pro Monat können durchschnittlich mindestens 120 € im Monat als Rücklage angespart werden. Prüfe in der Tabelle, ob das stimmt.
(2) Berechnet arbeitsteilig auch für andere Einkommensgruppen die möglichen Rücklagen. Diskutiert, wie sich dadurch das Risiko für Schulden in Notlagen unterscheidet.

weitergedacht

e) Wenn Daten gruppenweise angegeben sind, sind sie nicht leicht zu interpretieren. So sind zum Beispiel die monatlichen Kosten fürs Wohnen angegeben mit 30 % bis 48 % des Nettoeinkommens. Können wir daraus entscheiden, wo der Durchschnitt liegt?

f) Enthält die Aufgabe für dich neue Begriffe? Dann übertrage sie in deinen Wissensspeicher Größen 11 auf Seite MB 56.

7 Nebenkosten einer Wohnung

a) Yusuf wohnt jetzt in einem Mehrfamilienhaus in einem Appartement im Dachgeschoss. Neben seiner Kaltmiete von 297 € muss er monatlich auch die Nebenkosten für die 46 m² große Wohnung bezahlen. Laut Betriebskostenspiegel betrugen diese 2013/14 durchschnittlich 1,36 € pro m² und Monat für Heizung und Warmwasser.
- Was müsste er monatlich für Heizung und Warmwasser bezahlen, wie viel pro Jahr?
- Wie hoch ist seine monatliche Warmmiete (= Kaltmiete plus Nebenkosten) mindestens?

b) Neben Heizung und Warmwasser gibt es viele weitere Nebenkosten.
- Finde heraus, wie hoch etwa die anderen Kosten sind: Wasser/Abwasser, Müllabfuhr, Grundsteuer, Straßen-, Schornsteinreinigung, Sach- und Haftpflichtversicherungen.
- Welche weiteren hast du gefunden?
- Wie werden welche Kosten in eurem Haus verteilt, nach genauem Verbrauch, nach Wohnungen, nach Personenanzahl oder nach Quadratmetern?

c) Yusuf möchte gerne wissen, ob die 100 € Nebenkosten ausreichen, die er pauschal pro Monat an die Vermieterin bezahlen muss. Muss er wohl am Jahresende nachzahlen?

Wohnungsgröße	Nebenkosten pro Jahr im Durchschnitt
30 m²	792 €
40 m²	1056 €
50 m²	1320 €
60 m²	1584 €

d) In Yusufs Haus lebt im Erdgeschoss die fünfköpfige Familie Meyer auf 120 m², im ersten Stock sind zwei Wohnungen mit je 57 m² bewohnt von einem älteren Ehepaar und einer dreiköpfigen Wohngemeinschaft.
(1) Berechne die Nebenkosten für das gesamte Haus.
(2) Berechne die jeweiligen Nebenkosten, wenn nicht nach Verbrauch, sondern pro Wohnung, nach Personenanzahl oder nach Quadratmetern abgerechnet würde.
(3) Welche Nebenkosten aus b) sollten fairerweise nach welchem Verfahren abgerechnet werden? Begründet eure Meinung auch mit berechneten Ergebnissen.

e) Am Ende des Jahres erhält Yusuf seine erste Nebenkostenabrechnung in Höhe von 1380 €. Er muss also nachzahlen.
Beim Mieterbund erfährt er, dass Flächen im Dachgeschoss anders berechnet werden (siehe Bild rechts). Nun prüft er, wie viel Quadratmeter seine Vermieterin ihm wirklich berechnen darf.

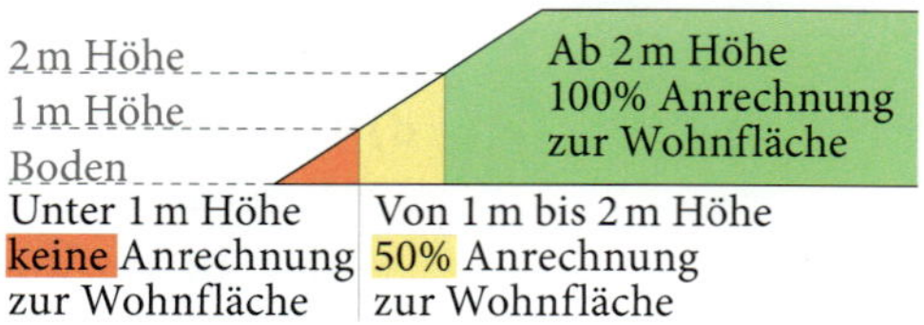

Die Wohnung ist rechteckig im Grundriss, 7 m breit und an beiden abgeschrägten Seiten 6,5 m lang. Die Dachneigung beträgt 45°, die Mauer an der Schräge ist 80 cm hoch.
- Skizziere den Wohnungsquerschnitt und bestimme, wie viel Quadratmeter zur 50 % Anrechnungsfläche gehören.
- Berechne dann die Wohnfläche richtig.
- Verändert sich Yusufs Nebenkostenabrechnung? Kann er Geld sparen?

nachgedacht

f) Recherchiere und trage die Bedeutung der Fachbegriffe in deinen Wissensspeicher Größen 11 auf Seite MB 56 ein: Nebenkosten, Kalt- und Warmmiete (= Miete + Nebenkosten), Betriebskostenspiegel, Wohneinheit, Abschlagszahlung.

8 Versicherungen – Wozu Risiken absichern?

Tills Schwester Paula will sich mit der Haushaltsgründung auch gegen einige Risiken absichern. Versicherungen können zwar das Risiko nicht minimieren, aber sie können helfen, die finanziellen Folgen aufzufangen.
Da es verschiedene Versicherungen gibt, hat sie zunächst eine Übersicht erstellt.

Ereignis/Risiko	Gefahr	Versicherung	Pflicht
Krankheit	Krankheitskosten nicht bezahlbar	Krankenversicherung	(×)
Pflegefall	Pflegekosten nicht bezahlbar	Pflegeversicherung	(×)
Langlebigkeit im Ruhestand	Altersarmut	Rentenversicherung	
Berufsunfähigkeit	Einkommensausfall	Berufsunfähigkeitsversicherung	
Früher Tod	Unterhaltskosten für Familie fehlt	Lebensversicherung	×
Autounfall	Verursachte Schäden bei anderen zu hoch	Auto-Haftpflichtversicherung	×
Schädigung Dritter	Schäden nicht bezahlbar	Private Haftpflichtversicherung	
Diebstahl, Einbruch	Wiederbeschaffung nicht bezahlbar	Hausratsversicherung	
Feuer, Wasser, Sturm	Schäden nicht bezahlbar	Elementarversicherung	

a) Je größer der zu bezahlende Schaden ist (die sogenannte Schadenssumme) und je größer das Risiko, dass der Schaden wirklich eintritt, desto mehr Geld muss die Versicherung im Vorfeld verlangen.
(1) Betrachtet die Liste von Versicherungen:
- Welche sichert wohl ein sehr teures, aber wenig wahrscheinliches Risiko ab?
- Welche gilt eher geringe Schadenssummen, die aber häufiger eintreten?
- Welche Gebühren würdet ihr vermuten?

(2) Recherchiert arbeitsteilig bei Versicherungsgesellschaften die Kosten und Leistungen für verschiedene Versicherungen.
(3) Was genau wird dabei versichert? Welche Höhe hat die versicherte Schadenssumme?

b) Tragt eure Rechercheergebnisse zusammen und erstellt anschauliche Wandplakate als Versicherungsberatung für eure Klasse.

c) Auf der sicheren Seite ist man natürlich, wenn man alle Versicherungen abschließt. Dies ist jedoch sehr teuer und nicht unbedingt nötig, weil die Risiken nicht für alle Menschen gleich hoch sind. Ein 64-jähriger benötigt z. B. keine Berufsunfähigkeitsversicherung mehr.
- Überlegt, wann welche Versicherung besonders wichtig ist, welche eher nicht.
- Warum ist die Auto-Haftpflichtversicherung Pflicht?
- Warum sind Kranken-, Pflege- und Rentenversicherung nur Pflicht für Arbeiter und Angestellte, aber nicht für Selbständige und Beamte?

d)
- Fragt eure Eltern, welche Versicherungen sie tatsächlich abgeschlossen haben und welche nicht.
- Wie viel zahlen sie dafür?
- Zu welchen weiteren Versicherungen würdet ihr ihnen raten, welche würdet ihr abschaffen?

nachgedacht

e) Trage in deinen Wissensspeicher Größen 11 auf Seite MB 56 die Übersicht der Versicherungen ein und welche ihr unbedingt abschließen wollt, wenn ihr im ersten festen Job seid.

weitergedacht

9 Wie lassen sich Versicherungen kalkulieren?

a) Paulas Privat-Haftpflichtversicherung mit drei Millionen Euro Schadenssumme kostet im Jahr nur 70 €. Ihre Berufsunfähigkeits-Versicherung dagegen kostet 600 € im Jahr, obwohl sie nur 20 000 € pro Jahr auszahlen würde. Paula wundert sich.

- Warum ist die Haftpflichtversicherung trotz der hohen Schadenssumme relativ günstig?
- Etwa 27 % der Menschen zwischen 56 und 60 Jahren sind zeitweise oder manche auch dauerhaft berufsunfähig. Kannst du damit erklären, wieso Paulas Berufsunfähigkeitsversicherung relativ teuer ist? Soll sie dennoch eine abschließen?

b) Damit Versicherungen ihre Preise kalkulieren können, müssen sie das Risiko einschätzen, dass ein Versicherungsfall tatsächlich eintritt. Das Risiko für einen Brand im Mehrfamilienhaus im Jahr liegt etwa bei 1 %. Paula will ihren Hausrat mit einer Schadenssumme von 20 000 € versichern. Wie viel müsste die Versicherung dafür etwa verlangen? Begründe deine Schätzung mit mathematischen Mitteln.

wiederholen

Wissensspeicher *Zufall 9*

c) Erkläre am Beispiel aus b), was die Versicherungssumme mit dem Erwartungswert zu tun hat. Erläutere damit die Formel:
Eintrittswahrscheinlichkeit · Schadenshöhe = Grundwert für Versicherungssumme
Aufgeschlagen wird noch ein Anteil für Verwaltungskosten und Gewinn der Versicherung. Prüfe mit dieser Formel deine Schätzung aus b) und modifiziere sie.

d) Die Hausratversicherung versichert 50 000 € Schadenssumme für 98 € jährlich. Die Fahrradversicherung kostet 6 € zusätzlich, obwohl das Rad nur 600 € kostet.

- Was vermutest du, mit welchem Risiko die Versicherung jeweils rechnet?
- Welcher Erwartungswert ergibt sich dann für den Schaden?
- Probiere die Berechnungen mit verschiedenen Wahrscheinlichkeiten.

e) Krankenkassen kalkulieren die Krankenkosten in Abhängigkeit vom Lebensalter der Patienten, wie sie der rote Graph im Bild rechts zeigt.

- Erkläre, was die rote Kurve genau zeigt. Formuliere einen „je-desto-Satz“.
- Die tatsächlichen Krankheitskosten einer Einzelperson schwankt allerdings deutlich mehr, wie die blaue Kurve von Oles Großvater zeigt. Wieso kann eine Versicherung dennoch mit der roten Kurve rechnen?

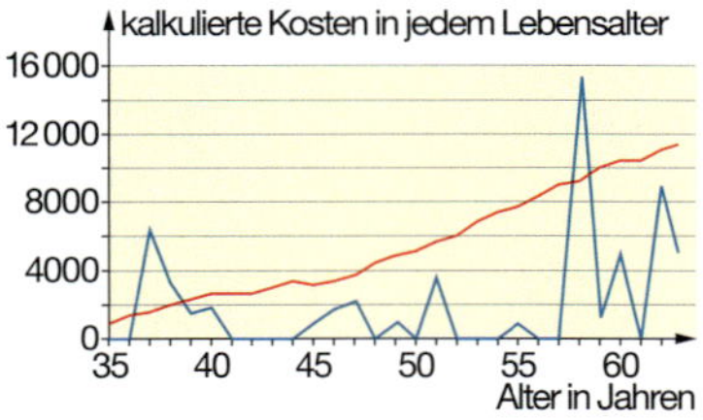

f) Die Graphen unten zeigen die durchschnittlichen jährlichen Krankenkosten pro Person und Jahr in unterschiedlich großen Gruppen.

- Wie verändern sich die Graphen bei mehr Menschen? Woher kennst du diese Tendenz?
- Inwiefern hilft diese Tendenz den Lebensversicherungen zu sichereren Prognosen?

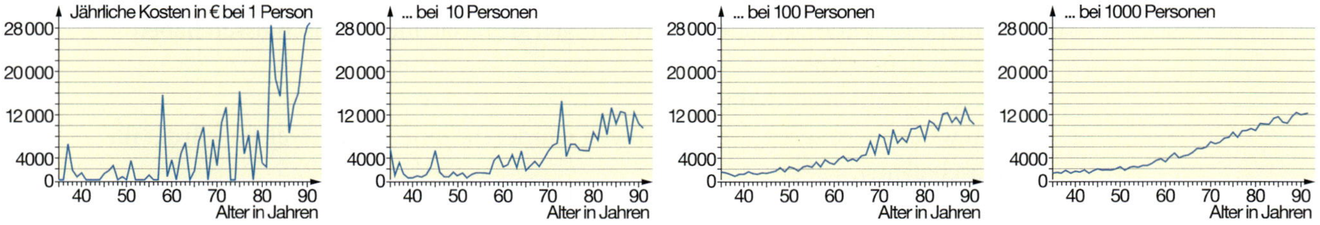

nachgedacht

g) Erkläre die Begriffe Prämie, Schadensumme, Risiko in deinen Wissensspeicher Größen 11 auf Seite MB 56.

Vertiefen 2 Komplexe Fragen mit fehlenden Informationen durch schätzen und einfachere Fragen bearbeiten

10 Hygienepapier

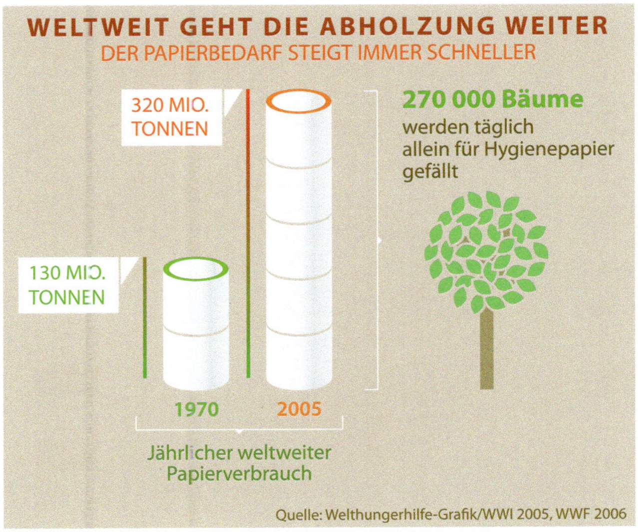

a) Berechne die Anzahl der Bäume, die pro Jahr für die Herstellung von Hygienepapier gefällt werden.
Stelle dazu zunächst einfachere Fragen und überlege, welche Daten du recherchieren willst.

b) Schätze die Fläche, die die jährlich gefällten Bäume eingenommen haben.
Gib eine Vergleichsgröße an, damit man sich die Fläche besser vorstellen kann.

c) Schätze den weltweiten Papierverbrauch für das aktuelle Jahr ausgehend von den Daten in der Grafik ab.
Rechne dabei einmal mit gleichmäßig additivem Zuwachs und einmal mit jeweils gleichem prozentualen Zuwachs.

11 Handy-Gold und Elektroschrott

a) Wie groß ist der Goldgehalt in einem Handy nach den Angaben rechts?

1000 kg Handys enthalten 0,35 kg Gold.

In Deutschland gibt es 85 Millionen Handys. Viele Handys werden im Hausmüll entsorgt, wenn sie nicht mehr gebraucht werden.
Bei 1000 Tonnen Handys im Jahr geht so Gold im Wert von 7 Millionen Euro verloren.
Wenn die Handys getrennt gesammelt werden würden, zum Beispiel als Elektroschrott in entsprechenden Sammelstellen, könnte ein Teil der Rohstoffe zurückgewonnen werden.
Auf diese Weise wird jedoch nur etwa ein Viertel des Goldes zurückgewonnen, das in diesen Handys enthalten ist.

Quelle: Quarks und Co.

b) Mit welchem Marktpreis für Gold wurde im Text gerechnet?

c) Wie viel Geld könnte durch die Handy-Aufbereitung pro Jahr verdient werden?
Rechne mit dem aktuellen Goldpreis.

d) Nicht nur Gold geht verloren, auch andere wertvolle Rohstoffe. Dies bedroht die nächsten Verwandten der Menschen, die Gorillas. Recherchiere, inwiefern Rohstoffe in Handys die Gorillas bedrohen. Was tun engagierte Organisationen dagegen?

12 Informationen selbst finden

Finde selbst im Internet oder in der Zeitung interessante und überraschende Informationen und stelle dazu Berechnungen an.
Dokumentiere deine Berechnungen so, dass jemand anderes sie auch verstehen kann.

Vertiefen 3

Informationen aus Texten, Tabellen und Grafik kombinieren

13 Eisverkauf

Die Freunde Merve, Till, Ole und Pia entdecken in der Eisdiele ein Plakat mit Informationen zum Speiseeis. Nun rechnen sie nach.

Hinweis
Suche, was zusammengehört in Text und Bild und nutze die Strategie
Einfachere Fragen stellen

a) Sie wollen das Volumen an Softeis in Litern wissen, das im Jahr 2014 in Deutschland im Schnitt pro Person verzehrt wurde.

b) Sie fragen sich, welche Einwohnerzahl der Berechnung zugrunde gelegt wurde.

c) In der Darstellung werden die Anteile am Gesamtverzehr angegeben. Inwiefern ist diese Darstellung der prozentualen Anteile irreführend?

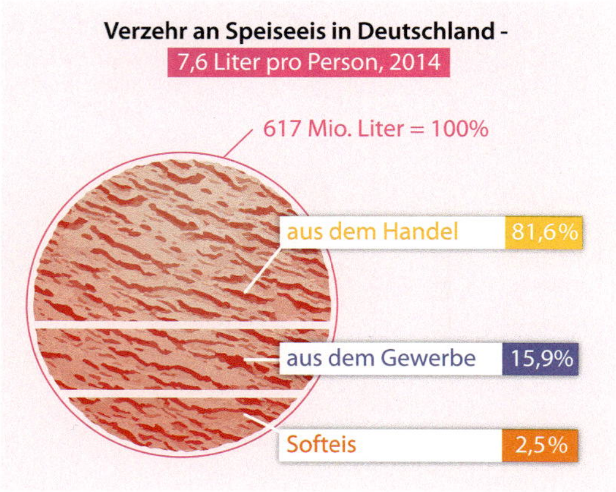

14 Fußball-Meisterschaft

a) In dieser Aufgabe kommt es darauf an, Informationen aus verschiedenen Quellen zu verarbeiten. Lies die Aufgaben gründlich und suche erst, welche Informationen zusammengehören. Erkläre diese Zusammenhänge deinem Partner, bevor du rechnest.

Stadt	Zuschauerplätze	Anzahl WM-Spiele
Augsburg	25 597	4
Berlin	74 244	1
Bochum	23 000	4
Dresden	27 190	4
Frankfurt	49 240	4
Leverkusen	30 000	4
Mönchengladbach	46 297	3
Sinsheim	25 641	4
Wolfsburg	25 361	4

Pressemitteilung

Der Deutsche Fußball Bund (DFB) als Veranstalter kalkuliert bei den 32 Spielen mit einer durchschnittlichen Auslastung von 80 Prozent, was einem Zuschauerschnitt pro Spiel von 25 000 entspricht. Insgesamt rechnet der DFB mit Erlösen in Höhe von 27 Millionen Euro aus dem Verkauf der Eintrittskarten.

wiederholen
Wissensspeicher
Daten 3

b) Vom 26. Juni bis zum 17. Juli 2011 fand die Fußball-Weltmeisterschaft der Frauen in Deutschland statt. Die 32 Spiele der WM fanden in neun verschiedenen Städten statt. Wie groß sind die 9 WM-Stadien im mittleren Wert, und wie sehr schwankt die Größe?

c) Mit welchem Term könntest du nachrechnen, dass zu den 32 WM-Spielen insgesamt maximal 1 037 251 Zuschauer in die Stadien kommen konnten?

d) Von welchem durchschnittlichen Preis pro Eintrittskarte geht die Pressemitteilung aus? Notiere deine Rechnung.

e) Überprüfe die Angabe zum Zuschauerschnitt anhand der Ergebnisse der Aufgaben zuvor.

f) Schaut noch einmal auf die Aufträge zurück. Was macht Auftrag e) so anspruchsvoll? Welchen Strategien könnt ihr nutzen, um alle nötigen Informationen zu kombinieren?

15 Plastikinseln im Meer

In den Ozeanen dieser Welt sammeln sich Hausmüll und Industrieabfälle aus Kunststoff. Durch die Strudel von Strömungen konzentrieren sich die Kunststoffe an bestimmten Stellen und können zu Plastikinseln anwachsen. Da Plastik im Allgemeinen kaum in der Natur abgebaut werden kann, überdauert sie mehrere 100 Jahre.
Eine Plastikinsel im Pazifik hat inzwischen die Größe von Mitteleuropa (Deutschland, Österreich, Tschechien, Polen, Luxemburg, Ungarn, Schweiz) erreicht. Diese Plastikinsel ist bis zu 10 Meter hoch. Die Uno hat berechnet, dass bis zu 18 000 Plastikteile auf jedem Quadratkilometer Meeresfläche treiben.

Tipp
Flächengrößen von Ländern und Meeren kann man im Internet leicht herausfinden.

a) Berechne die Größe der Plastikinsel im Pazifik mit folgenden Fragen:
- Wie groß ist eigentlich die Fläche Mitteleuropas?
- Schätze die durchschnittliche Dicke der Plastikinsel ab.
- Wie groß ist das Volumen des Plastikmülls, der dort treibt?
- Wie viele Containerschiffe bräuchte man, um den Müll abzutransportieren?

b) Diskutiert, was ihr auch in Zukunft zur Vermeidung von Plastikmüll im Meer tun könnt.

16 Im Durchschnitt reich?

Vermögensvergleich in Europa
Eine Studie der Bundesbank ergab, dass das mittlere Vermögen der Deutschen rund 54 000 Euro beträgt. In Italien dagegen liegt es bei rund 163 900 Euro, in Spanien sogar bei etwa 178 300 Euro. Österreich liegt dagegen mit etwa 76 400 Euro näher am deutschen Niveau. Bestimmt wurden diese Werte mit dem Median. Dabei wurde eine repräsentative Auswahl von 40 Millionen Haushalten nach aufsteigendem Vermögen aufgereiht und der mittlere Wert genommen.

Internationaler Vergleich – Mittelwert des Nettovermögens in Euro
Quelle: Deutsche Bundesbank, Panel on Household Finances

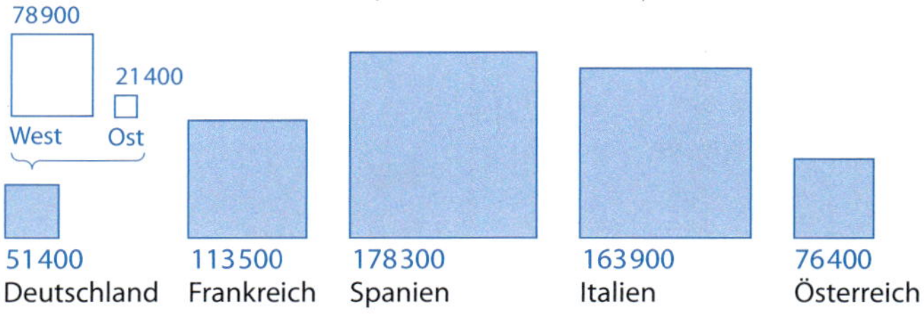

Armes Deutschland? Quatsch!
Das liegt doch nur daran, dass in Deutschland weniger Wohneigentum besessen wird als in Südeuropa! Dies erklärt Vermögensunterschiede.
@Statistikzweifler

a)
- Erkläre, was mit dem letzten Satz der Meldung gemeint ist. Wie wurden die Zahlen ermittelt?
- Erkläre dies auch an den Daten aus der Grafik für Deutschland Ost und West. Untersuche, wie die 51 400 für Gesamtdeutschland zustande kommt, und wie sie zu den 54 000 im Text passen können.

b)
- Bewerte die Darstellung der Daten in dem Diagramm. Untersuche dabei, inwiefern die Rechteckflächen zu den Zahlenangaben passen.
- Stelle die Werte auf andere Weise dar.

c) Erkläre das Argument aus dem Blog vom „Statistikzweifler“. Welche weiteren Argumente findest du?

Vertiefen 4 Informationen kritisch hinterfragen und Stellung nehmen

17 Armut von Kindern

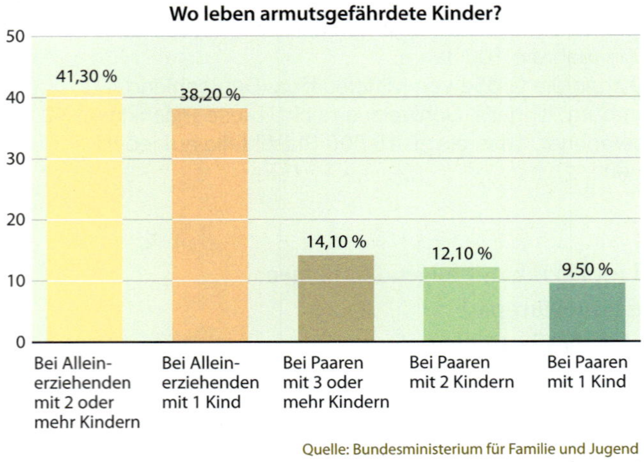

Nicht immer passen die Informationen verschiedener Quellen zusammen.

- Suche Widersprüche zwischen diesen beiden Texten.
- Sammle Fragen, mit denen du Widersprüche in Quellen aufdecken kannst.
- Schreibe eine Stellungnahme.

79,5 % der Kinder von Alleinerziehenden sind armutsgefährdet!

Familien mit mehr Kindern sind eher armutsgefährdet als die mit weniger Kindern!

18 Klimawandel: Temperaturanstieg?

Zum Thema Klimawandel wurden von unterschiedlichen Quellen unterschiedliche Diagramme veröffentlicht.

(1)

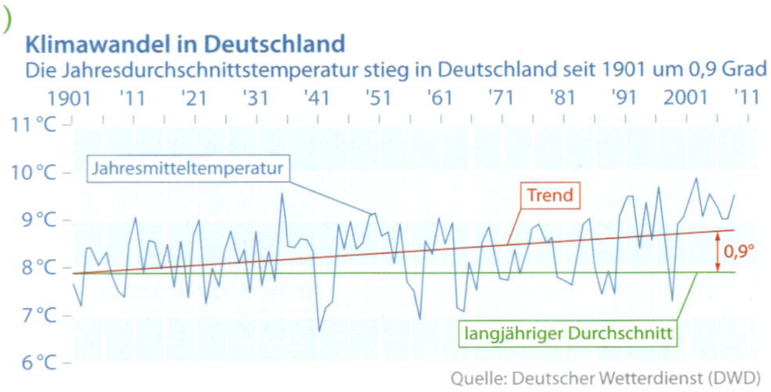

(2)

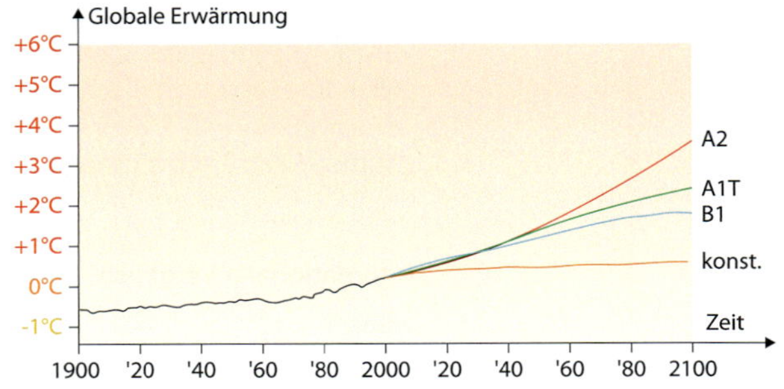

(3)

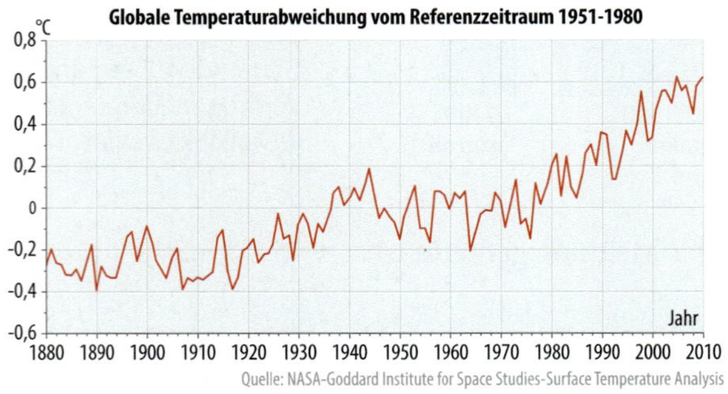

(4)

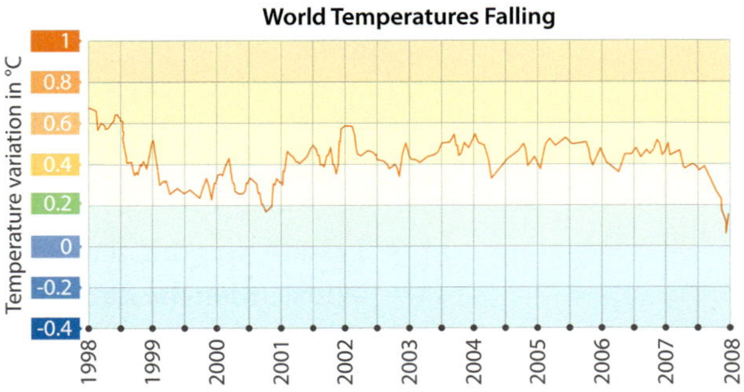

a)
- Welche Grafik könnte von welcher Quelle stammen?
- Nach welchen Kriterien ordnest du zu?

(A) Verein der Umweltschützer (B) Forschungsinstitut Climate Worldwide
(C) Online-Lexikon (D) Fernsehsender

b) Welche Grafik würdest du für ein Referat verwenden?
Erkläre ihre Aussage sehr präzise.

19 Wahlbetrug mit Prozenten?

Nach einer Wahl für ein Bürgermeisteramt waren die Ergebnisse sehr knapp.
Zunächst sah es so aus, als ob ein Kandidat gewinnt, doch nach Auszählung der Briefwahl-Karten änderte sich die knappe Mehrheit:
Der andere Kandidat gewann mit 50,3 %.
Im Chat diskutierten die Anhänger der beiden Kandidaten kontrovers.

a) *ERO:* Das ist doch Beschiss! Mein Kandidat hatte vor der letztes Auszählung 51,9 %. Aber dann wurden noch Briefwahlen gezählt, und dann waren es PLÖTZLICH weniger Prozente. Wie kann das sein, obwohl Stimmen DAZU gekommen sind? Wird hier etwas manipuliert?

Wate: Du meinst das nicht wirklich ernst? Mathe-Genie!

Erkläre, welches Problem ERO hier hat.
Zeichne ein Bild mit mehreren Prozentstreifen, um ERO den Denkfehler zu erklären.

b) *LILLY:* überleg mal: wie viel prozente insgesamt willst du denn verteilen? 120? 130? klar ändert sich die verteilung wenn noch so viele stimmen dazu kommen, denn zusammen müssen es immer noch 100 % sein. dein einwand ist echt peinlich.

POL13: hihi, wie blöde ...

Wie nimmt Lilly Stellung? Beurteile Lillys Stellungnahme mathematisch und in ihrem argumentativen Aufbau.

c) Finde selbst Chat-Einträge, zu denen es sich aus mathematischer Sicht lohnt, Stellung zu nehmen. Schreibe eine Stellungnahme.

20 Bildungsgrad der Fußball-Fans

Fußball-Fans haben die höchste Bildung

Unstatistik vom 31.08.2016
Wer es noch nicht gewusst hat – Fußball ist Bildungsland: „Auf Platz 1: der SC Freiburg. 73,4 Prozent seiner Fans haben laut „Xing" einen Hochschulabschluss", so berichtete der Südkurier. Selbst der drittletzte in diesem neuesten Bildungs-Ranking der Bundesligavereine strotzt vor Intelligenz: „Mehr als die Hälfte (63,5 Prozent) der HSV-Fans hat einen Hochschulabschluss", weiß das norddeutsche Zeitungsportal shz.de zu berichten. All das hat angeblich Xing bei einer Befragung seiner Nutzer herausgefunden.

Prof. Dr. Gerd Gigerenzer
Sabine Weiler (Pressestelle RWI)

Mit der „Unstatistik des Monats" hinterfragen der Berliner Psychologe Gerd Gigerenzer, der Dortmunder Statistiker Walter Krämer und RWI-Vizepräsident Thomas Bauer jeden Monat sowohl jüngst publizierte Zahlen als auch deren Interpretationen. Alle „Unstatistiken" finden Sie im Internet unter www.unstatistik.de.

Zwei Statistiker veröffentlichen regelmäßig die „Unstatistik des Monats" im Netz.

a)
- Warum wurde der Artikel als Unstatistik des Monats ausgewählt?
- Können die Ergebnisse stimmen?
- Wo liegt der Fehler? Erkläre mit einem Bild.

b) Suche weitere Unstatistiken, die die beiden Statistiker kritisiert haben.
Der Link zu dieser Webseite ist http://www.rwi-essen.de/unstatistik/.
Schreibe zu einer Unstatistik eine Stellungnahme nach der Struktur aus Aufgabe 5 auf Seite 165.

21 Jugend 2.0: Datenschutz in sozialen Netzwerken

Die Verbraucherzentrale Schleswig-Holstein hat das Internetverhalten von Jugendlichen untersucht.

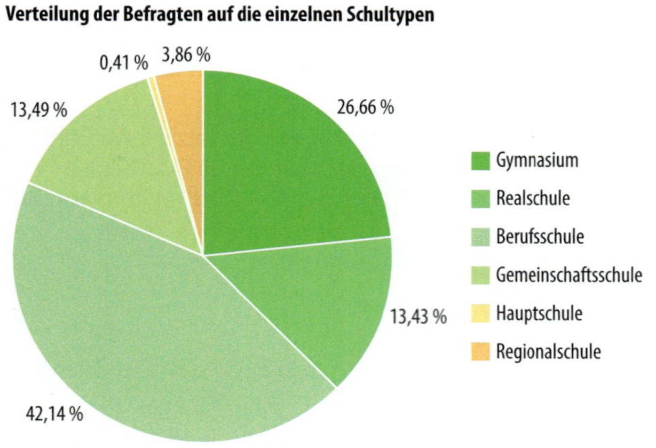

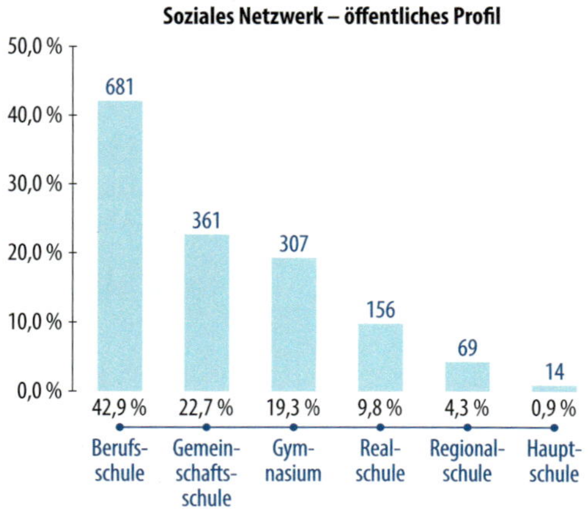

a) Welche der beiden Schlagzeilen passt zu dem abgebildeten Säulendiagramm? Begründe deine Auswahl.

(1) **Daten über Berufsschüler sind besonders leicht in sozialen Netzwerken zu finden**
43 % aller öffentlichen Profile von Jugendlichen gehören Berufsschülern.

(2) **Daten über Berufsschüler sind besonders leicht in sozialen Netzwerken zu finden**
43 % aller Berufsschüler haben ein öffentliches Profil bei facebook und Co.

b) Nimm zu der Aussage (1) der Schlagzeile aus a) kritisch Stellung.
Betrachte dazu die Verteilung der insgesamt 5564 Befragten auf die einzelnen Schultypen in dem Kreisdiagramm und erstelle eine Tabelle mit der Anzahl der Befragten für jeden Schultyp.

c) Warum sind öffentliche Profile eigentlich ein Problem, mit dem sich die Verbraucherzentrale beschäftigt?

d) Die Verbraucherzentrale möchte Schülerinnen und Schüler über die Datensicherheit in sozialen Netzwerken informieren.
Gib eine Empfehlung, an welchen Schulen damit begonnen werden sollte.
Vergleiche dazu die Prozentzahlen der beiden Diagramme.
Erstelle dann zur Erklärung eine eigene Grafik.

e) Vertiefe nun die Recherchen zur Frage aus c).
Unter dem Link **http://www.klicksafe.de/** findest du Informationen rund um das Thema Sicherheit im Netz. Dort findest du heraus, warum du deine persönlichen Daten schützen sollst und wie das geht.
Erstelle einen Indikator, der beschreibt, wie gut man seine persönlichen Daten in einem sozialen Netzwerk geschützt hat. Überlege zunächst:
- Was sind persönliche Daten?
- Was darf jeder von dir erfahren, was möchtest du nur bestimmten Personen „erzählen“?
- Welche Daten würdest du stärker schützen als andere? Vergib Punkte.

22 Wie misst man Glück?

Die Lebenszufriedenheit der Deutschen soll mit einem Fragebogen gemessen werden. Dazu veröffentlichte das Handelsblatt einen Artikel.

Wohlstandsindikator

Das Glück der Deutschen wird gemessen

von: Donata Riedel, Dirk Heilmann
Datum: 16.12.2009 17:16 Uhr

BERLIN/DÜSSELDORF. Die Diskussion um alternative Wohlstandsindikatoren nimmt jetzt auch in Deutschland Fahrt auf. Am Dienstag stellte der Münsteraner Ökonom Ulrich van Suntum ein „Glücks-BIP" vor. Den „Lebenszufriedenheits-Indikator" hat er im Auftrag der Initiative Neue Soziale Marktwirtschaft (INSM) entwickelt. Er weist die Deutschen als recht frohes Volk aus [...].

a) Entwirf selbst einen Fragebogen, mit dem man „Glück" oder Lebenszufriedenheit messen kann.
- Was braucht man denn, um glücklich zu sein?
- Notiere Merkmale, an denen du die Lebenszufriedenheit eines Menschen messen würdest.

b) Vergleicht eure Ideen und ordnet sie zu Gruppen.

c) Recherchiere im Internet, welche Merkmale zur Glücksmessung die Glücksforschung zu Grunde legt.
- Vergleiche die Ergebnisse aus dem Internet mit euren Merkmalen aus a).
- Gibt es Gemeinsamkeiten oder Unterschiede? Woran könnte das liegen?

d) Setze den Pressetext aus dem Handelsblatt mit einer Beschreibung des folgenden Diagramms fort.
Überlege dir erst, welche Angaben die Leserinnen und Leser interessieren könnten.

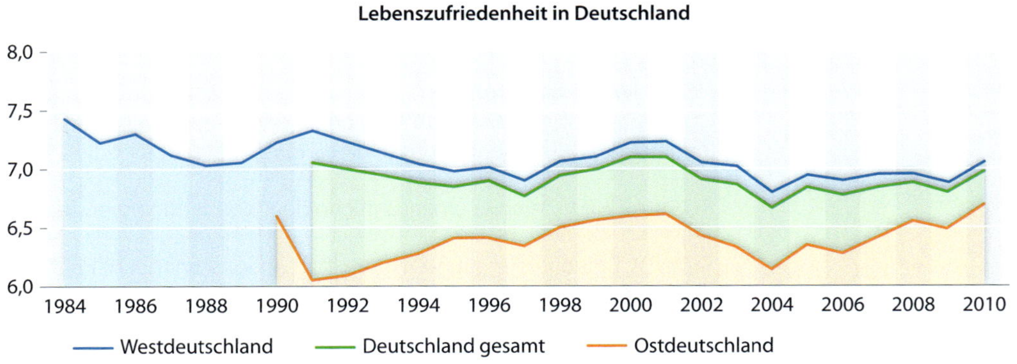

Quelle: Deutsche Post Glücksatlas 2012

e) Erkläre, warum in dem Diagramm der grüne Gesamt-Zufriedenheitsgraph näher beim blauen als beim orangen Graphen liegt.

Tipp
Nutze die Fragen aus Aufgabe 5 auf Seite 165.

f) Pias Großvater betrachtet Zahlen und Statistiken immer als objektiv wahr.
Erkläre ihm mit Hilfe der Beispiele aus dieser und der vorherigen Aufgaben, warum man Zahlen und Statistiken nicht immer als objektiv wahr betrachten kann.

23 Kreissegment im Chat

In einem Mathe-Forum schreibt der Nutzer SPEEDY folgenden Hilferuf.

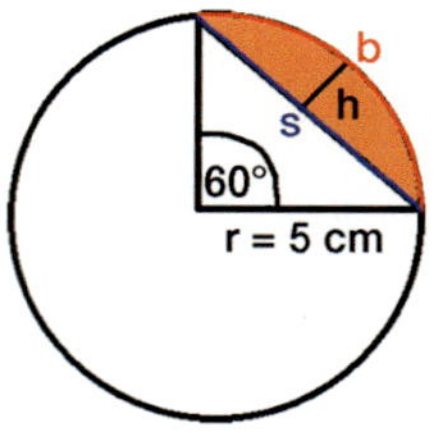

SPEEDY: Ich muss den Flächeninhalt des Kreissegmentes berechnen.
Beim Kreis ist r = 5 cm, der Winkel 60°, die Kreissehne (s) 5 cm und die Höhe (h) 0,8 cm.
Ich hab nachgeschlagen, welche Formeln man benutzen kann und habe die gefunden:
1) $A = \frac{r \cdot b}{2} - \frac{s \cdot (r - h)}{2}$ und 2) $A = \frac{r^2}{2} \cdot (\alpha - \sin \alpha)$.
Aber ich komme auf zwei verschiedene Ergebnisse:
Mit der 1sten auf A = 2,6 und mit der 2ten auf A = 739… Die Formeln stimmen doch?

a) Schreibe eine Stellungnahme zu der Anfrage. Du kannst auch im Wissensspeicher oder Formelsammlungen nachschlagen.

b) Beurteile SAULs Antwort auf die Anfrage vom SPEEDY.

SAUL: In die zweite Formel musst du den Winkel ... einsetzen. Allerdings passen die Daten so auch nicht ganz zusammen. Falls r = 5 cm und $\alpha = \frac{\pi}{3}$ so folgt daraus zwar wirklich s = 5 cm, aber $h = \left(5 - \frac{5}{2}\sqrt{3}\right)\text{cm} \approx 0{,}67\,\text{cm}$.
PS: In deiner Skizze sehen die 60° aber verdächtig nach einem rechten Winkel aus.

24 Ü-Ei im Chat

Auf die Frage des Nutzers MOPI im Hausaufgaben-Forum haben viele User geantwortet. Beurteile jeweils, ob die Antworten richtig sind. Schreibe deine Antwort auf.

MOPI: In jedem siebten Ü-Ei soll eine Sammelfigur sein. Wie groß ist die Wahrscheinlichkeit, beim Kauf von 3 Ü-Eiern 0, 1, 2, 3 wertvolle Figuren zu haben? Kann mir jemand mal ein Rechenweg für diese Aufgabe geben? ich komme da nicht weiter...

SMART: Du hast dann 3 von 7 Eiern, also 3/7. 30/70 = ca. 40 %
Also du hast ne Chance von 40 % dann eine Figur zu kriegen … wenn ich richtig gerechnet habe.

HOCA: Will ja nicht meckern, aber würde das nicht bedeuten, dass ich bei 8 Eiern eine Chance von über 100 % hab? Du gehst davon aus, dass nur 7 Eier existieren, nicht dass in jedem 7. von x-tausend Eiern auch eine Figur steckt.

KURNAZ KIŞI: Zeichne einen Entscheidungsbaum und wende die Pfadregeln an.

RIDLEY: Entscheidungsbaum ist richtig! ansonsten (bei gekauften Eiern)
P(3 Figuren) = $(1/7)^3$ = 1/343; P(2 Figuren) = 3 *$(1/7)^2$ * 6/7 = 18/343;
P(0 Figuren) = 3 * 1/7 * $(6/7)^2$ = $(6/7)^3$ = 216/343

DIGNATIVE: Entscheidungsbaum ist richtig! ansonsten (bei gekauften Eiern)
Ich habe das in der Schule noch nicht gehabt, aber ich glaube so:1 Ei – 3/7, 2 Eier – 3/14, 3 Eier – 3/28. Ist aber nur so eine Idee, ich weiß es nicht genau.

REY: Nicht ganz... Das eine wertvolle Figur drinnen ist: 1 Ei – 1/7; 2 Eier – 2/7; 3 Eier – 3/7 usw. Das zwei wertvolle Figuren drinnen sind: 2 Eier – 2/14; 3 Eier 3/14; 4 Eier 4/14 usw. Das drei wertvolle Figuren drinnen sind: 3 Eier – 3/21; 4 Eier – 4/21; 5 Eier 5/21 usw. Das KEINE wertvolle Figur drinnen ist einfach umdrehen: 1 Ei – 7/1; 2 Eier – 7/2; 3 Eier – 7/3 usw.

25 Ausstellung Mathe im Alltag

In diesem Kapitel hast du sehr viele unterschiedliche Beispiele gesehen, wozu dir Mathe im Alltag helfen kann.

a) Schaue noch einmal zurück auf das Einstiegsbild.
Wie würdest du die Aussagen der Freunde jetzt einschätzen?

b) Viele Leute sehen die Mathematik im Alltag nicht. Diesen sollt ihr mit einer Ausstellung die Augen öffnen.

(1) Sammelt dazu über längere Zeit jeder vier mathematikhaltige Situationen, zum Beispiel aus Blogeinträgen, Zeitungsartikeln, Prospekten, Fotos, aus dem Internet oder ähnlichem.
Diese sollen interessante Fragen enthalten oder Anlässe für mathematikhaltige Stellungnahmen bieten.

(2) Stellt euch die Situationen gegenseitig vor und beratet euch, welche Situation am meisten lohnt, aufgearbeitet zu werden:
- Welche ist vom Kontext her interessant für potentielle Ausstellungsbesucher?
- Welche enthält die weitreichendste Mathematik (nicht nur Grundrechenarten)?
- Mit welcher Gesamtauswahl an Beispielen könnt möglichst unterschiedliche Mathematik abdecken?

(3) Bereite das ausgesuchte Beispiel auf diese Weise auf.
- Beschreibe die Hintergrundinformationen zum Kontext kurz und prägnant.
- Erläutere den mathematischen Kern der Situation ausführlich schriftlich.
- Schreibe gegebenenfalls eine Stellungnahme, um auf falsche Überlegungen zu reagieren.

(4) Überlegt genau, wer die Zielgruppe eurer Ausstellung sein soll:
andere Klassen, Eltern, jüngere Klassen…
Beratet euch dann gegenseitig bei euren Texten, wie sie für die Zielgruppe noch verständlicher werden können.
Sind weitere Skizzen oder Tabellen nötig?

(5) Führt die Ausstellung durch.

Checkliste

Informationen im Internet – Erklären, hinterfragen, Stellung nehmen

Ich kann … *Ich kenne …*	*Hier kann ich üben …*

Ich kann im Internet nach Informationen suchen und diese mathematisch erklären, zum Beispiel Informationen zu Lebenshaltungskosten.

(1) Finde im Internet Aufstellungen zu Lebenshaltungskosten und erkläre, warum diese unterschiedlich hoch sind.

(2) Welche Abgaben muss man vom Gehalt abziehen? Erkläre die nebenstehende Gehaltsrechnung.

Nettolohn	**1356,51**
Lohnsteuer	157,83
Solidaritätszuschlag	8,68
9 % Kirchensteuer	14,20
Summe der Steuern	**180,71**
8,400 % Krankenversicherung	142,80
1,175 % Pflegeversicherung	19,98
Summe Sozialversicherung	**162,78**
Bruttolohn	**1700,00**
Arbeitgeberanteil und Sozialversicherung	
7,300 % Krankenversicherung	124,10
1,175 % Pflegeversicherung	19,98
Gesamtbelastung Arbeitgeber	**1844,07**

S. 166–172
Nr. 1–9

Ich kann komplexe Fragen mit fehlenden Informationen durch Schätzen und mit einfacheren Fragen bearbeiten.
Wie viele Bäume werden jährlich für deutsches Zeitungspapier gefällt? Formuliere geeignete einfachere Fragen und schreibe auf, welche Daten du recherchieren würdest.

S. 173/174
Nr. 10–13

Ich kann Informationen aus unterschiedlichen Texten, Tabellen und Grafiken kombinieren.
Wie gehst du vor, wenn du in einer Tabelle und einem Text Informationen für spezielle Fragen suchst?

S. 174–176
Nr. 14–17

Ich kann im Internet Informationen finden und die Zuverlässigkeit der Quellen einordnen.
Welcher Quelle traust du für welches Thema am meisten, welcher am wenigsten: Blog, Webseite einer Tageszeitung, Wikipedia, Seite eines Pharma-Konzerns?

S. 177–179
Nr. 19–22

Ich kann Informationen und behauptete Zusammenhänge mathematisch hinterfragen.
Welche Fragen musst du stellen, um die Zuverlässigkeit einer Informationsangabe oder eines behaupteten Zusammenhangs zu prüfen?

S. 176–180
Nr. 17–25

Ich kann Stellungnahmen zu widersprüchlichen Informationen oder falschen Berechnungen schreiben.
Worauf achtest du, wenn du zu einem Zeitungsartikel oder Blog-Eintrag einen Leserbrief schreiben willst?

S. 176–179
Nr. 17–22

▸ *Hinweis:* Im Materialblock auf Seite 58 und im Internet unter www 182-1 findest du diese Checkliste für deine Selbsteinschätzung. (www.cornelsen.de/mathewerkstatt, Webcode: MWS040048-182-1)

Strategien für Tests – Effektiv wiederholen und geschickt bearbeiten

In diesem Kapitel bereitest du dich auf deine Prüfung vor, indem du …

- Prüfungsaufgaben bearbeitest und analysiert, was du können solltest.
- mit Checklisten, Übekartei, Wiederholungsbausteinen und Wissensspeichern die Inhalte wiederholst.
- dir bewusst machst, welche Strategien für die Bearbeitung wichtig sind.
- die Prüfungsaufgaben deines Bundeslandes analysierst, bearbeitest und trainierst.

Das sollen wir alles schaffen bis zur Prüfung?
Ich hab eine Übersicht gemacht.

Das haben wir ja alles schon mal gemacht. Dann schauen wir halt mal in unseren Wissensspeichern nach. Sollen wir darauf aufbauen und weiterarbeiten?
Gute Idee – aber wir müssen auch kapieren, was genau in den Prüfungsaufgaben erwartet wird.
Positiv DENKEN!!!

Wie bereite ich mich auf die Prüfung vor?

Hinweis
Diese Materialien helfen dir bei der Arbeit:
- *Checklisten*
- *Wissensspeicher*
- *Übekartei*
- *Wiederholungsbausteine*

A Vorbereiten

Für die Prüfung muss man viele Inhalte gleichzeitig können, die du vielleicht schon vergessen hast. Wenn du dich an diese erinnern willst, kannst du zum Beispiel mit den Checklisten, den Wissensspeichern, der Übekartei oder den Wiederholungsbausteinen arbeiten, bevor du die Prüfungsaufgaben anschaust.

B Aufgaben analysieren

Auf den folgenden Seiten sind acht Prüfungsaufgaben abgebildet.
Sie gehören zu den Bereichen
1 Kurzaufgaben
2 Prozentrechnung und Funktionen
3 Geometrie
4 Daten und Zufall

So gehst du vor:

(1) Bearbeite alleine die Prüfungsaufgabe. Nutze dazu die Strategien im Materialblock.
(2) Vergleiche deine Lösung mit der Lösung im Materialblock.
(3) Es ist wichtig, in Aufgaben zu erkennen, was man dazu können soll. Dazu sind auf der nachfolgenden Seite die Anforderungen zu den Aufgaben gegeben. Ordne die Anforderungen den Teilaufgaben zu.
(4) Bei einigen Teilaufgaben helfen dir bestimmte Strategien. Ordne auch diese den Aufgaben zu.
(5) Erstelle einen Arbeitsplan, für welche Anforderungen du noch weiter üben willst. Schau im Register nach, welche Wissensspeicher und Übekartei-Karten dazu passen.

C Weiterarbeiten: Aufgaben aus deinem Bundesland analysieren

Die Prüfungsaufgaben sind nicht in allen Bundesländern und allen Jahren gleich. Daher ist es wichtig, genau zu schauen, welche Aufgaben in deiner Prüfung zu erwarten sind.

(1) Besorge dir eine Sammlung von Prüfungsaufgaben, wie sie in deiner Abschlussprüfung zu erwarten sind. Deine Lehrerin oder dein Lehrer unterstützen dich dabei.
(2) Bearbeite alleine die Prüfungsaufgabe.
(3) Vergleiche deine Lösung mit einer Musterlösung.
(4) Schreibe nun die Anforderungen auf, die die Aufgabe stellt. Vergleicht untereinander eure Listen.
(5) Bei einigen Teilaufgaben helfen bestimmte Strategien. Schreibe auch die Strategien heraus. Vergleicht untereinander eure Listen.
(6) Erstelle eine Checkliste, für welche Anforderungen du noch weiter üben willst. Schau im Register nach, welche Wissensspeicher und Übekartei-Karten dazu passen.

D Lücken aufarbeiten

Wiederhole mit Übekartei, Schulbuch, Wiederholungsbeispielen oder anderem Material alles, was du noch wiederholen willst.
Plane dafür genügend Zeit ein.

Überprüfen

► Materialblock S. 63 Strategien

Bereich 1 – Kurzaufgaben zu verschiedenen Inhalten

1 Zahlen ordnen

Ordne die Zahlen $-\frac{1}{4}$; 0,8; $-\frac{1}{5}$; $\frac{3}{5}$; 75 % der Größe nach. Beginne mit der kleinsten Zahl.

2 Schätzen

Wie groß müsste ein Riese sein, um bequem auf diesem Stuhl sitzen zu können?

- Schätze die Höhe des Stuhls und vergleiche sie mit der Höhe eines normalen Stuhls.
- Um wie viel größer ist die Sitzfläche im Vergleich zu einem normal hohen Stuhl?
- Um wie viel größer ist das Gewicht des Riesen im Vergleich zum Gewicht der Person auf dem Bild?

3 Gleichungen aufstellen

Till denkt sich zwei Zahlen und stellt folgendes Rätsel:
„Das Doppelte der ersten Zahl ist um 5 größer als das Dreifache der zweiten Zahl. Die Summe der beiden Zahlen ist 4 größer als das Dreifache der zweiten Zahl."

(1) Ole probiert die Zahlen 3 und 6 aus. Überprüfe, ob die Zahlen passen. Notiere deine Rechnung.

(2) Entscheide bei jedem Gleichungssystem (ja oder nein), ob es zu dem Rätsel passt.

Ⓐ $2x = 3y + 5$; $x + y = 3y + 4$

Ⓑ $x^2 - 5 = 3y$; $4 - x + y = 3y$

Ⓒ $2x + 5 = 3y$; $x + y = 3y + 4$

4 Terme mit Tabellenkalkulation aufstellen

Für eine größere Anschaffung will Familie Kara einen Kredit aufnehmen.

Ayshe hat für die Familie einen Finanzierungsplan aufgestellt. Dabei geht sie von einem aktuellen Bankangebot aus.

	A	B	C	D	E
1	**Finanzierungsplan**				
2	Kreditsumme in €	5000,00			
3	jährliche Rate in €	612,00			
4	Zinssatz pro Jahr	4,25%			
5					
6		1. Jahr	2. Jahr	3. Jahr	4.Ja
7	Schulden zu Beginn in €	5000,00	4600,50		
8	Zinsen pro Jahr in €	212,50	195,52		
9	Rate pro Jahr in €	612,00	612,00		
10	Restschuld am Jahresende in €	4600,50	4184,02		

(1) Gib eine geeignete Formel an für die Zelle B8.

(2) Berechne die Restschuld am Ende des dritten Jahres.

Analysieren

Bereich 1 – Kurzaufgaben zu verschiedenen Inhalten

1–4 Analyse der Kurzaufgaben

► Materialblock S. 65 Lösungen

Schritt 1: Vergleiche deine Bearbeitung der Aufgaben 1 bis 4 auf Seite 187 mit der Musterlösung im Materialblock. Überarbeite oder ergänze deine Lösung, wo nötig.

Schritt 2: Analysiere die Aufgaben 1 bis 4, um zu verstehen, was jeweils gefordert wird. In welchem Lösungsschritt stecken welche angegebenen Anforderungen? Einige kommen mehrmals vor.

- Ergebnis erklären
- Term/Gleichung zu einer Situation aufstellen
- Größen vergleichen/ermitteln
- mit Tabellenkalkulation umgehen einen Term in Tabellenkalkulation eingeben
- kontrollieren, ob ein Ergebnis plausibel ist
- Zahlen vergleichen hier: Bruchzahlen, Dezimalzahlen, Prozentangaben
- Zahlen in Terme mit Variablen einsetzen
- schätzen, überschlagen, runden
- Umrechnen von Bruchzahlen, Dezimalzahlen, Prozentangaben
- Zinsen berechnen
- passende Einheiten bestimmen/umrechnen
- Ansatz für Zinsaufgabe finden, z. B. am Prozentstreifen

Schritt 3: Welche der angegebenen Strategien war für dich in den Aufgaben 1 bis 4 an welcher Stelle wichtig?

- das Problem in eigenen Worten wiedergeben
- eine Skizze erstellen
- ein ähnliches Problem nutzen
- auf etwas Bekanntes zurückführen
- Gegebenes und Gesuchtes aufschreiben
- einfachere Fragen stellen
- eine Vermutung formulieren und überprüfen
- Beispiele aufschreiben und ordnen
- eine andere Darstellung suchen
- Hilfslinien oder Zwischenwände einzeichnen
- eine grafische Darstellung nutzen

► Materialblock S. 64 Arbeitsplan
► Materialblock ab S. 71 Register

Schritt 4: Zu welcher der Anforderungen willst du noch üben? Übertrage sie in deinen Arbeitsplan.

Überprüfen

► Materialblock S. 63
Strategien

Bereich 2 – Prozentrechnung und Funktionen

5 Popcorn – Prozentrechnung und Funktion

In einem Kino wird mit durchschnittlich 850 Besucherinnen und Besuchern pro Tag gerechnet. Für die Herstellung von Popcorn wird eine Maschine für 320 € gekauft. Für jede Portion Popcorn werden 50 g Mais benötigt, der in 20 kg Packungen für jeweils 32 € verkauft wird. Pro 100 Portionen muss noch mit 8 € Nebenkosten gerechnet werden.

a) Im Preis für 20 kg Mais sind 7 % Mehrwertsteuer enthalten.
Wie viel kosten 20 kg Mais ohne Mehrwertsteuer? Notiere deine Rechnung.

b) Zeige, dass das Kino für jeweils 100 Portionen Popcorn mit Kosten von 16 € (für den Mais und die oben angegebenen Nebenkosten) rechnen muss.

c) Bezieht man die Anschaffung der Popcorn-Maschine mit ein, dann können die gesamten Kosten für x Portionen Popcorn mit der Funktionsgleichung $k(x) = 320 + 0{,}16 \cdot x$ berechnet werden. Bei einem Verkaufspreis von 2,50 € können die Einnahmen mit der Funktionsgleichung $e(x) = 1{,}5 \cdot x$ berechnet werden.
Zeichne beide Funktionen in ein Koordinatensystem.

d) Berechne, ab welcher Anzahl verkaufter Portionen Popcorn das Kino Gewinn macht.

6 Brückenbogen – Quadratische Funktionen

Rechts ist eine Hängebrücke aus Berlin skizziert, deren Fahrbahn an einem parabelförmigen Haupttrageseil befestigt ist.

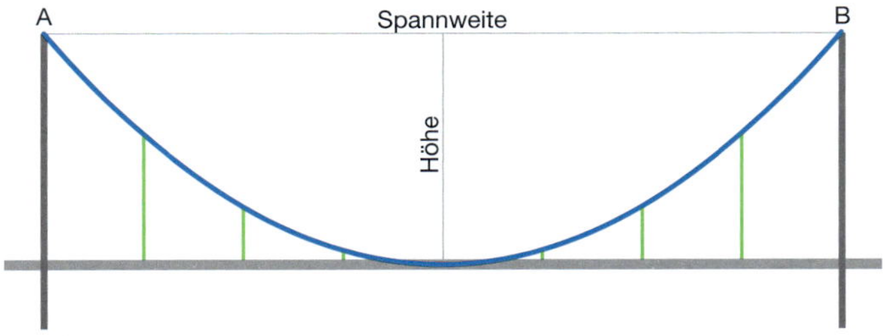

Das Haupttrageseil ist in einer Höhe von 12,5 m über der Fahrbahn an zwei Befestigungspunkten aufgehängt. Die Spannweite zwischen den Befestigungspunkten beträgt 40 m.

a)
- Übertrage das Haupttrageseil in ein Koordinatensystem, sodass die zweite Achse durch den Scheitelpunkt und die erste Achse auf der Höhe der Fahrbahn verläuft.
- Gib die Koordinaten des Scheitelpunkts sowie der Punkte A und B an.
- Wie ändern sich die Koordinaten, wenn die beiden Achsen durch A verlaufen?

b)
- Wähle aus den folgenden Funktionsgleichungen diejenige aus, die den Graphen aus a) beschreibt. Begründe deine Wahl.
- Begründe ebenso, warum die anderen Funktionsgleichungen nicht in Frage kommen.
- Schreibe auch die Funktionsgleichung für die verschobene Parabel in a) auf.

$f_1(x) = -2x^2$ $\quad$ $f_2(x) = 40x^2 + 12{,}5$ $\quad$ $f_3(x) = \frac{12{,}5}{20^2}x^2$ $\quad$ $f_4(x) = 12{,}5x + 40$

Analysieren

Bereich 2 – Prozentrechnung und Funktionen

5 Analyse der Aufgabe Popcorn

► Materialblock S. 66 Lösungen

Schritt 1: Vergleiche deine Bearbeitung der Aufgabe 5 auf Seite 189 mit der Musterlösung im Materialblock. Überarbeite oder ergänze deine Lösung, wo nötig.

Schritt 2: Analysiere die Aufgabe, um zu verstehen, was jeweils gefordert wird. In welchem Lösungsschritt stecken welche Anforderungen?

- Graph zu einer Funktionsgleichung erstellen
- kontrollieren ob ein Ergebnis stimmt
- relevante Daten im Text identifizieren
- Prozent in Dezimalzahl umrechnen
- Schnittpunkt von Graphen bestimmen
- Einheiten umrechnen
- herausfinden, wonach in der Aufgabe zur Prozentrechnung gesucht wird, dazu den Prozentstreifen nutzen
- Variable interpretieren
- Formel nach Unbekannter auflösen

Schritt 3: Welche der angegebenen Strategien war für dich in der Aufgabe an welcher Stelle wichtig?

- das Problem in eigenen Worten wiedergeben
- eine Skizze erstellen
- ein ähnliches Problem nutzen
- auf etwas Bekanntes zurückführen
- Gegebenes und Gesuchtes aufschreiben
- einfachere Fragen stellen
- eine Vermutung formulieren und überprüfen
- eine andere Darstellung suchen
- Beispiele aufschreiben und ordnen
- eine grafische Darstellung nutzen
- Hilfslinien oder Zwischenwände einzeichnen

► Materialblock S. 64 Arbeitsplan

► Materialblock ab S. 71 Register

Schritt 4: Zu welcher der Anforderungen willst du noch üben? Übertrage sie in deinen Arbeitsplan.

6 Analyse der Aufgabe Quadratische Funktionen

► Materialblock S. 66/67 Lösungen

Bearbeite für Aufgabe 6 auf Seite 189 Schritt 1–4 wie in Aufgabe 5.

Für Schritt 2 nutze diese Anforderungen:

- Funktionsgleichung zu einem Graphen erstellen
- markante Stellen einer quadratischen Funktion in Term und Graph identifizieren
- Parabel zeichnen
- Lösungsweg erläutern
- Graph zu einer Funktionsgleichung erstellen
- Verschiebung von Graphen in Punkten und Termen darstellen
- aus Informationen im Text Graphen erstellen
- Ergebnis erklären und kontrollieren

Überprüfen

► Materialblock S. 63 Strategien

Bereich 3 – Geometrie

7 In 3D-Körpern rechnen – Spitzkörper

Selma vergleicht die Oberfläche eines Kegels mit der Oberfläche einer quadratischen Pyramide. Der Durchmesser d der Pyramide und die Grundkanten a der Pyramide sind gleich lang. Beide haben den gleichen Winkel $\alpha = 37°$ (siehe Zeichnung rechts).
Der Kegel hat die Grundfläche $G = 50{,}27\,\text{cm}^2$.

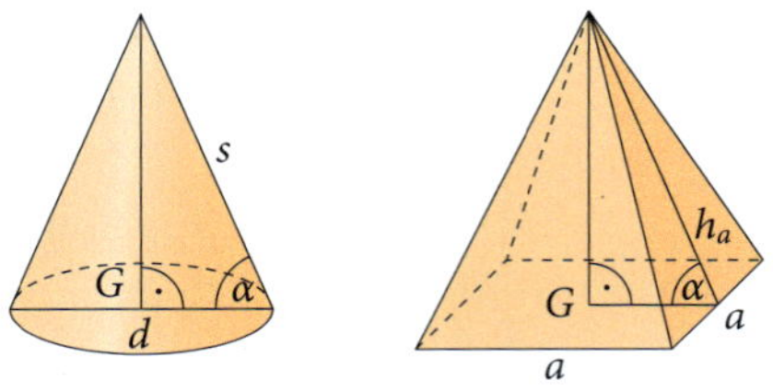

a) Selma meint, die Oberflächen seien gleich groß. Überprüfe die Aussage ohne zu rechnen.

b) Berechne die beiden Oberflächen.

8 Trapezbetrachtungen – Flächeninhalte und Argumentationen

In einem Koordinatensystem (Einheit 1 cm) ist die Strecke von $A\,(0|0)$ nach $B\,(8|0)$ gegeben und eine dazu parallele Gerade g durch die Punkte $D\,(3|5)$ und $C\,(7|5)$.

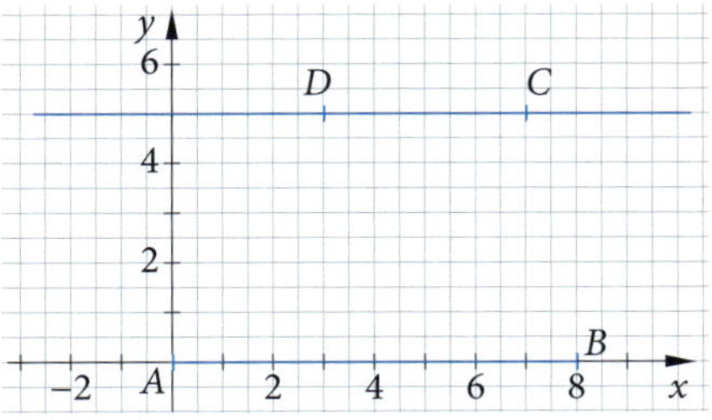

a) Berechne den Flächeninhalt des Trapezes $ABCD$.

b) Erläutere mit Hilfe der Zeichnung, wie die Berechnung des Flächeninhalts eines Trapezes auf die Berechnung der Flächeninhalte von Rechtecken zurückgeführt werden kann. Begründe damit die Formel $A = \frac{1}{2}(a + c) \cdot h$ für das Trapez mit den zueinander parallelen Seiten a und c.

c) In einem dynamischen Geometriesystem wird der Punkt D auf den Punkt C gezogen, sodass ein Dreieck entsteht.
Berechne den Flächeninhalt des Dreiecks.

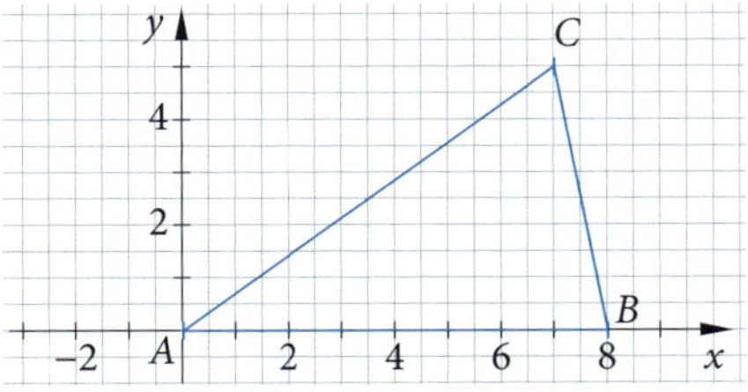

d) In der Ausgangsfigur wird der Punkt D auf $(2|5)$ geschoben und C so weit, dass ein Parallelogramm entsteht.
(1) Bestimme die Koordinaten von C.
(2) Bestimme den Flächeninhalt.
(3) Bestimme die Größe von α.

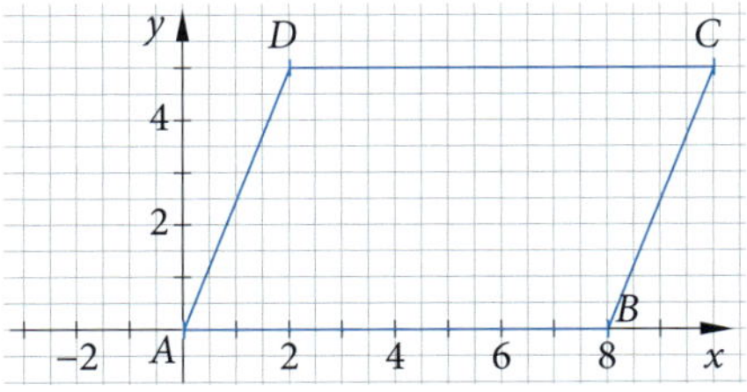

e) Emil überlegt: „Man könnte das Parallelogramm und das Dreieck als besondere Trapeze betrachten. Dann muss ich nicht drei Flächenformeln lernen, sondern nur die Trapezformel $A = \frac{1}{2}(a + c) \cdot h$." Erkläre, wie sich die Flächenformeln für Parallelogramme und Dreiecke aus der Flächenformel für das Trapez ergeben können. Nutze dazu die Aufgaben c) und d).

Analysieren

Bereich 3 – Geometrie

7 Analyse der Aufgabe In 3D-Körpern rechnen

► Materialblock S. 67 Lösungen

Schritt 1: Vergleiche deine Bearbeitung der Aufgabe 7 auf Seite 191 mit der Musterlösung im Materialblock. Überarbeite oder ergänze deine Lösung, wo nötig.

Schritt 2: Analysiere die Aufgabe, um zu verstehen, was jeweils gefordert wird. In welchem Lösungsschritt stecken welche Anforderungen?

- Ergebnis erklären
- passende Formel für Volumen/Fläche finden
- passenden Satz zur Berechnung unbekannter Länge finden (Pythagoras, Strahlensatz, Sinus/Cosinus/Tangens, …)
- kontrollieren, ob ein Ergebnis plausibel ist
- Formel nach Unbekannter auflösen
- Zwischenwände einziehen
- passende Formel für Fläche finden
- über Zusammenhänge argumentieren

Schritt 3: Welche der angegebenen Strategien war für dich in der Aufgabe an welcher Stelle wichtig?

- das Problem in eigenen Worten wiedergeben
- eine Skizze erstellen
- ein ähnliches Problem nutzen
- auf etwas Bekanntes zurückführen
- Gegebenes und Gesuchtes aufschreiben
- einfachere Fragen stellen
- eine Vermutung formulieren und überprüfen
- eine andere Darstellung suchen
- Beispiele aufschreiben und ordnen
- eine grafische Darstellung nutzen
- Hilfslinien oder Zwischenwände einzeichnen

► Materialblock S. 64 Arbeitsplan
► Materialblock ab S. 71 Register

Schritt 4: Zu welcher der Anforderungen willst du noch üben? Übertrage sie in deinen Arbeitsplan.

8 Analyse der Aufgabe Trapezbetrachtungen

► Materialblock S. 68 Lösungen

Bearbeite für Aufgabe 8 auf Seite 191 Schritt 1–4 wie in Aufgabe 7.

Für Schritt 2 nutze diese Anforderungen:

- Hilfslinien einzeichnen
- relevante Größe ermitteln
- Längen bestimmen
- Flächeninhalt berechnen
- allgemeine Zusammenhänge begründen
- Rechnung mit Variablen allgemein beschreiben
- kontrollieren, ob ein Ergebnis plausibel ist
- Flächen zerlegen und ergänzen
- Winkel berechnen mit Sinus/Kosinus
- mit Variable und Bild begründen
- Lösungsweg erläutern

Überprüfen

▶ Materialblock S. 63 Strategien

Bereich 4 – Daten und Zufall

9 Überraschungsbonbon – Berechnung von Wahrscheinlichkeiten

Bei einer Party werden 20 Überraschungsbonbons unterschiedlich gefüllt, in einen Korb gelegt, gemischt und an die Gäste verteilt:

- Zwölf Bonbons enthalten einen Kaugummi.
- Sechs Bonbons enthalten einen Witz.
- Die restlichen Bonbons enthalten einen Gutschein für einen Kinobesuch.

a) Welche Wahrscheinlichkeit hat das Ereignis „Mit einem Zug hat man einen Gutschein"?

b) Wie groß ist die Wahrscheinlichkeit für das Ereignis „Beim gleichzeitigen Ziehen von zwei Bonbons erhält man unterschiedliche Füllungen"?

10 Wasserverbrauch – Vergleich von Daten

Untersuche dieses Diagramm zum Wasserverbrauch.

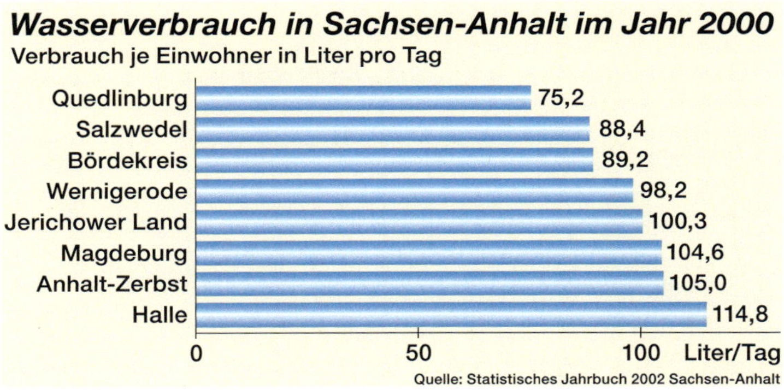

a) Berechne, um wie viel Prozent der tägliche Wasserverbrauch pro Einwohner im Jahr 2000 in der Stadt Halle größer war als im Landkreis Quedlinburg.

b) Der durchschnittliche Wasserverbrauch ist in der Stadt Halle in den Jahren 2000 bis 2003 gesunken. Der Wasserpreis hat sich in dieser Zeit aber nicht verändert.
Im Jahr 2000 kostete ein Kubikmeter Wasser 2,53 DM (1 € = 1,955 84 DM).
Für das gesamte Jahr 2003 betrugen die Wasserkosten in Halle für einen Vierpersonen-Haushalt mit durchschnittlichem Wasserverbrauch 204,36 €.

Vergleiche den durchschnittlichen Wasserverbrauch in Halle je Einwohner in Liter pro Tag im Jahr 2003 mit dem des Jahres 2000 und gib den Unterschied in Prozent an.

c) Zeichne einen Boxplot für die Verteilung des Wasserverbrauchs in den oben genannten Städten und Gemeinden.

Analysieren

Bereich 4 – Daten und Zufall

9 Analyse der Aufgabe Überraschungsbonbon

► Materialblock S. 69 Lösungen

Schritt 1: Vergleiche deine Bearbeitung der Aufgabe 9 auf Seite 193 mit der Musterlösung im Materialblock. Überarbeite oder ergänze deine Lösung, wo nötig.

Schritt 2: Analysiere die Aufgabe, um zu verstehen, was jeweils gefordert wird.
In welchem Lösungsschritt stecken welche Anforderungen?

- entscheiden, ob man die Situation durch einen einstufigen oder mehrstufigen Zufallsversuch beschreiben kann
- alle günstigen Möglichkeiten oder Kombinationen zählen
- eine Wahrscheinlichkeit berechnen (als Anteil bestimmen)
- eine Situation als Flächenbild oder Baum darstellen
- alle Möglichkeiten oder Kombinationen zählen

Schritt 3: Welche der angegebenen Strategien war für dich in der Aufgabe an welcher Stelle wichtig?

- das Problem in eigenen Worten wiedergeben
- eine Skizze erstellen
- ein ähnliches Problem nutzen
- auf etwas Bekanntes zurückführen
- Gegebenes und Gesuchtes aufschreiben
- einfachere Fragen stellen
- eine Vermutung formulieren und überprüfen
- eine andere Darstellung suchen
- Beispiele aufschreiben und ordnen
- eine grafische Darstellung nutzen
- Hilfslinien oder Zwischenwände einzeichnen

► Materialblock S. 64 Arbeitsplan

► Materialblock ab S. 71 Register

Schritt 4: Zu welcher der Anforderungen willst du noch üben?
Übertrage sie in deinen Arbeitsplan.

10 Analyse der Aufgabe Wasserverbrauch

► Materialblock S. 69/70 Lösungen

Bearbeite für Aufgabe 10 auf Seite 193 Schritt 1–4 wie in Aufgabe 9.

Für Schritt 2 nutze diese Anforderungen:

- Problem in eigenen Worten wiedergeben
- aus Grundwert und erhöhtem Wert den Prozentsatz bestimmen
- am Prozentreifen darstellen
- erkennen, ob Grundwert, Prozentwert oder Prozentsatz gesucht ist
- kontrollieren, ob ein Ergebnis stimmen kann

Rechentricks und Bewegungsanalysen – Terme und krummlinige Zusammenhänge

Dieses Kapitel enthält Inhalte der Kapitel „Zauberei mit Rechentricks", Klasse 8 und „Bewegungsanalysen im Sport", Klasse 9. Es richtet sich an Lerngruppen, die die Inhalte „binomische Formeln" und „quadratische Funktionen" erst in Klasse 10 behandeln. Es empfiehlt sich für diese Lerngruppen, den Abschnitt vor dem Kapitel „Abschätzungen im Verkehr" zu bearbeiten.

In diesem Kapitel ...

- verwendest du Terme und Variablen, um Rechentricks zu untersuchen und zu verstehen.
- lernst du, wie man Terme vereinfachen und verändern kann.
- analysierst und vergleichst du Bewegungen im Sport.
- beschreibst du Bewegungen durch Funktionen.
- lernst du, wie man dazu Tabellen, Graphen und Terme verwendet.

Erkunden A

Wie kann ich komplizierte Rechnungen durchschauen?

1 Quadrieren im Kopf

Erinnere dich
$35 \cdot 35$ kann man als 35^2 schreiben, gesprochen: „35 Quadrat".

Die 35 wird quadriert.

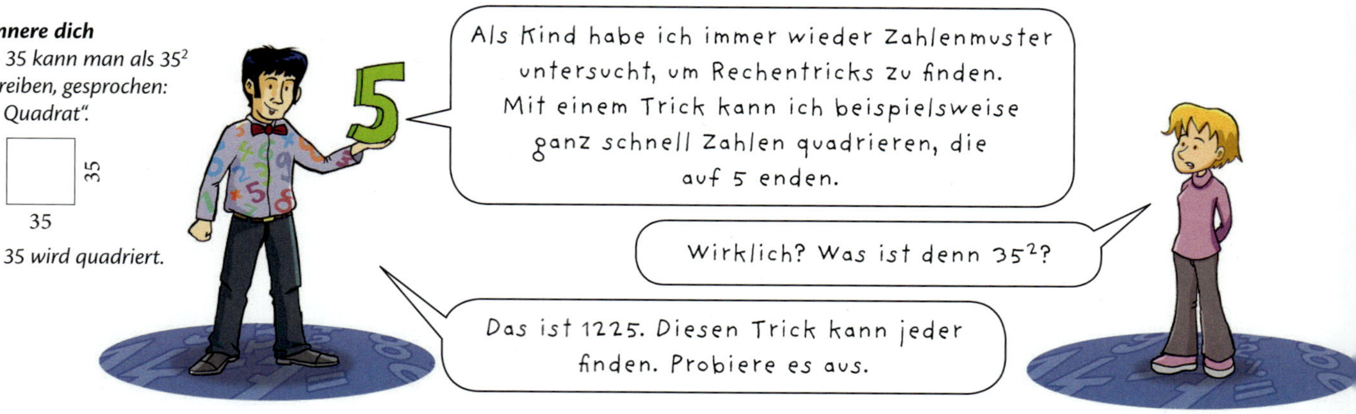

Erinnere dich
Diese Strategien helfen dir dabei:
- *ein Bild zeichnen*
- *einen Term aufstellen*
- *eine ähnliche Aufgabe nutzen*

a) Untersuche die Quadrate von mindestens fünf zweistelligen Zahlen, die auf 5 enden. Kannst du ein Muster entdecken? Kannst du die Ergebnisse auch schnell vorhersagen? Probiere es mit weiteren Beispielen aus.

b) Ole, Pia und Till haben verschiedene Strategien genutzt. Versuche, jede der drei Strategien nachzuvollziehen. Wie könnten die drei auf ihre Weise den Trick erklären?

Ole verwendet ein Quadratbild, um die Rechnung zu untersuchen.

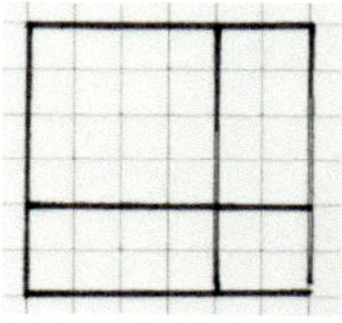

- Übertrage das Bild in dein Heft.
- Welchen Flächeninhalt haben die einzelnen Flächen?
- Wie kann man das Ergebnis von $(30 + 5) \cdot (30 + 5)$ am Bild erklären?

Pia schlägt vor, die Zehner und Einer wieder mit einem Term aufzuschreiben.

- Wie schreibt sie die Zahlen 15, 25, 35, usw. allgemein mit x auf?
- Wie sieht Pias Term aus?
- Versuche, Pias Term zu quadrieren.

Till erinnert sich an eine ähnliche Situation, das Malkreuz. Er verwendet jedoch ein x.

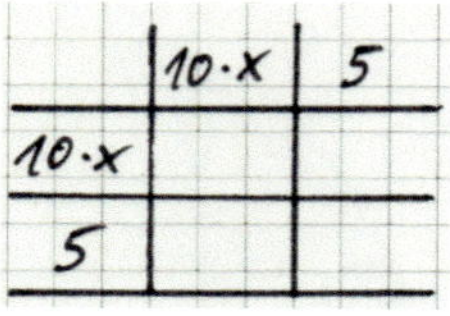

- Kannst du am Malkreuz den Trick erklären?

c) Wie hängen die drei Erklärungen in b) zusammen?

d) Schreibe den Rechentrick für jemanden auf, der ihn auch lernen möchte.
- Beschreibe in Worten, wie man rechnen muss.
- Beschreibe mit einem Term, wie man rechnen muss.
- Begründe, warum der Trick funktioniert. Verwende dazu Erklärungen aus b).

e) Funktioniert der Trick auch mit Zahlen größer als 100?
$105^2 = (100 + 5)\,(100 + 5) = \dots$ $\quad 115^2 = (110 + 5)\,(110 + 5) = \dots$ $\quad$ usw. …
Du kannst dazu Beispiele, Terme, Bilder oder das Malkreuz verwenden.

nachgedacht

f) Welche gleichwertigen Terme hast du bei der Untersuchung des Tricks gefunden? Warum ist es nützlich, wenn man gleichwertige Terme findet?

Erkunden B

Wie kann ich in Termen Strukturen erkennen und nutzen?

Gut zu wissen
Ein Term heißt Binom, wenn zwei Variablen oder Werte vorkommen. Die Umformungsregel für ein Binom heißt binomische Formel.

2 Muster in Termen erkennen

Der Zauberer hat Muster in Rechnungen mit Zahlen erkannt.
Viele Muster kann man mit binomischen Formeln beschreiben.
Mit ihrer Hilfe kann man viele Terme umformen und vereinfachen.

a) Untersuche die folgenden Päckchen mit Termumformungen.
- Übertrage sie zunächst ins Heft und setze noch zwei Zeilen weiter fort.
- Fülle dabei die quadratischen Platzhalter so, dass die beiden Terme gleichwertig sind.
- Beschreibe die Muster, die du dabei entdeckst.

(1)	(2)	(3)
$(x+1)^2 = x^2 + ■x + ■$	$(x+1)^2 = x^2 + ■x + ■$	$(x+3)(x-3) = x^2 - ■$
$(x+2)^2 = x^2 + ■x + ■$	$(x-0)^2 = x^2 - ■x + ■$	$(x+2)(x-2) = x^2 - ■$
$(x+3)^2 = x^2 + ■x + ■$	$(x-1)^2 = x^2 - ■x + ■$	$(x+1)(x-1) = x^2 - ■$

b) Bei den folgenden Päckchen kann man nicht immer passende Zahlen finden.
- Übertrage die Terme ins Heft und setze weiter fort.
- Versuche wieder so zu ergänzen, dass die beiden Terme gleichwertig sind.
- Beschreibe, wann es passende Zahlen gibt und wann nicht.

(1)	(2)	(3)
$x^2 + ■x + 1 = (x + ■)^2$	$x^2 - ■x + 1 = (x - ■)^2$	$x^2 - 0 = (x + ■)(x - ■)$
$x^2 + ■x + 2 = (x + ■)^2$	$x^2 - ■x + 2 = (x - ■)^2$	$x^2 - 1 = (x + ■)(x - ■)$
$x^2 + ■x + 3 = (x + ■)^2$	$x^2 - ■x + 3 = (x - ■)^2$	$x^2 - 2 = (x + ■)(x - ■)$
$x^2 + ■x + 4 = (x + ■)^2$	$x^2 - ■x + 4 = (x - ■)^2$	$x^2 - 3 = (x + ■)(x - ■)$

nachgedacht

c) Bei der Untersuchung in a) und b) hast du versucht, binomische Formeln zu erkennen.
Pia, Ole und Merve haben dazu verschiedene Ideen entwickelt.
- Versuche, ihre Erklärungen zu verstehen, und führe sie gegebenenfalls weiter.
- Wie können die Erklärungen von Pia und Ole bei Aufgaben aus a) oder b) helfen.
- Wie können Merves Beispiele helfen, nicht gleichwertige Terme zu erkennen?

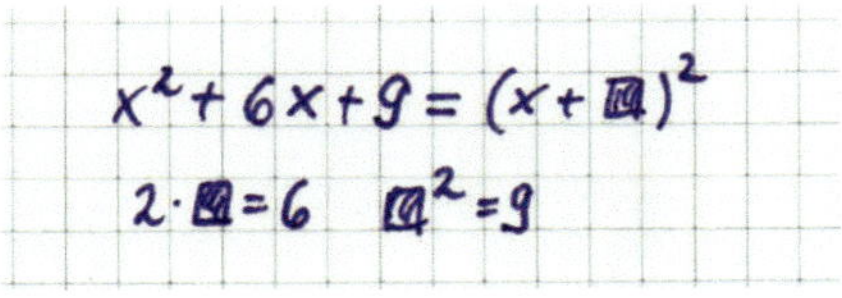

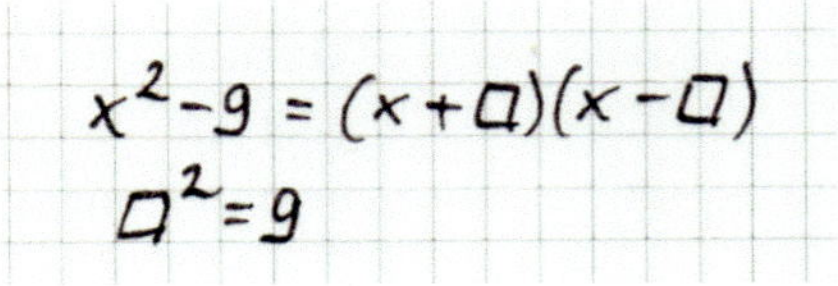

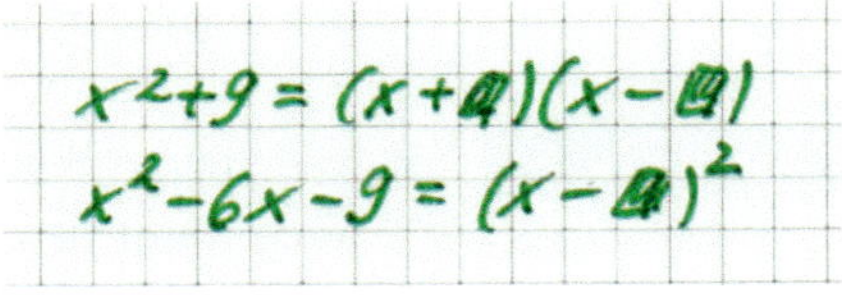

Erkunden C

Wie kann ich passende Parabelterme finden?

3 Alles Parabeln?

198-1
Simulation

a) Merve übt für das Kugelstoßen und hat dabei festgestellt, dass für die Wurfweite unter anderem der Abwurfwinkel entscheidend ist.
Sie hat eine Computersimulation gefunden, mit dem sie verschiedene Wurfbahnen berechnen lassen kann. Sie wählt als Daten für sich aus: Abwurfhöhe 2 m und Abwurfgeschwindigkeit 10 Meter pro Sekunde (Rekordwerfer schaffen 14 $\frac{m}{s}$).
Bei welchem Abwurfwinkel würde sie am weitesten werfen?

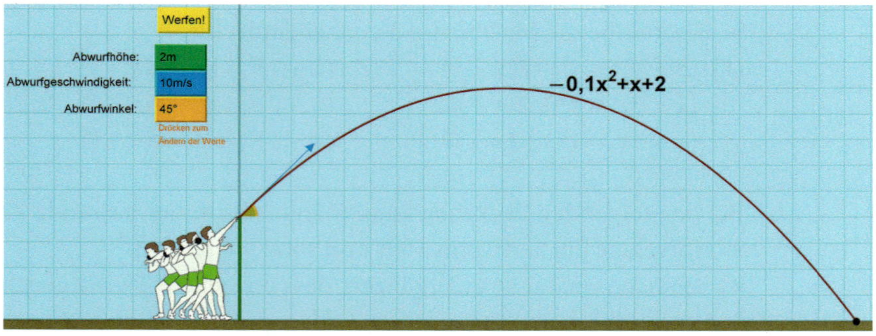

b) Merve erhält für einen Winkel von 45° die Funktionsgleichung $f(x) = -0{,}1\,x^2 + x + 2$. Die Wurfbahn sieht aus wie eine Parabel. Die Funktionsgleichung hat aber überhaupt nicht die gewohnte Form. Merve fragt sich, ob sie sich auch durch eine Funktionsgleichung $g(x) = a \cdot (x + c)^2 + b$ beschreiben lässt. Was spricht dafür, was dagegen?

c) Die anderen Drei wollen Merve bei ihren Überlegungen helfen.

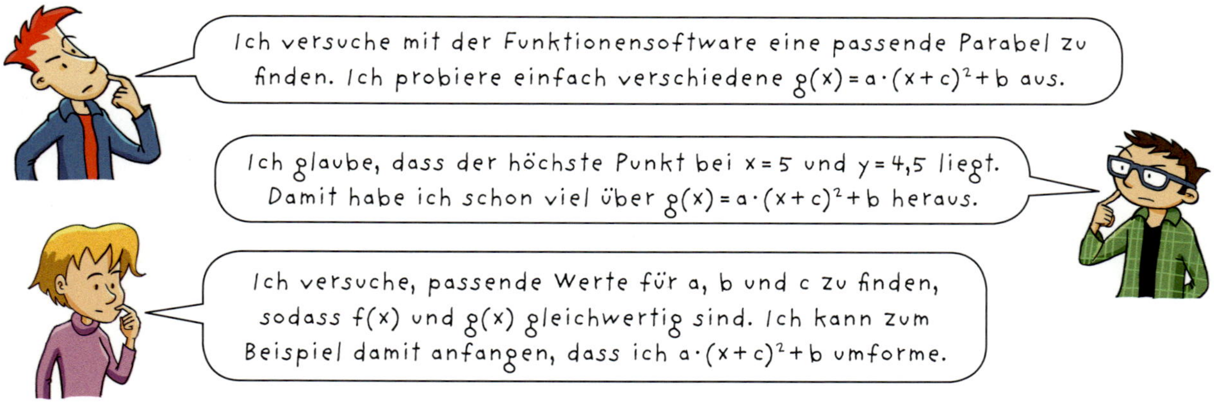

Versuche, auf einem dieser Wege die unbekannten Zahlen a, b und c so zu finden, dass $g(x) = a \cdot (x + c)^2 + b$ und $f(x)$ aus b) gleichwertig sind, also denselben Zusammenhang beschreiben.

d) Vergleicht eure Vorgehensweisen und Ergebnisse.
Wendet sie an, um für eine weitere Wurfbahn von Merve einen Funktionsterm der Form $g(x) = a \cdot (x + c)^2 + b$ zu finden.

nachgedacht

e) Welche Art von Funktionstermen könnten deiner Meinung nach Parabeln darstellen, auch wenn sie zunächst nicht so aussehen? Woran kann man das erkennen?
Gib verschiedene Beispiele und formuliere Vermutungen.

4 Parabelterme in verschiedenen Formen

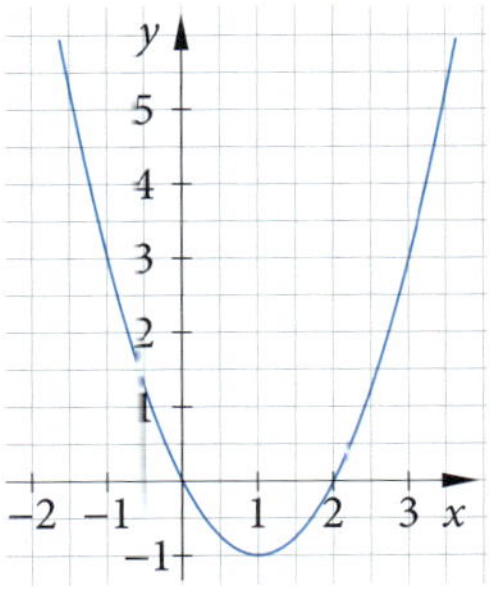

Ole hat für die Parabel im Bild diese Gleichung gefunden. $y = (x-1)^2 - 1$
Till hat diese Gleichung aufgestellt. $y = x^2 - 2x$
Pia hat diese Gleichung gefunden. $y = (x-2) \cdot x$

a) Prüfe durch Umformen, ob die drei Terme gleichwertig sind.
Wenn du unsicher bist, kannst du deine Vermutung durch Einsetzen einiger Werte für x oder mit einer Funktionensoftware überprüfen.

b) Merve hat verschiedene Fragen. Wer von den dreien kann mit seinem Term diese Fragen jeweils am einfachsten beantworten?
(1) Bei welchem x-Wert schneidet die Funktion die 1. Achse?
(2) Bei welchem x- und welchem y-Wert liegt der Scheitelpunkt?
(3) Ist der Graph eine Parabel?

nachgedacht

c) Welcher Name passt deiner Meinung nach zu welcher Gleichung? Wähle aus oder mache eigene Vorschläge: Scheitelpunktform, Produktform, Summenform.
Was denkst du: Sind das alles Parabeln?

5 Die Scheitelpunktform finden

199-1
Funktionensoftware

▶ Materialblock S. 59/60
Wissensspeicher

a) Prüfe mit Hilfe einer Funktionensoftware Oles Behauptung in einigen Fällen nach.

b) Für das Umformen von quadratischen Termen gibt es einige Verfahren und Strategien. Du kannst dazu die Aufgaben 1 bis 7 auf den Seiten 200 bis 202 nutzen.
Forme damit die folgenden Terme zu Summen um, bis du eine Form ▇ x^2 + ▇ x + ▇ erhältst.
(1) $(x+2)^2 + 2$ (2) $(x-2)^2 - 10$ (3) $2(x+1)^2 + 2$

c) Versuche für diese Terme gleichwertige Terme mit der Form ▇ $(x +$ ▇$)^2$ + ▇ zu finden.
Probiere verschiedene Zahlen an den offenen Stellen aus.
Wähle an den Stellen, an denen ein ± steht, passend + oder – aus.
(1) $x^2 + 2x + 1 = (x \pm$ ▇$)^2 \pm$ ▇ (2) $x^2 + 3x + 1 = (x \pm$ ▇$)^2 \pm$ ▇
(3) $x^2 + 4x = (x \pm$ ▇$)^2 \pm$ ▇ (4) $2x^2 + 4x + 4 =$ ▇ $(x \pm$ ▇$)^2 \pm$ ▇

nachgedacht

d) Welche Ideen hast du entwickelt, um die passende Form ▇ $(x +$ ▇$)^2$ + ▇ zu finden?

Ordnen A

Wie kann man komplizierte Rechnungen durchschauen?

1 Eine Rechtecksformel – für Produkte aus Summen

Tipp
Rechne zuerst mit konkreten Zahlen.

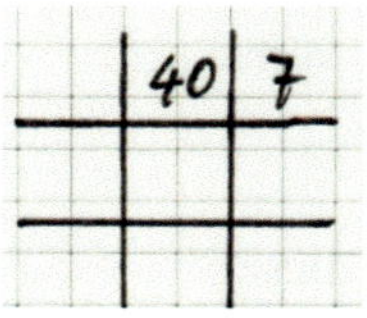

a) Beim Rechnen mit Termen und Variablen kommt es immer wieder vor, dass man zwei Summen miteinander multipliziert: $(40 + 7) \cdot (50 + 3)$ oder allgemein $(a + b) \cdot (c + d)$.
Till und Ole wollen den allgemeinen Term umformen.
Till erinnert sich an das Malkreuz. Ole verwendet ein Bild.

Übertrage die beiden Zeichnungen in dein Heft und vervollständige sie.
Notiere in alle Felder im Malkreuz und in alle Rechtecke passende Terme.
Stelle nun einen Term auf, der gleichwertig zu $(a + b) \cdot (c + d)$ ist.

Erinnere dich
Wenn man nach dem Verteilungsgesetz multipliziert, nennt man das auch Klammer auflösen oder Ausmultiplizieren.

b) Pia hat einen anderen Weg gefunden, den Term $(a + b) \cdot (c + d)$ schrittweise umzuformen.

$(a+b)\cdot(c+d) = a\cdot(c+d) + b\cdot(c+d)$

Führe Pias Umformung fort und prüfe, ob sie dasselbe erhält wie Till und Ole in a).

► Materialblock S. 59 Wissensspeicher

c) Vergleicht eure Ergebnisse und übertragt sie in den Wissensspeicher.

2 Eine Quadratische Formel – für Produkte aus gleichen Summen

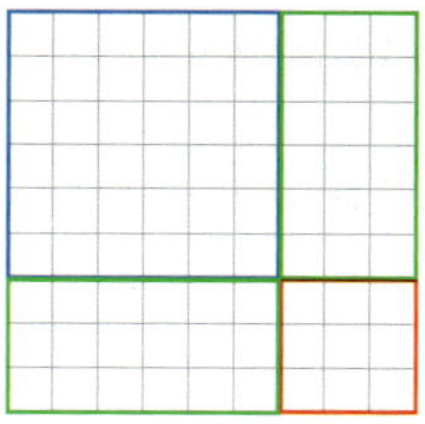

a) Manchmal sind beide Faktoren gleich: $(a + b)^2 = (a + b) \cdot (a + b)$.
- Übertrage das Bild links ins Heft und beschrifte es. Was fällt dir auf?
- Forme den Term $(a + b)^2$ um. Nutze die Ideen von Till, Ole oder Pia aus Aufgabe 1.
- Welchen gleichwertigen Term erhältst du? Welche Besonderheiten ergeben sich dabei? Versuche, so umzuformen, dass am Schluss nur drei Summanden übrig bleiben.

b) Wenn Ole bei einem Quadrat die Klammern auflösen will, schreibt er es sich so auf. Erklare Oles Schreibweise und ergänze die fehlenden Teile des Terms.

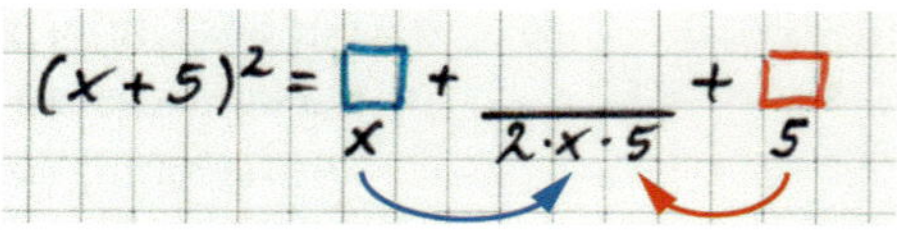

**** Neues Wort***
Ein Term heißt Binom wenn zwei Variablen oder Werte vorkommen, z. B. $(a + b)$ oder $(10 + x)$. Die Umformungsregel für ein Binom heißt ***binomische Formel****.*

c) Man nennt die Gleichwertigkeit in a) *binomische Formel**.
Auf einige der folgenden Produkte kann man die binomische Formel anwenden.
Finde sie heraus und forme sie mit der binomischen Formel in Summen um.

(1) $(e + f) \cdot (e + f)$	(2) $(x + y) \cdot (y + z)$
(3) $(m + n) \cdot (n + m)$	(4) $(x + 10) \cdot (x + 10)$
(5) $(a + 1) \cdot (a + 2)$	(6) $(x + 7)^2$

► Materialblock S. 59 Wissensspeicher

d) Vergleicht eure Ergebnisse aus a) und b) und übertragt sie in den Wissensspeicher.

3 Eine Rechtecksformel mit Minus – für Produkte aus Differenzen

Hinweis
Das Verteilungsgesetz für Differenzen kann in dieser Form geschrieben werden:
$(a - b) \cdot x = a \cdot x - b \cdot x$.
Minusklammern löst man so auf:
$x - (y - z) = x - y + z$

Das Ausmultiplizieren funktioniert nicht nur bei Summen, sondern auch bei Differenzen.

a) Finde einen gleichwertigen Term zu $(a - b) \cdot (c - d)$.
Du kannst dazu die Idee von Pia in Aufgabe 1 b) verwenden und mit $(c - d)$ wie mit einer Zahl weiterrechnen.

$(a - b) \cdot (c - d) = (a - b) \cdot \boxed{(c - d)}$

Du kannst auch ein Malkreuz oder die Rechengesetze zum Umformen verwenden.

b) Vergleiche das Ergebnis mit dem aus 1 a).
Was bleibt gleich, was ist verschieden?

4 Eine quadratische Formel mit Minus – für Produkte aus gleichen Differenzen

a) Finde gleichwertige Terme zu
$(a - b)^2 = (a - b) \cdot (a - b)$
$(x - y)^2 = (x - y) \cdot (x - y)$
$(x - 5)^2 = (x - 5) \cdot (x - 5)$
Forme die Terme um und suche möglichst einfache gleichwertige Terme.

**** Neue Wörter***
*Die Umformungsregel für $(a + b)^2$ heißt **erste binomische Formel**, die für $(a - b)^2$ heißt **zweite binomische Formel**.*

► Materialblock S. 59 Wissensspeicher

b) Die Gleichwertigkeit in a) ist auch eine binomische Formel.
Zur Unterscheidung von der *ersten binomischen Formel** in Aufgabe 2 nennt man sie die *zweite binomische Formel**.
Vergleiche die Formeln für $(a + b)^2$ und für $(a - b)^2$.
Was bleibt gleich, was ist verschieden?

c) Vergleicht eure Ergebnisse aus a) und b) und übertragt sie in den Wissensspeicher.

5 Eine Formel mit Plus und Minus – für Produkte aus Summe und Differenz

a) Finde für diese Terme durch Umformen möglichst einfache gleichwertige Terme.
$(a + b) \cdot (a - b)$
$(x + y) \cdot (x - y)$
$(x + 5) \cdot (x - 5)$

**** Neues Wort***
*Die Umformungsregel für $(a + b)(a - b)$ heißt **dritte binomische Formel**.*

b) Die Gleichwertigkeit in a) nennt man *dritte binomische Formel**
Sie ist aber etwas anders aufgebaut als die beiden anderen binomischen Formeln.
- Was ist das Besondere an dem umgeformten Term? Vergleiche ihn mit den umgeformten Termen von $(a + b)^2$ und $(a - b)^2$.
- Wodurch unterscheidet sich die dritte binomische Formel von den anderen beiden?

c) Forme die folgenden Produkte zu einer Summe um. Entscheide, ob man die dritte binomische Formel (oder eine der beiden anderen) verwenden kann.

(1) $(x - 10) \cdot (x - 10)$	(2) $(x + y) \cdot (x - y)$	(3) $(7 + x) \cdot (7 - x)$
(4) $(a + 10) \cdot (10 - a)$	(5) $(100 - x)^2$	(6) $(x + 5) \cdot (x - 8)$

► Materialblock S. 93 Wissensspeicher

d) Vergleicht eure Ergebnisse aus a) und b) und übertragt sie in den Wissensspeicher.

Ordnen B

Wie kann man in Termen Strukturen erkennen und nutzen?

Erinnere dich
Eine Zahl quadrieren bedeutet, dass man sie mit sich selbst multipliziert:
$x^2 = x \cdot x$

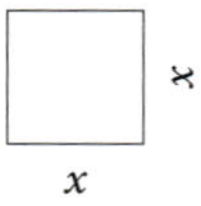

6 Termstrukturen erkennen

Wenn man binomische Formeln zum Umformen nutzen will, ist es günstig, wenn man in den Termen die Struktur der Teilterme erkennt.

Ich sehe eine Summe / Differenz –
da werden Teilterme addiert / subtrahiert.

Ich sehe ein Produkt –
da werden Teilterme multipliziert.

Ich sehe ein Quadrat –
da werden gleiche Teilterme multipliziert.

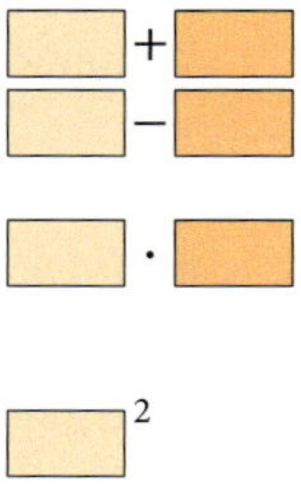

a) Welcher Satz passt jeweils zu den Termen?
(1) $3x + 5y$ (2) $(y + 2) \cdot (z + 2)$ (3) $(3a + b)^2$
(4) $(2 + y) \cdot (x - 2)$ (5) $x^2 + k^2$

b) Beschreibe für jede der drei binomischen Formeln die Struktur der Terme links und rechts des Gleichheitszeichens.

► Materialblock S. 60
Wissensspeicher

c) Vergleicht eure Ergebnisse und übertragt sie in den Wissensspeicher.

7 Summen und Differenzen in Produkte umformen

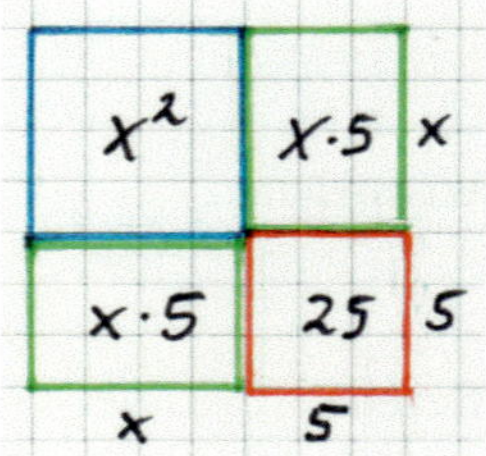

202-1
Video

a) Pia hat ein Produkt in eine Summe umgeformt und erhält $x^2 + 10x + 25$.
Ole versucht nun, die Summe wieder als Produkt zu schreiben.

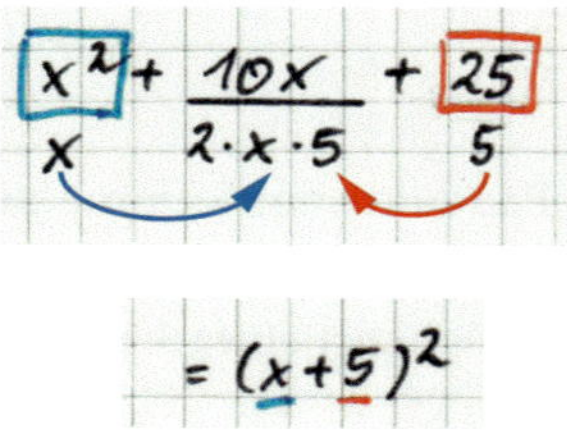

- Ole sucht immer zuerst die Quadrate und schreibt die Seitenlängen darunter.
- Danach stellt er sich die beiden Rechtecke zu den Seitenlängen vor.
- Wenn das zusammenpasst, hat er die Struktur einer binomischen Formel erkannt und kann umformen.

Versuche, mit Oles Weg die folgenden Summen zu Quadraten umzuformen.
Treten möglicherweise Schwierigkeiten auf? Wie kann man sie lösen?
(1) $c^2 + 2cd + d^2$ (2) $x^2 + y^2 + 2xy$ (3) $x^2 + 6xy + (3y)^2$

b) Merve hat eine andere Summe erzeugt.
- Wie unterscheidet sich dieser Term von Pias Term in a)?
- Forme ähnlich wie in a) in ein Produkt um.
  Achte auf das Minuszeichen.

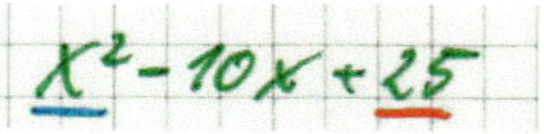

c) Bei diesem Term besteht eine Differenz aus zwei Quadraten.
Begründe, dass die dritte binomische Formel angewendet werden kann, um in ein Produkt umzuformen. Schreibe dann als Produkt.

► Materialblock S. 60
Wissensspeicher

d) Vergleicht eure Ergebnisse und übertragt sie in den Wissensspeicher.

Ordnen C

Wie kann man passende Parabelterme finden?

8 Am Funktionsterm den Scheitelpunkt ablesen

a)

x	$x-2$	$(x-2)^2$	$2(x-2)^2$	$2(x-2)^2-1$
0,5	■	■	■	■
1	■	■	■	■
…	…	…	…	…
3	■	■	■	■
3,5	■	■	■	■

Berechne die Funktionswerte von $f(x) = 2(x-2)^2 - 1$ im Heft, indem du die folgende Tabelle ausfüllst. Wie kannst du die Koordinaten x und $y = f(x)$ des *Scheitelpunktes** in der letzten Spalte der Tabelle ablesen?

** **Neues Wort***
*Der **Scheitelpunkt** ist der höchste oder tiefste Punkt der Parabel.*

b) An dem Term $a(x+b)^2 + c$ kann man die Lage des Scheitelpunktes und die Form der Parabel ablesen.
Deute die Variablen a, b, c in der *Scheitelpunktform** mit Hilfe der folgenden Fragen:

- Für welchen Wert von x ist $(x+b)^2$ am kleinsten?
- Welchen Wert hat $f(x) = a(x+b)^2 + c$ an dieser Stelle x?
- Wo liegt der Scheitelpunkt der Parabel? Gib seine Koordinaten $(x|y)$ an.
- Für welche Werte von a ist die Parabel gestreckt, gestaucht, nach oben geöffnet oder nach unten geöffnet?

** **Neues Wort***
*Die **Scheitelpunktform** einer quadratischen Funktion lautet $a(x+b)^2 + c$*

► Materialblock S. 61
Wissensspeicher

c) Vergleicht eure Ergebnisse und übertragt sie in den Wissensspeicher.

9 Anderer Term – gleiche Parabel?

a) Eine andere Darstellung des Terms einer quadratischen Funktion kann man aus der Scheitelpunktform durch Umformen erhalten: $a \cdot x^2 + p \cdot x + q$
Forme $2(x-2)^2 - 1$ so in eine Summe um, bis du die *allgemeine Form** erhältst.

** **Neues Wort***
*Die **allgemeine Form** einer quadratischen Funktion lautet $a \cdot x^2 + p \cdot x + q$.*

b) Pia sucht für $f(x) = x^2 + 6x + 9$ die Scheitelpunktform und erinnert sich an die Binomischen Formeln.
Forme Pias Term zu $f(x) = (x + ■)^2$ um.

► Materialblock S. 59/60
Wissensspeicher

c) Till sucht für $f(x) = x^2 + 6x + 20$ die Scheitelpunktform. Er vergleicht mit Pia.

$$\begin{aligned} f(x) &= x^2 + 6x + 20 \\ &= x^2 + 6x + 9 - 9 + 20 \\ &= (x+3)^2 \quad - 9 + 20 \\ &= (x+3)^2 \quad + 11 \end{aligned}$$

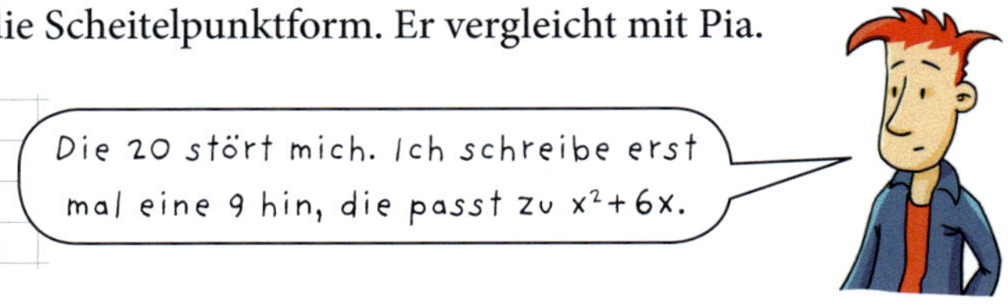

Gut zu wissen
Tills Vorgehen nennt man auch quadratische Ergänzung.

- Überprüfe Tills Ergebnis, indem es du in die allgemeine Form zurück umformst.
- Gehe Tills Umformungen durch und erkläre jeden Schritt.
- Wieso bleibt der Term gleichwertig, obwohl Till eine 9 dazuschreibt?

d) Merve hat eine quadratische Funktion mit einem Faktor 2 vor dem x^2 umgeformt.

- Gehe Merves Umformungen durch und erkläre jeden Schritt.
- Gehe auf ähnliche Weise bei der Funktion $g(x) = 3x^2 - 12x + 6$ vor.

$$\begin{aligned} f(x) &= 2x^2 + 4x - 10 \\ &= 2 \cdot (x^2 + 2x - 5) \\ &= 2 \cdot (x^2 + 2x + 1 - 1 - 5) \\ &= 2 \cdot ((x+1)^2 - 6) \\ &= 2 \cdot (x+1)^2 - 12 \end{aligned}$$

► Materialblock S. 61
Wissensspeicher

e) Vergleicht eure Ergebnisse und übertragt sie in den Wissensspeicher.

Vertiefen 1

Produkte in Summen und Differenzen umformen

1 Ohne Klammern schreiben bei ganz verschiedenen Termen

Forme die Terme so um, dass keine Klammer mehr nötig ist.
Orientiere dich an den Überlegungen von Merve und Till und überprüfe jedes Mal durch Einsetzen von Zahlen, ob dein umgeformter Term gleichwertig ist.

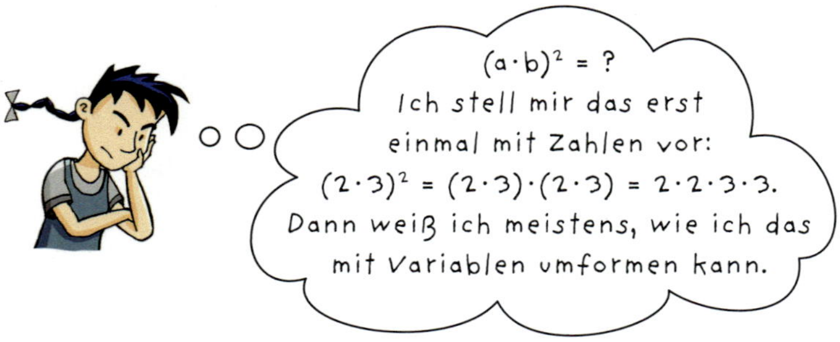

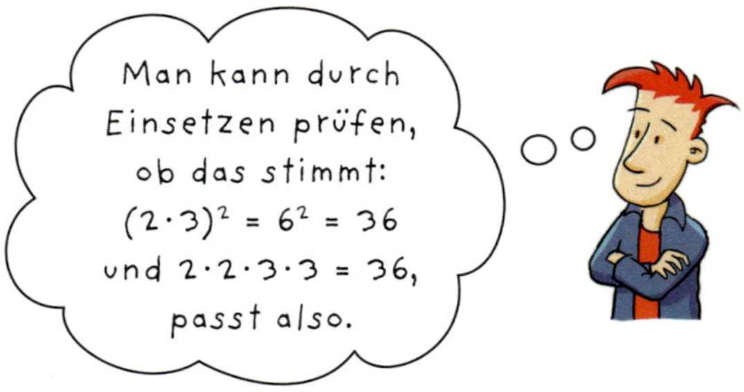

a) (1) $(a+b)^2$, $(a \cdot b)^2$ (2) $(x+5)^2$, $(x \cdot 5)^2$ (3) $(7+x)^2$, $(7x)^2$ (4) $(7e+3)^2$, $(7e \cdot 3)^2$

b) (1) $(e+f)^2$, $(f+e)^2$ (2) $(e \cdot f)^2$, $(f \cdot e)^2$ (3) $(e \cdot f) \cdot (e \cdot f)$, $(e \cdot f) + (e \cdot f)$ (4) $(e+f) + (e+f)$, $(e+f) \cdot (e+f)$

nachgedacht

2 Terme durch Einsetzen überprüfen

Till hat ein Produkt in eine Summe so umgeformt: $(x-1)^2 = x^2 - 1$

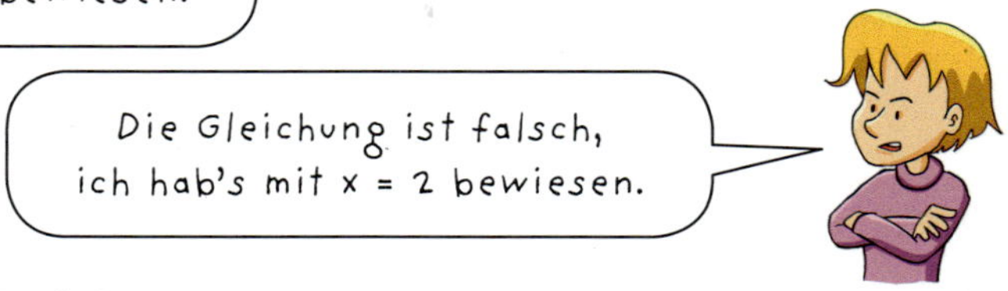

- Wer hat jetzt eigentlich Recht?
- Was muss man beim Prüfen mit Zahlenbeispielen beachten?

3 Klammern auflösen mit zwei binomischen Formeln

Gut zu wissen
So kann man Quadrate ausrechnen:
$(7a)^2 = 7a \cdot 7a = 7 \cdot 7 \cdot a \cdot a = 7^2a^2 = 49a^2$

a) Schreibe ohne Klammern. Verwende dazu die erste und zweite binomische Formel.

(1) $(v+w)^2$ (2) $(q-9)^2$ (3) $(z-10)^2$ (4) $(w+100)^2$
(5) $(3+e)^2$ (6) $(5x-6)^2$ (7) $(5v-w)^2$ (8) $(5v-5w)^2$
(9) $(3a+5)^2$ (10) $(5v+5w)^2$ (11) $(v-5w)^2$ (12) $(7-q)^2$

b) Schreibe ohne Klammern. Denk dir weitere Variationen aus.

(1) $(x+1)^2$, $(x+2)^2$, $(x+a)^2$, $(x+2a)^2$, $(x-a)^2$
(2) $(a+b)^2$, $(b+a)^2$, $(a+2b)^2$, $(2a+b)^2$, $(2a+2b)^2$
(3) $(a+1)^2$, $(a+2)^2$, $(a+3)^2$, $(a+4)^2$, $(a+5)^2$
(4) $(2+z)^2$, $(2+2z)^2$, $(1+2z)^2$, $(z+2)^2$, $(1+z+1)^2$

4 Fehlermuster erkennen

Hinweis
Es sind auch richtige Lösungen dabei.

a) Finde und korrigiere die Fehler. Wie sieht vermutlich die Lösung der dritten Aufgabe aus? Schreibe zu den falschen Rechnungen eine Hilfestellung auf.

Svenja
$(5x+7)^2 = 25x^2 + 35x + 49$
$(2a+3b)^2 = a^2 + 6ab + 9b^2$
$(3x+5)^2 =$

Max
$(5x+7)^2 = 10x^2 + 70x + 14$
$(2a+3b)^2 = 4a^2 + 12ab + 6b^2$
$(3x+5)^2 =$

Lena
$(5x+7)^2 = 25x^2 + 49 + 70x$
$(2a+3b)^2 = 4a^2 + 9b^2 + 12ab$
$(3x+5)^2 =$

Jule
$(5x+7)^2 = 25x^2 + 12x + 49$
$(2a+3b)^2 = 6a^2 + 5ab + 9b^2$
$(3x+5)^2 =$

5 Eine einzige Formel statt zwei Formeln

Die zweite binomische Formel braucht man eigentlich gar nicht.
Es geht alles auch alleine mit der ersten binomischen Formel.

$(100-2)^2 = (100-2)\cdot(100-2) = (100+(-2))\cdot(100+(-2))$

- Führe die Rechnung von Pia weiter, bis alle Klammern aufgelöst sind.
- Berechne genauso $(a-5)^2$, $(6x-7)^2$, $(-7+x)^2$ und $(-x+7)^2$.

6 Produkte umformen – Klammern beseitigen

Hinweis
Wenn es dir hilft, kannst du das Malkreuz oder ein Bild zeichnen.

a) Löse die Klammern auf. Überlege dabei, ob immer binomische Formeln nötig sind.

(1) $(x+3)^2$, $(3+x)^2$, $(5x+3)^2$, $(5+3x)^2$
(2) $(x+y)^2$, $(y+x)^2$, $(3x+5y)^2$, $(3y+5x)^2$
(3) $(x-3)^2$, $(5-3)^2$, $(3-x)^2$, $(3-5)^2$
(4) $(x-y)^2$, $(y-x)^2$, $(7-3x)^2$, $(3x-7)^2$
(5) $(a+7)^2$, $(a-7)^2$, $(a-7)(a-7)$, $(7+a)^2$, $(7-a)(7-a)$
(6) $(3a+5)^2$, $(3a-5)^2$, $(5+3a)^2$, $(5a-3)^2$, $(5a-3a)^2$

(1) $(7x+3y)^2$, $(7y+3x)^2$, $(7x+3x)^2$, $(7+3)^2$
(2) $(7xy+3x)^2$, $(7x+3xy)^2$, $(7xy+3xy)^2$, $(7y+3xy)^2$
(3) $(7x-3y)^2$, $(3x-7y)^2$, $(7x-3x)^2$, $(3x-7x)^2$
(4) $(5x-10)^2$, $(5x-10x)^2$, $(10x-5x)^2$, $(10x-10y)^2$
(5) $(5-a)^2$, $(a-5)^2$, $(5-a)(5-a)$, $(-a+5)^2$, $(-a-5)(-a-5)$
(6) $(7-3a)^2$, $(3a-7)^2$, $(-3a+7)^2$, $(-3a-7)^2$, $(-a-5)^2$

b) Erfinde drei Aufgaben, bei denen die binomischen Formeln hilfreich sind und drei Aufgaben, bei denen es einen einfacheren Weg gibt.

7 Lückenfüller

a) Fülle die Lücken so, dass die beiden Terme gleichwertig sind.

(1) $(v+w)^2 = ■^2 + 2■w + w^2$
(2) $(■+z)^2 = y^2 + 2■z + z^2$
(3) $(e+■)^2 = ■^2 + 2■ + f^2$
(4) $(■+■)^2 = ■^2 + 2qr + ■^2$
(5) $(■x+3)^2 = 169x^2 + ■x + 9$
(6) $(3a-■)^2 = ■a^2 - ■a + 25$

Vertiefen 2

Quadratische Funktionen in verschiedene Formen bringen

8 Parabeln und Gleichungen zuordnen

a) Zu jeder Gleichung gehört eine Parabel aus dem Bild.

(A) $y=\frac{1}{2}x^2-2$

(B) $y=\frac{1}{2}(x-2)^2-2$

(C) $y=-\frac{1}{2}(x-2)^2-2$

(D) $y=\frac{1}{2}(x-2)^2+2$

(E) $y=-\frac{1}{2}x^2$

(F) $y=-\frac{1}{2}(x+2)^2-2$

(G) $y=\frac{1}{2}(x+2)^2-2$

(H) $y=\frac{1}{2}(x+2)^2+2$

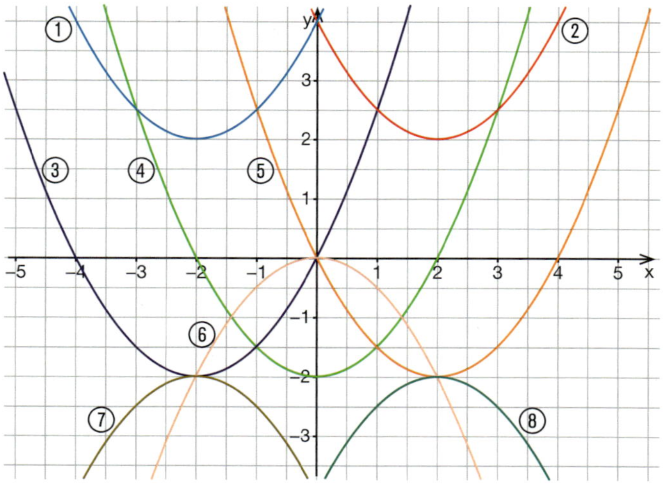

Wenn man herausfinden will, welche Gleichung zu welcher Parabel gehört, kann man verschieden vorgehen:

- Till geht so vor: „Ich setzte den x-Wert 1 in die Gleichung ein und berechne daraus den y-Wert. Dann schaue ich, ob der Punkt $(x|y)$ auf der Parabel liegt.
- Pia geht so vor: „Ich lese aus der Gleichung ab, wo der Scheitelpunkt liegt."
- Ole geht so vor: „Ich überprüfe, ob die Parabel gestaucht oder gestreckt ist und ob sie nach oben oder unten offen ist.

Probiere alle drei Vorgehensweisen aus.

b) Welche Parabeln kannst du einfach zuordnen?
Welche der Vorgehensweisen hat dir am meisten geholfen?

9 Lage des Scheitelpunktes

Gut zu wissen
Quadranten sind die einzelnen Bereiche im Koordinatensystem.

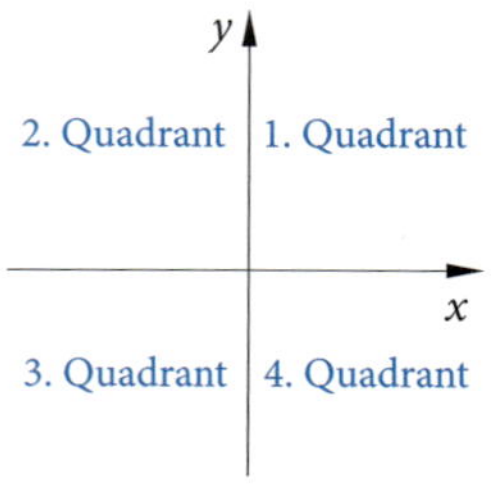

a) Finde Zahlen für b und c so, dass der Scheitelpunkt der Funktion mit der Gleichung $f(x) = a\,(x + b)^2 + c$ im ersten (zweiten, dritten, vierten) Quadranten des Koordinatensystems liegt. Beschreibe, wie du dabei vorgehst.

b) Till behauptet, dass man alleine aufgrund der Vorzeichen von b und c in der Gleichung in a) entscheiden kann, ob der Scheitelpunkt der Parabel im ersten, zweiten, dritten oder vierten Quadraten liegt. Begründe, warum Till Recht hat.

c) Was ist denn mit dem a in $f(x) = a(x+b)^2+c$? Welche Wirkung hat es auf den Scheitelpunkt?

Antworte Merve mit Beispielen.

weitergedacht

d) Findest du eine Parabel, die vollständig in einem Quadranten liegt? Begründe, warum das geht bzw. warum das nicht geht.

10 Von der allgeneinen Form zur Scheitelpunktform durch quadratisches Ergänzen

a) In der ersten Zeile der Tabelle wird gezeigt, wie man schrittweise aus der allgemeinen Form die Scheitelform ermitteln kann.
Erkläre die Schritte und vervollständige die Tabelle in deinem Heft.

$x^2 + 8x + 18$	$8 : 2 = 4$	$4^2 = 16$	$x^2 + 8x + 16 - 16 + 18$	$(x + 4)^2 + 2$
$x^2 + x + 7$	■	■	■	■
$x^2 - 2{,}5x - 21$	■	■	■	■
$x^2 - \frac{1}{2}x - 12$	■	■	■	■
$x^2 - x - 1$	■	■	■	■
$x^2 + 14x + 23$	■	■	■	■

b) Bei den folgenden Termen musst du im ersten Schritt geeignet ausklammern.
Vervollständige auch diese Tabelle im Heft.

$-x^2 - 14x + 47$	$-1(x^2 + 14x - 47)$	$14 : 2 = 7$	$7^2 = 49$	$-1(x^2 + 14x + 49 - 49 - 47)$	$-1(x + 7)^2 + 96$
$9x^2 - 171x - 4$	■	■	■	■	■
$\frac{1}{2}x - x - 1$	■	■	■	■	■
$-5x^2 + 15x + 10$	■	■	■	■	■
$0{,}1x^2 + 0{,}2x + 0{,}3$	■	■	■	■	■
$11x^2 + 121x - 22$	■	■	■	■	■

11 Parabelformen beschreiben

a) Betrachte diese Veränderungen:
$x^2 \rightarrow x^2 + 2 \rightarrow (x - 2)^2 + 2.$
Schreibe auf, was mit dem Scheitelpunkt der Normalparabel $f(x) = x^2$ bei jedem Schritt passiert.
Nutze dabei Ausdrücke wie zum Beispiel „nach oben verschoben".

b) Übertrage die Tabelle in dein Heft und verfahre wie in a), trage die Veränderungen am Scheitelpunkt jeweils in die Tabelle ein.
Finde auch die allgemeine Form. Unterstreiche, welcher Teil sich dort jeweils ändert.
Du kannst deine Ergebnisse mit einer Funktionensoftware überprüfen.

$f(x)$ in Scheitelpunkt-form	Veränderung des Scheitelpunkts	$f(x)$ in allgemeiner Form
x^2	■	■
$(x - 3)^2$	■	■
$(x - 1)^2$	■	■
$(x - 1)^2 - 8$	■	■
$\frac{3}{5}(x - 1)^2 - 8$	■	■
$-\frac{3}{5}(x - 1)^2 - 8$	■	■
$-\frac{3}{5}(x - 1)^2 + 14$	■	■

c) Erstelle selbst eine Funktionsterm-Folge wie in b) und lass sie von deinem Sitznachbarn bearbeiten.

12 Welche Funktionsterme sind gleichwertig?

Welcher der drei Funktionsterme in allgemeiner Form passt jeweils zur Scheitelpunktform?

- Schreibe zuerst deine Vermutung auf, zum Beispiel so:
  Zur Scheitelpunktform passt (A), weil ... *(B) passt nicht zur Scheitelpunktform, weil ...*
- Prüfe deine Vermutung durch Umformen

(1) $(x-2)^2+3$
(A) x^2+4x+7
(B) x^2+4x-7
(C) x^2-4x+7

(2) $\frac{1}{2}(x+3)^2$
(A) $\frac{1}{4}x^2+3x+\frac{9}{2}$
(B) $x^2+3x+\frac{9}{2}$
(C) $\frac{1}{2}x^2+3x+\frac{9}{2}$

(3) $(x+0{,}5)^2+1$
(A) $x^2+x+1{,}25$
(B) $x^2+x+0{,}25$
(C) $x^2+x+1{,}5$

(1) $2(x-2)^2+1$
(A) x^2-8x+9
(B) $2x^2-8x+9$
(C) $2x^2+8x+9$

(2) $3(x+1)^2-2$
(A) $3x^2+6x+2$
(B) $3x^2+6x+1$
(C) $3x^2+20x-1$

(3) $\frac{2}{3}(x+1)^2$
(A) $\frac{2}{3}x^2+\frac{4}{3}x-\frac{2}{3}$
(B) $\frac{2}{3}x^2+\frac{4}{3}x+\frac{4}{9}$
(C) $\frac{2}{3}x^2+\frac{4}{3}x+\frac{2}{3}$

13 Päckchen mit verwandten Funktionsgleichungen

Erinnere dich
$f(x) = a(x+b)^2 + c$ ist die Scheitelpunktform.
$f(x) = ax^2 + px + q$ ist die allgemeine Form.

- Erkläre, was sich innerhalb eines Päckchens verändert und wie sich das auf die Parabel auswirkt. Schreibe zum Beispiel so: *b wird immer um 4 größer.*
- Berechne dann für jedes Päckchen auch die allgemeine Form und beschreibe auch hier die Veränderungen. zum Beispiel so: *q wird in jedem Schritt halbiert.*
- Wie geht es weiter? Schreibe zu jedem Päckchen noch zwei weitere Gleichungen in Scheitelpunktform und allgemeiner Form.

(1) $f(x)=x^2$
$f(x)=(x+2)^2$
$f(x)=(x+4)^2$

(2) $f(x)=(x+5)^2-5$
$f(x)=(x+4)^2-4$
$f(x)=(x+3)^2-3$

(3) $f(x)=(x-1)^2$
$f(x)=2(x-2)^2$
$f(x)=3(x-3)^2$

(1) $f(x)=x^2$
$f(x)=(x+2)^2-2$
$f(x)=(x+4)^2-4$

(2) $f(x)=(x+1)^2-1$
$f(x)=(x+2)^2-4$
$f(x)=(x+3)^2-9$

(3) $f(x)=(x-1)^2$
$f(x)=0{,}5(x-2)^2$
$f(x)=0{,}25(x-4)^2$

14 Terme ergänzen

Fülle im Term der Scheitelpunktform die Leerstellen so aus, dass die Scheitelpunktform und die allgemeine Form gleichwertig sind. Überprüfe deine Lösungen durch Umformen oder mit Hilfe einer Funktionensoftware. Es kann auch vorkommen, dass es keine passende Ergänzung gibt. Erkläre dann, warum das so ist.

(1) $f(x)=(x-\square)^2-5=x^2-2x-4$
(2) $f(x)=(x+4)^2-\square=x^2+8x-2$
(3) $f(x)=(x+\square)^2=x^2+6x+10$
(4) $f(x)=2(x+\square)^2-3=2x^2+8x+5$
(5) $f(x)=\square(x-1)^2+2=-3x^2+6x-1$

(1) $f(x)=\square(x-\square)^2-5=-x^2+2x+4$
(2) $f(x)=(x+\square)^2-\square=x^2+8x-2$
(3) $f(x)=\frac{1}{2}(x-\square)^2=\frac{1}{2}x^2+3x+\frac{9}{2}$
(4) $f(x)=3(x-\square)^2-6=3x^2+6x-3$
(5) $f(x)=\square(x-1)^2+\square=-x^2+6x-4$

15 Scheitelpunktform herstellen

Erinnere dich
Wenn vor dem x^2 noch ein Faktor steht, musst du im ersten Schritt ausklammern.

a) Forme die allgemeine Form in die Scheitelpunktform um.

(1) $f(x) = x^2 - 2x + 1$
$f(x) = x^2 - 2x + 2$
$f(x) = x^2 - 2x + 3$
$f(x) = x^2 - 2x + 4$

(2) $f(x) = x^2 + x + 1$
$f(x) = x^2 + 2x + 1$
$f(x) = x^2 + 3x + 1$
$f(x) = x^2 + 4x + 1$

(3) $f(x) = x^2 + x + \frac{1}{4}$
$f(x) = x^2 + 2x + 1$
$f(x) = x^2 + 3x + \frac{9}{4}$
$f(x) = x^2 + 4x + 4$

(4) $f(x) = x^2 - 22x + 121$
$f(x) = x^2 - 24x + 144$
$f(x) = x^2 - 26x + 169$
$f(x) = x^2 - 28x + 196$

(5) $f(x) = 2x^2 - 6x + 4{,}5$
$f(x) = 3x^2 - 9x + 6{,}75$
$f(x) = 4x^2 - 12x + 9$
$f(x) = 5x^2 - 15x + 11{,}25$

(6) $f(x) = x^2 + 2x + 2$
$f(x) = \frac{1}{2}x^2 + \frac{1}{2}x + \frac{3}{8}$
$f(x) = \frac{1}{4}x^2 + \frac{1}{8}x + \frac{5}{64}$
$f(x) = \frac{1}{8}x^2 + \frac{1}{32}x + \frac{9}{512}$

b) Bei schwierigen Aufgaben verrechnet man sich manchmal.
Finde die richtige Lösung und erkläre den anderen, was hier falsch gemacht wurde.

(1) $f(x) = -x^2 - 5x + 10 = -\left(x + \frac{5}{2}\right)^2 - 16\frac{1}{4}$

(2) $f(x) = 6x - 3x^2 + 9 = -3(x - 1)^2 - 12$

(3) $f(x) = -\frac{1}{4}x^2 - \frac{1}{4}x - \frac{1}{4} = -\frac{1}{4}\left(x - \frac{1}{4}\right)^2 + \frac{5}{16}$

(4) $f(x) = 12 - 2x - 1x^2 = -(x + 2)^2 + 13$

(5) $f(x) = 9x^2 - 162x - 18 = 9(x - 9)^2 - 82$

(6) $f(x) = -2x^2 - 2x = -2\left(x + \frac{1}{2}\right)^2 - \frac{1}{2}$

16 Die quadratische Ergänzung mit geometrischen Bildern veranschaulichen

Merve und Ole versuchen, die quadratische Ergänzung bildhaft zu verstehen.
Ole hat dazu für die Funktion $f(x) = x^2 + 8x + 41$ eine Zeichnung angefangen.

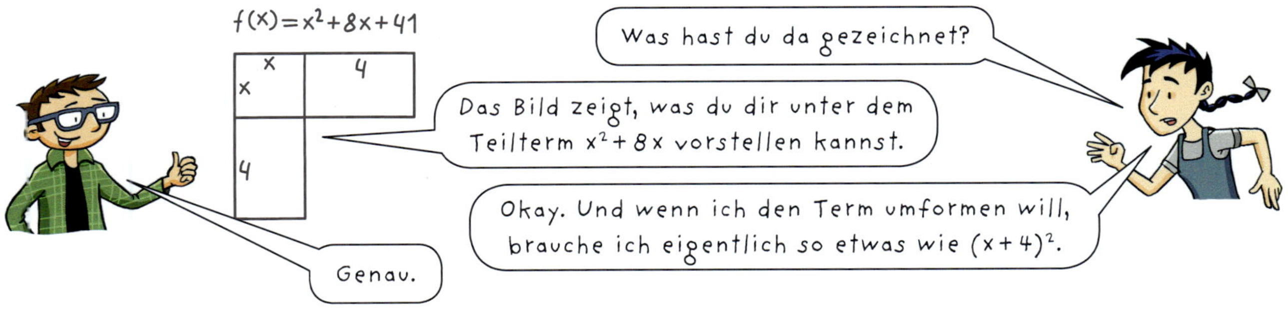

a) Erkläre, dass $x^2 + 8x$ dargestellt ist. Warum hat Ole nicht ein Rechteck $8 \cdot x$ gezeichnet?

b) Merve möchte den Term $(x + 4)^2$ sehen. Was muss man dazu im Bild ergänzen?

c) Der Term $(x + 4)^2$ gehört zu einem Quadrat. Was muss man mit dem Term tun, damit er gleichwertig zu $x^2 + 8x$ wird? Wie erkennt man das im Bild?

d) Erkläre nun, warum man am Bild die Umformung $x^2 + 8x = (x + 4)^2 - 16$ erklären kann.
Wie kann man damit auch die Umformung für $x^2 + 8x + 41 = (x + 4)^2 - 16 + 41$ erklären?

e) Zeichne zu den folgenden Gleichungen jeweils ein geeignetes Bild und forme dann in die Scheitelform um.
(1) $f(x) = x^2 + 6x + 12$ (2) $f(x) = x^2 + x + 9$ (3) $f(x) = x^2 + 10x + 32$

Checkliste

Rechentricks und Bewegungsanalysen – Terme und krummlinige Zusammenhänge

Ich kann … *Ich kenne …*	*Hier kann ich üben …*

Ich kenne die binomischen Formeln und kann mit ihnen Quadrate und Produkte in Summen und Differenzen umformen.

Erkläre, welche binomische Formel du anwenden kannst und forme um.

(1) $(x-4)^2$ (2) $(x+4)(x-4)$ (3) $(x+4)^2$

S. 204 Nr. 2, 3
S. 205 Nr. 4, 6, 7

Ich kann in Graphen, Tabellen und Termen von quadratischen Funktionen die Lage des Scheitelpunktes erkennen.

Wo liegt bei der quadratischen Funktion ihr Scheitelpunkt?

x	−2	−1	0	1	2	3
$f(x)$	−8	−3	0	1	0	−3

S. 206 Nr. 8, 9

Ich kann durch Termumformung zwischen der allgemeinen Form und der Scheitelpunktform einer Parabel wechseln.

Prüfe, ob die beiden Funktionsterme dieselbe Parabel darstellen.

$f(x) = x^2 + 2x + 4$; $g(x) = (x+1)^2 + 2$

Wo liegt der gemeinsame bzw. wo liegen die beiden Scheitelpunkte?

S. 207 Nr. 10, 11
S. 208 Nr. 12, 13
S. 209 Nr. 15

▸ *Hinweis:* Im Materialblock auf Seite 62 und im Internet unter 210-1 findest du diese Checkliste für deine Selbsteinschätzung. (www.cornelsen.de/mathewerkstatt, Webcode: MWS040048-210-1)

Anhang

Stichwortverzeichnis

Übersicht zum Online-Angebot

Liebe Schülerin, lieber Schüler,

in diesem Buch findest du an einigen Stellen zusätzliche Angebote, die du im Online-Angebot des Cornelsen Verlags erhältst und nutzen kannst.

Gib in deinem Web-Browser dazu **www.cornelsen.de/mathewerkstatt** ein. Du kannst über das interaktiv-Portal dein mathewerkstatt-Buch finden und dich bis zum gesuchten Mediencode durchklicken. Du kannst aber aus dem interaktiv-Portal auch gezielt zu dem gewollten Angebot gelangen. Ergänze dazu nun im Feld „Webcode eingeben“ wie im Beispiel die Buchkennung und den gewünschten Mediencode, der auf der Schulbuchseite abgedruckt ist.

Folgende Angebote findest du:

- für Kapitel Zusatzaufgaben zum Training im Vertiefen.
  Ein Mediencode ist auf jeder Checkliste angegeben:
  Mediencode: 040-1, 060-1, 094-1, 126-1, 154-1
- Dateien, die in einem Dynamischen Geometriesystem (DGS) erstellt wurden (hier auch teilweise als Applet oder auch Simulation bezeichnet), wie:
  Anhalteweg (Mediencode: 008-1, 020-1)
  Reaktionszeit (Mediencode: 010-1);
  Graphenschnittpunkte (Mediencode: 012-1)
  Applet zu Boxplots (Mediencode: 045-1, 055-1)
  Simulation zu Jupitermonden (Mediencode: 125-1)
  Simulation zu Geburten (Mediencode: 130-1, 131-1)
  Werkzeug für Wahrscheinlichkeiten (Mediencode: 134-1, 142-1)
  Wurfbahnen (Mediencode: 198-1)
  Funktionensoftware (Mediencode: 199-1)
- Dateien, die mit Hilfe der Tabellenkalkulation (Excel) verwendet werden können, wie:
  DESTATIS-Tabelle (Mediencode: 169-1)
- weiteres Material wie Spiele oder Karten usw.:
  Folienvorlagen (Mediencode: 012-2)
  Informationsmaterial zu Berufen und Gehältern (Mediencode: 044-1)
  Karten zur Zinsrechnung (Mediencode: 071-1)
  Tabellenvorlagen (Mediencode: 080-1)
  Karten zur Potenzrechnung (Mediencode: 093-1)
  Video zum Umformen in Binom (Mediencode: 202-1)

Bildquellen

Titelbild Shutterstock/Paul Brennan

Auftakte/Vignetten
3/1, **5**/1, **6**/1 Shutterstock/Oliver Hoffmann
3/2, **41**/1, **42**/1 Fotolia/Kurhan
3/3, **61**/1, **62**/1 Fotolia/Zerbor;
3/4, **95**/1, **96**/1 Shutterstock
3/5, **127**/1, **128**/1 Glow Images/TipsRM
3/6, **155**/1, **156**/1 Shutterstock/Robert Kneschke
3/7, **183**/1, **184**/1 Shutterstock/Syda Productions
3/8, **195**/1, **196**/1 Collage Kugel: Shutterstock/koya979, Bälle: Marcus Ruhmke

8/1 Fotolia/trendobjects
9/1 Shutterstock/Amy Johansson
10/1 Fotolia/megakunstfoto
11/1 PantherMedia GmbH/Peter_S;
12/1 Fotolia/sinitar
12/2 PantherMedia GmbH/traveldia
12/3 Shutterstock/kstudija
20/1 Fotolia/Brilt;
20/2 Fotolia/contrastwerkstatt
20/3 Shutterstock/Robert Kneschke
20/4 Fotolia/gzorgz
20/5 Deutsche Bahn AG
24/1 akg-images;
31/1 Fotolia/sinitar
32/1 Fotolia/ted007
33/1 Fotolia/Kara
33/2 Fotolia/EpicStockMedia
34/1 Red Bull Content Pool/Predrag Vuckovic
34/2 Fotolia/Aneese
34/3 Fotolia/Walenga Stanislav
35/1 Fotolia/Tsiumpa
37/1 Fotolia/Sergey Novikov;
38/1 Fotolia/nickolae
38/2 Fotolia/Alister Jupp
38/3 mauritius images/aeropix/Alamy
39/1 picture alliance/dpa;
45/1 Fotolia/romankosolapov
52/1 Fotolia/gustavofrazao
56/1 Fotolia/Delphotostock
58/1 Fotolia/river34
72/1 Cornelsen Verlag/Heyder, Ludwig
79/1 Fotolia/vectorfusionart
83/1 INTERFOTO/Granger, NYC
98/1 Shutterstock/Brendan Howard;
98/2 Eva Haeberle/laif
98/3 mauritius images/Henry Westheim Photography/Alamy
98/4 imago stock&people;
99/1 Shutterstock/Brendan Howard
100/1 Shutterstock/Brendan Howard
101/1 action press
106/1 mauritius images/Henry Westheim Photography/Alamy
115/1 Fotolia/fefufoto
116/1 picture-alliance/Augenklick/Ro
116/2 Shutterstock/paytai;
116/3 Fotolia/Harald Biebel
117/1 Fotolia/Daniel Fleck
118/1 Fotolia/fefufoto
118/2 Fotolia/Yuriy Brykaylo
119/1 Fotolia/petra nowack
119/2 epd-bild/Jens Schulze
119/3 epd-bild / Jens Schulze
120/1 Shutterstock/Jojoo64
121/1 Fotolia/Revilo
122/1 Emil Schulthess/Fotostiftung Schweiz
123/1 Clip Dealer/Erwin Wodicka
123/2 Fotolia/Yuriy Brykaylo
125/1 Shutterstock/Kostsov;
125/2 Shutterstock/Allexxandar
125/3 ClipDealer/Elena Duvernay
126/1 Shutterstock/Brendan Howard
130/1 Glow Images/A&M David de Lossy
131/1 Fotolia/Teteline
131/2 Shutterstock
133/1 Image Source/Henrik Sorensen
134/1 Fotolia/Daniela Stärk;
141/1 Cornelsen Verlag, Heyder, Ludwig
141/2 Fotolia/Coprid
141/3 Cornelsen Verlag, Heyder, Ludwig
142/1 Fotolia/taddle;
143/1 Cornelsen Verlag/Rüdiger Trebels, Düsseldorf
143/2 Fotolia/mseisenhut
143/3 Fotolia/mseisenhut;
145/1 Shutterstock/Yingko
145/2 Antje Marcus
147/1 Fotolia/Hans und Christa Ede
147/2 Fotolia/fotomek;
147/3 Fotolia/marcoschwarz
148/1 Jochen Leßmann
150/1 Fotolia/taddle
150/2 Fotolia/Grum_l
150/3 Shutterstock/unverdorben jr.
152/1 Shutterstock/dipego
153/1 Fotolia/ eyetronic
153/2 Fotolia/visivasnc
158/1 Fotolia/chagin
158/2 Fotolia/psdesign1;
166/1 Fotolia/benjaminnolte
167/1 Fotolia/Jan Becke
168/1 Fotolia/stockphotograf
169/1 Fotolia/ redaktion93;
170/1 Fotolia/photo 5000
171/1 Fotolia/foto-santcho
171/2 Fotolia/Dream-Emotion
171/3 Fotolia/WoGi
173/1 Fotolia/Cheyenne;
175/1 ddp images
187/1 Peter Barzel, Düsseldorf
189/1 Fotolia/Baiba Opule
193/1 Fotolia/milleflore images 2015

Die Screenshots auf den Seiten 48, 51, 54, 57, 60, 79, 168 und 187 wurden mit Microsoft®Excel® erstellt. Microsoft®Excel® ist ein eingetragenes Warenzeichen der Microsoft Corporation.

Die Screenshots auf den Seiten 8, 134, 135, 137, 138, 144, 151 und 198 wurden mit der Software Cinderella erstellt (© 2016 Jürgen Richter-Gebert & Ulrich Kortenkamp; www.cinderella.de)

Tschüss Leute! Die Vier von der mathewerkstatt wünschen euch alles Gute und jede Menge Erfolg!